HISTOIRE PARLEMENTAIRE

DE LA

RÉVOLUTION FRANÇAISE,

OU

JOURNAL DES ASSEMBLÉES NATIONALES,

DEPUIS 1789 JUSQU'EN 1815.

PARIS. — IMPRIMERIE DE FÉLIX LOCQUIN,
rue Notre-Dame-des-Victoires, 16.

HISTOIRE PARLEMENTAIRE

DE LA

RÉVOLUTION

FRANÇAISE,

OU

JOURNAL DES ASSEMBLÉES NATIONALES,

DEPUIS 1789 JUSQU'EN 1815,

CONTENANT

La Narration des événemens; les Débats des Assemblées; les Discussions des principales Sociétés populaires, et particulièrement de la Société des Jacobins; les procès-verbaux de la commune de Paris; les Séances du Tribunal révolutionnaire; le Compte-rendu des principaux procès politiques; le Détail des budgets annuels; le Tableau du mouvement moral extrait des journaux de chaque époque, etc.; précédée d'une Introduction sur l'histoire de France jusqu'à la convocation des États-généraux,

PAR P.-J.-B. BUCHEZ ET P.-C. ROUX.

TOME DOUZIÈME.

PARIS.

PAULIN, LIBRAIRE,
RUE DE SEINE, N° 6, HÔTEL MIRABEAU.

—

M DCCC XXXIV.

PRÉFACE.

La Constituante vient de finir, et la Législative ouvre ses séances : c'est le moment de jeter un coup d'œil sur les travaux de l'une et l'autre assemblée. Nous interromprons donc un moment la série d'idées que nous poursuivions dans nos préfaces précédentes, et que nous nous proposions de continuer dans celle-ci, afin de nous livrer à cet examen.

Dans la plupart des histoires antérieures à la nôtre, tout en déplorant que tant de deuils aient couvert les nobles et généreux efforts de la révolution, on prodigue l'éloge à la Constituante, et on jette le blâme sur la Législative. On admire la première, et l'on attribue à la seconde les tristes nécessités où la France fut réduite. Suivant nous, c'est accuser la victime des fautes du coupable. La Constituante était libre de ses actes, maîtresse souveraine de ses volontés et de la France. La Législative, au contraire, entrait dans le mouvement politique sous la domination d'un passé qui n'avait d'autre issue que la terreur conventionnelle, ou la perte de la nationalité française. La première de nos assemblées nationales avait créé des circonstances dont nulle force humaine ne pouvait changer la fatalité, et dont la Législative fut le produit et l'agent.

Nous l'avons déjà dit, et notre histoire en a été une démonstration incessante, l'initiative manqua à la Constituante. Elle ne sut pas s'en emparer, et, à cause de cela même sans doute, elle ne sut pas reconnaître que l'initiative était le mode essentiel du pouvoir et du gouvernement. Elle fut en effet toujours à la remorque des événemens, inspirée tantôt par l'intelligence d'un individu, tantôt par une insurrection, en un mot, par un accident. Cependant elle voulut rendre cet état perpétuel, et l'établir à toujours comme régime gouvernemental. Elle partagea en conséquence le pouvoir entre un monarque et une assemblée, donnant à chacun une part telle, et fondant entr'eux de telles relations, que ni l'un ni l'autre n'avaient puissance d'agir, et devaient attendre nécessairement que le mouvement leur vînt du dehors. Il semble que notre première assemblée nationale ait jugé que le rôle du pouvoir était l'immobilité ; et, en effet, elle ignorait que la condition première qui donne existence et durée à un peuple, c'est son but d'activité commune.

Il n'est pas, dans les temps modernes, de position politique plus importante à étudier et plus féconde en leçons, que celle des premiers temps de notre révolution. Bien des peuples doivent sans doute, un jour ou un autre, traverser des circonstances pareilles à celles que la France a subies ; peut-être nous-mêmes devons-nous rencontrer encore des dangers semblables. La plus grande utilité d'un travail tel que celui-ci, consiste donc à trouver dans les expériences faites par nos ancêtres, l'enseignement qui leur eût sauvé tant et de si cruelles erreurs, et qui pourra préserver l'avenir de la répétition des mêmes fautes.

Lorsque les Constituans se furent décidés à changer la face du droit français, en posant comme principe social celui de la souveraineté du peuple, ils devaient ne pas oublier qu'ils rompaient avec l'Europe tout entière, et qu'ils apportaient un principe de droit des gens non seulement opposé, mais hostile à celui de toutes les nations voisines. Ils devaient penser que tôt ou tard il faudrait que la France entrât en guerre avec elles.

En effet, les nations ne peuvent contracter entre elles, signer des traités, qu'en partant de la donnée d'un principe, d'une croyance qui leur donne une certitude aussi complète que possible de la solidité des engagemens réciproques qui forment la teneur du contrat. Ainsi, aujourd'hui la confiance réciproque est fondée sur l'intérêt connu des parties, et sur la connaissance de tous les raisonnemens que cet intérêt peut engendrer. Dans d'autres temps, elle était établie sur l'identité de croyance et de foi appelée en garantie des engagemens. Il est, au reste, historiquement prouvé que jamais il n'y a eu paix qu'entre les peuples qui vivaient sous le même principe général de civilisation. Ainsi, en Europe, avant que le Christianisme eût fait de toutes les nations qui en couvrent le sol, un seul peuple en quelque sorte réglé par les mêmes lois morales et les mêmes intérêts; tant qu'il y eut plusieurs peuples différant de religion et de mœurs, la guerre fut permanente. Quelques trèves passagères suspendaient les hostilités; jamais il n'y eut de paix réelle. La France, à moitié envahie par les Sarrasins, ne fit pas la paix ; elle ne put que combattre; et lorsque, plus tard, épuisée d'hommes et de soldats, rompue, brisée par la guerre civile, elle était parcourue par les Normands, elle ne sut traiter avec eux que lorsqu'ils consentirent à accepter sa croyance. Les exemples démonstratifs de la nécessité d'un principe commun pour rendre le contrat possible, sont innombrables. Aussi cette vérité est restée incontestable, et elle n'a été oubliée que par les étroits doctrinaires de la philosophie de la nature.

Puisqu'il en est ainsi, tous les hommes forts de l'assemblée nationale eussent dû faire entrer la guerre en ligne de compte dans leurs calculs sur l'avenir qu'ils préparaient à leur pays. Pourquoi ne le firent-ils pas? La raison de cette faute fut la même qui domina toutes celles que nous devons relever dans sa conduite. Les hommes de la Constituante oublièrent le passé comme l'avenir ; ils ne virent que le présent, et le considérèrent comme éternel. Ils oublièrent qu'une nationalité existait, dont ils étaient les représentans momentanés ; que cette nationalité avait un passé qui lui était commun avec toute l'Europe ; un avenir qu'elle devait aussi lui faire partager. Ils oublièrent que le sentiment révolutionnaire même qui animait la population, et leur donnait pour appui le bras du peuple, ils oublièrent que ce sentiment avait une origine et une tradition. Et lorsque, pour se dispenser de toute reconnaissance envers Louis XVI, pour s'encourager à attaquer son droit royal, ils se disaient que la convocation des états-généraux avait été une mesure commandée par une nécessité qui grandissait et devenait de jour en jour plus pressante depuis le règne de Louis XIV, alors ils ne pensèrent pas à se demander d'où venait que la nécessité dont ils arguaient s'était à ce point accrue; quelles circonstances avaient changé dans le pouvoir et dans le peuple, et d'où venait qu'elles avaient changé; enfin, d'où était sorti ce besoin d'innovation qui les animait eux-mêmes, et cette volonté de réorganisation qu'ils percevaient de toutes parts.

Parce que les hommes de la Constituante négligèrent ces questions, ils durent agir sans connaissance de l'avenir, c'est-à-dire sans prévoyance. Ils formulèrent une constitution sans portée au-delà du présent, purement négative de ce que l'on venait immédiatement de renverser, n'affirmant rien quant au futur, incapable, par suite, de rien produire au-delà de la première négation. Nous l'avons vu, elle fut faite par fragmens, et chaque fragment porte l'empreinte de l'occasion qui lui donna naissance. Nous pouvons affirmer, d'après l'observation que nous avons faite, et tout le monde, nous le croyons, l'affirmera avec nous, que si les circonstances extérieures se fussent autrement présentées, la constitution, bien que produite par les mêmes hommes, dans le même siècle, sous l'influence de la même éducation, eût suivi cette différence. En effet, les parties les plus importantes sont, ainsi qu'on le dit en langage philosophique, conçues *à posteriori*; nulle part on ne trouve le signe d'un *à priori*. Ainsi, pour n'en citer qu'un exemple, la manière dont elle comprit le rôle de la représentation nationale, lui vint entièrement de la nécessité du temps; elle se prononça pour une assemblée unique et permanente, seulement parce qu'elle-même ne pouvait se scinder, ni cesser d'être permanente; elle investit l'assemblée de toutes les espèces de pouvoir, parce qu'elle-même les possédait tous. Nous insistons beaucoup, trop peut-être, sur ces considérations; mais, c'est parce que nous voyons tous les jours citer la conduite de la Constituante à titre d'autorité, tandis que l'on ne devrait la citer qu'à titre de renseignement, et comme preuve des inconvéniens du procédé *à posteriori* dans les choses de souveraineté et de gouvernement.

Si l'assemblée dont il s'agit se fût sérieusement demandé compte de la nationalité française, et eût étudié notre histoire autrement que dans un but de polémique, il est probable qu'elle eût été nationale, autrement que par son titre ; elle ne se fût pas seulement enquis, lorsqu'il s'agissait d'institutions et de rapports sociaux, des relations négatives qui existent entre les individus, en un mot, des droits de l'homme ; elle eût aperçu qu'une nation est une existence bien autrement positive que celle d'un homme, et que, bien loin que la nation dépende des individus, ce sont les individus qui dépendent de la nation.

Il lui suffisait de remonter seulement quelques siècles du cours de la civilisation moderne, pour voir la raison et l'origine des tendances politiques de 1789, et pour connaître leur portée. Elle eût aperçu que le droit des gens en Europe, comme le droit civil, était fondé, avant la réforme, sur le droit divin interprété par l'Église ; de telle sorte qu'un pouvoir n'était reconnu qu'à la condition de confesser la foi et la morale commune. Elle eût aperçu que lorsque les guerres de la réforme eurent rompu, pour une partie de l'Europe, la communauté, quant au mode d'interprétation de la foi et du devoir, en niant l'infaillibilité de l'Église qui en était chargée, la paix n'avait pu s'établir et se conserver entre les peuples, que par des conventions qui instituaient le principe d'un nouveau droit public, celui de la possession des peuples par les rois, et de la légitimité de certaines races royales. Alors il fût devenu évident pour elle qu'en proclamant la souveraineté du peuple, c'est-à-dire la possession de la nation par elle-même, elle abrogeait la loi des gens établie depuis près de deux siècles. Alors elle ne se fût pas trompée sur l'imminence de la guerre, et si elle n'eût pas saisi tous les détails de notre longue lutte révolutionnaire contre les souverains étrangers, elle en eût prévu la généralité : elle eût senti que la révolution devait changer la face du monde ou périr.

Cette pensée seule eût suffi pour lui inspirer un système constitutionnel différent de celui qu'elle laissa à la Législative, et pour imprimer à sa conduite administrative une marche tout opposée.

Cette position étant donnée, et, suivant nous, il a fallu un aveuglement inconcevable, ou de singulières et bien étroites préoccupations personnelles pour qu'elle ne fût pas visible jusqu'à la dernière évidence, il faut rechercher quel point de départ la Constituante eût été probablement conduite à adopter pour principe constitutionnel. Ce n'est point ici un problème difficile à résoudre ; car la logique humaine est la même dans tous les temps ; les principes seuls diffèrent, et la base du raisonnement étant connue, il est aisé de calculer le résultat.

Toutes les fois qu'il s'agit pour les autres ou pour soi-même d'accomplir un grand sacrifice, il faut recourir à la doctrine du devoir : elle seule donne la force de le demander, et de l'imposer à soi-même et aux autres. L'assemblée constituante eût donc été de prime-abord amenée, par la seule pensée d'une guerre inévitable, à poser en principe les conséquences sociales de la doctrine du devoir. En effet, est-il de plus grand sacrifice à exiger d'une génération, que celui de se dévouer tout entière, ainsi que la France l'a fait pendant vingt-cinq ans, pour fonder le bien-être des races futures et des peuples mêmes qu'elle avait à combattre. Le système de l'individualisme, celui qui établit que le but de la société est le bonheur de chacun, et qui fut adopté par la Constituante, ce système n'offre aucun moyen de prouver à qui que ce soit que son intérêt soit jamais de souffrir comme soldat le froid, la faim, la maladie, et enfin de se faire mutiler et tuer : quelque argutie que vous employiez, vous ne convaincrez personne que souffrir et mourir soit un état bien désirable. Un égoïste, et dans le système du droit l'égoïsme est érigé en principe social, ne croira pas que périr obscurément dans une tranchée ou dans un hôpital soit le terme le plus élevé du bien-être social. La doctrine du devoir appelle cela de son véritable nom ; elle l'appelle un mal, un sacrifice ; elle seule aussi le justifie et le récompense.

Nous ne doutons donc pas que la prévoyance de la guerre n'eût conduit notre première assemblée à commenter la pensée du devoir. Il est, au reste, très-remarquable que toutes les fois qu'une nationalité a été fondée, ou une organisation nationale puissante instituée, ce fut en présence d'une grande lutte à soutenir, et dans la prévoyance de grands travaux à subir. Les hommes qui prirent part à ces fondations furent cependant moins souvent encore inspirées par l'exigence des temps, que par les lumières de leur propre croyance. Aussi peut-on dire que le grand vice politique des hommes de 89 fut leur fatale et égoïste incrédulité. Quoi qu'il en soit, l'histoire fait foi que les deux plus grandes nations occidentales dont elle nous raconte les travaux, Rome et la France, naquirent par et pour la guerre, sous l'influence d'un sentiment de dévouement. La durée de l'une et de l'autre fut vivace et longue, parce que la doctrine du devoir, qui avait présidé à leur naissance, n'était pas seulement vraie vis-à-vis des circonstances où elles prirent origine, mais vraie absolument et applicable à tous les détails de la vie même la plus pacifiée. Ainsi, en commentant le principe dont il s'agit, l'assemblée nationale eût trouvé le meilleur système de conservation sociale, le plus propre à résister aux attaques de l'étranger, et le plus capable de maintenir la paix et d'accroître le bien-être au dedans.

Le devoir étant posé comme principe constitutionnel générateur, la première conséquence qui devait logiquement en sortir, c'était que le droit émanait du devoir, et, par suite, que là où il n'y avait pas de devoir, il n'y avait pas droit. Nous avons déjà indiqué dans une de nos préfaces précédentes la fécondité morale d'une pareille formule : nous ne voulons pas nous répéter; mais il ne sera pas inutile d'insister encore, dans cette critique de la Constituante, sur les difficultés qu'elle eût aplanies.

Cette formule n'eût épargné aucun des priviléges que le sentiment de l'époque renversa. Elle n'eût pas été moins rigoureuse à leur égard que la doctrine des droits de l'homme; mais elle eût eu sur celle-ci l'avantage d'édifier en détruisant. Elle eût renversé tout ce qui fut renversé, et plus encore peut-être; mais elle eût en même temps indiqué comment on devait procéder au remplacement. Une multitude d'embarras eussent été évités ou certainement amoindris. Ainsi, il est positif que la très-grande majorité du clergé était favorable à la révolution, et que cette majorité ne devint opposante que par obéissance à la bulle du pape. Or, il est possible que ce pontife n'eût pas osé se faire le défenseur de l'ancien régime, d'un régime tout flétri d'égoïsme, en face d'une ferme déclaration du devoir social. Si, sous l'inspiration des cours étrangères, il eût néanmoins lancé l'anathème, cet acte, aux yeux de tous, eût été frappé de nullité. Supposons cependant encore que l'opposition se fût élevée tout aussi puissante qu'elle le fut; il est certain que des hommes imbus du sentiment du devoir, fermement assurés qu'ils n'agissaient point pour eux, mais dans l'intérêt des autres, il est certain que ces hommes n'eussent point hésité à prendre une mesure énergique et finale. En un mot, ou l'opposition fût restée silencieuse, accablée par la conscience de son méchant vouloir, et par celle du droit national; ou, si elle s'était montrée, elle eût été subalternisée de suite, en vertu de cette formule qui affirme que celui qui n'accomplit pas de devoirs n'a pas de droit. Elle n'eût eu ni le temps de grossir ni le temps d'agir. Cette terreur qui l'annula en 1793, l'eût annulée dès le premier jour, et sans que l'on fût obligé de recourir à des mesures sanglantes.

Ajoutons que la pensée d'une guerre inévitable étant toujours présente, on eût travaillé autant dans le but de s'y préparer que dans celui de réorganiser l'administration intérieure du pays. Alors, lorsqu'elle fût venue, on ne se serait pas trouvé, ainsi que nous le verrons par la suite, sans armes et sans soldats, et obligé, pour le salut public, de recourir aux moyens les plus violens et les plus ruineux.

Nous serions trop longs, et il nous faudrait prendre page à page presque tout ce que nous avons narré, si nous voulions inscrire chaque fait révolutionnaire sous le caractère nouveau que lui eût imprimé notre hypothèse. Nous en citerons cependant un encore : c'est celui de la presse.

Proclamer la liberté de la presse comme un droit individuel, et non comme un droit qui a pour but l'accomplissement d'un devoir, c'est se mettre dans l'impossibilité d'empêcher le mal sans nuire au bien, ou d'encourager les bons sans donner aussi carrière aux méchans; et c'est ce qui eut lieu. La licence fut sans limites; les partis les plus purs se virent entachés par l'accession des plus sales adhérens. Il n'est pas d'idée noble et généreuse, pas de mot dans la langue sacrée du dévouement, qui ne fussent souillés par le contact de mots ramassés dans la boue des rues et des halles. Il n'y avait pas dans la déclaration des principes de signe pour distinguer le bien du mal; et aussi toute distinction sembla effacée entre le bien et le mal. Ce fut avec le langage de la dépravation que l'on prêcha l'amour de la patrie et des grandes choses. Sans doute, les royalistes donnèrent l'exemple; mais il y eut des hommes qui se hâtèrent d'exploiter dans le même style les sentimens patriotiques. Quel enseignement recueillit le public dans ces brochures, et particulièrement dans le journal d'Hébert? Il désapprit à distinguer l'honnête du déshonnête. La confusion qu'il voyait dans le langage, il la porta dans la pratique; et de là cette fierté de mauvaises mœurs, cette vanité de débauche qui fut le caractère d'une certaine époque de la révolution, et dont il existe encore, de notre temps, quelques représentans honteux. Heureusement cet abus de la parole, ce dévergondage de la presse eut peu de durée. Mais supposez qu'il lui eût été donné d'enseigner toute une génération; supposez que la sévérité du comité de salut public ne lui eût pas imposé une fin, n'est-il pas juste de croire que la France eût tout entière peut-être été conquise par cet infâme exemple, et eût fini par reproduire dans ses mœurs la langue qu'on lui apprenait à parler.

Ce ne fut pas encore là tout le mal d'une déclaration de principes sans unité, d'une constitution où nulle part on n'avait articulé ni le but social, ni le mot de la nationalité, où l'on ne parlait que de l'individu, et où tout, par suite, était abandonné à l'arbitraire des volontés individuelles.

Il y avait, il devait y avoir deux partis : celui du monarque, et celui du peuple, appuyés, le premier, sur l'espérance de reconstituer une nouvelle cour; le second, sur le sentiment des masses, qui, une fois mises en mouvement, ne s'arrêtent jamais que lorsqu'elles ont épuisé leur but. Cette opposition n'était pas seulement une nécessité du temps; c'est en quelque sorte une condition inhérente à la vie sociale, et qui représente la lutte incessante qui existe toujours entre les tendances progressives et les volontés conservatrices. Mais, par le fait de la Constituante, il arriva que cette opposition n'était pas le résultat de la présence simultanée de deux élémens contradictoires, mais simples comme le bien et le mal, comme le progrès et l'immobilité. Sous chacun d'eux, sous ces deux drapeaux qui les distinguaient, il y avait une multitude de différences; si bien que l'une des oppositions étant vaincue, la lutte devait recommencer entre les fractions du parti vainqueur. Ainsi, parmi les partisans de la monarchie, il y avait des nuances innombrables, et toutes cependant capitales, propres à fournir les élémens d'une hostilité impitoyable; et, parmi les ennemis de cette monarchie, les dissentimens n'étaient pas moindres. Il y avait les unitaires et les fédéralistes, et sous chacune de ces appellations étaient encore comprises des dissemblances qui étaient séparées de toute la distance qui est entre la religion et l'irreligion, entre la vertu et l'improbité. Qu'arriva-t-il de là ? c'est que, d'abord, dans le parti qui fut vaincu, parmi les monarchistes on confondit dans le même anathème les constitutionnels par conviction, les royalistes purs, et quelques intrigans ambitieux ; et cette confusion fit traiter avec la même sévérité les hommes vraiment coupables et ceux qui s'étaient trompés, les traîtres et les faibles. C'est, ensuite que, lorsque le parti triomphant manifesta les profonds dissentimens qui le divisaient, le peuple ne comprit plus la discussion ; il vit, dans ce qui était une hostilité de principes et de doctrine, une dispute de personnalités ; et le peuple, en se retirant du débat, laissa la place libre au savoir-faire et à l'intrigue. La Gironde et la Montagne périrent, et dès ce moment l'activité révolutionnaire s'arrêta ; l'œuvre resta inachevée.

Si la Constituante eût proclamé la doctrine du devoir, il n'y eût eu que deux partis possibles : celui des bons, et celui des méchans. Hébert et ses pareils n'eussent jamais pris la parole. La Gironde n'eût pas même trouvé l'occasion d'émettre ses doctrines; car là où est le devoir, là est l'unité. La révolution n'eût pas été si fatalement obligée à être sévère et cruelle; il lui eût été permis d'être indulgente pour les faibles. Une seule bataille eût suffi pour assurer son succès ; un seul acte eût écarté tous ses ennemis. Nous n'hésitons donc pas à affirmer que l'erreur de la Constituante fut l'origine de toutes les douleurs et de toutes les lenteurs de notre révolution.

Tant il est vrai que le bien et le mal sont choses absolues, entre lesquelles il n'y a point d'intermédiaire ni d'alliance possibles! Tant il est vrai que le pire des partis est celui qui tente une conciliation entre les conséquences de principes qui se repoussent. En politique, il faut choisir ou la doctrine du devoir ou celle du droit; en morale, il faut choisir ou le dévoûment ou l'égoïsme ; et, selon que l'on a adopté l'un ou l'autre de ces principes, il faut suivre rigoureusement la ligne des conséquences rationnelles et pratiques que chacun d'eux nous indique, sans tenter de les mêler les unes aux autres. Les partis doivent être absolus, inflexibles jusque dans les derniers détails. Cet homme vous dit qu'il est avec vous, et en effet, il semble en plusieurs circonstances agir comme vous eussiez fait vous-même. Mais il faut plus : sa conduite est-elle invariable dans la même route? Ne pouvez-vous citer ni actes de sa vie privée, ni écrits, ni complaisances d'imagination qui soient contraires au principe général qu'il avoue? S'il en est ainsi, dites qu'il est des vôtres. Mais s'il en est autrement, il faut le craindre plus même que vos ennemis; car cet homme souillera votre parti et l'empêchera de parvenir à ses fins.

Les partis sont de tout temps encombrés d'hommes qui n'y tiennent que par un mot, et ce sont toujours ces hommes qui les salissent ou qui les perdent. Ne craignons donc pas d'être peu nombreux, mais craignons les faux frères. Il y aurait aujourd'hui une bien utile association à fonder; puissent quelques hommes d'art, de science et de talent s'unir dans une noble ligue contre le mal, sous quelque nom et sous quelque forme qu'il se présente. Qu'ils n'admettent à cette nouvelle croisade que des soldats dont la vie soit exempte de faiblesse comme la leur, et qu'unis ainsi ils commencent l'œuvre de la séparation des bons et des méchans; qu'ils soient sans pitié comme sans complaisance, et bientôt tous ceux qui tirent gloire, vanité et richesse du mal qu'ils font, tous ceux qui le pensent sans oser l'avouer, se trouveront forcés de s'associer pour se défendre; la littérature sera bientôt épurée, et le parti de l'avenir sera enfin visible tel qu'il est, libre de cet entourage menteur qui le souille, le cache et l'exploite. Il est temps de chasser de parmi nous tous ceux qui ne vivent pas de notre foi; car il n'y a de communauté possible entre les hommes que sur le terrain de la même morale, de fraternité que vis-à-vis des mêmes croyances. Or, il y a aujourd'hui en France les mêmes mélanges contradictoires que nous avons vus en 1792; et il y a lieu aux mêmes déceptions et aux mêmes erreurs.

FIN DE LA PRÉFACE.

HISTOIRE PARLEMENTAIRE

DE LA

RÉVOLUTION

FRANÇAISE.

ASSEMBLÉE NATIONALE LÉGISLATIVE.

L'HISTOIRE de l'assemblée législative est celle d'une transition entre la constituante et la convention. Pendant sa durée, l'insuffisance de la constitution fut démontrée. Les membres de l'assemblée nationale, en se séparant, croyaient avoir terminé la révolution; une partie du public espérait, comme eux, jouir enfin, en paix, de la position que les trois dernières années leur avaient acquise. Cette espérance fut perdue sous la législative; mais ce ne fut ni sans regrets ni sans résistance. Nous verrons les constitutionnels passionnés remplacer les royalistes dans le rôle de conspirateurs. La guerre étrangère, que la constituante n'avait pas voulu prévoir, et que la législative pressa imprudemment, vint précipiter les événemens. Alors, la légalité devint impuissante; et l'assemblée dont nous allons raconter les travaux, ne put elle-même se défendre d'agir révolutionnairement.

La première période révolutionnaire dans laquelle entra l'assemblée législative, ne fut terminée que le 20 avril 1792, le jour de la déclaration de guerre au roi de Bohême et de Hongrie. Pendant cet intervalle, la guerre est la grande question discutée sous toutes les formes par les journaux, par les clubs, par l'assemblée, par le ministère. La feuille d'Hébert se prononça avant toutes les autres. Dans sa cent soixante-quatrième lettre b........ patriotique, le *Père Duchêne* disait à l'assemblée constituante : « La fermeté vous avaient dicté des lois, la justice et la raison les avaient sollicitées; la fermeté les eût fait respecter, et, f.......! vous eussiez fait cesser toutes ces affligeantes et dangereuses convulsions, plus destructives que les coups que vous eussiez portés. Pourquoi la *lanterne* a-t-elle travaillé? c'est parce que la *guillotine* s'est reposée. Eh bien ! double million d'éclairs ! f.......! puisque vous n'avez pas su dans le temps ramener ceux que vous avez négligé de combattre à mort, prenez donc enfin une résolution grande, terrible, imposante; armez, s'il le faut, la moitié des Français ! S'ils périssent, f.......! l'autre les vengera. Oui, triple million de sacs à mitraille ! tombons sur le casaquin de nos ennemis comme cent milliards de tonnerres lancés par la colère des cieux ! que la foudre en éclats les extermine, etc., etc. » Hébert parlait ainsi en août 1791. Nous aurons à rechercher pourquoi les esprits se divisèrent si profondément et si opiniâtrément là-dessus; pourquoi des haines, chaque jour plus implacables, naquirent de ces débats, et restèrent flagrantes jusqu'après le 9 thermidor. Le fait général que nous avons dit s'être accompli par la déclaration de guerre, comprend tous les actes, soit parlementaires, soit extra-parlementaires opérés durant les sept premiers mois de la session. Nous dresserons plus bas le sommaire des questions impliquées dans cette continuité. Ce plan, imposé à notre travail, sera précédé de l'histoire des élections.

ÉLECTIONS.

Afin que nos lecteurs puissent se faire une idée juste des scènes biographiques que nous allons placer sous leurs yeux, afin surtout qu'ils connaissent bien exactement la valeur des pamphlets que nous aurons à analyser, quelques réflexions sont indispensables.

Les six dernières années antérieures à la révolution sont particulièrement honteuses pour les gens de lettres. Il est difficile de comprendre à quel degré d'infamie descendirent les hommes qui faisaient alors métier d'écrire, si l'on ne parcourt les productions sorties de leur plume. Le défaut absolu de toute conviction honnête entraîna sur la même pente et fit aboutir au même confluent toutes les sources de la littérature; il n'y eut de différence entre ceux par qui l'immoralité débordait sur la France, que celle de leurs positions respectives.

La coterie fondée par Voltaire exploitait en souveraine l'industrie littéraire; il fallait appartenir de près ou de loin à cette coterie pour que le trafic des mots fût d'un rapport assuré. La philosophie, les mathématiques, les drames, les romans, les journaux, toutes les branches de l'esprit humain étaient accaparées par les monopoleurs encyclopédistes. Ceux qui connaissent les produits sortis de cet atelier ne nous démentiront pas lorsque nous affirmerons qu'ils furent entrepris uniquement en vue du renom comme moyen, et du lucre comme but. Aussi, dans l'ordre philosophique, ces écrivains ne furent rigoureux que lorsqu'ils traitèrent des sciences exactes : leur géométrie est la seule certitude qu'ils aient proposée, et l'on remarquera que les vérités de ce genre ne comportent pas de sanction. Quant à la morale qu'ils ont prêchée, si elle n'est pas la négation positive du bien et du mal, elle est au moins un scepticisme devant lequel personne n'est obligé à rien.

Toutes les fois que ces traitans littéraires furent attaqués dans leurs œuvres, ils défendirent avec fureur, non pas leur système, mais leur habileté personnelle, mais ce qu'il y avait de plus sûr pour eux au fond de leurs idées : la vanité et l'argent. Quiconque leur fit de la concurrence et s'éleva contre eux du point de vue moral, fut lacéré par cette meute, dépecé, traîné dans la boue, réduit à mourir fou ou à mourir de misère. Voltaire avait donné l'exemple de cette atroce personnalité : père de l'école du pamphlet, il composa de sang-froid le patron absolu du genre, cet insigne poëme de la *Pucelle*, pour lequel nous ne doutons pas que la France ne maudisse un jour sa mémoire. Dans les luttes nombreuses où son amour-propre l'engagea, il se porta à des excès d'une telle grossièreté, que le style du *Père Duchêne* est moins ordurier et moins vil que le sien. Que n'a-t-il pas dit de Rousseau, de Fréron, de Desfontaines, de ses antagonistes les premiers venus ?

Voltaire assista de son vivant aux résultats dont il était en grande partie l'origine ; il vit son école augmenter dans des proportions qui ne permirent plus d'accéder aux nombreuses sollicitations de patronage, et de part aux bénéfices. En dehors du monopole s'amassa une foule de jeunes gens, d'élèves sans asile et sans pain, qui tirèrent des leçons du maître le parti le plus avantageux que sut y découvrir leur industrie. Les uns travaillèrent pour satisfaire les infâmes besoins nés de la corruption des mœurs : ils se firent entrepreneurs de livres obscènes ; les autres se mirent au service de toutes les haines et de toutes les vengeances individuelles : ils rédigèrent les satires, les mémoires, les factums que se renvoyaient sur leurs vices, sur leurs crimes, sur les scandales de leur vie privée, les personnages puissans par leur fortune ou par leurs titres, entre lesquels il y avait inimitié et discorde. Il est avéré que Beaumarchais eut des relations intimes avec les pamphlétaires de profession ; il fut l'ami de Morande et de plusieurs autres libellistes connus. Les mémoires de Beaumarchais, qu'ils soient son ouvrage ou qu'ils appartiennent à quelque metteur en œuvre du genre de ceux dont nous parlons, offrent ceci de remarquable : ils ont une parfaite analogie de style avec les écrits de la même espèce composés à cette époque. C'est la même verve, les mêmes sarcasmes, la même logique prétentieuse qui veut prouver jusqu'à l'évidence la scélératesse, la sottise, le ridicule d'un adversaire; la même entente des ressorts dramatiques, remuant les passions du lecteur pour des querelles privées.

Ces hommes firent l'histoire secrète de la cour de Louis XV, et plus tard celle de la cour de Louis XVI. Ils trouvèrent là une mine féconde de thèmes lucratifs, de compositions, qu'il serait facile de calculer pour un grand débit, parce qu'elles étaient susceptibles de l'obscénité recherchée par les uns, des diffamations recherchées par les autres; enfin parce qu'elles s'adressaient à tous les ressentimens populaires, depuis long-temps excités par les mœurs du pouvoir.

Une autre de leurs ressources consistait à espionner les riches et les puissans, à surprendre quelque infâme secret, et à les menacer d'un libelle s'ils ne payaient une rançon. De là leur vint le nom de *sommateurs*. Une bande de ces sommateurs, parmi lesquels figurent Morande et le marquis de Pelleport, alla s'établir à Londres, vivant des contributions que leur envoyaient du continent ceux qu'ils effrayaient de quelque divulgation importante. Le ministre Vergennes mit plus d'une fois leur silence à prix. L'espion Receveur fut envoyé en Angleterre pour acheter du marquis de Pelleport une vie de Marie-Antoinette, et pour gagner Morande à la police française par des offres considérables. Il ne réussit que dans cette dernière négociation. Pelleport lança bientôt après la brochure fameuse : *Le diable dans un bénitier*. Nous empruntons ces détails aux mémoires de Brissot, et c'est principalement pour expliquer les combats livrés à ce dernier, lors de sa candidature à la législative, que nous faisons cette introduction.

Brissot rencontra dans sa carrière d'homme de lettres, la société des pamphlétaires. Il avait frappé à la porte des encyclopédistes, et il n'avait pas été admis. Obligé de vivre de sa [dume, il fut attiré en Angleterre pour une entreprise de journal, et là il vécut dans l'intimité des sommateurs, abhorrant, dit-il, la noirceur des uns, déplorant la faiblesse et la facilité des autres. Il se lia avec Pelleport, et lui rendit même des services. Avant d'exposer les suites que ces contacts eurent pour Brissot, nous dirons quelle opinion on est autorisé à se former de son caractère d'après ses écrits; nous donnerons en second lieu les pièces de quelques-uns de ses actes.

On voit Brissot débuter dans les lettres par un opuscule intitulé : *Rome démasquée*. C'était s'enrôler sous la bannière de celui qui avait dit: Écrasons l'infâme! Pyrrhonien sur tout, excepté sur la révélation, à laquelle il ne croyait pas, il voulut se faire bénédictin pour satisfaire à sa vocation scientifique : dom Mulet le dégoûta du cloître. Sa seconde publication fut une traduction libre d'un ouvrage anglais, qu'il édita sous le titre de: *Lettres philosophiques sur la vie et les écrits de saint Paul*. Virchaux, libraire à Hambourg, le même qui joue un rôle dans notre précédent volume pendant le mois de juillet, imprima ces lettres en 1782. Brissot dit que c'est le seul ouvrage contre la religion sorti de son portefeuille. Il ajoute que son portefeuille contenait beaucoup de plaisanteries irréligieuses, qu'il s'applaudit d'avoir détruites, entre autres, « une parodie du *Stabat*, dont l'obscénité était piquante. » Il fait l'aveu que ce caractère d'obscénité lui était étranger, et qu'il le prenait pour plaire à la société de *ses esprits forts*. Ses deux ouvrages suivans furent une *Théorie des lois criminelles*, et le plan d'un travail philosophique, intitulé : *Le Pyrrhonisme universel*. Il songea à faire valoir ces deux titres auprès des encyclopédistes en chef. Il adressa son *Essai de métaphysique* à d'Alembert, qui lui répondit par des complimens, et il porta lui-même son *Essai de législation* à Voltaire. Il y mit tant de façons qu'il ne put arriver au patriarche, lequel cependant venait de recevoir la Dubarry au moment où Brissot se présenta. Il obtint néanmoins de Voltaire une lettre flatteuse.

A l'occasion de la guerre déclarée par la France à l'Angleterre pour soutenir l'indépendance des États-Unis, Brissot fit le *Testa-*

ment politique de l'Angleterre, brochure qui le mit en rapport avec Swinton, propriétaire du *Courrier de l'Europe.* «Las de vivre dans le bourbier où ses connaissances l'avaient plongé,» Brissot accepta avec joie une place inférieure dans ce journal, et partit pour Boulogne. Il se trouva que ses nouveaux amis étaient des modèles de dépravation. Ils le tourmentaient de conseils odieux; ils le poussaient par l'appât d'une fortune rapide dans la voie du libellisme. Il vécut une année au milieu de ces tentations. Plus tard, il passa en Angleterre et se lia avec le marquis de Pelleport. En 1786, il y publia en deux volumes des *Lettres philosophiques sur l'histoire de l'Angleterre.* C'est une apologie continuelle de l'aristocratie et une satire du peuple, ouvrage avoué par Brissot dans sa réplique à Morande, mais sur lequel il a toujours évité de s'expliquer : il n'en est pas question dans ses mémoires.

Nous ne pousserons pas plus loin notre notice sur les ouvrages de Brissot. L'auteur n'avait point de principes arrêtés; il flottait sans doctrine aucune, dans un milieu où sa probité ne pouvait se préserver des souillures que par une lutte de chaque instant. Le seul dogme qu'il ait professé, spéculativement d'ailleurs, est celui de l'immortalité de l'âme. Il y a de lui dans la *Chronique du mois* (juillet 1792) un article contre le système d'Helvétius où il attaque le matérialisme. Mais le spiritualisme de Brissot était individuel comme ses autres pensées. Il affectait une grande prédilection pour la morale des philosophes *cyniques*, pour ces intrépides stoïciens qui disaient : Le vrai sage est Dieu. Malheureusement ces intrépides stoïciens furent tous, plus ou moins, des hommes sans mœurs; tous, y compris Sénèque, laissèrent de tristes exemples de cette fausse et orgueilleuse sagesse par laquelle ils avaient prétention de ne s'appuyer que sur eux-mêmes. Quiconque ne s'appuie pas sur la société, quiconque ne déduit pas sa règle de conduite d'une morale sociale, nettement formulée, manque à la fois de moyen et de but. N'ouvrir qu'en soi-même la source des obligations et des devoirs, c'est n'avoir avec ses semblables ni croyance commune, ni dépendance commune, ni devoir commun : c'est couper le nœud social par un sophisme, sauf à le rattacher ensuite par les conséquences pratiques de ce même sophisme. Or, ce qui sépare en théorie, sépare nécessairement dans la pratique; l'égoïsme matériel, le mal, le crime, selon les degrés auxquels le fédéraliste est poussé par les circonstances ou par sa volonté, est la seule manifestation possible de l'égoïsme spirituel dont il a fait son principe. L'histoire nous prouve que rien ne fut plein de misères et plein de vices comme ces sages superbes qui s'adorèrent eux-mêmes, méprisant ce qu'il y avait d'humain en eux, et méprisant au même titre ce qu'il y avait de réellement humain chez les autres. Nous allons voir quels actes précédaient et garantissaient la vie politique du stoïcien Brissot; nous verrons plus tard quels furent ses amis, quels furent les Girondins, et ce qu'il faut penser de cette secte révolutionnaire, l'analogue rigoureux de la secte cynique ou stoïcienne.

Lorsque Brissot se mit sur les rangs pour l'assemblée législative, ses amis et lui n'inspiraient aucune confiance aux vrais patriotes. Quelques mois après leur élection, Robespierre s'exprimait ainsi sur Condorcet et sur Brissot : « N'est-ce pas dans le moment où l'autorité royale était suspendue, et le roi confié à la garde de la Fayette, que la coalition dont ce dernier était le chef rendit au monarque une autorité immense, transigea avec lui aux dépens de la nation, en faveur des ambitieux qui avaient ourdi cette trame, et appesantit, en son nom, un joug de fer sur tous les patriotes de l'empire? Que faisiez-vous durant ce temps-là, vous Brissot, vous Condorcet? car c'est vous et vos amis que j'ai ici en vue? Tandis que nous discutions à l'assemblée constituante, la grande question, si Louis XVI était au-dessus des lois, tandis que, renfermé dans ces limites, je me contentais de défendre les principes de la liberté, sans entamer aucune autre question étrangère et dangereuse; et que je n'échappais pas pour cela aux calomnies de la faction dont j'ai parlé; soit imprudence, soit toute autre cause, vous secondiez de toutes vos forces ses sinistres projets. Connus jusque-là par vos relations avec la Fayette, et par votre grande *modération*; long-temps sectateurs assidus d'un club demi-aristocratique (le club de 1789), vous fîtes tout à coup retentir le mot république. Condorcet publie un traité sur la *république*, dont les principes, il est vrai, étaient moins populaires que ceux de notre constitution actuelle ; Brissot répand un journal intitulé *le Républicain*, et qui n'avait de populaire que le titre : une affiche dictée par le même esprit, rédigée par le même parti, sous le nom du marquis Duchâtelet, parent de la Fayette, ami de Brissot et de Condorcet, avait paru en même temps sur tous les murs de la capitale. Alors tous les esprits fermentèrent ; le seul mot de *république* jeta la division parmi les patriotes, donna aux ennemis de la liberté le prétexte qu'ils cherchaient, de publier qu'il existait en France un parti qui conspirait contre la monarchie et la constitution : ils se hâtèrent d'imputer à ce parti qui conspirait contre la monarchie et contre la constitution; ils se hâtèrent d'imputer à ce motif la fermeté avec laquelle nous défendions à l'assemblée constituante, les droits de la souveraineté nationale contre le monstre de l'inviolabilité. C'est par ce mot qu'ils égarèrent la majorité de l'assemblée constituante ; c'est ce mot qui fut le signal du carnage des citoyens paisibles, égorgés sur l'autel de la patrie, dont tout le crime était d'exercer légalement les droits de pétition, consacré par les lois constitutionnelles. A ce nom, les vrais amis de la liberté furent travestis en factieux par les citoyens pervers ou ignorans ; et la révolution recula peut-être d'un demi-siècle. Il faut tout dire, ce fut encore dans ces temps critiques que Brissot vint à la société des Amis de la constitution, où il n'avait presque jamais paru, proposer dans la forme du gouvernement, des changemens dont les règles les plus simples de la prudence nous avaient défendu de présenter l'idée à l'assemblée constituante. Par quelle fatalité Brissot se trouva-t-il là ? Je ne prétendrai pas cependant que les intentions de Brissot et de Condorcet furent aussi coupables que ces événemens désastreux ; je veux bien ne point adopter les reproches que leur ont fait beaucoup de patriotes de n'avoir feint alors de se séparer de la Fayette dont ils avaient été les panégyristes, que pour mieux servir son parti, et se frayer une route à la législature à travers des obstacles simulés pour exciter, en leur faveur, la confiance et le zèle des amis de la liberté. Je ne veux voir dans leur conduite passée qu'une souveraine impolitique et une profonde ineptie. Mais aujourd'hui que leurs liaisons avec la Fayette et Narbonne ne sont plus un mystère, aujourd'hui que l'expérience du passé peut répandre une nouvelle lumière sur les événemens actuels; aujourd'hui qu'ils ne dissimulent plus des projets d'innovations dangereuses, qu'ils réunissent tous leurs efforts pour diffamer ceux qui se déclarent les défenseurs de la constitution actuelle; qu'ils sachent que la nation romprait en un moment toutes les trames ourdies pendant plusieurs années par de petits intrigans. » (*Défenseur de la constitution*, n° I, p. 9, et suivantes.)

Si Brissot inspirait des défiances aux patriotes, il en inspirait de plus graves encore aux royalistes-constitutionnels. De ce côté, il fut attaqué à outrance, principalement dans son honneur et dans sa probité. Morande donna le signal. Cet homme, tour à tour libelliste et espion, profondément corrompu dans sa jeunesse, ami et correspondant de Beaumarchais, *sommateur* en Angleterre où il avait connu Brissot, rédigeait, en 1791, *l'Argus patriote*, journal ministériel. Nous avons insisté sur la moralité de l'ennemi de Brissot pour bien établir, aux yeux de nos lecteurs, la préoccupation qui ne nous a pas un instant abandonnés en examinant le dossier que Morande publia. Notre impartialité a été telle : nous avons rejeté de part et d'autre les injures et les accusations dépourvues de fondement authentique; nous avons ainsi abandonné les factums et les répliques, tout ce qui fut controversé, tout ce qui nous a paru controversable, pour ne prendre dans ce scandale que les pièces sur lesquelles Brissot garda un silence complet, et celles dont il reconnut explicitement la vérité.

Morande, après un long exorde à la manière de Beaumarchais, accuse Brissot d'avoir proposé à Swinton, le même qui l'avait conduit à Boulogne pour des travaux dans le *Courrier de l'Europe*, d'entreprendre un nouveau journal de littérature anglaise pour la France, et d'avoir à ce sujet écrit et signé de sa main, au bas de son prospectus, la notice suivante sur lui et sa famille :

« Je suis fils d'un bon bourgeois de Chartres, possesseur d'une fortune de deux cent mille livres en biens-fonds. Il a sept enfans, dont deux prêtres et quatre filles vouées au célibat; je suis le plus jeune. Si je ne suis pas à présent dans le sein de ma famille, c'est que je me suis toujours refusé à un établissement dans le barreau, qu'elle me proposait, et que mon goût pour la littérature m'a entraîné ici ; ce qui l'a refroidie pour moi. Mais je suis sûr à la mort de mon père (et il est vieux et infirme) d'avoir trente mille livres; et à la mort de mes frères et sœurs, bien plus vieux que moi, une somme plus considérable ; ce qui est un assez bon fondement aux avances à faire par M....

» Quand il désirera avoir des éclaircissemens sur ce sujet, je lui en fournirai les moyens; il verra que je n'enfle pas.

» Signé, BRISSOT DE WARVILLE. » (*Argus patriote*, n° XV, page 389.)

Morande l'accuse d'avoir menti en cela sur l'état de son père, *pâtissier-traiteur à Chartres*, sur l'état de sa fortune (Brissot lui-même convient de sa pauvreté patrimoniale) ; sur celui de ses frères, dont il y en avait au moins un plus jeune que lui. Swinton en querelle d'argent avec Brissot, avait remis cette pièce à Morande.

Le grief, auprès duquel ces moyens d'entrer en affaire sont parfaitement innocens, est l'accusation d'avoir soustrait à Desforges d'Hurecourt la somme de 13,535 liv. Voici à quelle occasion. Brissot voulait fonder à Londres un lycée, institution analogue à celle des lycées et des musées existant en France, mais avec plus d'extension. Son lycée devait consister en trois parties: une assemblée des savans de toutes les nations; une correspondance entretenue avec tous, et dont Brissot serait le centre; un tableau périodique des sciences et des arts en Angleterre. « Je voulais, en un mot, dit Brissot dans ses *mémoires*, t. 2, p. 219, créer *cette confédération universelle des amis de la vérité et de la liberté,* que des philosophes plus heureux que moi ont réalisée à Paris depuis la révolution. » (*Le Cercle social.*)

Morande dit que ce projet était un piége tendu par Brissot pour saisir un bailleur de fonds; qu'il lui fallait absolument une dupe au moment où toute autre ressource lui faisait faute, et que Desforges, séduit par son prospectus, y donna corps et biens. Il démontre la friponnerie (nous choisissons la moins dure de ses expressions) en prouvant que l'argent donné par Desforges pour les premiers frais d'établissement du lycée, loyer d'un local, bureaux, administration, etc., avait été absorbé par le ménage de Brissot. La victime s'adressa à M. d'Aspremont pour se faire rendre justice; il y eut entre ce dernier et Brissot, alors de retour à Paris, une correspondance dont Morande produisit la lettre suivante :

Lettre de M. d'Aspremont à M. de Warville.

« Je ne répondrai, Monsieur, que deux mots à votre lettre. Vous m'avez dégagé vous-même de ma parole, en me trompant indignement; vous faites porter toutes les dépenses et frais que vous avez fait payer à M. Desforges sur une seule chose qui n'a jamais existé, et j'ai des preuves en main que vous n'avez jamais établi de lycée à Londres. M. Desforges m'a remis une enquête qu'il a fait faire par un notaire, et signée de vingt personnes de considération; laquelle enquête prouve *qu'il n'y a jamais eu de lycée au nom de M. Brissot de Warville, et que la maison qu'il avait louée dans Newman-Street ne pouvait jamais avoir été destinée à un semblable établissement, étant beaucoup trop petite. Ainsi, le loyer de cette maison et son ameublement ne peuvent point regarder M. Desforges, puisque cette maison n'a jamais été destinée qu'à vous loger avec votre famille.*

» Les frais de bouche, de commis, d'honoraires, et l'énorme dépense en papier, encre et plumes, faite pour le lycée de Londres, tombent d'eux-mêmes, puisque le lycée n'a jamais existé.

» Je ne transigerai avec vous qu'aux conditions que vous me

remettrez les 13,335 liv. que M. Desforges vous a données. Je veux mille écus comptant, et le reste payable en trois époques, en trois mois. J'exige de vous des lettres de change sur des banquiers de Paris. Je vous donne vingt-quatre heures pour vous décider.

» Si vous balancez seulement à accepter ma proposition, je vous dénonce comme le propagateur de l'infâme libelle du *Diable dans un bénitier*, et je prouverai que vous êtes mille fois plus coupable que M. de Pelleport. J'ai les preuves en main de votre complicité, et je les porterai moi-même à M. de Vergennes, si vous m'y forcez. J'ai à venger la bonne foi d'un ami indignement trompé, et dont vous avez abusé. D'ASPREMONT. »

Quelques jours après avoir reçu cette lettre, Brissot fut mis à la Bastille. Des dénonciations moins sûres, moins positives que celle dont il était menacé par d'Aspremont, lui valurent cette captivité. Elle fut de courte durée, parce qu'il était étranger à la fabrication des libelles dont il était soupçonné. A sa sortie de prison, il voulut savoir au juste la part que d'Aspremont avait eue à son arrestation. En conséquence, il lui annonça un esclandre sur *les menaces* et sur *les imputations* qui venaient d'être jugées calomnieuses par sa mise en liberté.

Or, les preuves que son adversaire possédait, et dont à coup sûr il n'avait jamais fait aucun usage, étaient de nature à effrayer Brissot. Avant son départ de Londres pour Paris, il avait commis l'imprudence de déposer quatre-vingts lettres entre les mains de Desforges. Lorsque celui-ci vit son associé perdu de dettes, exproprié par ses créanciers anglais, et décidé à le dépouiller de ses 13,335 liv., il se fit une arme du dépôt dont il s'agit : les quatre-vingts lettres furent remises à d'Aspremont. C'était cette correspondance qui établissait matériellement la participation de Brissot au commerce des libelles. Aussi la crainte qu'il voulait inspirer à son adversaire lui fut-elle renvoyée en ces termes :

A M. Brissot de Warville, Paris, le 21 mai 1785.

« Vous êtes fort le maître, Monsieur, de mettre tout ce qu'il vous plaira dans votre mémoire ; et puisque vous voulez y insérer mes lettres, ajoutez-y encore celle-ci, je vous prie ; ce sera vous joindre à moi pour faire connaître au public le commerce que vous faisiez avec le sieur Vingtain de l'infâme libelle du *Diable dans un bénitier*. J'ai entre les mains toutes les lettres que cet homme vous a écrites, et ces lettres sont cotées de votre main. Je vais vous remettre sous les yeux la première qui s'est offerte à ma vue ; et je crois vous rendre un grand service, parce qu'elle prouve merveilleusement votre innocence, et que le public la verra, puisque ma correspondance avec vous paraîtra dans vos mémoires. Signé, D'ASPREMONT. »

Lettre écrite par M. Vingtain à M. Brissot de Warville, d'Ostende, le 3 avril 1784.

« Conformément à l'honneur de votre lettre du 30 passé, j'ai donné cours à celle pour M. Mitra que j'ai cachetée et affranchie. M. de Pelleport m'a écrit et marqué m'avoir donné crédit des... 17....6. Suivant le compte que je vous ai envoyé, il compte que j'ai envoyé à Lacroix, libraire à Bourges, six *Diables*, dont il voudrait que je reçusse dudit sieur, la somme de 36 liv. tournois pour leur montant. Vous savez que tous ceux que vous m'avez expédiés, je les ai envoyés suivant vos lettres à M. de Villebon, à Bruxelles, en deux paquets, le premier au nombre de 67, et le second de 58, comme vous me l'ordonnez par votre lettre du 10 février dernier. Ainsi il ne m'en est pas resté. Ci-joint une lettre pour lui ; je pense qu'il sera exact à me payer mes déboursés pour le port et affranchissement de ses lettres. Je suivrai vos ordres pour le ballot que vous m'annoncez. Signé, VINGTAIN. »

Les lettres qu'on vient de lire sont imprimées parmi les pièces justificatives du supplément au numéro XXI de *l'Argus patriote*, brochure de cent neuf pages. Par ses répliques à Morandé, Brissot prouve très-bien que cet homme était un vil personnage ; il se défend avec beaucoup d'esprit de la plupart des innombrables diffamations du rédacteur de *l'Argus* ; mais à l'égard des pièces que nous avons transcrites, il se contente de se plaindre d'une violation de dépôt, sans les réfuter autrement. Il raconte dans ses Mémoires sa détention à la Bastille; il y parle des libelles, mais il n'y nomme même pas d'Aspremont et Vingtain; quant à Desforges, il noie ses relations avec cet homme en des récriminations qui ne concluent à rien. L'affaire des 13,335 liv. et le commerce des libelles restent donc incontestés.

Parmi les journaux qui s'emparèrent des pamphlets de Morande, les uns, comme *l'Ami des patriotes*, se contentèrent d'y renvoyer leurs lecteurs; les autres, comme la *Gazette universelle* de Cerisier, le *Babillard*, et le *Chant du coq* (1), les exploitèrent largement.

Brissot cita les rédacteurs du *Babillard* devant le tribunal de paix séant aux Petits-Pères. Ceux-ci présentèrent pour leur défense les numéros de *l'Argus*, journal avoué par son auteur et par son imprimeur, et dont ils n'avaient fait qu'emprunter certains passages. Brissot déclara ne vouloir pas répondre à Morande, sous prétexte que son journal n'était pas connu. « Nous croyons donc nécessaire, ajoute le *Babillard* en rendant compte de ce procès, de propager autant qu'il est en nous les accusations que celui-ci garantit, et dont il offre les preuves, afin de forcer l'imperturbable Brissot à descendre dans l'arène où l'on ne cesse de l'appeler. » (*Babillard* du 14 août.)

(1) Ce journal-affiche, qui parut après la journée du 17 juillet, était rédigé par les auteurs du *Babillard*, dans un sens royaliste-constitutionnel. La garde nationale du temps avait adopté cette feuille, et veillait à ce qu'elle ne fût pas déchirée. Elle portait pour épigraphe : *Gallus cantat, gallus cantabit*. A cette époque, les murs de Paris étaient tapissés de placards de toute espèce, ce qui donnait souvent lieu à une guerre entre les *colleurs* dont voici un exemple. Gauthier (*Journal de la cour et de la ville*) raconte *de visu* qu'à l'un des angles des rues Saint-Lazare et du Mont-Blanc, le colleur de la lettre de Pétion à ses commettans, guettait le colleur du *Chant du coq*, et attendait qu'il fût parti pour le couvrir immédiatement. Ce dernier avait remarqué son antagoniste; en conséquence, il colla son journal et fit semblant de s'en aller. Mais il revint sur ses pas, et trouvant sur son *Coq* la lettre de Pétion, il la couvrit à son tour; ce qui fait faire à Gauthier force plaisanteries sur ce pauvre Pétion collé entre deux coqs. — Il n'existe qu'une seule collection des journaux-affiches faite dans le temps par Dufourny, Jacobin dont il a été plusieurs fois question dans notre histoire. Il se levait la nuit pour les décoller. Cette collection fut d'abord vendue à Portier de l'Oise; elle est aujourd'hui en Angleterre; nous tenons ces détails d'un contemporain bien informé. Le *Chant du coq* étant imprimé à la suite du *Babillard*, à compter du onzième numéro; nous ne sommes privés que des dix premiers. (*Note des auteurs.*)

Ce procès n'eut pas de suite. Le *Babillard* ne cessa cependant de harceler Brissot : il l'accusa en son propre nom d'avoir oublié dans sa bourse, pendant plus de six mois, une somme de 580 l. qu'il avait puisée dans la caisse du district des Filles-St-Thomas, dont il était président. Le *Babillard* affirma posséder là-dessus des preuves authentiques.

Ce fut alors que le club de la rue de la Michodière, principal soutien de Brissot, décida qu'une justification devenait indispensable. Ce club, composé des membres les plus influens de la section de la Bibliothèque, tels que Clavière, Condorcet, Kersaint, Calvet, Carra, les maîtres perruquiers Thomet et Gallois, etc., avait balloté MM. Lecomte d'Estaing et Brissot. Celui-ci fut préféré. Dans sa séance du 17 août, la société délibéra sur le parti que son candidat devait prendre à l'égard des libelles. Il fut convenu qu'il répondrait au *Babillard* par la voie de l'affiche.

L'affiche de Brissot parut le 25 août. Elle renfermait deux certificats, l'un de Pascal Lepage, attestant que, successeur de Brissot à la présidence du district des Filles-Saint-Thomas, il en avait reçu une solde de 580 liv., et que lui-même P. Lepage avait remis cette somme à M. Picard, marchand épicier, rue de Richelieu, aussitôt qu'il avait eu connaissance de la nomination des commissaires chargés de liquider les comptes du district. Dans le second certificat, Picard déclarait que, le 20 ou 22 janvier 1790, ayant averti Brissot de payer au district une dette de 580 liv., il lui avait été répondu de s'adresser à Lepage, et que ce dernier lui avait en effet remis ce que Brissot redevait à la caisse. Ces deux certificats sont datés du 20 août 1791.

Le *Babillard*, directement renseigné par Duclos Dufresnoy, trésorier du district des Filles-Saint-Thomas, rendit à Brissot affiche pour affiche. Il commença par lui faire observer que lorsque l'on rendait ses comptes, c'était entre les mains du trésorier et non pas entre celles d'un président, officier étranger à la comptabilité. Ensuite, il établit, par un extrait du chapitre des dépenses expédié par Dufresnoy, que Brissot avait pris la somme en deux fois, le 22 juillet et le 10 août 1789. Puis, expliquant la manière dont Brissot avait obtenu ses certificats, il disait que P. Lepage, honnête homme, connu pour sa malheureuse facilité, était en outre l'imprimeur et le fermier du *Patriote Français*; que M. Picard, sollicité à plusieurs reprises de sauver l'honneur de Brissot, avait consenti à signer le plus insignifiant et le moins inexact des trois certificats que Lepage lui présentait; qu'au reste, il avait eu soin d'en garder l'original écrit de la main de Lepage. — Ce qui d'ailleurs mettait à néant toutes ces subtilités, tous ces replâtrages tardifs, c'était le compte de recouvrement, portant, à la date du 25 janvier 1790, qu'une somme de 580 livres *avait été remise par M. Brissot de Warville.* Après cette exhibition de preuves officielles, le *Babillard* s'écrie :

« Les fidèles du club de la rue de la Michodière peuvent prendre des délibérations fulminantes contre les auteurs du *Babillard*. Le sieur *Joigny-Gorjus*, en bonnet de coton et en tablier de cuisine, peut faire la motion de nous empaler, en attendant que son frère, le commissaire de police, ait acquis les pièces nécessaires pour nous faire pendre. MM. *Thomet* et *Gallois* peuvent diriger contre nous toutes les ressources de leur science *moderne*. Nous attendons en paix les suites de cette conspiration contre de coupables écrivains qui ne rougissent pas de dire la vérité. Nous prions aussi les amis ardens de l'*irréprochable* Brissot de ne pas se compromettre par de petits *oublis*, dans le genre de ceux que nous avons rapportés, parce que plus leur mémoire s'affaiblira, plus la langue indiscrète du *Babillard* s'efforcera de la réveiller. (Le *Babillard* du 28 août.)

Nous terminerons ici l'historique des attaques portées à Brissot. L'activité des brigues électorales, les passions en sens contraire qui agitaient les partis, empêchèrent alors que ce procès fût examiné froidement. Le côté politique de la vie de Brissot attira exclusivement l'attention des électeurs. La *Chronique de Paris*, les *Annales patriotiques* et le *Père Duchesne* furent les seuls journaux qui prirent vaguement sa défense; ils n'entrèrent dans aucun détail. Son ami Manuel lui écrivit une lettre de condoléance. Voici un échantillon des apologies du *Père Duchesne*.

« On a beau dire, on méprise la calomnie et les libelles : je vois cependant avec douleur que les calomniateurs multiplient bougrement leurs venimeux pamphlets, qui devraient servir à torcher tous les culs électoraux, plutôt qu'à troubler, un tantinet, les cervelles toutes disposées à recevoir le poison de la haine et de la vengeance. Ces ordures répandues avec profusion au moment même du scrutin, finissent toujours par laisser dans les esprits une teinte sale contre celui sur qui on les fout à pleines mains, et tout le savon de la raison ne suffirait foutre pas pour enlever la tache. » Ici, le *Père Duchesne*, après avoir dit que Brissot n'avait jamais varié, fait aux électeurs ce dilemme : « Si nous avons la paix, croyez-vous l'homme que vous rejetez comme un *factieux*, assez sot, assez déraisonnable pour la troubler ? Si vous avez du boucan, n'aurez-vous pas besoin qu'il se montre ?

« Oui, foutre, c'est faire triompher les ennemis du peuple que de rejeter celui qui les combattit sans crainte. Pourquoi, par exemple, le pauvre *Duchesne* a-t-il eu une ou deux voix ? Si mon zèle m'a mérité cet honneur, si mon amour ardent de la patrie m'a mis en scène, moi, triste bougre et chétif ouvrier, mon radotage burlesque et mon âge, joint à mon goût dominant pour la bouteille, ne sont foutre pas des titres. Laissez, laissez *Duchesne*, et nommez *Brissot*. Je ne suis qu'un pauvre diable, et celui-là vaudra dix fois mon chétif individu.

« Mais, mon camarade, si tu succombes sous les coups d'ongles et de becs de tous les jean-foutres de coqs, ne seras-tu pas sur tes pieds ? N'auras-tu pas toujours de la bonne encre et l'estime de tes amis ? » (168ᵉ *Lettre bougr. patriotique*.)

Ces scandales mirent à la mode, dans les feuilles royalistes-constitutionnelles, le mot *brissoter*, dont elles se servirent longtemps à la place d'*escroquer*. Lorsque Brissot fut nommé député, elles dirent que l'élection avait été *brissotée*.

Marat fut le seul démocrate qui exprima des doutes politiques sur Brissot. Il lui adressa dans son *Ami du peuple* du 14 septembre de sévères conseils.

« Brissot, dit Marat, n'a jamais été à mes yeux un patriote bien franc.

» Je ne lui pardonne pas d'avoir été si long-temps l'apologiste des infidèles administrateurs municipaux et du traître Mottié : moins encore d'avoir été le premier auteur du plan inique d'administration municipale. Soit bassesse, soit ambition, il a trahi jusque-là les devoirs d'un bon citoyen; vrai défenseur de la liberté, pourquoi faut-il qu'il ne soit revenu à la patrie que lorsqu'il s'est aperçu qu'il était la dupe du général tartufe, lequel pour cacher sa trahison, s'étant fait prôner par ses créatures comme un républicain décidé, n'a rien eu de plus pressé que de les laisser dans le lacs, dès l'instant où l'on a vu le succès de son imposture ? Pauvre Brissot, te voilà victime de la perfidie d'un valet de la cour, d'un lâche hypocrite : souviens-toi de la fable du singe et du chat. Si tu avais connu les hommes, si tu avais su les juger à leur conduite, à leurs grimaces, à leurs réticences, tu te serais bien gardé de prêter ta patte au commandant parisien, et, comme l'Ami du peuple, tu l'aurais démasqué sans ménagement. Que veux-tu ! tu éprouves le sort de tous les hommes à caractère indécis. En voulant concilier des intérêts incompatibles, tu as déplu aux deux partis; les patriotes clairvoyants n'ont point de confiance en toi, et les ennemis de la patrie te détestent; ils te repousseront avec dédain de tous les emplois, et tu ne perceras jamais ni dans le sénat ni dans les corps administratifs. S'il te reste quelque sentiment de dignité, hâte-toi d'effacer ton nom de la liste des candidats à la prochaine législature; ne l'expose pas plus long-temps aux dédains injurieux des ennemis de la liberté, et borne tes vœux à l'honneur de servir de la plume la patrie. Si tu aimes la gloire, mets sous tes pieds toute considération d'intérêt personnel ; n'écoute que l'austère vérité, et, sans blesser la sagesse, immole sans pitié, sous les traits de la censure, les nombreux essaims des ennemis du bien public. »

Dans ce même numéro, Marat critique ainsi les élections :

« Les élections vont leur train, et le choix des électeurs, dans tout le royaume, ne justifie que trop l'augure que nous avons tiré sur la prochaine législature. Partout on ne voit nommés pour députés que des procureurs-généraux et des administrateurs de districts; des maréchaux-de-camp, des commandans de gardes nationaux et des colonels de régimens; des membres de directoires, des maires, des juges de tribunaux, des commissaires des guerres, etc., c'est-à-dire des suppôts de l'ancien régime et des créatures de la cour, que les intrigues des agens ministériels avaient portés aux places du nouveau régime, pour arrêter le triomphe de la liberté et favoriser la contre-révolution.

» La plupart des départemens ont même choisi pour leurs délégués des ennemis connus de la patrie. Tel est celui du Nord, qui a élu le frère de cet infâme Emmery qui, le premier, apostasia en s'enrôlant dans le club de 1789; de cet infâme qui fut le principal instigateur du décret atroce contre la garnison de Nancy; de cet infâme qui, depuis deux ans, n'a pas laissé échapper une seule occasion de vendre au monarque les droits du peuple, et de machiner contre la liberté. Tel est celui du Jura, qui a élu Théodore Lameth, président du département, et frère de ces insignes tartufes, qui affichèrent long-temps un faux civisme pour capter les suffrages du peuple, et qui s'empressèrent de reprendre leurs rôles de bas valets de la cour, dès qu'ils crurent le moment favorable pour saper ouvertement l'édifice de la liberté naissante, qu'ils n'avaient jamais cessé de miner sourdement.

» Mais ce sont surtout les électeurs du département de Paris qui se distinguent par le choix le plus honteux. Aux deux piètres députés qui, les premiers, réunirent leurs suffrages, ils ont donné pour collègues les sieurs Pastoret, Cerutti, Bigault, Broussonet, Gouvion, etc.

» Qui ne connaît le doucereux Pastoret, à regard faux et à poil roux; ce roi des intrigans qui s'éleva par degrés de la fange à l'une des premières places du nouveau régime. En 1782, on le vit laisser ses sabots à la porte du musée de la rue Dauphine, pour y jouer le rôle d'apprenti poète et de garçon bel-esprit. Parmi les douairières, auxquelles il fit les yeux doux, il en trouva une qui lui valut la charge de conseiller de la Cour des aides. Le voilà magistrat; mais il en méconnut toujours les fonctions, et toujours il en négligea les devoirs, pour courir après un fauteuil de l'académie des Belles-Lettres, que lui procurèrent mille bassesses prodiguées aux initiés. Bientôt il se mit à soupirer après la fortune. Un de ses parens, laquais de Champion, l'introduisit auprès de son maître, qui en fit peu après son blanchisseur : tantôt il lui faisait un mandement; tantôt il lui rédigeait un rapport au conseil; il lui fabriqua même des édits royaux. Mais son coup de maître fut de publier de honteux mémoires sur l'excès des impôts pour consoler tout doucement les Français du malheur d'être écrasés par les maltôtiers, en songeant que leurs aïeux n'avaient jamais été mieux traités. Pour prix de sa prostitution au chef de la justice, le voilà devenu gratuitement maître des requêtes. Bientôt, pour prix de sa prostitution aux valets de la cour, il devint le mari d'une riche héritière. Les ministres avaient besoin dans la municipalité d'un mouchard adroit et liant qui s'insinuât partout, et qui tînt note de tous les projets des patriotes : ils en firent un municipal. Il leur fallait dans le département une âme damnée qui protégeât les ennemis de la révolution, et qui écrasât les amis de la liberté : ils en firent le procureur-général-syndic. Il leur fallait dans la nouvelle législature un meneur habile dans l'art d'en imposer et de barrer tous les projets qui y seraient portés : ils en ont fait un père-conscrit contre-révolutionnaire.

» Je ne dis rien de Broussonet : c'est un mauvais singe de Pastoret : mais il serait son maître, si son esprit allait de pair avec son cœur.

» Je ne dis rien non plus de Bigault, de cet Esculape qui, faute de patiens, se fit secrétaire de district, qu'un vain babil fit juge de paix, que l'intrigue vient de faire père-conscrit; à coup sûr, c'est un membre de la confrérie antinationale, autrement la clique électorale l'eût rejeté bien loin.

» Vous connaissez Cérutti, ce disciple achevé de Loyola, ce caméléon subtil, auquel le ciel, avare de ses dons, donna un caquet fleuri, un esprit léger, auquel il refusa toujours une âme élevée et un cœur droit. Bas valet-né des grands, vil esclave des favoris de la cour; tout ce qu'il a d'astuce fut consacré à leur plaire. Vous l'avez vu parasite rampant à la table des Noailles, et déhonté flagorneur de Necker, l'accapareur adoré. Tremblant que la patrie ne triomphât, on le vit un moment jouer le patriote. Ravi que le despotisme reprît le dessus, on le vit peu après recaresser la cour. Dans ses homélies villageoises, vous le voyez s'arranger de manière à être toujours en mesure, quelque parti que l'aveugle destin vienne à couronner. Jamais le sentiment ne poussa ses lèvres; et si quelquefois il prêche aux rustres l'amour de la liberté, c'est toujours de manière à conserver au despote le cœur de ses sujets. Le voilà père-conscrit : quelque peu prononcé que soit son caractère, il n'en est pas moins dangereux; et parmi ses collègues, la fleur des tartufes de la capitale, je n'en connais aucun plus propre à fonder un nouveau club jacobite, et à renouveler le rôle des Barnave, des Menou et des Lameth.

» Que vous dirai-je de Gouvion? c'est l'âme damnée de Mottié, le chef des ennemis de la patrie, la cheville ouvrière des traîtres et des conspirateurs contre-révolutionnaires.

» Le choix du corps électoral parisien est indigne, honteux, alarmant; mais ce corps est si indignement composé lui-même, que ce serait folie que d'entreprendre de le rappeler à ses devoirs : son parti est pris, il ne nommera à la prochaine législature que des ennemis de la révolution.

» Pour peu que l'on ait de tact, on peut même s'assurer, que ce corps pourri ne nommera que des ennemis de la révolution, d'une tournure d'esprit jésuitique; de ces tartufes qui savent manier la lime sourde de la politique, perdre la patrie sans frapper de grands coups, et (comme on dit) plumer la poule sans la faire crier : seuls suppôts du despotisme, qui puissent aujourd'hui conduire à un plein succès les projets sinistres de la cour, et empêcher de se perdre lui-même le despote impatient de faire sentir son joug, avant d'avoir cimenté son empire, avant que les folliculaires à gages aient réconcilié la nation avec ses nouvelles chaînes, avant qu'ils aient remis à la mode l'esprit de servitude.

» On verra donc nos électeurs vendus à la cour, continuer à faire entrer dans le sénat de la nation tous les hommes à deux faces, qui ont de l'adresse et des poumons; tels qu'un Champfort, vil flagorneur de Condé, qu'il a généreusement abandonné au moment où il l'a vu délaissé de la fortune; un Condorcet (1), tartufe consommé sous le masque de la franchise, adroit intrigant, qui a le talent de prendre des deux mains, et fourbe sans pudeur, qui veut allier les contraires, et qui, sans rougir, eut le front de débiter au Cirque son discours républicanique, après avoir rédigé si long-temps le journal du club ministériel.

» Puisque je suis sur ce chapitre, il faut que j'achève de dévoiler le plan actuel du cabinet des Tuileries. Pour consolider la constitution, s'assurer du corps-législatif, des corps administratifs et judiciaires, et de la force publique, il paraît arrêté que l'on tirera des tribunaux, des directoires de districts et de départemens, des troupes de ligne, les sujets les plus disposés à se prostituer aux volontés des ministres, et que l'on remplacera ces infâmes sujets par des membres de l'assemblée constituante, qui se sont le plus prostitués aux ordres de la cour. Ainsi, Dandré prendra la place de Pastoret; Desmeuniers, celle de Broussonet; Duport, celle de Lacépède; Emmery, celle de Lamourette, président du département des Ardennes; Nérac, celle de Barenne, procureur-général-syndic du département de la Gironde; Barnave, celle de président du département de Seine-et-Oise, etc., etc.

» Avec un pareil système, le plus profond que l'enfer pouvait enfanter, il est impossible qu'il survienne jamais aucun mouve-

---

(1) C'est une observation d'histoire naturelle bien piquante, que les plus adroits fripons, les fourbes les plus consommés, les hommes à deux faces qui ont joué le grand rôle dans l'assemblée nationale, et qui le joueront à la prochaine législature, sont tous de la lisière du Dauphiné et de la Provence: témoin Mounier, Riquetti, Dandré, Barnave, Rabaud, Malouet, Condorcet, Pastoret, etc. *(Note de Marat.)*

ment populaire, aucune insurrection, sans qu'ils soient à l'instant étouffés, quelque violente que soit l'indignation publique.

» Ainsi, avec un nombre déterminé de fripons dévoués à la cour, destinés à remplir toutes les fonctions importantes de l'État, et tournant successivement sur eux-mêmes, pour leur remplacement, nos fers seront rivés pour l'éternité.

» Le peuple est mort depuis le massacre du Champ-de-Mars. Vainement m'efforcerai-je de le réveiller; aussi y ai-je renoncé, et probablement pour toujours : mais je puis encore m'amuser à faire le prophète. »

Les *Révolutions de Paris* repoussent la candidature de Lacépède, parce que c'est un ci-devant comte, et que des nobles sont toujours suspects. Il en est de même du *marquis de Condorcet*, « lequel n'a déjà que trop justifié nos craintes. Nous n'avons pas encore pu oublier qu'il fut le rédacteur du journal du *Club de* 1789. Il est vrai qu'il a expié cette faute par son discours républicain, prononcé au Cirque; mais peut-être ne devons-nous ce retour qu'à la proximité des élections et à l'espoir de rentrer en grâce dans l'opinion publique. »

Le journaliste ne veut pas plus des prêtres que des nobles; il dit qu'il faut laisser à leurs ouailles Lamourette et Fauchet. Il s'exprime comme Marat sur le compte de Cérutti, sur Chamfort, et il dit d'Emmanuel Clavière qu'il a trop travaillé avec Mirabeau pour inspirer de la confiance; il répète sur Garan de Coulon un mot alors populaire : *Ennuyeux comme la vérité, simple comme la vertu.* Il trouve équivoque le patriotisme de Kersaint, et demande qu'on donne à P. Manuel et à quelques autres patriotes le temps de mûrir leurs idées. Son opinion sur Broussonet et Pastoret est la même que celle de *l'Ami du peuple*. (*Révolutions de Paris*, numéro CXII.)

Le même journal, numéro CXVI, renferme sur la candidature du libraire Panckoucke un article que nous allons transcrire.

Trait de folie remarquable.

« Il vient de passer par la tête du libraire Panckoucke un trait de folie trop singulier pour n'en pas dire un mot. Cet accès, qui lui prit le 9 septembre, est consigné dans une lettre à messieurs les électeurs, écrite d'un bout à l'autre par lui-même ; *car personne ne m'aide*, dit-il naïvement, page 21, *comme l'a imprimé un* GREDIN LITTÉRAIRE : *mes ouvrages sont à moi, et à moi seul.* La seule expression *gredin littéraire*, qui ne pouvait tomber que de la plume du libraire Panckoucke, suffit en effet pour prouver qu'il n'a point de faiseur, et qu'il se peint ordinairement dans ce qu'il écrit.

» Mais revenons au trait de folie dont vient d'être atteint le cerveau du bibliopole de la rue des Poitevins. A l'exemple de l'Angleterre, où il a été prendre la justification de son *Moniteur*, à l'exemple encore de M. Lacretelle, ledit sieur se propose tout uniment pour député à l'assemblée nationale. Il ne se dissimule pas qu'il faut des *titres* aux suffrages des électeurs : il en produit de deux sortes, de négatifs et de positifs.

» *Titres négatifs du libraire Panckoucke.* — D'abord il n'a eu garde de *mettre le pied dans la société des Amis de la constitution, ni même dans sa section, qui est celle des Cordeliers.* Les électeurs auraient dû sans doute en faire un mérite au libraire qui tenait et tient encore Mallet du Pan à ses gages.

» Ensuite *il n'a cessé de pleurer sur les malheurs du roi et sur les crimes du 6 octobre, et même du 18 avril. Si ce sont ses titres d'exclusion,* il s'en avoue coupable et consent à ne pas être député. *Je ne suis point votre fait,* répète-t-il avec candeur à chaque alinéa, et ce refrain a produit son effet. Panckoucke ne siégera pas cette fois parmi nos législateurs.

» Notre homme poursuit sa pointe, et ajoute avec un cynisme rare : *J'ai écrit, imprimé que la liberté de la presse est le scandale de l'Europe et la terreur des honnêtes gens; s'il faut penser autrement, je ne suis point votre fait.*

» Les brigands consommés assassinent l'homme qu'ils ont dépouillé sur la route; mais ils ne s'en vantent pas. Panckoucke s'est soutenu pendant la révolution à l'aide de la liberté de la presse, dont il a profité jusqu'à l'abus, et le bélître calomnie impudemment sa bienfaitrice!

» Serait-ce un titre d'exclusion d'être chargé de journaux aristocratiques et démocratiques? Mais, ajoute-t-il dans une note, *plus de cent familles eussent été livrées au désespoir, si je n'eusse imprimé rue des Poitevins ce qui l'eût été rue Saint-Jacques.* Le saint homme! L'un de ces jours, dans une foule, un *gredin* fut surpris la main dans la poche de son voisin : « Quand vous me ferez pendre, dit-il sans se déconcerter, en serez-vous plus avancé? Je vous prenais votre tabatière d'or, il est vrai; mais à deux pas plus loin, elle vous eût été prise par un autre coquin comme moi. »

« Passons aux titres positifs du sieur Panckoucke. *Ce n'est pas le moment d'être modeste,* observe-t-il d'abord page 17. *M. son père est mort janséniste; mais de son vivant, c'était un véritable épicurien, qui a fait vingt volumes, et qui a inoculé le goût et la passion pour l'étude à toute sa famille.* Donc le Panckoucke de la rue des Poitevins est le fait des électeurs. Page 27 : *Madame sa mère était une des plus belles femmes de son temps*; donc M. son fils doit être nommé député. *Il a une sœur* (madame Suard) *pleine de goût et d'esprit;* donc le frère a des principes et de l'éloquence.

» *Il a été l'ami de cœur de Rousseau, de Voltaire, de Buffon,* page 9, *et il a donné à M. Beaumarchais un dîner qui lui coûta 28,000 l.* C'est-à-dire il a bien voulu se contenter de 172 mille l. pour prix des manuscrits de Voltaire, que ce grand homme lui légua à sa mort, et qu'il avait vendus cent mille écus à Beaumarchais. — *Il a écrit un mémoire sur le cerveau.* Le sien fournirait matière à une dissertation curieuse. »

L'Ami du roi ne contient sur les élections qu'un article *Nouvelles,* dont la seule phrase significative est celle-ci : « Les Jacobins l'ont emporté dans les élections, parce que les électeurs ont été nommés par les clubs. » Toute la partie de ce journal qui n'est pas consacrée à l'assemblée nationale est garnie de protestations royalistes contre l'acte constitutionnel, de rétractations nombreuses des prêtres assermentés, et de pétitions par lesquelles le côté droit faisait demander ses comptes à la constituante, *au nom du peuple souverain*. Il y est aussi question des fameux placards que Durosoy affichait sur cette matière, et qui achevèrent de signaler cet écrivain comme le plus ardent zélateur de la contre-révolution. Royou s'applique également à démontrer les progrès de la réaction aristocratique et ses prochaines victoires. Il donne le chiffre des défections journalières; il cite des traités entre les souverains; il fait voir la révolution chaque jour à la veille de périr dans le défilé que ferment incessamment les approches de la guerre civile et de la guerre étrangère. Sans doute ces bravades n'étaient que des illusions ou des mensonges, comme on peut s'en convaincre en les rapprochant de l'état de situation que nous avons emprunté aux Mémoires du prince de Hardemberg; mais le peuple y croyait, et cette persuasion d'une ligue formidable, qu'on prit tant de soin à lui faire naître, nous expliquera dans la suite de grandes catastrophes. Comment d'ailleurs ne pas ajouter foi à des faits présentés d'une manière si positive? Tantôt c'était « un bataillon du régiment du Poitou qui, en sortant de Nantes, avait crié : *Vive le roi! vive la reine! vivent les aristocrates! ça ira, ça ira! Notre ventre est à la nation et notre cœur est au roi.* » (*L'Ami du roi* du 20 septembre.) Tantôt « le régiment de Vexin venait de passer le Var et de se rendre à Nice avec armes, bagages, drapeaux et caisse. Il avait été reçu en triomphe; tous les habitans s'étaient empressés de le loger, régaler, et de lui témoigner la plus vive satisfaction. » Dans ce même article, Royou affirme que la coalition est jurée, le traité signé, et que le contingent des puissances pour la grande armée d'invasion est ainsi arrêté : L'empereur, 80,000 hommes; la Prusse, 80,000; l'empire, 120,000; la Russie, 25,000; la Suède, 6,000; plus à sa solde, 16,000 Hessois; la Suisse, 12,000; la Sardaigne, 20,000; l'Espagne, 30,000; le Portugal, 30,000. Total, 419,000 hommes. L'armée des princes, sans compter qu'elle grossit chaque jour, ajoute le correspondant de Royou, monte déjà à 15,000 gentilshommes. » (*L'Ami du roi* du 7 septembre.)

Hébert s'occupa beaucoup des élections. Quoique son journal soit du commencement de 1791, nous avons jusqu'à cette heure évité d'en parler, parce que nous voulions attendre que la notoriété lui fût acquise. Ses lettres sont d'abord adressées à l'armée. La dix-septième fait la motion expresse que tous les Français indistinctement se tutoient. On voit qu'il était en progrès sur les clubs de Loches et de Lyon, lesquels demandaient seulement, à peu près à la même époque, l'abrogation du protocole. La vingt-septième prend pour épigraphe : *Castigat bibendo mores*. Hébert est un enfant perdu de l'école fondée par les romans philosophiques de Voltaire. Son genre est une exagération du *Compère Mathieu*, comme ce livre en était une de *Candide*. A part le cynisme des jurons, son originalité à lui, le *Père Duchêne* a écrit des pages qui ne le cèdent en esprit et en gaîté à aucune de celles que les matérialistes admirent le plus dans le patron des incrédules. Le diable, l'inquisition, les prêtres, sont le texte habituel de ses plaisanteries. En politique, malgré le fracas de ses mots contre les aristocrates, on le voit suivre avec beaucoup de souplesse le parti dominant. Ainsi, il est partisan de la Fayette et de la garde nationale : il fait des tirades pour Louis XVI et pour son ministre Duportail. Après la fuite à Varennes, il crie beaucoup contre *Cochon* Durosoy, Mallet du Pan, Royou, etc. ; mais il penche visiblement pour les Feuillans. Ce qui va donner à nos lecteurs une idée de cet homme, c'est sa conduite au 17 juillet. Il signa la pétition du Champ-de-Mars, puisque son nom s'y trouve en toutes lettres (HÉBERT, *écrivain, rue de Mirabeau*) ; il fut même arrêté à cette occasion, mais relâché presque immédiatement. Eh bien ! quelques jours après, dans ses lettres CXVIII et CXIX, il chante les louanges de la Fayette, de la garde nationale, et pousse son impudente palinodie jusqu'à parler de Dieu, lui qui la veille prêchait ouvertement l'athéisme. « Tremblez, dit-il à ceux qui ont tué l'invalide et le perruquier, et qui ont lancé des pierres à la garde nationale, tremblez, infâmes ! si vous échappez aux bourreaux armés par les lois pour frapper les coupables, un Dieu vengeur, un Dieu vous attend ! Mais y croyez-vous, tigres sauvages, plus carnassiers que ceux des bois ? » Ailleurs il s'écrie :

« J'entends encore des enragés dire du général qu'on a manqué d'un coup de fusil et qui s'expose à tout: Mais qu'allait-il faire là? Eh! b.... d'imbécille, qu'y allais-tu faire toi-même? On serait un dieu, qu'on entendrait encore autour de soi ce cri infernal: *A la lanterne!* Eh bien! démons, vivez donc sans frein, sans loi, comme les Sauvages, et mangez-vous comme eux. » Hébert déclame contre Marat. Les journaux dont il transcrit volontiers des extraits sont : la *Chronique de Paris*, le *Patriote français*, les *Annales patriotiques*, et même la *Gazette universelle* de Cerisier, feuillant très-prononcé. A l'apparition du *Chant du coq*, Hébert, encore sous le coup de sa terreur du drapeau rouge, fit l'éloge de ce placard. Le *Coq* fut long-temps pour lui *un bel oiseau, un joli oiseau*, ayant *bon bec, bons et solides ergots, haute et claire voix*; il ne lui fit une demi-opposition qu'au sujet de Brissot. Il adressa un grand nombre d'articles aux électeurs. Ses candidats étaient Manuel, Condorcet, Mercier, Charles Villette, « cet ami de Voltaire, qui nous l'a ramené; de Voltaire qui, le formant à son école, en fit un homme éclairé et sensible. » Hébert était ami de Tallien; il lui donna souvent ce titre, notamment dans sa cent quarante-et-unième lettre, où il annonce le nouveau journal de *son ami Tallien* (*l'Ami des citoyens*). Le *Père Duchêne* parle encore fort peu des Cordeliers et des Jacobins; il n'en est pas de même des sociétés fraternelles : Hébert nous apprend que les aristocrates désignaient par le mot *sans-culottes* les membres de ces sociétés, ce qui établit l'origine et l'usage d'une expression plus tard si fameuse, et déja usitée en 1791.

Nous nous sommes un peu arrêtés sur ce révolutionnaire afin de montrer à nos lecteurs ses principes, ses accointances, les débuts enfin du rôle que nous lui verrons accomplir. Quant à son journal, nous pouvons à peine y puiser une citation honnête : les extraits précédens sont une montre qu'il fallait bien donner une fois. Nous n'en ferons de nouveaux que dans les cas de nécessité historique.

Le *Journal de Paris* publie chaque jour, aussi exactement que le *Moniteur*, le bulletin électoral; mais il ne se permet aucune réflexion. Fréron, qui était électeur, nous peint ainsi l'assemblée électorale : « Qu'elle va être bien composée cette seconde législature ! Il faut voir comme les intrigans se remuent, s'agitent et se contorsionnent à l'assemblée électorale ! L'honnête homme n'y peut pas ouvrir la bouche; c'est la cabale la plus infernale que j'aie jamais vue de ma vie. Tu me nommeras, je te nommerai, se disent-ils l'un à l'autre; et les coquins les plus connus pour l'être sont déjà sûrs d'écarter nos plus zélés défenseurs. Il faudrait un Danton pour démasquer et faire trembler les traîtres. » Suit un pompeux éloge de Danton. Fréron réfute ce qu'on reprochait de vive voix et dans les groupes à son héros ; car la presse du temps ne renferme aucun des griefs semblables à ceux que nous trouvons ainsi discutés par l'*Orateur du peuple* : « Une modeste aisance est ordinairement le scandale des sots. L'acquisition de quelques biens nationaux et autres, montant à la somme de 70 à 80 mille liv., faite avec le secours de M. Charpentier, son beau-père, et payée par moitié entre eux, donne occasion à une fourmilière de propos auxquels les circonstances ont donné des ailes. A entendre les frondeurs, les routes de la fortune étaient aplanies sous ses pas ; c'était soi-disant un homme soudoyé par un parti, un fabricateur de faux assignats, etc., etc., etc. Que n'ont-ils pas inventé ! » (L'*Orateur du peuple*, t. 7, n° XLIV.)

Le *Babillard* du 5 octobre annonce « que M. Danton, indigné contre les électeurs de Paris, est parti pour Arcis-sur-Aube. Avant de quitter la capitale, il a dû pousser un cri de douleur sur son ingratitude, et déplorer, en grand homme outragé, l'injustice aveugle de ses concitoyens. » Le même journal nous donne sur les divisions et les luttes électorales, que le *Père Duchêne* a prises pour texte de trois ou quatre sermons, les renseignemens suivans : « On sait que les électeurs forment deux clubs, dont l'un tient ses séances à la Sainte-Chapelle, et l'autre à l'archevêché. Dans le premier, on porte à la législature des négocians, des artistes, des gens de lettres, des hommes de loi ; dans le second, on propose des intrigans, des agioteurs, des hommes éhontés, bas flatteurs du despotisme sous l'ancien régime, démagogues absurdes sous le nouveau. Les électeurs de l'archevêché appellent leurs confrères, des ministériels, des monarchistes, des aristocrates, des impartiaux; ceux de la Sainte-Chapelle sortent des bornes de la modération : ils appellent leurs adversaires des Brissots. » (*Babillard* du 26 septembre.)

Nous ne quitterons pas ce journal sans mentionner les nombreuses sorties qu'il faisait contre Robespierre. Comme il renferme ce qui a été dit de plus grave jusqu'à ce moment contre ce député, nous allons produire ces accusations.

Le 15 juillet, au plus fort des agitations qui précédèrent la pétition du Champ-de-Mars, au moment où le mot *étranger* faisait tant de bruit dans la bouche des Feuillans et dans les arrêtés du corps municipal, Robespierre, Pétion, Buzot, Antoine et Brissot furent désignés par le *Babillard* comme membres de la faction étrangère. Nos lecteurs n'ont pas oublié le personnel de cette faction, à savoir : le juif Ephraïm, OEta Palm de Hollande, Rotondo l'italien, et Vinchaux, le libraire de Hambourg. D'après le *Babillard*, les chefs invisibles de la faction étrangère étaient deux personnages anglais, dont l'un prenait le nom de milord d'Arck, l'autre, celui de chevalier d'Arck. Ils logeaient à l'hôtel Vauban, rue de Richelieu, où ils donnaient aux députés que nous nommons plus haut des *dîners mystérieux*. Dans son numéro du 19 juillet, le *Babillard* revient ainsi sur la faction étrangère : « *On dit* qu'il existe à Paris des agens du ministère anglais, qui, jaloux des avantages que la France doit retirer de sa nouvelle constitution, n'épargnent rien pour la renverser. — *On dit* que MM. Robespierre, Pétion, Buzot, Prieur, Antoine et Rewbell sont vendus à cette cabale secrète, et dînent souvent avec des Anglais. — *On dit* que M. Brissot de Warville, qui veut détruire des soupçons malheureusement trop fondés, est un vil factieux, dont le camarade intime, l'ancien compagnon d'infamie, est secrétaire d'un M. Pitt (Clarkson, cité par Morande, supplément au numéro XXIV de l'*Argus*. Brissot dit dans sa réplique que le moment n'est pas venu pour lui de s'expliquer sur cet *ami de cœur*. Ses Mémoires n'en font aucune mention.) — *On dit* que les membres de cette odieuse cabale se sont emparés des sociétés fraternelles, où des orateurs soudoyés excitent à la révolte un peuple ardent et facile. — *On dit* que des journalistes effrénés et M. Carra, vendent leur plume à cette faction détestée, et prêchent la république avec autant d'impudence que d'absurdité. — *On dit....* Eh! que ne dit-on pas encore! *Mais nous ne recueillons ici que ce que l'on dit dans les groupes, dans les cafés, dans les maisons particulières, à la tribune même de l'assemblée nationale;* et nous ne le publions qu'afin qu'on puisse le vérifier ou le démentir. »

Voilà ce qu'il y a de mieux prouvé sur la prétendue faction étrangère en général, et sur la complicité de Robespierre en particulier. Des systèmes explicatifs de la révolution française ayant été bâtis sur cette fable (celui de M. Dulaure, par exemple), nous ne négligerons aucun des détails qui ont pu autoriser une semblable opinion. Le grand crime de Robespierre aux yeux du *Babillard*, numéro du 26 juillet, c'était d'avoir été demandé « pour roi par la nation souveraine, assemblée au Champ-de-Mars le 17 juillet. » Ce même journal, qui se bornait à l'égard de Robespierre à de vagues inculpations politiques, attaque avec plus de précision certains autres révolutionnaires. Nous avons vu ce qu'il disait de Brissot : à ses diatribes contre Condorcet, il mêle toujours quelques détails positifs. Ainsi, dans son numéro du 15 juillet, il s'étonne que *le républicain* Condorcet ait consenti à recevoir du roi une place de vingt mille livres de rente, celle de commissaire à la trésorerie, au moment même où il enseigne qu'il ne faut plus de rois. Dans son numéro du 28, il cite un portrait nouveau de ce philosophe, au bas duquel on lisait :

> Jadis mathématicien,
> Marquis, académicien;
> Sous d'Alembert panégyriste,
> Sous Panckoucke encyclopédiste,
> Puis, sous Turgot économiste,
> Puis, sous Brienne royaliste,
> Puis, sous Brissot républiciste,
> Puis, du trésor public gardien,
> Puis, citoyen-soldat, — puis rien.

La presse négligea presque entièrement les élections de province. Les correspondances des sociétés et des clubs pourraient nous fournir des détails curieux ; mais ces pièces ont péri pour la plupart, sinon tout entières. L'*Orateur du peuple* nous a conservé la nouvelle suivante, encore la publiait-il parce que le personnage dont il s'agit venait d'être dénoncé à l'assemblée nationale. « Un trait qui honore le corps électoral de Caen, c'est qu'au moment où l'assemblée ouvrit sa première séance, M. le curé de Sommervieu proposa de ne point commencer les opérations que M. Fauchet ne se fût rendu à son poste d'électeur. Cette motion, vivement applaudie, ne trouva pas un seul opposant ; un mouvement d'enthousiasme s'empara de l'assemblée : tous les membres se rendirent en corps à l'évêché, et le respectable prélat fut conduit en triomphe à la salle du corps électoral. Le cortége était précédé des tambours et de la musique de la garde nationale. » (L'*Orateur du peuple*, t. 7, n° XLVI.)

Nous avons un moyen sûr de suppléer à ce défaut de pièces, relativement aux opérations électorales des provinces. Le chiffre exact des nouveaux députés qui se firent recevoir aux Jacobins, et la proportion selon laquelle y concourent les départemens, va nous servir à connaître comment l'esprit révolutionnaire était réparti en France, chez les citoyens actifs. Il ne faut pas oublier que les députés dont nous allons transcrire les noms, et qui, au début de la législative, composaient l'extrémité gauche, ne tardèrent pas à se diviser en montagnards et en girondins.

Le 9 octobre, les dernières réceptions données par le journal des débats de la société des Jacobins, élèvent à cent trente-six le nombre des nouveaux députés admis par le club. Les feuilles suivantes, pendant tout le trimestre, ne mentionnent aucune réception nouvelle. Voici les noms des députés et celui des départemens qui les avaient élus.

Paris. Broussonnet ; Brissot ; Monneron ; Filassier ; Condorcet. — Les autres députés, non Jacobins, étaient : Garan de Coulon ; Lacépède ; Pastoret ; Beauvais de Préau ; Bigot de Préameneu ; Gouvion ; Cretté de Palluel ; Gorguereau ; Thorillon ; Hérault de Séchelles ; l'abbé Mulot ; Godard ; Quatremère de Quincy ; Boscary; Ramond; Robin; Debry; Teilh-Pardaillan. Les huit suppléans furent : MM. Lacretelle; Alleaume; Clavières; Kersaint; de Moy, curé; Dussaulx; Billecoq; Colard, curé.

Ain. Deydier.
Allier. Boisrot.
Arriége. Calvet.
Aveyron. Bourzès.
Bouches-du-Rhône. Granet; Archier; Gasparin; Antonelle; Pellicot.
Calvados. Fauchet; Dubois; Lomont; Castel; Bonnet-de-Meautry.
Cantal. Teillard; Guittard.
Charente. Lafaye-des-Rabiers; Bellegarde.
Charente-Inférieure. Niou.
Corrèze. Brival.
Côte-d'Or. Bazire; Oudot; Lambert.
Côtes-du-Nord. Rivaollan; Morand; Massey.
Creuse. Huguet (évêque); Voysin; Cornudet; Ballet; Laumond.
Dordogne. Taillefer.
Doubs. Verneret.
Eure. Lebrun.
Gard. Giraudy.
Gironde. Vergniaud; Guadet; Sers; Grangeneuve; Gensonné; Jay.
Hérault. Cambon; Brun; Reboul.
Ille-et-Vilaine. Sebire.
Indre-et-Loir. Cartier.
Landes. Méricamp; Lucas; Baffoigne; Lonné; Dyzez.
Loir-et-Cher. Brisson; Chabot; Lemaître; Frécine.
Loire-Inférieure. Coustard.
Loiret. Lejeune.
Lot. Ramel.
Maine-et-Loire. Delaunay; Dehoulières; Merlet; Choudieu; Menuau.
Marne. Thuriot; Gobillard.

Haute-Marne. Dévaraignes; Becquey; Valdruche.

Meurthe. Foissey; Carez; Levasseur.

Meuse. Jean-Moreau; Manehand; Lolivier; Tocquot.

Morbihan. Andrein; Lequinio.

Nord. Lejosne; Duhem; Lefebvre.

Oise. Coupé (prêtre); Tronchon; Goujon; Calon; Gérardin; Lucy.

Pas-de-Calais. Carnot (aîné); Carnot (jeune); Haudouart.

Puy-de-Dôme. Couthon; Romme; Maignet (prêtre); Soubrany.

Basses-Pyrénées. Lostalot.

Bas-Rhin. Massénet.

Haut-Rhin. Delaporte; Ritter; Rudler.

Rhône-et-Loire. Blanchon; Thévenet.

Saône-et-Loire. Journet; Gelin.

Seine-et-Oise. Bassal (prêtre); Haussemann; Lecointre; Courtin.

Seine-Inférieure. Lucas; Albitte l'aîné.

Somme. Goubet; Saladin; Rivery.

Tarn. Lasource; Esperon.

Var. Isnard; Granet.

Vendée. Goupilleau; Morisson; Thierriot; Gaudin (prêtre); Gaudin, négociant; Musset (curé).

Vienne. Ingrand.

Vosges. André; Vosgien; Dieudonné.

Yonne. Moreau; Rougier de la Bergerie; Gréau.

La liste sur laquelle nous avons composé la nôtre, se trouve dans les n°s LXXI, LXXII et LXXIV du journal des Jacobins, elle ne mentionne pas les départemens auxquels appartenaient les députés. Elle est d'ailleurs faite sans aucun soin, pleine de fautes d'orthographe, répétant plusieurs fois les mêmes noms : nous l'avons rectifiée. Le nombre des députés jacobins s'accrut à peine, durant le premier trimestre de la Législative. Le journal du club ne permet pas le doute à cet égard. Au début de la séance du 19 décembre, la motion d'une liste générale fut faite, et plusieurs demandèrent qu'on ajoutât aux noms des membres leurs qualifications, principalement celle de député. « Il faut, disaient-ils, montrer à la France quels sont ceux des représentans de la nation qui, attachés réellement aux droits du peuple, au maintien de la constitution, se sont inscrits dans la société; et quels sont ceux qui, s'étant étayés du crédit des sociétés affiliées pour se faire nommer députés, n'osent pas, par des considérations timides, s'y faire présenter, ou bien après s'y être fait inscrire s'en sont éloignés.» On remarque, dit le rédacteur, que le nombre de ceux-ci est infiniment peu considérable. Après de longs débats, la question fut ajournée. (*Journal des débats du club*, n° CXIV.)

ASSEMBLÉE LÉGISLATIVE.
DU 1er OCTOBRE 1791 AU 1er MAI 1792.

Présidens de l'assemblée. — Du 1er au 3 octobre 1791, M. Batauld, président d'âge; du 3 au 17, M. Pastoret; du 17 au 30, M. Ducastel; du 30 octobre au 15 novembre, M. Vergniaud; du 15 au 28, M. Viénot-Vaublanc; du 28 novembre au 10 décembre, M. Lacépède; du 10 au 26, M. Lémontey; du 26 décembre au 8 janvier 1792, M. François de Neufchâteau; du 8 au 22, M. Daverhoult; du 22 janvier au 5 février, M. Guadet; du 19 février au 4 mars, M. Dumas; du 4 au 18, M. Guyton-Morveau; du 18 mars au 2 avril, M. Gensonné; du 2 au 15, M. Dorizy; du 15 au 29, M. Bigot de Préameneu.

Nous avons dit, en commençant l'histoire de l'assemblée législative, que, pendant les sept premiers mois de sa durée, une seule question exerça sans intermittence l'activité parlementaire. A l'intérieur, à l'extérieur, partout la contre-révolution est à la guerre, et nous allons voir chacun de ses contacts avec la révolution être un défi ou une hostilité directe, une suite d'escarmouches précédant la bataille rangée.

Nous ne saurions trop le répéter : parce que la constituante n'eut ni le sentiment ni la science du principe révolutionnaire; parce que ce principe ne fut pas son acte de foi, il en résulta qu'elle ne découvrit ni le centre de l'ancien régime, ni le centre du nouveau ; il en résulta qu'elle ne sut jamais où frapper pour détruire, où fonder pour bâtir.

La constituante avait tenté de mettre l'Europe dans une fausse position. En France, au lieu de regarder la révolution comme un devoir de notre nationalité, et d'en ouvrir, d'en ordonner même l'accomplissement à toutes les classes de la société, elle jugea que la révolution était un droit, et elle en prit possession au nom de la classe bourgeoise. Elle divisa donc la nation, plus qu'elle n'était divisée par les douanes de province à province, par la diversité des coutumes, par toutes les séparations matérielles qu'elle trouva à son avènement ; car l'unité royale coordonnait au moins cette variété en un système un.

La division opérée par la constituante fut une véritable désorganisation. Elle ne modifia pas tant le pouvoir d'un seul, et les priviléges des hautes classes, qu'elle ne rompit l'identité nationale elle-même, le fonds commun sans lequel il n'y avait plus de France. Si la révolution eût été à ses yeux ce qu'elle était réellement, un grand devoir auquel manquaient, depuis près de quatre siècles, l'Église catholique, et depuis Richelieu, les chefs français, elle eût montré à chacune des classes qu'elle était appelée à transformer, les immenses sacrifices auxquels elles devaient concourir, et chacune eût été en demeure d'y choisir une part. Alors les élémens sociaux eussent été dans leur vraie position, se touchant par le même devoir, unis dans la même obligation morale.

Loin de là, la constituante voulut unir par le droit, c'est-à-dire par ce qui individualise et sépare. Il s'ensuivit que les aristocrates, les Actifs et les Passifs, furent dans une fausse position les uns à l'égard des autres, et tous à l'égard de la révolution. Parlant pour les Actifs, la constituante dit aux aristocrates : Vous pouvez être citoyens actifs aujourd'hui, si vous voulez ; donc vous devez être avec nous. Aux Passifs, elle dit : Vous pouvez devenir un jour citoyens actifs, donc vous devez être avec nous. Les Aristocrates lui répondirent : Nous avons et nous voulons conserver le privilége de l'activité. Les Passifs lui répondirent : Nous voulons être Actifs sans plus attendre. Les uns et les autres : Nous ne sommes pas avec vous. Contre-révolution, immobilisation, insurrection, tels furent les rôles fatalement distribués par les législateurs constituans aux catégories sociales que le passé leur avait remises.

De ce que tout était faussement posé à l'intérieur, il arriva que tout le fut aussi à l'extérieur. La révolution, nettement manifestée par la France, devenait à l'instant une question européenne. Elle avait un domicile préparé chez toutes les nations nées du christianisme, et il lui suffisait d'accuser son origine, et de poser sa morale, pour que les souverains étrangers fussent obligés, aux yeux de leurs peuples, non-seulement à la respecter, mais encore à en recevoir l'impulsion. Résister à un devoir authentiquement proclamé comme le seul lien moral des peuples d'Europe, était impossible aux royautés du continent. Alors, en effet, le pouvoir révolutionnaire ayant seul une sanction, n'avait rien à redouter d'un pouvoir ennemi; car il ne restait à un tel pouvoir d'autre motif à invoquer que la force brutale.

Ainsi, l'entrée en révolution de l'assemblée nationale constituante devait être signalée par la déclaration de la morale européenne. A ce prix, ses actes de destruction eussent frappé juste; à ce prix, elle eût créé une organisation que nul homme de bonne foi n'eût critiquée; à ce prix, elle dictait aux rois de l'Europe un droit des gens nouveau qui les eût brisés sans retour, s'ils n'y eussent volontairement et pleinement obéi.

Nous avons exposé comment elle faussa les rapports intérieurs. Elle gouverna les relations extérieures dans le même esprit. D'abord elle se conduisit comme si la nation française était complétement isolée, complétement indépendante du milieu européen. Elle ne vit pas que la question de l'unité était partout la grande question. Le clergé gallican avait un centre par lequel il fallait commencer la réforme : la constituante agit sur le détail. Elle laissa au chef du corps clérical la puissance de l'unité, le caractère de la souveraineté qui oblige; en un mot, un instrument d'obéissance devant lequel le sien était nul. Elle ne vit pas que la royauté était un système qui avait aussi son centre et son unité, et que cette unité servait de base au fameux traité de Westphalie. La réforme du pouvoir royal devait donc procéder d'une solution unitaire ; elle devait attaquer le mal à sa source, et substituer à la doctrine du droit, d'où émanait la royauté monarchique, le principe du devoir par lequel désormais tous les pouvoirs légitimes seraient membres de la nouvelle unité.

A cette condition, les souverains eussent été placés dans la vraie relation que jetait entre eux le dogme révolutionnaire, et dans le rapport commun à tous dont il était lui-même le sommet.

Ici la constituante entreprit encore de modifier le détail sans s'occuper de l'unité qui lui donnait seule de la valeur ; elle agit sur un roi au lieu d'agir sur le système royal. A cause de cela, dépourvue de tout moyen de prévoir les conséquences que ses actes entraîneraient, elle décida qu'ils n'en auraient probablement aucune, et se mit à les attendre comme des cas fortuits qui échappaient à la prudence humaine.

A mesure que les élémens de contre-révolution qu'elle semait à pleines mains, manifestèrent leur tendance, la constituante ne put leur résister en principe que par sa doctrine propre, la tolérance universelle, et en pratique, qu'en leur proposant le compromis, le contrat qu'elle offrait au nom des intérêts bourgeois à tous les intérêts antipathiques. Contre de si faibles adversaires, contre les misères du fédéralisme, les élémens de contre-révolution avaient deux abris assurés, deux centres de réaction, autour desquels ils se groupèrent en effet : l'unité papale et l'unité royale.

Lorsque ces résultats eurent grandi de manière à nécessiter de la diplomatie sérieuse, les représentans de la classe bourgeoise ne doutèrent pas que leur constitution ne fût admise sur le terrain du traité de Westphalie comme l'équivalent rigoureux du monarque français. Aussi, de ce point de vue, les négociations dont nous avons parlé à la fin du précédent volume, lui parurentelles l'infaillible remède à ces symptômes de coalition qui menaçaient nos frontières. Les législateurs constituans ne réfléchirent pas que le pacte d'union entre les rois était un contrat entre propriétaires, se garantissant mutuellement la propriété héréditaire d'un royaume, de ses habitans et de son étendue territoriale. Or, que pouvait garantir aux rois de l'Europe une constitution qui, bien loin d'offrir le caractère immuable et indépendant d'un possesseur, était sujette à toutes les vicissitudes d'une chose possédée? Que pouvaient-ils lui garantir à elle-même? Ce fut cependant sur des calculs de cette nature, tranchons le mot, sur un sophisme aussi grossier, que la constituante eut prétention d'asseoir l'Europe.

Au moment où elle quitta le pouvoir, le défaut d'initiative que nous lui avons tant de fois reproché, défaut qui généralise au reste très-exactement ce qu'on vient de lire, avait engendré pour ses successeurs des fatalités redoutables. Au sortir de ses mains la France constitutionnelle était passive à l'égard de tous ses ennemis intérieurs et extérieurs; tolérante envers les prêtres non-assermentés, tolérante envers les émigrés; elle n'était protégée contre les agressions contre-révolutionnaires que par le système répressif d'une vaine légalité. La Vendée prenait les armes, et on lui opposait la loi; les prêtres prêchaient la guerre, et on leur opposait la loi; les émigrés préparaient des coalitions, et on leur opposait la constitution. Le manque d'activité initiatrice de la part des chefs de la bourgeoisie, les ayant détournés sans cesse de l'attaque, les avait détournés aussi de la défense; car la force, le pouvoir de la sécurité, comprend indispensablement l'attaque et la défense; car l'attaque et la défense sont les deux aspects du même moyen. Ainsi les hommes de loi, les avocats célèbres, ex-parlementaires pour la plupart, qui gouvernèrent la France du mois de mai 1789 au mois d'octobre 1791, la dotèrent d'une constitution que ne sanctionnait aucun principe moral, et ne songèrent nullement à lui tenir prête la sanction qui convient seule à ces sortes de législations, une force brutale invincible.

Ouverte à l'invasion, sillonnée en tous sens par des émigrans, des conspirateurs et des traîtres, atteinte sur un point de la guerre civile, et menacée sur tous de la guerre étrangère, telle était la France lorsqu'elle fut remise à l'assemblée législative.

Nous allons voir celle-ci, pour première démarche, s'inféoder solennellement à la constitution. Obéissante jusqu'à l'enthousiasme au codicile des testateurs, elle va prendre possession d'une base immobile, du terrain sacré de l'inactivité, avec des démonstrations qui lui seront plus tard ainsi rappelées : « Ce code fut apporté en triomphe par des vieillards, comme un livre saint; plusieurs le baignèrent de leurs larmes et le couvrirent de baisers. L'acte constitutionnel fut reçu avec moins de gravité et de respect, que de superstition et d'idolâtrie, et l'assemblée législative parut se tenir dans une humble contenance devant l'ombre même de l'assemblée constituante. » (*Le Défenseur de la constitution*, n° I, p. 3.) Aujourd'hui cependant, il faudra agir pour vivre; aujourd'hui chaque acte sera réellement un acte de salut. Privée, par la position fatale qu'elle a volontairement subie, de la capacité et de la verve initiatrice, la législative ne nous présentera dans ses paroles et dans ses œuvres que des mouvemens *à posteriori*. Attaquée au vif, elle réagira; ses colères révolutionnaires les plus exaltées ne seront que de pures réactions; à des insultes elle répondra par des insultes; à des conspirations flagrantes, par des dénonciations qui se traîneront, sans aboutissement, dans les embarras des formes judiciaires, après s'être traînées dans ceux des formes parlementaires; à des fauteurs de guerre civile, par des décrets qui les priveront de leur pension; enfin, à des armées prêtes à faire feu, par une déclaration de guerre.

La séance du serment étant une des pièces de notre introduction, nous la plaçons sous les yeux de nos lecteurs.

SÉANCE DU 4 OCTOBRE.

[*M. le président*. L'ordre du jour est la prestation du serment individuel prescrit par la constitution. La loi du 17 juin porte que le président en prononcera la formule, et que tous les membres monteront successivement à la tribune, et diront : *Je le jure*.

N.... Ne serait-il pas convenable de donner à cette cérémonie tout l'appareil et toute la solennité propres à caractériser son importance? Je demande que la constitution soit apportée par l'archiviste, et que ce soit en tenant la main posée sur ce livre sacré, que chacun prête le serment. (On applaudit.)

M. Girardin. J'appuie la motion du préopinant; mais j'y joins un amendement ; c'est de nommer une députation pour aller chercher aux archives l'acte constitutionnel. (Il s'élève des rumeurs.)

N.... La loi du 17 juin 1791 porte que : chaque membre montera à la tribune, et dira : *Je le jure;* mais la constitution n'en parle point; puisque nous avons déjà dérogé hier à cette loi, je demande qu'afin qu'il n'y ait point de restriction mentale, il soit décrété que chaque membre prononcera la formule du serment dans toute son intégrité.

N.... J'appuie la proposition de l'anté-préopinant, et je demande qu'il soit décrété que l'acte constitutionnel sera apporté à la tribune.

Cette proposition est adoptée.

M. Lacroix. Je demande l'ordre du jour sur la proposition qui a été faite d'envoyer une députation aux archives.

N.... Le préopinant paraît ne pas avoir compris l'esprit de la proposition. Ce n'est pas à l'archiviste qu'on envoie une députation, c'est au dépôt sacré qui ne peut être déplacé sans être sous la garde d'une commission de l'assemblée.

N.... Il n'est point question d'une députation ; je demande qu'il soit décidé simplement que l'assemblée nommera des commissaires.

N.... Pour terminer tous ces inutiles débats, je pense que comme l'acte constitutionnel ne peut arriver ici tout seul, il est tout naturel de l'envoyer chercher.

M. Lacroix demande la parole contre cette proposition, et fait de longs efforts pour l'obtenir.

L'assemblée ferme la discussion, et décrète que le président nommera parmi les plus anciens d'âge, douze commissaires chargés d'apporter l'acte constitutionnel.

M. Moulin. Je pense qu'avant de nous occuper de rien de ce qui concerne le serment individuel de maintenir la constitution, nous devons renouveler au nom du peuple français, que nous représentons, le serment de vivre libres ou mourir. (On applaudit.)

A l'instant même tous les membres se lèvent, par un mouvement spontané, et prêtent, par une acclamation unanime, le serment de *vivre libres ou mourir*.

Les applaudissemens des tribunes se prolongent pendant plusieurs minutes.

MM. les commissaires, ayant le vice-président à leur tête, se retirent pour aller chercher l'acte constitutionnel.

N.... Je demande que toute l'assemblée reste debout jusqu'à ce que l'acte constitutionnel soit déposé sur le bureau.

N.... L'acte constitutionnel est l'étendard sous lequel nous devons marcher; le serment que nous allons prêter, sera le garant de la fidélité avec laquelle nous devons maintenir la constitution. Je demande que le serment que nous allons prêter, soit imprimé en gros caractères, et placé au-dessus du bureau du président, afin que chaque membre qui demandera désormais la parole, ait sous les yeux ce serment qui lui représente constamment ses devoirs.

N.... Il n'y a personne qui puisse l'oublier.

M. l'évêque du département de.... Pour ajouter à la solennité de ce serment, je demande qu'il soit annoncé dans toute la ville, d'une manière quelconque, au bruit du canon, par exemple; cela cela ne sera peut-être pas de trop. (Il s'élève beaucoup de murmures.)

N.... Je rappelle à l'assemblée un trait de l'histoire des Athéniens. Tout le monde le connaît sans doute : après une défaite, ils firent prêter à leurs soldats le serment de mourir ou de vaincre. Ces soldats furent fidèles à ce serment; on l'écrivit ensuite sur les drapeaux, il y eut beaucoup de transfuges. Je demande qu'on passe à l'ordre du jour.

M. Ducos. Plus la prestation du serment sera simple, plus cette cérémonie sera sublime. Je demande la question préalable sur toutes les motions nouvelles.

N.... L'assemblée a décidé que les vieillards qui sont dans son sein, iraient chercher l'acte constitutionnel; je demande que les plus jeunes aillent le recevoir. (On murmure.)

L'assemblée ferme la discussion, et passe à l'ordre du jour sur toutes les motions proposées.

M. le président. La loi du 17 juin porte que chaque membre montera à la tribune, et dira : *Je le jure.* On a proposé que la formule du serment fût prononcée en entier. Je vais mettre cette proposition aux voix.

N..... Avant que l'assemblée soit consultée, je me permettrai une observation déterminante : c'est qu'il y aurait entre le président et le membre qui dirait *je le jure*, un concours dans la prestation du serment; en sorte que ce serment ne serait plus individuel.

M. le président consulte l'assemblée, et prononce « que l'assemblée nationale déclare que, conformément à l'acte constitutionnel, le serment sera prêté individuellement et dans toute son étendue. »

Plusieurs minutes se passent dans l'inaction.

Un huissier. Messieurs, j'annonce à l'assemblée nationale l'acte constitutionnel.

Les douze commissaires, escortés par les huissiers et par un détachement des gardes nationales et de la gendarmerie, entrent dans la salle au milieu des applaudissemens de l'assemblée et du public.

M. Camus, archiviste, porte l'acte constitutionnel.

Tous les membres restent levés et découverts.

N.... *s'adressant aux spectateurs.* Peuple français, citoyens de Paris, Français généreux, et vous, citoyennes vertueuses et savantes, qui apportez dans le sanctuaire des lois la plus douce influence, voilà le gage de la paix que la législature vous prépare. Nous allons jurer sur ce dépôt de la volonté du peuple, de mourir libres et de défendre la constitution.... (Il s'élève des rumeurs qui étouffent la voix de l'orateur.)

M. Camus porte à la tribune l'acte constitutionnel.

M. Lacroix demande la parole et réitère sa demande au milieu de longs murmures.

N.... Lorsque le roi paraît dans le sein de l'assemblée, il est d'usage qu'on ne prenne aucune délibération. Je demande que tant que l'acte constitutionnel sera ici, on ne prenne aucune délibération. (On applaudit.)

M. le président. Nous allons passer à la prestation du serment. Je prie M. le vice-président de me remplacer un moment; je vais monter à la tribune pour prêter le serment.

La garde armée se retire.

M. Camus reste à la tribune, gardien de l'acte constitutionnel.

Tous les membres sont assis et découverts.

M. le président prête le serment, et successivement, tous les membres, appelés par l'ordre alphabétique des départemens, prononcent sur le livre constitutionnel la formule prescrite par la constitution.

L'appel est terminé.

M. Camus, archiviste, descend de la tribune, portant l'acte constitutionnel.

La même députation qui l'était allé chercher, l'entoure.

Toute l'assemblée se lève, et la députation sort au milieu des plus vifs applaudissemens.

M. le président. Il résulte de l'appel que 492 députés ont prêté serment. (On applaudit.) L'art. Ier de la sect. IV du chap. III de l'acte constitutionnel, nous indique maintenant ce que nous avons à faire. Le voici :

«Lorsque le corps-législatif est définitivement constitué, il envoie au roi une députation pour l'en instruire. Le roi peut chaque année faire l'ouverture de la session, et proposer les objets qu'il croit devoir être pris en considération pendant le cours de cette session, sans néanmoins que cette formalité puisse être considérée comme nécessaire à l'activité du corps-législatif. » C'est à l'assemblée à déterminer de combien de membres doit être composée la députation.

On entend successivement dans diverses parties de la salle ces mots : 24, 12, 60 membres.

M. le président. On fait diverses propositions : la plus générale me paraît être celle qui tend à former la députation de 60 membres. (*Quelques voix s'élèvent* : Non, non.)

On demande que la priorité soit accordée à la proposition de 24 membres.

M. le président met aux voix la priorité. La première épreuve paraît douteuse.

Après une seconde épreuve, l'assemblée décide que la priorité est accordée à la proposition de composer la députation de 60 membres. — Elle est mise aux voix et décrétée.

N.... Je demande que l'on décide maintenant de quelle manière la députation doit être formée.

M. le président. L'assemblée constituante était dans l'usage de faire nommer les députations par le président et les secrétaires.

N.... Il y a une loi qui porte que les députations seront formées de députés pris à tour de rôle dans les départemens, et suivant l'ordre alphabétique.

L'assemblée décide que suivant l'usage adopté par le corps constituant les députations seront nommées par le président et les secrétaires.

M. le président. Tandis que je vais m'occuper avec les secrétaires de composer la liste de la députation, M. Cérutti a la parole.

M. Cérutti. Quatre cent quatre-vingt-douze députés, la main appuyée sur l'évangile de la constitution, viennent de lui rendre l'hommage solennel de leur fidélité, maintenant il me paraît convenable d'offrir un juste sentiment de reconnaissance au corps constituant de qui nous tenons cet immortel ouvrage. (Toute l'assemblés et les tribunes applaudissent à plusieurs reprises.) Rien n'est plus commun que de jouir avec une ingratitude superbe du fruit des services rendus à l'État par quelques citoyens. On craint de paraître idolâtre des hommes revêtus de pouvoir ; mais lorsqu'ils n'en ont plus, il est beau d'honorer l'usage vertueux d'une puissance expirée. Lorsque pour la première fois nous sommes entrés dans cette enceinte, j'ai vu que le peuple portait des regards de vénération sur nos prédécesseurs dispersés dans les tribunes, et des regards d'espérance sur les législateurs nouveaux. Nous partageons le vœu général, et nous l'émettrons d'une manière précise en votant des remercîmens à l'assemblée qui a représenté, sauvé et régénéré l'empire français. (L'assemblée et les tribunes applaudissent à plusieurs reprises.)

Plus il y avait de troubles et de factions, plus nous avons de grâces à rendre à l'élite qui les a si glorieusement combattus. Assiégée dans son enceinte, elle disperse l'armée qui l'entoure, plongée dans l'obscurité, elle en fait jaillir la lumière ; environnée de ruines, elle élève ce superbe édifice confié à nos soins. Quel sénat de Rome, quel parlement britannique, quel congrès américain a fait de si grandes choses en si peu de temps et avec si peu de forces? Trois années ont détruit quatorze siècles d'esclavage, et préparé des siècles de bonheur. Combien va s'agrandir le nom de ceux qui ont mis la main à ce superbe édifice! Prévenons, Messieurs, la justice des temps, et adoptons le décret dont je vais vous donner lecture.

« L'assemblée nationale législative, succédant à l'assemblée nationale constituante, et considérant que le plus grand bienfait possible était une constitution telle que la nôtre, a décrété des remercîmens à tous les bons citoyens qui ont concouru et contribué dans l'assemblée nationale à la confection et à l'achèvement de la constitution française.

» L'assemblée nationale législative s'empresse dans le même temps de rendre un solennel hommage aux grands exemples de magnanimité qui ont éclaté dans le cours de l'assemblée nationale constituante, et qui resteront imprimés éternellement dans la mémoire du peuple français. »

L'assemblée et les tribunes recommencent leurs applaudissemens.

On demande à aller aux voix.

M. Chabot. Je demande la parole pour un amendement. Sans doute, nous devons de la reconnaissance au corps constituant ; mais peut-être n'est-il pas bien digne de dire que la constitution est la plus parfaite possible.....

L'assemblée interrompant M. Chabot, adopte unanimement la motion faite par M. Cérutti, et décide que son discours sera joint au procès-verbal, imprimé et envoyé aux 83 départemens.

N.... Pour ajouter au décret qui vient d'être rendu, un nouvel hommage de notre reconnaissance, je demande qu'il soit réservé ici une place aux anciens membres du corps constituant, afin qu'ils soient témoins des progrès de l'esprit public. (On murmure.)

La motion n'est point appuyée.

N.... Pour que la marche de l'assemblée soit plus rapide, je demande qu'il soit nommé une commission chargée d'examiner si les réglemens du régime intérieur de l'ancienne assemblée sont applicables à celle-ci.

La motion n'est point appuyée.

Un de MM. les membres composant la députation qui avait accompagné l'acte constitutionnel. La constitution vient d'être remise aux archives, et ce précieux dépôt que nous portons tous dans nos cœurs, a été placé avec toutes les précautions convenables.

M. Chaudron. M. Palloy a déposé dans cette salle une pierre sur laquelle sont gravées les effigies du roi et du maire de Paris, je demande que l'assemblée décide que ce monument restera dans cette enceinte.

La motion n'est pas appuyée.

N.... Il est inutile de dire que personne ici n'a le droit de voter sans avoir prêté le serment individuel.

Un de MM. les secrétaires fait lecture de la liste des membres de la députation qui doit se rendre chez le roi.

N.... Vous venez de décréter l'envoi aux 83 départemens de la proposition faite par M. Cérutti; je propose d'y joindre le procès-verbal entier de cette séance, afin que l'on connaisse et l'unanimité et l'enthousiasme avec lesquels nous avons tous prêté le serment de fidélité à la constitution.

Cette proposition est rejetée par la question préalable.

M. le président. On est allé chez le roi pour lui demander l'heure à laquelle il recevra votre députation; je prie messieurs les membres qui la composent, de vouloir bien se rendre ici à six heures, et je leur ferai part de la réponse du roi.

La séance est levée à quatre heures.]

L'espèce de pompe religieuse déployée dans la séance du serment, eut un médiocre succès. Les journaux royalistes-constitutionnels les plus prononcés ne furent pas dupes de cette unanimité apparente. *Le Babillard* disait déjà que deux partis divisaient l'assemblée législative, et qu'ils ne la rendraient ni moins tumultueuse, ni moins exposée aux scandales que le corps constituant. Dans son numéro du 7 octobre, il fait parler ainsi, au milieu d'un groupe, vis-à-vis du café de Foy, une personne avancée en âge : « On nous prépare des scènes nouvelles et peut-être une seconde révolution. Une dissimulation profonde a dicté le serment de plusieurs députés. Les *Fauchet*, les *Brissot*, les *Condorcet*, ont juré de maintenir une constitution évidemment contraire aux principes qu'ils ont prêchés. » L'organe des constitutionnels modérés, le *journal de Paris*, arrive par une suite d'habiletés oratoires au blâme de la cérémonie. « On peut craindre (n° du 5 octobre) qu'en jurant sur l'acte constitutionnel, on ne s'accoutume à le considérer comme quelque chose de divin, où il ne sera plus permis à l'homme de rien changer. Si de pareilles idées s'y associaient jamais, ce serment deviendrait un blasphème contre la raison, et c'est la raison seule qui est sacrée partout où la divinité ne parle point par des miracles. Plusieurs législateurs de l'antiquité, qui n'avaient pas assez de génie pour se dispenser d'être des charlatans, ont fait croire qu'ils avaient écrit leurs lois sous la dictée des dieux. Un tel artifice ne serait pas seulement criminel, il serait inutile aujourd'hui que les peuples sont en état de sentir la divinité de la raison. »

L'*Ami du roi* (jeudi 6 octobre) fait des réflexions sur la valeur du serment : il décrit ensuite la séance du 4 octobre, de son point de vue particulier.

« Comment nos législateurs ne sont-ils pas encore dégoûtés des sermens, après la funeste expérience qu'ils en ont faite? à qui pensent-ils en imposer encore par ce vain appareil et par ces inutiles formules plus souvent employées pour faire triompher l'imposture que pour consacrer la vérité? C'est dans les conspirations contre l'autorité légitime et contre la tranquillité publique, que les scélérats ont coutume de se lier par d'horribles juremens ; mais des législateurs assemblés pour rétablir l'ordre et l'union dans le royaume, n'ont pas besoin d'épouvanter les airs par leurs sermens; ils ne doivent pas se présenter à la nation sous l'aspect d'une troupe de conjurés. Toute la pompe, tout le spectacle dont il leur a plu d'accompagner cette frivole cérémonie, ne sert qu'à travestir le sanctuaire des lois en théâtre, et les députés en histrions. Un des plus superstitieux adorateurs de cette grande absurdité, qu'on appelle la constitution, a demandé que ce saint évangile fût tiré respectueusement des archives, apporté dévotement dans l'assemblée, et que chaque député, en prêtant son serment, eût la main étendue sur ce livre sacré...

» Les douze vieillards de l'Apocalypse sont partis pour leur sainte expédition, et ils n'ont pas tardé à revenir. Dès que l'huissier a annoncé l'arrivée de l'acte constitutionnel, tous les députés se sont levés en sursaut et d'un commun élan. Les vieillards sont entrés escortés d'une nombreuse troupe de gardes nationales et de gendarmes nationaux; au milieu paraissait le vénérable Camus, tenant en main l'acte constitutionnel : quelques dévots ont trouvé mauvais que cette arche de la nouvelle alliance fût entre les mains profanes de l'archiviste, et non pas dans celles des vieillards. En approchant de la tribune, l'un de ces vieux lévites s'est écrié : « Français ! citoyens ! voici l'acte constitutionnel que nous vous apportons ; voici le gage de la paix! Nous allons jurer de *mourir* libres (*dites donc de vivre*). Oui, de vivre libres ou de mourir, et de défendre la constitution au prix de...» Les applaudissemens ont étouffé la voix cassée de cet antique orateur. M. Camus a paru à la tribune, et on a crié *à l'ordre, M. l'archiviste.* Une voix a demandé que tous les hommes armés eussent à se retirer : que l'acte constitutionnel au sein de l'assemblée ne courait aucun risque, et n'avait pas besoin de défenseurs. Les hommes armés se sont retirés, mais l'intrépide Camus n'a point désemparé ; et, toujours ferme à la tribune, il n'a point abandonné le livre de la loi. Alors a commencé la cérémonie du serment. M. le président a monté le premier à la tribune, et là, étendant la main sur le nouvel évangile, toujours gardé par M. Camus, il a prononcé la formule. Ensuite un secrétaire a fait l'appel de tous les membres, qui, à mesure qu'on les nommait, montaient successivement à la tribune, et ne disaient pas simplement et en abrégé : *je le jure* ; mais, pour plus grande sûreté et pour éviter la perfidie des restrictions mentales, récitaient tout au long la formule avec la même pantomime et le même jeu de théâtre dont M. le président leur avait donné l'exemple. Malgré le recueillement et la dévotion des spectateurs, le costume étrange de deux députés bretons leur a causé quelques distractions, ainsi qu'un vaste cordon rouge dont un des jureurs a paru affublé. Mais parmi les orateurs de ce pieux opéra, celui qui a fait le plus de sensation est le sieur Brissot, lequel a été régalé d'applaudissemens outrés, et même ironiques : on supposait qu'il devait en coûter beaucoup à ce fameux républicain, de jurer fidélité au roi ; cependant il faut convenir que le sieur Brissot s'en est tiré d'assez bonne grâce : le plaisir de se voir, en dépit de l'envie, assis sur un des trônes nationaux, lui a fait avaler, sans grimace, la pillule du serment. »

Les journaux patriotes ou gardèrent le silence, ou s'exprimèrent avec aussi peu de ménagemens que Royou. Le peuple de Paris accueillit de la même manière cet hommage rendu à des législateurs dont il ne parlait plus qu'avec un sentiment de lassitude. Que pouvait signifier en effet une telle idolâtrie envers les constituans, aux yeux de ceux qui, la veille, les traitaient ainsi que Toulongeon le rapporte, t. 1. p. 211 : « Les choses étaient au point que les libelles les plus injurieux s'imprimaient et se débitaient publiquement à la porte même du lieu de nos séances. On mettait entre les mains des députés qui allaient prendre leur place, un livret intitulé : *Rendez-nous nos dix-huit francs, et allez vous faire f... »*

A la séance du serment, en succéda une si brusquement contradictoire, si révolutionnaire dans la forme, qu'il en résulta plutôt un étonnement général que de l'espérance pour les patriotes, et de la crainte pour les royalistes-constitutionnels. La question sur laquelle l'assemblée porta un décret de premier mouvement, n'était à l'ordre du jour ni dans les journaux, ni dans les sociétés populaires ; personne n'y songeait. Cet acte imprévu répondait à une provocation imprévue elle-même.

La députation chargée de prévenir Louis XVI que l'assemblée était constituée, se présenta le 4, à six heures du soir, au château des Tuileries. Le roi lui fit dire par le ministre de la justice qu'il la recevrait le lendemain à une heure. La députation insista, et la réception ne fut retardée que de trois heures. La forme selon laquelle l'audience avait été négociée, et la manière dont elle se passa, donnèrent lieu aux déterminations suivantes :

SÉANCE DU 5 OCTOBRE.

M. le président. M. Ducastel va rendre compte à l'assemblée de la députation qui s'est rendue hier chez le roi.

M. Ducastel. La députation que vous avez chargée d'aller chez le roi, s'est rendue hier à six heures dans cette salle, et m'a déféré l'honneur de la présider. Nous nous sommes occupés de déterminer dans quels termes je parlerais au roi ; alors j'ai proposé de remplir purement et simplement l'objet de notre mission, et de lui adresser les paroles suivantes : « Sire, l'assemblée nationale législative est définitivement constituée : elle nous a députés pour en instruire votre majesté. » Quelques membres ont prétendu qu'il y avait dans ce peu de paroles trop de sécheresse et pas assez de dignité ; d'autres ont dit qu'en ajoutant autre chose, il serait possible de blesser, soit la dignité nationale, soit la dignité royale : en conséquence, les termes que je viens de vous rapporter ont été adoptés. M. le ministre de la justice est venu nous annoncer que le roi ne pourrait nous recevoir qu'aujourd'hui à une heure. Nous avons pensé que le salut de la chose publique exigeait que nous fussions admis sur-le-champ, et nous avons insisté. M. le ministre de la justice est retourné par-devers le roi, et est revenu nous dire que nous serions reçus à neuf heures. Nous y sommes allés. Environ à quatre pas du roi, je l'ai salué, et j'ai prononcé le peu de mots que je viens de vous rapporter. Le roi m'a demandé le nom de mes collègues, je lui ai répondu que je ne les connaissais pas. Nous allions sortir, lorsqu'il nous a arrêtés, en nous disant cordialement : « Je ne pourrai vous voir que vendredi. » Je n'ai pas cru devoir répondre au roi; nous l'avons salué de nouveau, et, revenus ici, nous nous sommes séparés fraternellement. (On applaudit.)

N...... Le corps constituant a décrété que l'assemblée nationale communiquerait directement avec le roi; cependant vous avez entendu, par le récit que vient de faire M. Ducastel, que c'était par le ministre de la justice que le roi avait été prévenu de votre députation. Je demande que la loi soit exécutée à la lettre.

N...... Et moi je demande que l'assemblée décrète qu'on ne se servira plus, dans le sein du corps-législatif, de ce titre *votre majesté* (cinq à six membres applaudissent) : le seul titre de Louis XVI est *roi des Français*.

N...... Je propose d'entendre la lecture d'un projet de décret:

« L'assemblée nationale, considérant que le code de l'étiquette ne peut convenir à un peuple libre, décrète que le corps-législatif, malgré l'évidence de la prééminence de ses droits, traitera d'égal à égal avec le pouvoir exécutif: il pourra y envoyer à toute heure des députations, et que le roi pourra se rendre à l'assemblée nationale toutes les fois qu'il le jugera convenable. »

On demande à discuter d'abord la première proposition.

N...... Puisque la loi est rendue, elle est comprise dans le serment que nous avons prêté de faire exécuter la constitution. Ainsi, je demande la question préalable sur la proposition qui vient d'être faite, avec la mention au procès-verbal des motifs qui auront fait adopter cette question préalable.

N...... Il est impossible d'adopter la question préalable sur la proposition de faire exécuter une loi rendue.

Plusieurs membres demandent l'ordre du jour, avec la mention au procès-verbal des réclamations faites pour l'exécution de la loi.

Cette dernière proposition est adoptée.

M. Becquet. Le roi doit se rendre à l'assemblée vendredi : je demande que la délibération s'établisse sur la manière dont il sera reçu. (On murmure.) Cet objet est plus essentiel qu'on ne pense. La délibération que je propose est un objet de régime intérieur que la constitution vous donne le droit d'établir. Je demande que vous ne soyez pas debout et assis, quand il plaira au roi de se tenir debout et assis. (On applaudit.)

M. Couthon. L'assemblée qui nous a précédés, a décidé que, quant à l'étiquette, la conduite du roi lui servirait de règle, comme si, en présence du premier fonctionnaire du peuple, les représentans de ce peuple se transformaient tout à coup en automates qui ne peuvent se mouvoir que par sa volonté. (On applaudit.) Elle a décidé qu'il lui serait apporté un beau fauteuil d'or, comme si celui du président était indigne de lui. La dernière fois qu'il s'est rendu ici, n'a-t-on pas entendu M. le président se servir, en lui parlant, de mots proscrits ; l'appeler *votre majesté*, comme s'il y en avait une autre que celle de la loi et du peuple ; l'appeler *sire*, ce qui, dans le vieux style, signifie *monseigneur*. Je demande que le cérémonial soit réglé dans cette séance, et je propose de décréter que, lorsque le roi entrera dans la salle, les membres de cette assemblée seront debout et découverts ; qu'au moment où il arrivera au bureau, ils aient, comme lui, la faculté de s'asseoir et de se couvrir. Nous devons éviter aussi le spectacle d'un fauteuil scandaleux, et espérer que le roi s'honorera de s'asseoir sur le fauteuil du président des représentans d'un grand peuple, et qu'enfin il ne puisse prendre d'autre titre que celui de roi des Français. Si ma proposition est appuyée, je prie M. le président de la mettre aux voix. (On entend dans toutes les parties de la salle ces mots : *Oui, oui, elle est appuyée.*)

Quelques membres demandent la question préalable.

N...... Je demande que les deux fauteuils soient placés sur la même ligne vis-à-vis le bureau.

M. Goupilleau, député par le département de la Vendée. J'avoue qu'à la dernière séance du corps constituant, j'ai été révolté de voir le président se fatiguer par une inclination profonde devant le roi.

M. Chabot. Le peuple qui vous a envoyés, ne vous a pas chargés de porter plus loin la révolution ; mais il espère que vous ne rétrograderez pas ; il espère que, représentans de sa dignité, vous la ferez respecter ; que vous ne souffrirez pas, par exemple, que le roi vous dise : « Je viendrai à trois heures. » Comme si vous ne pouviez pas lever la séance sans l'attendre.

N.... Il n'y a rien de si désirable pour tous les bons citoyens, que l'harmonie entre les deux pouvoirs. (On applaudit dans toutes les parties de la salle.) Il ne faut pas souffrir que l'un domine sur l'autre. Le roi, en s'accoutumant à régler les mouvemens de vos corps, pourrait bientôt espérer de régler les mouvemens de vos ames. Il faut donc déterminer les formes invariables d'après lesquelles vous communiquerez avec lui. Tout ce que la dignité du corps-législatif peut accorder s'arrête là où commencent les marques d'esclavage. J'adopte donc la plupart des propositions qui viennent d'être faites par l'un des préopinans. Quant à la distinction des fauteuils, j'aime à croire que le peuple sentira que le simple fauteuil du président mérite autant de vénération que le fauteuil d'or. (On applaudit.)

On demande que ces propositions soient solennellement discutées à huit jours d'intervalle, suivant les formes prescrites par la constitution.

La discussion est fermée.

On demande à aller aux voix sur chacune des propositions séparément.

M. Souton récapitule les diverses propositions, et en fait autant d'articles séparés; il propose d'aller aux voix sur l'article suivant :

« Au moment où le roi entrera dans l'assemblée, tous les membres se tiendront debout et découverts. »

Cet article est adopté.

M. Souton lit l'article II.

« Le roi arrivé au bureau, chacun des membres pourra s'asseoir et se couvrir. »

M. Garran-Coulon. Cet article tendrait à établir une sorte de confusion dans l'assemblée, et cette aisance donnerait occasion aux uns de montrer de l'idolâtrie, et aux autres de la fierté. (Une voix s'élève : *Tant mieux; s'il y a des flatteurs, il faut les connaître.*) Je demande qu'on décide précisément que, lorsque le roi sera au bureau, tous les membres seront assis, et qu'il sera libre à chacun de se couvrir.

M. le président met aux voix l'article II.

L'épreuve paraît douteuse à quelques membres.

D'une part, on demande qu'il soit fait une seconde épreuve; de l'autre, que l'assemblée soit seulement consultée pour savoir s'il y a du doute. — Les débats sur ces deux propositions sont assez longs. — M. le président veut faire une seconde épreuve.

M. Lacroix. Il n'y a pas de doute; mais comme quelques membres du côté droit réclament....

Tous les députés placés à la droite du président, et beaucoup d'autres placés dans diverses parties de la salle, se lèvent en demandant à grands cris que M. Lacroix soit rappelé à l'ordre.

M. Lacroix va se placer au milieu de la partie droite de la salle, et sollicite la parole. — Les cris redoublent : *A l'ordre ! à l'ordre !*

M. le président se couvre.

On fait silence.

M. le président. M. Lacroix, au nom de l'assemblée, je vous rappelle à l'ordre pour avoir oublié les égards que vous devez à une partie de ses membres. (On applaudit.)

M. le président se découvre.

M. *Lacroix.* Maintenant que j'ai subi la peine, l'assemblée me permettra-t-elle de me justifier?

L'assemblée décide que M. Lacroix sera entendu.

M. *Lacroix.* En parlant du côté droit, je n'ai pas entendu comparer les membres qui y sont aujourd'hui à ceux qui y siégeaient dans le corps constituant. La preuve, c'est que je ne connais dans cette partie de la salle que six de mes collègues, les meilleurs citoyens du département.

L'assemblée décide qu'il ne sera pas fait mention au procès-verbal que M. Lacroix ait été rappelé à l'ordre.

M. le président consulte l'assemblée pour savoir s'il y a eu du doute sur la première épreuve.

L'assemblée décide qu'il n'y avait pas de doute, et que l'article II est adopté.

Les articles suivans sont successivement lus et décrétés.

III. Il y aura au bureau et sur la même ligne deux fauteuils semblables; celui placé à la gauche du président sera destiné pour le roi.

IV. Dans le cas où le président ou tout autre membre de l'assemblée aurait été chargé préalablement par l'assemblée d'adresser la parole au roi, il ne lui donnera, conformément à la constitution, d'autre titre que celui de roi des Français, et il en sera de même dans les députations qui pourront être envoyées au roi.

V. Lorsque le roi se retirera de l'assemblée, les membres seront, comme à son arrivée, debout et découverts.

VI. Enfin, la députation qui recevra et qui reconduira le roi, sera composée de douze membres.]

L'assemblée avait adopté à une grande majorité ce moyen de rendre à Louis XVI impolitesse pour impolitesse; mais l'éclat et la promptitude qu'elle mit à se venger ne profitèrent qu'à la popularité naissante de Couthon. Le lendemain, l'assemblée revint sur sa décision de la veille, à la suite d'intrigues que nous exposerons après avoir transcrit la séance elle-même où fut annulé le décret du 5.

ASSEMBLÉE LÉGISLATIVE.

SÉANCE DU 6 OCTOBRE.

Un de MM. les secrétaires fait lecture du procès-verbal de la séance de la veille.

M. Vosgien. Ce n'est point contre le décret rendu hier à l'occasion du cérémonial qui doit être observé, lorsque le roi paraîtra dans l'assemblée, que je demande la parole, c'est pour relever l'erreur qui l'a fait regarder comme un acte de police intérieure.

Le roi des Français devait venir demain proposer des objets d'utilité générale à l'attention de l'assemblée; c'était en même temps un acte de zèle et un nouvel acquiescement à la constitution, et par conséquent cela était utile à recueillir. Le fanatisme de la liberté devient une dégradation du caractère de représentant de la nation.

On s'est trompé lorsqu'on a considéré le décret rendu hier comme un acte de police. La police de l'assemblée ne se rapporte qu'au service mécanique; mais les relations entre le corps-législatif et le roi tiennent à des actes législatifs qui doivent être soumis à la sanction du roi, et cela est si vrai, que la constitution a fait de cet article un chapitre particulier.

Qu'est-il résulté du décret d'hier? une perte considérable dans les actions, une nouvelle espérance des ennemis du bien public. Qui doute que l'adhésion du roi ne soit un des plus fermes appuis de la constitution, ou du moins, qu'elle n'épargne de grands maux? et croyez-vous que les malveillans ne lui représentent pas avec adresse qu'il se verra sans cesse ballotté par les opinions divergentes de chaque législature, et que cela ne relâche les liens qui attachent le roi à la constitution? Il est temps de jeter l'ancre; offrons dans les traits de notre enfance les signes heureux de la prospérité publique.

Le décret n'est point urgent, vous ne l'avez pas déclaré tel; ainsi, il n'y a nul inconvénient à conserver le cérémonial de l'assemblée nationale constituante, et c'est à quoi je conclus.

M. Bazire. Je demande qu'on n'accorde la parole que sur la rédaction du procès-verbal, et qu'on s'oppose à toute discussion qui tendrait à la réformation du décret rendu hier.

N..... Le membre qui a demandé la parole sur la rédaction du procès-verbal a fait entendre que notre décret d'hier pouvait jeter de la défaveur sur la majesté du trône; je pense, au contraire, qu'il ajoute à sa dignité, puisqu'il efface les dernières traces d'un régime despotique, et donne au roi le nom qui lui est solennellement déféré dans l'acte constitutionnel, chef-d'œuvre auquel il a eu le bonheur de contribuer. Je demande la question préalable sur toutes les propositions qui tendraient à réformer un décret rendu à la presque unanimité.

M. Robecourt. La première chose qui se présente à ma pensée, c'est que c'est ici que j'ai juré de ne pas souffrir qu'il soit porté atteinte à la constitution, et je crois que le décret rendu hier en est une violation. Il est impossible de le ranger dans la classe des dispositions de régime intérieur, puisqu'il détermine les relations du corps-législatif avec le roi, déjà réglées par l'acte constitutionnel. Je soutiens qu'en principe vous ne pouvez pas faire de loi obligatoire pour le roi sans sa participation. Comme vous, il est représentant du peuple, et quand il vient ici, c'est toujours revêtu de ce caractère auguste. Je demande, en me résumant, que le décret rendu hier soit regardé comme simple projet; que, suivant la constitution, il en soit fait lecture aux époques légales, et que le cérémonial déterminé par l'assemblée constituante soit provisoirement conservé.

M. Vergniaud. On paraît d'accord que si le décret est de police intérieure, il est exécutable sur-le-champ : or, il est évident pour moi que le décret est de police intérieure; car il n'y a pas de relation d'autorité du corps-législatif avec le roi, mais de simples égards qu'on réclame en faveur de la dignité royale. Si ce décret pouvait être regardé comme législatif, et par là même soumis à la sanction, il faudrait en conclure que lorsqu'il s'agit d'envoyer au roi une députation, par exemple, il faudrait porter à la sanction du roi la disposition relative au nombre des membres dont elle devrait être composée. Je ne sais pourquoi on paraît désirer le rétablissement de ces mots : *Votre majesté*, *sire*, qui nous rappellent la féodalité. (Quelques membres de l'assemblée et les tribunes applaudissent. — *Une voix s'élève* : Silence aux tribunes!) Il doit s'honorer du titre de roi des Français. (Les tribunes recommencent leurs applaudissemens.)

La même voix. Je vous prie, M. le président, d'imposer silence aux tribunes.

M. *Garan-Coulon*. Vous n'en avez pas le droit, M. le président.

M. *Vergniaud*. Je demande si le roi vous a demandé un décret pour régler le cérémonial de sa maison, lorsqu'il reçoit vos députations? Cependant, pour dire franchement mon avis, je pense que si le roi, par égard pour l'assemblée, se tient debout et découvert, l'assemblée, par égard pour le roi, doit se tenir debout et découverte.

Plusieurs membres se lèvent et demandent qu'on passe à l'ordre du jour.

Les cris de l'ordre du jour se prolongent pendant quelques minutes.

M. *le président*. On demande à passer à l'ordre du jour. Je vais consulter l'assemblée.

Quelques voix. Oui, oui, consultez l'assemblée.

M. *Bazire*. Il ne faut pas perdre notre temps à défaire le lendemain ce que nous avons fait la veille.

Les mêmes voix. Consultez l'assemblée, M. le président.

N..... Je demande la parole sur la motion de l'ordre du jour.

On demande que la discussion soit fermée sur cette motion.

Les mêmes voix. À l'ordre du jour!

N.... M. l'abbé Fauchet, que je vois siégeant au milieu de nous, n'a pas prêté son serment.

M. *Fauchet*, évêque du département du Calvados, s'approche de la tribune.

N..... Nous sommes ici envoyés pour faire des lois, mais il faut les bien faire..... (*Les mêmes voix* : L'ordre du jour!) Le décret que nous avons rendu avait besoin d'un peu plus de méditation..... (*Les mêmes voix* : L'ordre du jour !)

M. *Gorguereau.* Il faut que l'assemblée sache bien ce qu'on entend par l'ordre du jour, et que l'on opine en connaissance de cause. On a demandé que le décret rendu fût rangé dans la classe des décrets législatifs ; si c'est sur cette proposition qu'on demande l'ordre du jour, il faut le déterminer précisément.

M. *l'évêque du département de*..... J'ai fait serment de ne rien consentir de contraire à la constitution. (*Les mêmes voix* : A l'ordre du jour.)

La délibération est troublée pendant plusieurs minutes par ces cris : *A l'ordre du jour!* — Un grand nombre de membres parlent à la fois.

M. *Hérault-Sechelles, député de Paris.* Il était de règle dans le corps constituant que l'on n'était pas lié par un décret rendu la veille, quand le procès-verbal n'était pas clos. J'en pourrais citer mille exemples. Je n'agiterai point la question de savoir si le décret que nous avons rendu est de police intérieure, ou s'il est législatif ; je proposerai une motion nouvelle...

M. *Chabot.* L'ordre du jour!

M. *Hérault-Sechelles.* Je demande que le décret rendu soit retiré dès à présent. (*Nouveaux cris* : L'ordre du jour !) Il est contradictoire à une loi antérieure. (*Quelques voix* : Vous n'avez pas la parole ; vous parlez sur le fond.) Hier, l'assemblée n'a pas fait.....

M. *Chabot.* L'ordre du jour!

Les murmures et les cris empêchent M. Hérault-Sechelles de continuer son opinion.

N.... M. le président, une partie de l'assemblée demande qu'on passe à l'ordre du jour ; mettez cette proposition aux voix.

Une voix s'élève. Il y a une demi-heure que nous crions.

M. *le président.* Une partie de l'assemblée désire que la discussion soit continuée ; l'autre, qu'elle soit fermée : je vais consulter l'assemblée.

L'assemblée décide à une grande majorité que la discussion sera continuée.

M. Champion, député du Jura. Les événemens heureux de notre constitution ont répandu l'allégresse sur toute la surface de l'Empire. C'est à nous qu'il est réservé de cimenter l'heureuse alliance du corps législatif et du roi, commencée par nos prédécesseurs avec tant de succès. Le décret que nous avons rendu hier, peut avoir des effets contraires, extrêmement dangereux pour la sûreté publique, la confiance et la prospérité du commerce. Je suis moins alarmé sur le décret en lui-même, qui n'a rapport qu'à des objets puérils, que sur cette vivacité effrayante avec laquelle il a été rendu. Je ne partage point les sollicitudes de ceux qui craignent l'idolâtrie du peuple pour un fauteuil d'or ; mais ce que je crains pour notre situation politique, c'est qu'on ne nous suppose l'intention d'établir une lutte avec le pouvoir exécutif, lutte infiniment dangereuse, et qui tournerait toujours au détriment de la constitution, de quelque côté que fût la victoire. Au milieu du délabrement de nos finances, pouvons-nous employer nos premières séances à de si puérils débats, surtout lorsqu'il n'y a pas dix jours que le corps constituant a statué sur les objets soumis à notre discussion? Avez-vous remarqué quelle contradiction il y a entre les remercîmens que nous lui avons votés, et l'empressement que nous mettons à réformer son ouvrage?

On ne veut pas des mots de *sire*, de *majesté*; on ne veut pas même qu'il soit donné au roi des applaudissemens, comme s'il était possible d'interdire au peuple les marques de sa reconnaissance, lorsque le roi l'aura méritée. Il n'y avait, nous a-t-on dit, que flagornerie dans les discours des présidens du corps constituant. Ne nous déshonorons pas, Messieurs, par une ingratitude coupable. Les fondateurs de la liberté n'ont pas été des esclaves ; avant de fixer les prérogatives du trône ils ont établi les droits du peuple. C'est la nation qui est honorée dans la personne de son représentant héréditaire. (On murmure. — M. Chabot demande l'ordre du jour.) C'est elle qui, après avoir créé la royauté l'a revêtue d'un éclat qui remonte à sa source et rejaillit sur elle. Est-ce lorsque les émigrations se multiplient qu'il faut s'occuper de la forme d'un fauteuil? Le but de nos opérations doit être le bonheur de nos concitoyens; le décret que nous avons rendu peut y porter atteinte : je demande donc qu'il soit rapporté, que le cérémonial décrété par le corps constituant, soit provisoirement observé, et que la discussion sur cet objet soit ajournée à deux mois.

M. Chabot. Je demande l'ordre du jour.

M. Lequinio, député du Morbihan. Il est absurde que le représentant du souverain se serve de ces mots : *Votre majesté*, en parlant au premier fonctionnaire public; je me borne donc à demander qu'en supprimant ce titre, nous nous conformions d'ailleurs au décret rendu par nos prédécesseurs.

M. Reboul. La constitution porte que le corps législatif aura le droit de police dans ses lieux de séances. C'est conformément à cette loi, que les décrets rendus pour le cérémonial, par l'assemblée à laquelle nous succédons, dans un moment où elle n'avait plus le pouvoir constituant, ont été exécutés sans avoir besoin de sanction. Or, le décret que nous avons rendu ne concerne rien qui n'ait rapport au régime intérieur de notre assemblée; donc il est légal, donc il n'est point soumis à la sanction, donc il est exécutable sur le champ. On nous a dit qu'il pouvait avoir des effets funestes, et que déjà les actions avaient baissé. Nous sommes dans une ville où toutes les intrigues nous attaqueront; nous en sommes prévenus d'avance. Le décret du corps constituant sur le cérémonial, avait été principalement influencé par la crainte où l'on était, que le roi ne fût insulté par les ennemis reconnus de la constitution. Quant à nous, qui sommes tous dirigés par des vues de bien public, nous nous prêterons aux circonstances, et si le roi se tient debout, nous nous y tiendrons aussi. Quant au titre qui doit lui être donné, la constitution ne lui en avait affecté aucun, et celui que nous lui avons déféré est le plus honorable. La chose publique nous appelle à l'ordre des finances, passons-y; mais ne révoquons pas un décret rendu la veille, si nous ne voulons pas nous exposer à discuter tous les jours la même chose.

N. Evêque... Je dois dire que le décret rendu hier était attendu avec impatience par les ennemis de la constitution, et qu'il a fait toute leur joie.

N.... On a eu raison d'observer que lorsque l'assemblée constituante a eu rendu son décret sur le cérémonial; ses pouvoirs n'étaient pas alors plus étendus que les nôtres. Je demande donc qu'on passe à des objets plus importans, que nous examinions dans quel état nous prenons le royaume, pour que l'on sache dans quel état nous le rendons.

M. Ducastel, député par le département de la Seine-Inférieure. Je prie l'assemblée de m'écouter, sinon avec indulgence du moins avec impartialité. Il y a trois points à examiner dans le décret rendu hier : de quelle manière le roi sera admis dans l'assemblée, comment vous lui ferez des députations, comment vous le qualifierez; ou ce décret est législatif, ou il est de police intérieure. S'il est législatif, ou il est urgent, ou il n'est pas urgent. S'il est urgent, il est irrévocable, parce qu'il n'a pu être provoqué que par les circonstances; s'il n'est pas urgent, il n'a pas été rendu selon les formes constitutionnelles. Si le décret est de police intérieure, comme vous avez été libres de le faire, vous êtes libre de le rapporter suivant que les circonstances sont plus ou moins convenables. Je reprends ma division ; le décret est-il législatif? Oui ; je m'explique, je sais que l'assemblée a le droit de sa police intérieure, qu'elle ne sort pas de ses limites en décrétant que le *souverain* sera reçu de la manière....

Un grand nombre de députés se lèvent et demandent à grands cris que M. Ducastel soit rappelé à l'ordre. — L'agitation est très-vive. — M. Ducastel veut parler. — *Les cris recommencent avec plus de violence* : A l'ordre ! à l'ordre!

M. Lacroix. M. Ducastel a manqué à la constitution en prononçant un mot réprouvé par elle; je demande cependant qu'il soit entendu, et qu'ensuite l'assemblée soit consultée pour savoir s'il sera appelé à l'ordre, parce que M. le président a lui-même manqué à l'ordre en m'y rappelant sans avoir pris le vœu de l'assemblée.

M. Ducastel. L'axiome de l'ancien régime m'a égaré; je me suis servi d'une expression inconstitutionnelle; je la révoque; je me mets moi-même à l'ordre, et je demande à mes collègues l'indulgence que nous nous devons réciproquement. Je déclare que dans toute cette discussion, je ne suis que l'impulsion de ma conscience, et que s'il y a des partis, j'y suis étranger. Je reprends la discussion. — Ou le décret est législatif, ou il est du régime intérieur; sous un point de vue, il peut paraître législatif, puisqu'il règle le rapport entre les deux pouvoirs.

Mais quand le décret serait juste, il est impolitique, car il tend à faire croire qu'il n'y a point d'union entre les deux pouvoirs. Vous avez bien le droit de faire votre police intérieure; mais le *souverain*, le roi, veux-je dire, peut bien de son côté, ne pas l'admettre; qu'en résultera-t-il? Que vous l'écarterez de cette assemblée en prescrivant des formes qui ne lui plairont pas. Il peut croire sa dignité blessée, et il faut qu'il donne son adhésion aux rapports établis entre le corps législatif et lui. (On murmure.) Puisque le pouvoir législatif réside dans le corps législatif et le roi... (On demande de nouveau que M. Ducastel soit rappelé à l'ordre).

M. le président. Je vous rappelle aux principes de la constitution, et je vous observe que vous appliquez au roi des choses qui n'appartiennent qu'au peuple. (*Une voix s'élève*: Vous avez tort, monsieur le président.) Je n'ai point mis M. Ducastel à l'ordre, mais je l'ai rappelé aux principes de la constitution, dont nous sommes les dépositaires et les organes.

M. Britche. C'est faute de faire attention à la différence qu'il y a entre le corps législatif et le pouvoir exécutif, que M. le président a rappelé M. Ducastel à l'ordre. (Plusieurs anciens membres de l'assemblée nationale constituante, placés à la partie gauche de la salle, applaudissent.) Le pouvoir législatif est composé du corps législatif et du roi.

On demande que la discussion soit continuée.

L'assemblée décide que la discussion sera continuée, et qu'il n'y a pas lieu à délibérer sur l'incident.

M. Ducastel. Ce décret blesse toutes les convenances et peut faire perdre à la nation son crédit. Je ne dis pas cependant que vous n'êtes pas dans la constitution, je pense au contraire que vous ne vous en écartez point; mais il n'est point vrai que l'on ne pourra pas vous soupçonner des dispositions mauvaises contre la personne du roi. (On murmure.) Vous ne pouvez pas empêcher la prévention publique. Il n'y aura jamais d'ordre, tant qu'on pensera qu'il n'y a point d'intelligence entre le corps-législatif et le roi. Ceux qui ont proposé le décret n'en ont point senti l'inconséquence. Je demande donc comme plusieurs des préopinans que le décret rendu par l'assemblée constituante soit provisoirement exécuté, et que celui rendu soit ajourné comme important.

On demande que la discussion soit fermée.

M. le président met cette proposition aux voix.

L'assemblée décide que la discussion est fermée.

Plusieurs membres demandent qu'on aille aux voix sur la proposition de rapporter le décret rendu hier.

M. le président. Je mets aux voix la proposition faite de rapporter le décret.

M. Girardin. Je demande la question préalable sur cette proposition.

Plusieurs membres insistent sur la question préalable.

M. Dubaillet, placé dans la partie gauche de la salle. Vous ne regardez jamais par ici, monsieur le président. Je demande que la première question qui sera mise aux voix soit celle de savoir si le décret rendu hier est de police intérieure ou s'il n'en est pas.

M. le président. Le décret rendu hier sera-t-il maintenu ou bien sera-t-il rapporté?.... (*Plusieurs voix :* Ce n'est pas cela, monsieur le président, la question préalable.) Je mets aux voix...

Les cris prolongés de *la question préalable* empêchent de commencer la délibération.

M. Ducos, député de la Gironde. Il est bon que vous sachiez, monsieur le président, que depuis une demi-heure on demande la question préalable.

M. le président. Que ceux qui veulent que le décret rendu hier.....

Les cris redoublent : *la question préalable.*

M. le président. Je vais consulter l'assemblée pour savoir si je pose bien la question.

N.... Je rappelle à l'assemblée la dignité dont elle ne doit jamais s'écarter ; vous voulez prendre une attitude imposante avec le roi, et vous ne savez pas être calmes dans votre enceinte.

M. le président. Je mets aux voix le maintien ou la révocation du décret.

Le tumulte recommence. — La salle retentit pendant plusieurs minutes de ces mots : *La question préalable, l'ordre du jour.*

M. le président. J'ai posé la question de la manière qui m'a paru la plus juste. Si l'assemblée veut aller aux voix sur une autre question, je vais la consulter.

N.... Êtes-vous sourd, monsieur le président ? La question préalable.

M. le président. La manière dont j'avais posé la question était celle-ci.... (Les cris de la question préalable recommencent.) On a fait la motion de rapporter le décret rendu hier. Sur cette motion la question préalable a été demandée, je la mets aux voix.

L'assemblée décide à une très-grande majorité qu'il y a lieu à délibérer sur la motion de rapporter le décret rendu dans la séance d'hier.

M. *Bazire.* Attendu qu'il y a une foule d'étrangers dans la salle, je demande l'appel nominal.

M. le président. Je mets maintenant aux voix la question principale.

M. Chabot. L'appel nominal, il y a des étrangers.

N.... Où sont-ils ? indiquez-les.

M. le président. Que ceux qui sont d'avis que le décret rendu hier soit rapporté, se lèvent.

L'assemblée décide à une très-grande majorité que le décret sera rapporté.

Les anciens membres de l'assemblée nationale constituante applaudissent.

M. Bazire. Je demande maintenant qu'on ajourne à huitaine la discussion sur le décret.

L'assemblée décide qu'il n'y a pas lieu à délibérer sur l'ajournement à huitaine.

M. Bazire. En ce cas, je demande l'ajournement pur et simple.

L'ajournement pur et simple est mis aux voix et décrété.]

Dans l'intervalle des deux séances, les constituans mirent en œuvre toute la tactique parlementaire pour obtenir que l'assemblée rapportât le décret sur le cérémonial. Le discours suivant, prononcé le 7 octobre au club des Jacobins, donne là-dessus des renseignemens positifs.

M. Ballet. Ce qui s'est passé hier dans le sein de l'assemblée nationale, Messieurs, ce qui s'y est passé aujourd'hui, doit fixer l'attention des bons citoyens, soit par rapport aux causes qui ont produit ces événemens, soit par rapport aux conséquences qu'ils peuvent avoir.

Je ne vous parlerai pas des divers décrets qui ont été rendus; qu'ils soient plus ou moins conformes à la sagesse, ils n'en méritent pas moins notre respect. La seule chose à observer à leur égard, c'est qu'il s'est fait, pendant la nuit, un travail considérable pour obtenir la révocation du premier. Nous avons vu des membres de l'ancienne législature mêlés parmi nous, au moyen de la disposition de la salle, intriguer auprès d'un grand nombre d'entre nous; plusieurs, aussitôt après la rédaction du décret, se sont répandus dans les groupes du Palais-Royal, où ils semaient les alarmes les plus vives sur les suites funestes que ce décret devait avoir. Le mécontentement du roi pouvait le déterminer à s'éloigner; les craintes de mésintelligence entre les pouvoirs législatif et exécutif devaient semer des alarmes, diminuer la confiance, faire hausser le prix de l'argent, et baisser les fonds publics. Tels étaient les discours avec lesquels on échauffait les groupes, telles furent les insinuations qu'on tâcha de faire pénétrer plus adroitement parmi ceux de nous que l'on croyait bon de gagner.

Une preuve que ce travail avait eu lieu, c'est que tous les députés qui ont parlé contre les décrets, avaient des discours écrits.

A mon arrivée dans la salle, je me plaçai par hasard parmi des députés qui s'entretenaient des moyens d'obtenir la révocation. Je leur dis que le décret ayant été rendu à la presque unanimité, il paraissait impossible d'y compter. Nous sommes sûrs de la majorité, répondirent-ils. Alors je quittai la place, et allai en prendre une autre, où la même aventure m'arriva. Je me réfugiai dans cette partie de la salle qui fut si long-temps le sanctuaire du patriotisme; mais, ne sachant plus à qui me confier, je n'ouvris pas la bouche.

Il est bon que vous sachiez, Messieurs, que ces mêmes membres qui ont sollicité et arraché la révocation du décret, sont aujourd'hui les premiers à se moquer de cette versatilité. Ils arguent de ce premier acte de faiblesse, qu'il est clair que l'assemblée nationale ne sera capable de rien; ils veulent tâcher, en jetant du ridicule sur la législature, de conserver et d'attirer sur eux le reste de considération que leur avaient fait justement perdre leurs dernières transactions.

D'où cela est-il venu, Messieurs? C'est qu'aucun des membres patriotes de la législature ne se connaissent. Vous leur avez, il est vrai, proposé de se réunir dans votre salle; mais cela ne suffit pas : il serait bon que la liste en fût imprimée avec leur demeure, et le nom de leur département, afin que dans un moment de crise, et où il serait nécessaire de nous voir, de nous rallier, nous en eussions au moins la possibilité.

Vous avez même dans votre sein des ennemis : plusieurs membres des sociétés vos affiliées se sont présentés ici avec leur diplôme d'affiliation; mais ils ne se sont pas fait recevoir. Ils sont entrés ici pour examiner votre contenance, sonder votre influence, afin d'être à même ensuite de se décider pour le parti qui paraîtra devoir être le plus puissant. (*Journal du Club*, n° LXXIII.)

On voit que les ex-constituans, n'ayant pu établir en droit le système des deux chambres, avaient trouvé le moyen de le réaliser en fait. Ils s'étaient préparé, dans le lieu des séances de la nouvelle assemblée, des tribunes qui leur étaient exclusivement réservées, et d'où ils pouvaient communiquer avec leurs successeurs pour éclairer, guider ou gouverner leur inexpérience. Ces tribunes privilégiées furent l'objet d'attaques très vives de la part des journaux et des clubs. Le *Moniteur* lui-même renferme à ce sujet des réflexions d'une sévérité peu ordinaire à la gazette officielle. En voici quelques extraits :

[Deux tribunes particulières ont été préparées dans le sein de l'assemblée législative pour les membres de l'assemblée constituante. Il s'élève à ce sujet plusieurs questions que nous mettons à l'ordre du jour, faute de mieux.

La première est celle-ci : Qui a donné cet ordre? Est-ce la nouvelle assemblée? où est le décret? Est-ce l'ancienne? où est le droit? Est-ce une des vingt mille et tant de décisions secrètes du comité de constitution? qui l'a signée?

Cette nouveauté est-elle de l'ordonnance de M. Guillotin? Le comité de salubrité prétend qu'elle n'est nullement propre à purifier l'atmosphère.

Qui donc a donné cet ordre? Ce n'est pas le pouvoir législatif, encore moins le pouvoir exécutif. Ne serait-ce pas le pouvoir intrigant?

On a tant de peine à se résigner au néant! Ces décrets sont si sauvages! De grands et de petits personnages ne peuvent plus êtres ni ministres ni représentans en titre. Eh bien! il faut redevenir l'un et l'autre *incognito*. On s'arrange pour avoir un tabouret dans le conseil intime, et une banquette dans le corps-législatif; on garde la voix consultative *in utroque*; on se flatte ainsi de gouverner l'un et de dominer l'autre. Du haut de la nouvelle tribune, comme d'un observatoire, on donnera les signaux au parti qu'on aura déjà su se faire dans l'assemblée, c'est-à-dire au parti ministériel ; on commandera les manœuvres savantes de la tactique délibérative ; on soufflera à celui-ci un amendement, à celui-là un sophisme ; à l'un la question préalable, à l'autre, quelques *adverbes endécasyllabiques*. Là on tentera les forts, ici on séduira les simples ; plus loin on effraiera les faibles. Insensiblement on se formera une influence mitoyenne qui peut, avec le temps, devenir d'un très-bon produit.

Et d'ailleurs, n'est-il pas telle circonstance où un corps de membres de l'ancienne assemblée pourrait reprendre une consistance assez brillante? Supposez la législature en démêlé avec le roi sur le sens d'un article constitutionnel, par exemple, eh bien! les fondateurs de la constitution sont là. Qui mieux que ces messieurs peut éclaircir la difficulté? Ce rendez-vous, où ils se retrouvent tous les jours, forme une espèce de comité permanent. Ils se concertent, ils se coalisent, ils sont toujours en vue ; ils ont choyé la popularité ; ils se font de temps en temps prôner dans quelques feuilles. Qu'arrive-t-il? Les voilà qui viennent tout à coup au secours du *veto* royal par quelque belle déclaration interprétative. Que sait-on? ils pourraient protester au besoin ; le roi agirait. Et voilà ce qu'on appelle un contrepoids politique, une puissance intermédiaire, un équilibre censorial très-ingénieusement préparé ; le tout pour le maintien de *l'ordre* et le rétablissement de *la paix*.] (*Moniteur* du 7 octobre.)

A la séance du 9 octobre, ces tribunes furent supprimées par un décret de l'assemblée, à la suite d'une adresse qu'appuya Couthon.

Le peuple de Paris fit peu d'attention aux deux séances précédentes. Les principaux objets discutés dans les groupes, selon les feuilles qui recueillaient spécialement ces sortes de bruits, étaient la cherté de l'argent, la mauvaise qualité du pain, et les approches d'un hiver rigoureux. Il paraît, en outre, que non-seulement le peuple se détourna faiblement vers le bruit parlementaire du 5 octobre, mais encore que s'il le remarqua un instant ce fut pour l'improuver. Les *Révolutions de Paris*, n° 117, s'en expriment ainsi : « Les déserteurs des Jacobins se sont rassemblés sur la terrasse des Feuillans; ils ont crié au peuple que le décret du 5 tendait à violer la constitution et à troubler la France. Le pauvre peuple ne s'est pas aperçu qu'on lui dressait un piége, et il a dit, avec ses faux amis, que le décret n'était pas bon dans les circonstances. »

Le même journal se livre ensuite à des récriminations contre le président Pastoret. Nos lecteurs ont vu que sa manière de diriger la discussion, dans la séance du 6, lui valut de nombreuses et très-vives apostrophes. Voici les réflexions de Prudhomme : « On connaît l'aimable facilité de M. Pastoret; on se rappelle les efforts qu'il avait faits, en sa qualité de président, pour éluder le décret : on sait que M. Pastoret, qui se mariait à une femme riche au moment de la prise de la Bastille, disait le lendemain que tout homme fait sa fortune quand il veut la faire; or, ce n'est pas d'aujourd'hui qu'un tel homme est l'homme de la cour. Il a commencé par être le valet des commis, il est devenu celui des ministres, on s'attend à le voir bientôt celui du roi : il est digne d'être ministre lui-même. Cependant c'est ce même homme que l'assemblée nationale a élevé au fauteuil; c'est lui qu'elle a préféré à M. Garan de Coulon. Hélas! nous avions tort de supposer tant d'énergie dans une assemblée qui venait de choisir un courtisan pour son chef. La nomination de M. Pastoret nous disait assez que l'attente de la nation était encore trompée. Que l'on nous pardonne cette erreur : il nous avait paru si doux de louer! Dès la soirée du 5, M. Pastoret cabala ouvertement pour faire demander et obtenir le rapport du décret.

Royou couvrit de sarcasmes la susceptibilité outrecuidante d'où procédait la première démarche, et de mépris la légèreté de la seconde. « Toute autorité qui mollit, s'écrie Royou (n° du 9 octobre), est perdue, à moins qu'elle n'ait l'art de reculer d'une manière lente, insensible; de plutôt paraître céder à la raison qu'à la nécessité de masquer son erreur ou sa faiblesse; de laisser oublier ses lois plutôt que de les rétracter. L'obéissance n'a que deux ressorts, le respect et la crainte; tous deux sont faussés à la fois par une rétrogradation brusque et violente; car on ne peut respecter ni craindre un pouvoir qui plie, qui retire aujourd'hui une loi qu'il fit hier. »

Les royalistes-constitutionnels, revenus de la stupeur momentanée où les avait jetés l'audace du motionnaire Couthon, se montrèrent très-fiers de leur victoire, et se portèrent même à des outrages envers certains députés qui avaient chaudement plaidé pour le maintien du décret. Dans la matinée du 7 octobre, un peu avant la séance royale, se passa le fait ainsi raconté le soir aux Jacobins par Goupilleau.

« J'étais entré dans la salle quelques momens avant l'ouverture de la séance; j'étais auprès du poêle avec quelques-uns de mes collègues à discuter paisiblement sur le décret d'hier. Alors un officier de la garde nationale s'est avancé vers moi avec des gestes menaçans et m'a dit : Nous vous connaissons bien ; nous savons comme vous vous êtes exprimé sur le compte du roi ; nous savons que vous avez blâmé la conduite respectueuse de M. Thouret à son égard. Si vous n'y prenez garde, et si vous continuez dans de tels sentimens, je vous ferai hacher avec mes baïonnettes.

« C'est donc au sein de l'assemblée nationale, au milieu de ce sanctuaire, où les opinions doivent avoir la plus grande liberté, que je me vois menacé par un homme revêtu d'un habit respectable. Cette réflexion me fit frémir : plusieurs de mes collègues s'en aperçurent ; des huissiers même, indignés, vinrent me dire : il faut dénoncer cet homme ; c'est M. Dermigni. Dans la séance, plusieurs de mes collègues ont demandé la parole pour parler à ce sujet. L'un d'eux s'est servi d'une expression impropre (il avait appelé *satellite* le garde national provocateur) ; on a passé à l'ordre du jour. J'ai demandé moi-même la parole pour un fait particulier ; M. le président m'a répondu qu'un fait particulier n'était pas à l'ordre du jour. »

Après Goupilleau, Couthon et Barrère se succédèrent à la tribune ; ils ajoutèrent de nouveaux détails. Le club ferma la discussion, et les députés présens furent engagés à se réunir le lendemain après la lecture du procès-verbal, pour obtenir la réparation due à Goupilleau. (*Journal des Débats des Jacobins,* n°. 73.) Le 18, en effet, dès l'ouverture de la séance, l'attention de l'assemblée fut long-temps retenue sur cette affaire. Dermigni, cité à la barre, y fit un discours dont une phrase excita les plus vifs applaudissemens. « Si je croyais, s'écria-t-il, que la constitution ne dût pas tenir, j'irais m'enterrer tout à l'heure sous une pierre. » Goupilleau lui-même déclara les explications de Dermigni suffisantes, et l'assemblée passa à l'ordre du jour.

La séance royale fut un vrai triomphe pour la cour. Les tribunes applaudirent non-seulement le roi, mais aussi ce fauteuil doré, dont la présence accusait l'assemblée de contradiction et de faiblesse. Le discours de Louis XVI porta en très-grande partie sur les finances, l'armée et les relations extérieures. Les dernières phrases effleurèrent ainsi les deux questions capitales : l'émigration et la dissidence religieuse.

« Messieurs, pour que vos importans travaux, pour que votre zèle, produisent tout le bien qu'on doit en attendre, il faut qu'entre le corps législatif et le roi, il règne une constante harmonie et une confiance inaltérable. (La salle et les tribunes retentissent des cris de *vive le roi*.) Les ennemis de notre repos ne chercheront que trop à nous désunir ; mais que l'amour de la patrie nous rallie, et que l'intérêt public nous rende inséparables. Ainsi la puissance publique se déploiera sans obstacle ; l'administration ne sera pas tourmentée par de vaines terreurs, les propriétés et la croyance de chacun seront également protégées, et il ne restera plus à personne de prétexte pour vivre éloigné d'un pays où les lois seront en vigueur et où tous les droits seront respectés. C'est à ce grand intérêt de l'ordre que tient la stabilité de la constitution, le succès de vos travaux, la sûreté de l'empire, le retour de tous les genres de prospérité.

» C'est à ce but, messieurs, que doivent en ce moment se rapporter toutes nos pensées ; c'est l'objet que je recommande le plus fortement à votre zèle et à votre amour pour la patrie. »

La réponse du président Pastoret se borna à quelques lieux communs sans signification et sans caractère politique.

Le soir, la cour recueillit au spectacle de nouvelles et bruyantes démonstrations de la part des royalistes-constitutionnels ; mais, laissons parler le *Babillard* : « La famille royale a été reçue au théâtre italien avec cette ivresse touchante, ces mouvemens impétueux que sa présence inspire partout. Le roi a conservé pendant le spectacle un air d'attendrissement et de plaisir; le jeune prince royal a paru s'amuser beaucoup pendant la représentation des *Chasseurs et la Laitière*, et l'on a remarqué dans un passage de la pièce, qu'il singeait le jeu de l'acteur avec la gaîté naïve de son âge. La salle a retenti d'applaudissemens et de cris répétés : *vive le roi! vive le prince royal!* Le peuple, dans ses acclamations, a souvent nommé la reine, madame royale, madame Élisabeth ; et le décret de l'assemblée nationale, du 5 de ce mois, n'a pas empêché de crier a plusieurs reprises, *vivent leurs majestés!* » (*Journal cité N. du* 10 *octobre.*)

Nous entrerons maintenant dans l'histoire des actes parlementaires. Nous avons prévenu nos lecteurs de la continuité qui les domine, et nous avons fixé au 20 avril 1792 l'aboutissement de cette continuité.

Les deux premiers actes que nous rencontrons sur cette ligne sont : le décret contre les prêtres non-assermentés, et le décret contre les émigrés. Le premier de ces décrets, rendu le 29 novembre, et porté le même jour à la sanction, fut frappé du *veto* royal après trois semaines d'examen. Le second, rendu le 9 novembre, fut également frappé du *veto* le 12 du même mois.

Les débats qui précédèrent ces deux actes, et les débats qui les suivirent, comprennent le premier trimestre de la session. Ils marchèrent à peu près de front; mais celui relatif aux troubles excités, sous prétexte de religion, commença le 9 octobre, et l'autre n'apparaît que le 20. Nous les exposerons séparément, et selon l'ordre même de leurs débats. En parlant du refus de sanction, nous ferons connaître la part que les sociétés populaires prirent à ces décrets, et l'accueil qu'elles firent au *veto*.

Nous présenterons ensuite le tableau du mouvement révolutionnaire au sein de l'assemblée : il se composera en grande partie de dénonciations, d'attaques fréquentes contre les ministres, de motions provoquées par les chocs extérieurs.

Enfin nous compléterons l'histoire du trimestre par celle de la presse, des clubs, de Paris et des provinces.

Les ministres étaient : *Justice*, M. Duport-Dutertre ;—*affaires étrangères*, M. Montmorin ;—*intérieur*, M. Delessart ;—*guerre*, M. Duportail ; — *marine*, M. Bertrand-Molleville, dont la nomination, en remplacement de M. Thévenard, démissionnaire, fut notifiée officiellement le 9 octobre ; — *contributions*, M. Tarbé.

Question des prêtres non-assermentés.

A la séance du 7 octobre, un peu avant que le roi ne parût, le débat sur les prêtres commença ainsi :

[*M. Couthon.* Nous sommes envoyés ici pour amener le calme, et nous ne pourrons jamais y parvenir si nous ne prenons des mesures vigoureuses contre les prêtres réfractaires. (On entend quelques applaudissemens.) Il y a dans la campagne des curés qui restent dans leurs paroisses quoiqu'ils soient remplacés, et ils font du mal par leur seule présence. (On murmure.) Cela est très-sérieux ; il y a des endroits où les prêtres constitutionnels ont été poursuivis à coups de bâton pendant le jour, et à coups de fusil pendant la nuit. Les prêtres réfractaires continuent leurs fonctions. Ils disent la messe, confessent, font l'eau bénite dans leurs maisons. (On rit.) Il est impossible d'acquérir des preuves contre eux : ils n'ont pour témoins que leurs partisans. Je vais vous citer un fait dont je suis certain. Un prêtre constitutionnel est curé dans l'endroit où un prêtre réfractaire disait la messe. Le réfractaire s'est déshabillé au milieu de la messe, et s'est enfui en criant: « Cette église est polluée. » J'insiste pour que nous méditions sérieusement sur les mesures qu'exigent les circonstances.

M. Journet. Le tableau que vient de faire le préopinant est exagéré. (On murmure.) Je ne suis point partisan des prêtres dissidens ; mais je maintiens la liberté des opinions. (On applaudit.)

M. Ramond, député du département de Paris. Et moi aussi, je propose des mesures sévères dont on s'est avisé trop tard, quand il a été question de querelles religieuses : je veux parler du plus profond mépris. (Une voix s'élève : *Ils y sont insensibles*.) Lorsque le corps constituant a retenti pendant long-temps de ces querelles, il serait beau de commencer vos opérations par consacrer la question préalable sur le mot *prêtre*. (On applaudit, on murmure.)

M. Lequinio. Nous apportons ici l'opinion de nos départemens, qui sont à deux mille lieues de Paris. (On rit.) L'influence des querelles religieuses y est très-dangereuse dans mon district; il n'y a encore qu'un curé de remplacé : dans une paroisse où l'on baptisait par semaine vingt enfans, on n'en baptise plus trois.

L'assemblée décide qu'elle s'occupera dans huit jours des mesures à prendre contre les prêtres réfractaires.]

A la séance du 9, Gallois et Gensonné, commissaires civils envoyés par la constituante dans les départemens de la Vendée et des Deux-Sèvres, firent, à la barre de l'assemblée législative, le rapport suivant :

Rapport *de* MM. Gallois et Gensonné, *commissaires civils envoyés dans les départemens de la Vendée et des Deux-Sèvres, en vertu des décrets de l'assemblée constituante, fait à l'assemblée législative le 9 octobre* 1791.

Messieurs, l'assemblée nationale a décrété le 16 juillet dernier, sur le rapport de son comité des recherches, que des commissaires civils seraient envoyés dans le département de la Vendée pour y prendre tous les éclaircissemens qu'ils pourraient se procurer sur les causes des derniers troubles de ce pays, et concourir avec les corps administratifs au rétablissement de la tranquillité publique.

Le 25 juillet nous avons été chargés de cette mission, et nous sommes partis deux jours après pour nous rendre à Fontenai-le-Comte, chef-lieu de ce département.

Après avoir conféré pendant quelques jours avec les administrateurs du directoire sur la situation des choses et la disposition des esprits; après avoir arrêté avec les trois corps administratifs quelques mesures préliminaires pour le maintien de l'ordre public, nous nous sommes déterminés à nous transporter dans les différens districts qui composent ce département, afin d'examiner ce qu'il y avait de vrai ou de faux, de réel ou d'exagéré dans les plaintes qui nous étaient déjà parvenues, afin de constater en un mot avec le plus d'exactitude possible la situation de ce département.

Nous l'avons parcouru presque dans toute son étendue, tantôt pour y prendre des renseignemens qui nous étaient nécessaires, tantôt pour y maintenir la paix, prévenir les troubles publics, ou pour empêcher les violences dont quelques citoyens se croyaient menacés.

Nous avons entendu dans plusieurs directoires de districts toutes les municipalités dont chacun d'eux est composé; nous avons écouté avec la plus grande attention tous les citoyens qui avaient soit des faits à nous communiquer, soit des vues à nous proposer; nous avons recueilli avec soin, en les comparant, tous les détails qui sont parvenus à notre connaissance; mais comme nos informations ont été plus nombreuses que variées, comme partout les faits, les plaintes, les observations ont été semblables, nous allons vous présenter sous un point de vue général et d'une manière abrégée, mais exacte, le résultat de cette foule de faits particuliers.

Nous croyons inutile de mettre sous vos yeux les détails que nous nous étions procurés concernant des troubles antérieurs; ils ne nous ont pas paru avoir une influence bien directe sur la situation actuelle de ce département; d'ailleurs la loi de l'amnistie ayant arrêté les progrès de différentes procédures auxquelles ces troubles avaient donné lieu, nous ne pourrions vous présenter sur ces objets que des conjectures vagues et des résultats incertains.

L'époque de la prestation du serment ecclésiastique a été pour le département de la Vendée la première époque de ses troubles;

jusqu'alors le peuple y avait joui de la plus grande tranquillité. Éloigné du centre commun de toutes les actions et de toutes les résistances, disposé par son caractère naturel à l'amour de la paix, au sentiment de l'ordre, au respect de la loi, il recueillait les bienfaits de la révolution sans en éprouver les orages.

Dans les campagnes, la difficulté des communications, la simplicité d'une vie purement agricole, les leçons de l'enfance et des emblêmes religieux destinés à fixer sans cesse nos regards, ont ouvert son âme à une foule d'impressions superstitieuses que dans l'état actuel des choses nulle espèce de lumière ne peut ni détruire ni modérer.

Sa religion, c'est-à dire la religion telle qu'il la conçoit, est devenue pour lui la plus forte et pour ainsi dire l'unique habitude morale de sa vie; l'objet le plus essentiel qu'elle lui présente est le culte des images, et le ministre de ce culte, celui que les habitans des campagnes regardent comme le dispensateur des grâces célestes, qui peut, par la ferveur de ses prières, adoucir l'intempérie des saisons, et qui dispose du bonheur d'une vie future, a bientôt réuni en sa faveur les plus douces comme les plus vives affections de leurs ames.

La constance du peuple de ce département dans l'espèce de ses actions religieuses, et la confiance illimitée dont y jouissent les prêtres auxquels il est habitué, sont un des principaux élémens des troubles qui l'ont agité, et qui peuvent l'agiter encore.

Il est aisé de concevoir avec quelle activité des prêtres ou égarés ou factieux ont pu mettre à profit ces dispositions du peuple à leur égard : on n'a rien négligé pour échauffer le zèle, alarmer les consciences, fortifier les caractères faibles, soutenir les caractères décidés ; on a donné aux uns des inquiétudes et des remords; on a donné aux autres des espérances de bonheur et de salut; on a essayé sur presque tous, avec succès, l'influence de la séduction et de la crainte.

Plusieurs d'entre ces ecclésiastiques sont de bonne foi ; ils paraissent fortement pénétrés et des idées qu'ils répandent et des sentimens qu'ils inspirent : d'autres sont accusés de couvrir du zèle de la religion des intérêts plus chers à leurs cœurs ; ceux-ci ont une activité politique qui s'accroît ou se modère selon les circonstances.

Une coalition puissante s'est formée entre l'ancien évêque de Luçon et une partie de l'ancien clergé de son diocèse ; on a arrêté un plan d'opposition à l'exécution des décrets qui devaient se réaliser dans toutes les paroisses ; des mandemens, des écrits incendiaires envoyés de Paris ont été adressés à tous les curés pour les fortifier dans leur résolution, ou les engager dans une confédération qu'on supposait générale : une lettre circulaire de M. Beauregard, grand-vicaire de M. de Merci, ci-devant évêque de Luçon, déposée au greffe du tribunal de Fontenay, et que cet ecclésiastique a reconnue lors de son interrogatoire, fixera votre opinion, messieurs, d'une manière exacte, et sur le secret de cette coalition, et sur la marche très-habilement combinée de ceux qui l'ont formée. La voici :

Lettre datée de Luçon, du 31 mai 1791, sous enveloppe, à l'adresse du curé de la Réorthe.

» Un décret de l'assemblée nationale, Monsieur, en date du 7 mai, accorde aux ecclésiastiques qu'elle a prétendu destituer pour refus du serment, l'usage des églises paroissiales pour y dire la messe seulement ; le même décret autorise les catholiques romains, ainsi que tous les non-conformistes, à s'assembler, pour l'exercice de leur culte religieux, dans le lieu qu'ils auront choisi à cet effet, à la charge que dans les instructions publiques il ne sera rien dit contre la constitution civile du clergé.

» La liberté accordée aux pasteurs légitimes par le premier article de ce décret doit être regardée comme un piége d'autant plus dangereux que les fidèles ne trouveraient dans les églises dont les intrus se sont emparés, d'autres instructions que celles de leurs faux pasteurs ; qu'ils ne pourraient y recevoir des sacremens que de leurs mains, et qu'ainsi ils auraient avec ces pasteurs schismatiques une communication que les lois de l'Église interdisent. Pour éviter un aussi grand mal, messieurs les curés sentiront la nécessité de s'assurer au plus tôt d'un lieu où ils puissent, en vertu du second article de ce décret, exercer leurs fonctions, et réunir leurs fidèles paroissiens, dès que leur prétendu successeur se sera emparé de leur église ; sans cette précaution, les catholiques, dans la crainte d'être privés de la messe et des offices divins, appelés par la voix des faux pasteurs, seraient bientôt engagés à communiquer avec eux, et exposés aux risques d'une séduction presque inévitable.

» Dans les paroisses où il y a peu de propriétaires aisés, il sera sans doute difficile de trouver un local convenable, de se procurer des vases sacrés et des ornemens : alors une simple grange, un autel portatif, une chasuble d'indienne ou de quelque autre étoffe commune, des vases d'étain, suffiront, dans ce cas de nécessité, pour célébrer les saints mystères et l'office divin.

» Cette simplicité, cette pauvreté, en nous rappelant les premiers siècles de l'Église et le berceau de notre sainte religion, peut être un puissant moyen pour exciter le zèle des ministres et la ferveur des fidèles : les premiers chrétiens n'avaient d'autres temples que leurs maisons ; c'est là que se réunissaient les pasteurs et le troupeau pour y célébrer les saints mystères, entendre la parole de Dieu et chanter les louanges du Seigneur. Dans les persécutions dont l'Église fut affligée, forcés d'abandonner leurs basiliques, on en vit se retirer dans les cavernes et jusque dans les tombeaux ; et ces temps d'épreuves furent, pour les vrais fidèles l'époque de la plus grande ferveur. Il est bien peu de paroisses où messieurs les curés ne puissent se procurer un local et des ornemens tels que je viens de les dépeindre, et, en attendant qu'ils se soient pourvus des choses nécessaires, ceux de leurs voisins qui ne seront pas déplacés pourront les aider de ce qui sera, dans leur église, à leur disposition. Nous pourrons incessamment fournir des pierres sacrées à ceux qui en auront besoin, et dès à présent nous pouvons faire consacrer les calices ou les vases qui en tiendront lieu.

» M. l'évêque de Luçon, dans des avis particuliers qu'il nous a transmis pour servir de supplément à l'instruction de M. l'évêque de Langres, et qui seront également communiqués dans les différens diocèses, propose à messieurs les curés :

1° De tenir un double registre où seront inscrits les actes de baptême, mariage et sépulture des catholiques de la paroisse: un de ces registres restera entre leurs mains; l'autre sera par eux déposé tous les ans entre les mains d'une personne de confiance.

2° Indépendamment de ce registre, messieurs les curés en tiendront un autre aussi double, où seront inscrits les actes des dispenses concernant les mariages, qu'ils auront accordées en vertu des pouvoirs qui leur seront donnés par l'article 18 de l'instruction; ces actes seront signés de deux témoins sûrs et fidèles, et, pour leur donner plus d'authenticité, les registres destinés à les inscrire seront approuvés, cotés et paraphés par M. l'évêque, où, en son absence, par un de ses vicaires-généraux; un double de ce registre sera remis, comme il est dit ci-dessus, à une personne de confiance.

3° Messieurs les curés attendront, s'il est possible, pour se retirer de leur église et de leur presbytère, que leur prétendu successeur leur ait notifié l'acte de sa nomination et institution, et qu'ils protestent contre tout ce qui serait fait en conséquence.

4° Ils dresseront en secret un procès-verbal de l'installation du prétendu curé, et de l'invasion par lui faite de l'église paroissiale et du presbytère; dans ce procès-verbal, dont je joins ici le modèle, ils protesteront formellement contre tous les actes de la juridiction qu'il voudrait exercer comme curé de la paroisse; et, pour donner à cet acte toute l'authenticité possible, il sera signé par le curé, son vicaire, s'il y en a un, et un prêtre voisin, et même par deux où trois laïcs pieux et discrets, en prenant néanmoins toutes les précautions pour ne pas compromettre le secret.

5° Ceux de messieurs les curés dont les paroisses seraient déclarées supprimées sans l'intervention de l'évêque légitime, useront des mêmes moyens; ils se regarderont toujours comme seuls légitimes pasteurs de leurs paroisses, et s'il leur était absolument impossible d'y demeurer, ils tâcheront de se procurer un logement dans le voisinage et à la portée de pourvoir aux besoins spirituels de leurs paroissiens, et ils auront grand soin de les prévenir et de les instruire de leurs devoirs à cet égard.

6° Si la puissance civile s'oppose à ce que les fidèles catholiques aient un cimetière commun, ou si les parens des défunts montrent une trop grande répugnance à ce qu'ils soient enterrés dans un lieu particulier, quoique béni spécialement, comme il est dit article 19 de l'instruction, après que le pasteur légitime ou l'un de ses représentans aura fait à la maison les prières prescrites par le rituel, et aura dressé l'acte mortuaire, qui sera signé par les parens, on pourra porter le corps du défunt à la porte de l'église, et les parens pourront l'accompagner ; mais ils seront avertis de se retirer au moment où le curé et les vicaires intrus viendraient faire la levée du corps, pour ne pas participer aux cérémonies et prières de ces prêtres schismatiques.

7° Dans les actes, lorsque l'on contestera aux curés remplacés leur titre de curé, ils signeront ces actes de leur nom de baptême et de famille, sans rendre aucune qualité.

»Je vous prie, Monsieur, et ceux de messieurs vos confrères à qui vous croirez devoir communiquer ma lettre, de vouloir bien nous informer du moment de votre remplacement, s'il y a lieu, de l'installation de votre prétendu successeur, et de ses circonstances les plus remarquables, des dispositions de vos paroissiens à cet égard, des moyens que vous croirez devoir prendre pour le service de votre paroisse et de votre demeure, si vous êtes absolument forcé d'en sortir. Vous ne doutez sûrement pas que tous ces détails ne nous intéressent bien vivement; vos peines sont les nôtres, et notre vœu le plus ardent serait de pouvoir, en les partageant, en adoucir l'amertume.

»J'ai l'honneur d'être, avec un respectueux et inviolable attachement, votre très-humble et très-obéissant serviteur. »

Ces manœuvres ont été puissamment secondées par des missionnaires établis dans le bourg de Saint-Laurent, district de Montaigu; c'est même à l'activité de leur zèle, à leurs sourdes menées, à leurs infatigables et secrètes prédications, que nous croyons devoir principalement attribuer la disposition d'une très-grande partie du peuple dans la presque totalité du département de la Vendée et dans le district de Châtillon, département des Deux-Sèvres. Il importe essentiellement de fixer l'attention de l'assemblée nationale sur la conduite de ces missionnaires et l'esprit de leur institution.

Cet établissement fut fondé il y a environ soixante ans par une société de prêtres séculiers vivant d'aumônes, et destinés, en qualité de missionnaires, à la prédication. Ces missionnaires, qui ont acquis la confiance du peuple en distribuant avec art des chapelets, des médailles et des indulgences, et en plaçant sur les chemins de toute cette partie de la France des calvaires de toutes les formes, ces missionnaires sont devenus, depuis, assez nombreux pour former de nouveaux établissemens dans d'autres parties du royaume. On les trouve dans les ci-devant provinces de Poitou, d'Anjou, de Bretagne et d'Aunis, voués avec la même activité au succès, et en quelque sorte à l'éternelle durée de cette espèce de pratiques religieuses, devenue, par leurs soins assidus, l'unique religion du peuple. Le bourg de Saint-Laurent est leur chef-lieu; ils y ont bâti récemment une vaste et belle maison conventuelle, et y ont acquis, dit-on, d'autres propriétés territoriales.

Cette congrégation est liée, par la nature et l'esprit de son institution, à un établissement de sœurs-grises, fondé dans le même lieu, et connu sous le nom de *Filles de la sagesse*. Consacrées dans ce département et dans plusieurs autres au service des pauvres, et particulièrement des hôpitaux, elles sont pour ces missionnaires un moyen très-actif de correspondance générale dans le royaume; la maison de Saint-Laurent est devenue le lieu de leur retraite, lorsque la ferveur intolérante de leur zèle ou d'autres circonstances ont forcé les administrateurs des hôpitaux qu'elles desservaient à se passer de leurs secours.

Pour déterminer votre opinion sur la conduite de ces ardens missionnaires et sur la morale religieuse qu'ils professent, il suffira, Messieurs, de vous présenter un abrégé sommaire des maximes contenues dans différens manuscrits saisis chez eux par les gardes nationales d'Angers et de Cholet.

Ces manuscrits, rédigés en forme d'instruction pour le peuple des campagnes, établissent en thèse qu'on ne peut s'adresser aux prêtres constitutionnels, qualifiés d'intrus, pour l'administration des sacremens; que tous ceux qui y participent, même par leur seule présence, sont coupables de péché mortel, et qu'il n'y a que l'ignorance ou le défaut d'esprit qui puissent les excuser; que ceux qui auront l'audace de se faire marier par les intrus ne seront pas mariés, et qu'ils attireront la malédiction divine sur eux et sur leurs enfans; que les choses s'arrangeront de manière que la validité des mariages faits par les anciens curés ne sera pas contestée; mais qu'en attendant il faut se résoudre à tout; que si les enfans ne passent point pour légitimes, ils le seront néanmoins; qu'au contraire les enfans de ceux qui auront été mariés devant les intrus, seront vraiment *bâtards*, parce que Dieu n'aura point ratifié leur union, et qu'il vaut mieux qu'un mariage soit nul devant les hommes que s'il l'était devant Dieu; qu'il ne faut point s'adresser aux nouveaux curés pour les enterremens, et que si l'ancien curé ne peut pas les faire sans exposer sa vie et sa liberté, il faut que les parens ou amis du défunt les fassent eux-mêmes secrètement.

On y observe que l'ancien curé aura soin de tenir un registre exact pour y enregistrer ces différens actes; qu'à la vérité il est impossible que les tribunaux civils n'y aient aucun égard, mais que c'est un malheur auquel il faut se résoudre; que l'enregistrement civil est un avantage précieux dont il faudra cependant se passer, parce qu'il vaut mieux en être privé que d'apostasier en s'adressant à un intrus.

Enfin on y exhorte tous les fidèles à n'avoir aucune communication avec l'intrus, aucune part à son intrusion; on y déclare que les officiers municipaux qui l'installeront seront apostats comme lui, et qu'à l'instant même les sacristains, chantres et sonneurs de cloches doivent abdiquer leurs emplois.

Telle est, Messieurs, la doctrine absurde et séditieuse que renferment ces manuscrits, et dont la voix publique accuse les missionnaires de Saint-Laurent de s'être rendus les plus ardens propagateurs.

Ils furent dénoncés dans le temps au comité des recherches de l'assemblée nationale, et le silence qu'on a gardé à leur égard n'a fait qu'ajouter à l'activité de leurs efforts et augmenter leur funeste influence.

Nous avons cru indispensable de mettre sous vos yeux l'analyse abrégée des principes contenus dans ces écrits, telle qu'elle est exposée dans un arrêté du département de Maine-et-Loire, du 5 juin 1791, parce qu'il suffit de les comparer avec la lettre-circulaire du grand-vicaire du ci-devant évêque de Luçon, pour se convaincre qu'ils tiennent à un système d'opposition générale contre les décrets sur l'organisation civile du clergé; et l'état actuel de la majorité des paroisses de ce département ne présente que le développement de ce système, et les principes de cette doctrine mis presque partout en action.

Le remplacement trop tardif des curés a beaucoup contribué au succès de cette coalition. Ce retard a été nécessité d'abord par le refus de M. Servant, qui, après avoir été nommé à l'évêché du département, et avoir accepté cette place, a déclaré, le 10 avril, qu'il retirait son acceptation. M. Rodrigue, évêque actuel du département, que sa modération et sa fermeté soutiennent presque seules sur un siége environné d'orages et d'inquiétudes, M. Rodrigue n'a pu être nommé que dans les premiers jours du mois de mai. A cette époque, les actes de résistance avaient été calculés et déterminés sur un plan uniforme; l'opposition était ouverte et en pleine activité; les grands-vicaires et les curés s'étaient rapprochés et se tenaient fortement unis par le même lien; les jalousies, les rivalités, les querelles de l'ancienne hiérarchie ecclésiastique avaient eu le temps de disparaître, et tous les intérêts étaient venus se réunir dans un intérêt commun.

Le remplacement n'a pu s'effectuer qu'en partie; la très-grande majorité des anciens fonctionnaires publics ecclésiastiques existe encore dans les paroisses, revêtue de ses anciennes fonctions; les dernières nominations n'ont eu presque aucun succès, et les sujets nouvellement élus, effrayés par la perspective des contradictions et des désagrémens sans nombre que leur nomination leur prépare, n'y répondent que par des refus.

Cette division des prêtres assermentés et non-assermentés a établi une véritable scission dans le peuple de leurs paroisses ; les familles y sont divisées; on a vu, et l'on voit chaque jour, des femmes se séparer de leurs maris, des enfans abandonner leurs pères : l'état des citoyens n'est le plus souvent constaté que sur des feuilles volantes, et le particulier qui les reçoit, n'étant revêtu d'aucun caractère public, ne peut donner à ce genre de preuves une authenticité légale.

Les municipalités se sont désorganisées, et le plus grand nombre d'entre elles pour ne pas concourir au déplacement des curés non-assermentés.

Une grande partie des citoyens a renoncé au service de la garde nationale, et celle qui reste ne pourrait être employée sans dangers dans tous les mouvemens qui auraient pour principe ou pour objet des actes concernant la religion, parce que le peuple verrait alors dans les gardes nationales, non les instrumens impassibles de la loi, mais les agens d'un parti contraire au sien.

Dans plusieurs parties du département, un administrateur, un juge, un membre du corps électoral, sont vus avec aversion par le peuple, parce qu'ils concourent à l'exécution de la loi relative aux fonctionnaires ecclésiastiques.

Cette disposition des esprits est d'autant plus déplorable, que les moyens d'instruction deviennent chaque jour plus difficiles. Le peuple, qui confond les lois générales de l'État et les réglemens particuliers pour l'organisation civile du clergé, en fait la lecture et en rend la publication inutile.

Les mécontens, les hommes qui n'aiment pas le nouveau régime, et ceux qui, dans le nouveau régime, n'aiment pas les lois relatives au clergé, entretiennent avec soin cette aversion du peuple, fortifient par tous les moyens qui sont en leur pouvoir le crédit des prêtres non-assermentés, et affaiblissent le crédit des autres; l'indigent n'obtient de secours, l'artisan ne peut espérer l'emploi de ses talens et de son industrie, qu'autant qu'il s'engage à ne pas aller à la messe du prêtre assermenté ; et c'est par ce concours de confiance dans les anciens prêtres d'une part, et de menaces et de séductions de l'autre, qu'en ce moment les églises desservies par les prêtres assermentés sont désertes, et que l'on court en foule dans celles où, par défaut de sujets, les remplacemens n'ont pu s'effectuer encore.

Rien n'est plus commun que de voir, dans les paroisses de cinq à six cents personnes, dix ou douze seulement aller à la messe du prêtre assermenté; la proportion est la même dans tous les lieux du département: les jours de dimanche et de fête, on voit des villages et des bourgs entiers dont les habitans désertent leurs foyers, pour aller à une et quelquefois deux lieues entendre la messe d'un prêtre non-assermenté. Ces déplacemens habituels nous ont paru la cause la plus puissante de la fermentation, tantôt sourde, tantôt ouverte, qui existe dans la presque totalité des paroisses desservies par les prêtres assermentés. On conçoit aisément qu'une multitude d'individus qui se croient obligés par leur conscience d'aller au loin chercher les secours spirituels qui leur conviennent, doivent voir avec aversion, lorsqu'ils rentrent chez eux excédés de fatigues, les cinq ou six personnes qui trouvent à leur portée le prêtre de leur choix ; ils considèrent avec envie et traitent avec dureté, souvent même avec violence, des hommes qui leur paraissent avoir un privilége exclusif en matière de religion. La comparaison qu'ils font entre la facilité qu'ils avaient autrefois de trouver à côté d'eux des prêtres qui avaient leur confiance, et l'embarras, la fatigue et la perte du temps qu'occasionnent ces courses répétées, diminuent beaucoup leur attachement pour la constitution, à qui ils attribuent tous ces désagrémens de leur situation nouvelle.

C'est à cette cause générale, plus active peut-être en ce moment que la provocation secrète des prêtres non-assermentés, que nous croyons devoir attribuer surtout l'état de discorde intérieure où nous avons trouvé la plus grande partie des paroisses de département desservies par les prêtres assermentés.

Plusieurs d'entre elles nous ont présenté, ainsi qu'aux corps administratifs, des pétitions tendantes à être autorisées à louer des édifices particuliers pour l'usage de leur culte religieux ; mais comme ces pétitions, que nous savions être provoquées avec le plus d'activité par des personnes qui ne les signaient pas, nous paraissaient tenir à un système plus général et plus secret, nous n'avons pas cru devoir statuer sur une séparation religieuse, que nous croyions à cette époque, et vu la situation de ce département, renfermer tous les caractères d'une scission civile entre les citoyens. Nous avons pensé et dit publiquement que c'était à vous, Messieurs, à déterminer, d'une manière précise, comment et par quel concours d'influences morales, de lois et de moyens d'exécution, l'exercice de la liberté d'opinions religieuses doit, sur cet objet, dans les circonstances actuelles, s'allier au maintien de la tranquillité publique.

On sera surpris sans doute que les prêtres non-assermentés qui demeurent dans leurs anciennes paroisses ne profitent pas de la liberté que leur donne la loi d'aller dire la messe dans l'église desservie par le nouveau curé, et ne s'empressent pas, en usant de cette faculté, d'épargner à leurs anciens paroissiens, à des hommes qui leur sont restés attachés, la perte de temps et les embarras de ces courses nombreuses et forcées. Pour expliquer cette conduite, en apparence si extraordinaire, il importe de se rappeler qu'une des choses qui ont été le plus fortement recommandées aux prêtres non-assermentés par les hommes habiles qui ont dirigé cette grande entreprise de religion, est de s'abstenir de toute communication avec les prêtres qu'ils appellent intrus et usurpateurs, de peur que le peuple, qui n'est frappé que des signes sensibles, ne s'habituât enfin à ne voir aucune différence entre des prêtres qui feraient dans la même église l'exercice du même culte.

Malheureusement cette division religieuse a produit une séparation politique entre les citoyens, et cette séparation se fortifie encore par la dénomination attribuée à chacun des deux partis : le très-petit nombre de personnes qui vont dans l'église des prêtres assermentés, s'appellent et sont appelés *patriotes*; ceux qui vont dans l'église des prêtres non-assermentés, sont appelés et s'appellent *aristocrates*. Ainsi, pour ces pauvres habitans des campagnes, l'amour ou la haine de leur patrie consiste aujourd'hui, non point à obéir aux lois, à respecter les autorités légitimes, mais à aller ou ne pas aller à la messe du prêtre assermenté; la séduction, l'ignorance et le préjugé ont jeté à cet égard de si profondes racines, que nous avons eu beaucoup de peine à leur faire entendre que la constitution politique de l'État n'était point la constitution civile du clergé; que la loi ne tyrannisait point les consciences; que chacun était le maître d'aller à la messe qui lui convenait davantage, et vers le prêtre qui avait le plus sa confiance; qu'ils étaient tous égaux aux yeux de la loi, et qu'elle ne leur imposait à cet égard d'autre obligation que de vivre en paix, et de supporter mutuellement la différence de leurs opinions religieuses. Nous n'avons rien négligé pour effacer de l'esprit et faire disparaître des discours du peuple des campagnes cette absurde dénomination, et nous nous en sommes occupés avec d'autant plus d'activité, qu'il nous était aisé de calculer à cette époque toutes les conséquences d'une telle démarcation, dans un département où ces prétendus *aristocrates* forment plus des deux tiers de la population.

Tel est, Messieurs, le résultat des faits qui sont parvenus à notre connaissance dans le département de la Vendée, et des réflexions auxquelles ces faits ont donné lieu.

Nous avons pris sur cet objet toutes les mesures qui étaient en notre pouvoir, soit pour maintenir la tranquillité générale, soit pour prévenir ou pour réprimer les attentats contre l'ordre public : organes de la loi, nous avons fait partout entendre son langage. En même temps que nous établissions des moyens d'ordre et de sûreté, nous nous occupions à expliquer ou éclaircir devant les corps administratifs, les tribunaux ou les particuliers, les difficultés qui naissent, soit dans l'intelligence des décrets, soit dans leur mode d'exécution ; nous avons invité les corps administratifs et les tribunaux à redoubler de vigilance et de zèle dans l'exécution des lois qui protègent la sûreté des personnes et la propriété des biens, à user, en un mot, avec la fermeté, qui est un de leurs premiers devoirs, de l'autorité que la loi leur a conférée ; nous avons distribué une partie de la force publique qui était à notre réquisition dans les lieux où l'on nous annonçait des périls plus graves ou plus éminens ; nous nous sommes transportés dans tous les lieux aux premières annonces de trouble ; nous avons constaté l'état des choses avec plus de calme et de réflexion, et après avoir, soit par des paroles de paix et de consolation, soit par la ferme et juste expression de la loi, calmé ce désordre momentané des volontés particulières, nous avons cru que la seule présence de la force publique suffirait. C'est à vous, Messieurs, et à vous seulement, qu'il appartient de prendre des mesures véritablement efficaces sur un objet qui, par les rapports où on l'a mis avec la constitution de l'État, exerce en ce moment sur cette constitution une influence beaucoup plus grande que ne pourraient le faire croire les premières et plus simples notions de la raison, séparée de l'expérience des faits.

Dans toutes nos opérations relatives à la distribution de la force publique, nous avons été secondés de la manière la plus active par un officier-général bien connu par son patriotisme et ses lumières. A peine instruit de notre arrivée dans le département, M. Dumouriez est venu s'associer à nos travaux, et concourir avec nous au maintien de la paix publique : nous allions être totalement dépourvus de troupes de ligne dans un moment où nous avions lieu de croire qu'elles nous étaient plus que jamais nécessaires : c'est au zèle, c'est à l'activité de M. Dumouriez que nous avons dû sur-le-champ un secours qui, vu le retard d'organisation de la gendarmerie nationale, était en quelque sorte l'unique garant de la tranquillité du pays.

Nous venions, Messieurs, de terminer notre mission dans ce

département de la Vendée, lorsque le décret de l'assemblée nationale du 8 août, qui, sur la demande des administrateurs du département des Deux-Sèvres, nous autorisait à nous transporter dans le district de Châtillon, nous est parvenu, ainsi qu'au directoire de ce département.

On nous avait annoncé, à notre arrivée à Fontenay-le-Comte, que ce district était dans le même état de trouble religieux que le département de la Vendée. Quelques jours avant la réception de notre décret de commission, plusieurs citoyens, électeurs et fonctionnaires publics de ce district, vinrent faire au directoire du département des Deux-Sèvres une dénonciation par écrit sur les troubles qu'ils disaient exister en différentes paroisses; ils annoncèrent qu'une insurrection était près d'éclater : le moyen qui leur paraissait le plus sûr et le plus prompt, et qu'ils proposèrent avec beaucoup de force, était de faire sortir du district, dans trois jours, tous les curés non-assermentés et remplacés, et tous les vicaires non-assermentés. Le directoire, après avoir long-temps répugné à adopter une mesure qui lui paraissait contraire aux principes de l'exacte justice, crut enfin que le caractère public des dénonciateurs suffisait pour constater et la réalité du mal et la pressante nécessité du remède. Un arrêté fut pris en conséquence le 5 septembre, et le directoire, en ordonnant à tous les ecclésiastiques de sortir du district dans trois jours, les invita à se rendre dans le même délai à Niort, chef-lieu du département, leur *assurant qu'ils y trouveraient toute protection et sûreté pour leurs personnes.*

L'arrêté était déjà imprimé et allait être mis à exécution; lorsque le directoire reçut une expédition du décret de commission qu'il avait sollicité. A l'instant il prit un nouvel arrêté par lequel il suspendait l'exécution du premier, et abandonnait à notre prudence le soin de le confirmer, modifier ou supprimer.

Deux administrateurs du directoire furent, par le même arrêté, nommés commissaires pour nous faire part de tout ce qui s'était passé, se transporter à Châtillon, et y prendre, de concert avec nous, toutes les mesures que nous croirions nécessaires.

Arrivés à Châtillon, nous fîmes rassembler les cinquante-six municipalités dont ce district est composé ; elles furent successivement appelées dans la salle du directoire. Nous consultâmes chacune d'elles sur l'état de sa paroisse : toutes les municipalités énonçaient le même vœu ; celles dont les curés avaient été remplacés nous demandaient le retour de ses prêtres ; celles dont les curés non-assermentés étaient encore en fonctions, nous demandaient de les conserver. Il est encore un autre point sur lequel tous les habitans des campagnes se réunissaient : c'est la liberté des opinions religieuses, qu'on leur avait, disaient-ils, accordée, et dont ils désiraient jouir. Le même jour et le jour suivant, les campagnes voisines nous envoyèrent de nombreuses députations de leurs habitans pour nous réitérer la même prière. « Nous ne sollicitons d'autre grâce, nous disaient-ils unanimement, que d'avoir des prêtres en qui nous ayons confiance.» Plusieurs d'entre eux attachaient même un si grand prix à cette faveur, qu'ils nous assuraient qu'ils paieraient volontiers, pour l'obtenir, le double de leur imposition.

La très-grande majorité des fonctionnaires publics ecclésiastiques de ce district n'a pas prêté serment ; et tandis que leurs églises suffisent à peine à l'affluence des citoyens, les églises des prêtres assermentés sont presque désertes. A cet égard, l'état de ce district nous a paru le même que celui du département de la Vendée : là, comme ailleurs, nous avons trouvé la dénomination de *patriote* et d'*aristocrate* complétement établie parmi le peuple, dans le même sens, et peut-être d'une manière plus générale. La disposition des esprits en faveur des prêtres non-assermentés nous a paru encore plus prononcée que dans le département de la Vendée: l'attachement qu'on a pour eux, la confiance qu'on leur a vouée, ont tous les caractères du sentiment le plus vif et le plus profond; dans quelques-unes de ces paroisses, des prêtres assermentés ou des citoyens attachés à ces prêtres avaient été exposés à des menaces et à des insultes, et quoique là, comme ailleurs, ces violences nous aient paru quelquefois exagérées, nous nous sommes assurés (et le simple exposé de la disposition des esprits suffit pour en convaincre) que la plupart des plaintes étaient fondées sur des droits bien constans.

En même temps que nous recommandions aux juges et aux administrateurs la plus grande vigilance sur cet objet, nous ne négligions rien de ce qui pouvait inspirer au peuple des idées et des sentimes plus conformes au respect de la loi et au droit de la liberté individuelle.

Nous devons vous dire, Messieurs, que ces mêmes hommes, qu'on nous avait peints comme des furieux, sourds à toute espèce de raison, nous ont quitté l'âme remplie de paix et de bonheur; lorsque nous leur avons fait entendre qu'il était dans les principes de la constitution nouvelle de respecter la liberté des consciences, ils étaient pénétrés de repentir et d'affliction pour les fautes que quelques-uns d'entre eux avaient pu commettre; ils nous ont promis avec attendrissement de suivre les conseils que nous leur donnions, de vivre en paix, malgré la différence de leurs opinions religieuses, et de respecter le fonctionnaire public établi par la loi. On les entendait, en s'en allant, se féliciter de nous avoir vus, se répéter les uns aux autres tout ce que nous leurs avions dit, et se fortifier mutuellement dans leurs résolutions de paix et de bonne intelligence.

Le même jour, on vint nous annoncer que plusieurs de ces habitans de campagne, de retour chez eux, avaient affiché des placards, par lesquels ils déclaraient que chacun d'eux s'engageait à dénoncer et à faire arrêter la première personne qui nuirait à une autre, et surtout aux prêtres assermentés.

Nous devons vous faire remarquer que dans ce même district, troublé depuis long-temps par la différence des opinions religieuses, les impositions arriérées de 1789 et de 1790, montant à 700,000 liv., ont été presque entièrement payées : nous en avons acquis la preuve au directoire du district.

Après avoir observé avec soin l'état des esprits et la situation des choses, nous pensâmes que l'arrêté du directoire ne devait pas être mis à exécution, et les commissaires du département, ainsi que les administrateurs du directoire de Châtillon, furent du même avis.

Mettant à l'écart tous les motifs de détermination que nous pouvions tirer et des choses et des personnes, nous avions examiné si la mesure adoptée par le directoire était d'abord juste dans sa nature, ensuite si elle serait efficace dans l'exécution.

Nous crûmes que des prêtres qui ont été remplacés ne peuvent pas être considérés comme en état de révolte contre la loi, parce qu'ils continuent à demeurer dans le lieu de leurs anciennes fonctions, surtout lorsque parmi ces prêtres il en est qui, de notoriété publique, se bornent à vivre en hommes charitables et paisibles, loin de toute discussion publique et privée ; nous crûmes qu'aux yeux de la loi on ne peut être en état de révolte qu'en s'y mettant soi-même par des faits précis, certains et constatés ; nous crûmes enfin que les actes de provocation contre les lois relatives au clergé et contre toutes les lois du royaume, doivent, ainsi que tous les autres délits, être punis par les formes légales.

Examinant ensuite l'efficacité de cette mesure, nous vîmes que si les fidèles n'ont pas de confiance dans les prêtres assermentés, ce n'est pas un moyen de leur en inspirer davantage que d'éloigner de cette manière les prêtres de leur choix ; nous vîmes que dans les districts où la très-grande majorité des prêtres non assermentés continuent l'exercice de leurs fonctions, d'après la permission de la loi, jusqu'à l'époque du remplacement, ce ne serait pas certainement, dans un tel système de répression, diminuer le mal, que d'éloigner un si petit nombre d'individus, lorsqu'on est obligé d'en laisser dans les mêmes lieux un très-grand nombre dont les opinions sont les mêmes.

Voilà, Messieurs, quelques-unes des idées qui ont dirigé notre conduite dans cette circonstance, indépendamment de toutes les raisons de localité qui seules auraient pu nous obliger à suivre cette marche : telle était en effet la disposition des esprits, que l'exécution de cet arrêté fût infailliblement devenue dans ces lieux le signal d'une guerre civile.

Le directoire du département des Deux-Sèvres, instruit d'abord par ses commissaires, ensuite par nous, de tout ce que nous avions fait à cet égard, a bien voulu nous offrir l'expression de sa reconnaissance, par un arrêté du 19 du mois dernier.

Nous ajouterons, quant à cette mesure d'éloignement des prêtres assermentés qui ont été remplacés, qu'elle nous a été constamment proposée par la presque unanimité des citoyens du département de la Vendée, qui sont attachés aux prêtres assermentés; citoyens qui forment eux-mêmes, comme vous l'avez déjà vu, la plus petite portion des habitans. En vous transmettant ce vœu, nous ne faisons que nous acquitter d'un dépôt qui nous a été confié.

Nous ne vous laisserons pas ignorer non plus que quelques-uns des prêtres assermentés que nous avons vus, ont été d'un avis contraire; l'un d'eux, dans une lettre qu'il nous a adressée le 12 septembre, en nous indiquant les mêmes causes des troubles, en nous parlant des désagrémens auxquels il est chaque jour exposé, nous fait observer que le seul moyen de remédier à tous ces maux est (ce sont ses expressions) « de ménager l'opinion du peuple, dont il faut guérir les préjugés avec le remède de la lenteur et de la prudence; car, ajoute-t-il, il faut prévenir toute guerre à l'occasion de la religion, dont les plaies saignent encore..... Il est à craindre que les mesures rigoureuses, nécessaires dans les circonstances contre les perturbateurs du repos public, ne paraissent plutôt une persécution qu'un châtiment infligé par la loi.... Quelle prudence ne faut-il pas employer! La douceur, l'instruction, sont les armes de la vérité! »

Tel est, Messieurs, le résultat général des détails que nous avons recueillis et des observations que nous avons faites dans le cours de la mission qui nous a été confiée. La plus douce récompense de nos travaux serait de vous avoir facilité les moyens d'établir sur des bases solides la tranquillité de ces départemens, et d'avoir répondu par l'activité de notre zèle à la confiance dont nous avons été honorés.

SÉANCE DU 26 OCTOBRE.

M. Fauchet. Messieurs, une loi définitive qui réprime efficacement la révolte des prêtres réfractaires contre la constitution, et qui fasse cesser les troubles qu'ils excitent dans toutes les parties de l'empire, est urgente; mais il faut combiner cette loi avec les droits de l'homme et du citoyen, avec la liberté des opinions, avec la liberté de la presse, avec la liberté des cultes, avec toutes les libertés : il faut donc ici une grande mesure de tolérance, de justice, de sagesse et de force. Point de persécution, Messieurs; le fanatisme en est avide, la philosophie l'abhorre, la vraie religion la réprouve, et ce n'est pas dans l'assemblée nationale de France qu'on l'érigera en loi. Gardons-nous d'emprisonner les réfractaires, de les exiler, même de les déplacer; qu'ils pensent, disent, écrivent tout ce qu'ils voudront : nous opposerons nos pensées à leurs pensées, nos vérités à leurs erreurs, nos vertus à leurs calomnies, notre charité à leur haine. (Applaudissemens.) Ainsi, et seulement ainsi, nous assurerons dans l'esprit public notre triomphe et leur défaite. En attendant cet infaillible succès, qui ne peut être que l'ouvrage du temps et l'effet de la progression des lumières, il faudrait trouver un moyen efficace et prompt pour les empêcher de soulever les faibles esprits contre les lois, de souffler la guerre civile, d'entretenir le désir et l'espoir d'une contre-révolution : ce n'est pas là une religion, Messieurs, c'est la plus grande des impiétés; elle est intolérable, puisqu'elle tend à la dissolution de l'ordre social, et qu'elle ferait du genre humain un troupeau de bêtes féroces. Le fanatisme est le plus grand fléau de l'univers; il faut l'anéantir : la liberté n'est pas compatible avec cet asservissement brutal qui sanctifie la haine et déifie les tyrans. Voyez à quelles horreurs se portent au nom de Dieu ces détestables arbitres des consciences abusées, et comme ils réussissent à leur inoculer la rage contre leurs frères comme la plus sainte des vertus! Ils voudraient nager dans le sang des patriotes : c'est leur douce et familière expression. (Applaudissemens.) En comparaison de ces prêtres les athées sont des anges. (Bravo!) Cependant, Messieurs, je le répète, tolérons-les; mais du moins ne les payons pas pour déchirer la patrie : c'est à cette unique mesure que je réduis la loi réprimante que nous devons porter contre eux. Je soutiens que la suppression de toute pension sur le trésor national pour les prêtres non-assermentés est juste, convenable et suffisante; je mets la justice avant les convenances et les avantages ; car une loi qui serait opportune et utile, si elle n'était juste, devrait être réprouvée. Nous n'irions pas brûler la flotte des alliés sur l'avis de Thémistocle; nous nous rangerions à l'opinion d'Aristide : prouvons donc d'abord l'équité de cette loi.

Il n'est rien dû par l'État aux prêtres non-assermentés. A quel titre possédaient-ils des revenus de bénéfices? A titre d'office; c'est leur propre loi canonique, et cela est incontestable en principe : qui ne fait rien dans l'Église n'a droit à rien dans l'Église; qui ne sert pas la nation ne doit pas être payé par la nation. (*C'est juste!* — Applaudissemens.) Comment se pourrait-il donc que celui qui invoque la destruction des lois et prépare la ruine de la patrie eût des titres à ses largesses? Ils avaient des offices qu'on leur a ôtés.... Faux; ce sont eux qui les ont quittés librement par haine des lois. Ils ont suivi leur conscience.... Leur conscience, qui les pousse aux dernières mesures du crime contre la liberté publique! Faut-il une solde pour une pareille conscience? (Applaudissemens.) Cette conscience infernale, la patrie la supporte ; c'est le dernier excès de la tolérance: la payer encore, c'est une inique absurdité. La loi constitutionnelle met au rang des dettes de la nation leur traitement convenu.... Si cela était, Messieurs, il ne serait pas possible de le supprimer, si ce n'est pour chacun des coupables en particulier, et par voie de confiscation prononcée dans les tribunaux selon les formes judiciaires établies ; heureusement cela n'est point, il n'est pas question d'eux dans l'article constitutionnel qu'on invoque en leur faveur ; le voici cet article :

« Le traitement des ministres du culte catholique pensionnés, conservés, élus ou nommés en vertu des décrets de l'assemblée nationale constituante, fait partie de la dette nationale. »

Or, il est manifeste que la loi ne peut pas les considérer comme ministres du culte catholique, dont elle a mis les salaires au nombre des premières dettes de la nation ; elle ne reconnaît pas deux cultes catholiques ; cela est même contradictoire dans les termes ; le culte dont elle reconnaît et salarie les ministres est celui qui est exercé par les fonctionnaires publics avoués et constitués par elle ; les prêtres réfractaires ne sont donc pas considérés par la loi comme ministres du culte catholique qu'elle veut et doit payer. Si ces ennemis de la constitution civile du clergé veulent exercer un culte opposé à celui des prêtres constitutionnels, c'est leur affaire personnelle et celle des disciples abusés qu'ils pourront séduire ; la loi ne s'en mêle pas, si ce n'est pour en protéger la liberté, et mettre ceux qui auront la fantaisie de le suivre à l'abri de toute insulte. La nation permet tous les cultes ; mais elle n'en paie qu'un : celui-là seul dont elle avoue et constitue les ministres comme des fonctionnaires, est à sa solde ; elle ne reconnaît donc pas dans sa constitution d'autres ministres du culte catholique à sa charge : il n'est point de sophisme qui puisse obscurcir cette évidence.

On objectera cependant encore que si leur traitement n'est pas assuré par l'acte constitutionnel, il l'est du moins par les lois réglementaires, qui leur ont alloué des pensions, et qui n'ont pas exigé la prestation du serment pour qu'elles leur soient payées.... Mais vous savez, Messieurs, que l'assemblée constituante elle-même a élevé plusieurs fois la question de revenir sur ces lois réglementaires, et d'abolir une charge publique qui pèse sur la nation sans profit pour elle, sans droit de justice pour ceux qui en jouissent, et contre toute convenance à l'égard de ceux qui en abusent ; elle a eu un soin très-attentif de ne rien mettre dans l'acte constitutionnel qui pût lier les législateurs prêts à lui succéder, et par cette attention remarquable elle leur a indiqué une suppression que les circonstances pouvaient rendre bientôt nécessaire et urgente.

Les momens sont arrivés, et, après avoir démontré la justice de cette mesure, je vais en développer maintenant les convenances.

Il convient beaucoup à la nation de se délivrer d'une surcharge de trente millions de rente qu'elle paie déraisonnablement à ses plus implacables ennemis. (applaudissemens); il est même impossible d'imaginer une convenance plus sensible : pourquoi des phalanges d'anciens fonctionnaires qui ont abjuré la patrie, des légions de moines et de chanoines qui n'ont jamais rien fait d'utile au monde, et qui travaillent aujourd'hui dans les ténèbres à renverser l'édifice des lois; des cohortes d'abbés, prieurs et bénéficiers de toute espèce, qui n'étaient auparavant remarquables que par leur afféterie, leur inutilité, leur intrigue, leur licence, et qui le sont maintenant par un fanatisme affecté, par une fureur active, par des complots affreux, par une haine implacable contre la liberté d'autrui ; pourquoi toute cette armée d'adversaires furibonds du bien public et de contempteurs insolens de la majesté nationale serait-elle stipendiée sur les fonds nationaux ? Il y aurait plus que de l'inconvenance : ce serait de la déraison. Ajoutez à cette considération celle des conjonctures cruelles où, par l'effet de leurs suggestions perfides, se trouve placée la patrie ! Ils ont encouragé les émigrations, le transport du numéraire, et tous les projets hostiles conçus ou préparés contre elle. — Allez, ont-ils dit aux ci-devant nobles, allez, épuisez l'or et l'argent de la France ; combinez au dehors les attaques, pendant qu'au dedans nous vous disposerons d'innombrables complices : le royaume sera dévasté, tout nagera dans le sang ; mais nous recouvrerons nos priviléges !

« Abîmons tout plutôt ! c'est l'esprit de l'Église. —

Dieu bon, quelle Église ! Ce n'est pas la vôtre ; et si l'enfer peut en avoir une parmi les hommes, c'est de cet esprit qu'elle doit être animée ; et ils osent parler de l'Évangile, de ce code

divin des droits de l'homme qui ne prêche que l'égalité, la fraternité, qui dit : « Tout ce qui n'est pas contre nous est avec
» nous; annonçons la nouvelle de la délivrance à toutes les nations
» de la terre : malheur aux riches et aux oppresseurs! N'in-
» voquons point les fléaux contre les cités qui nous dédaignent ;
» appelons-les au bonheur de la liberté par le doux éclat de la
» lumière.» (Applaudissemens.)

Les prêtres ennemis des lois ont tenu un langage opposé, et ce qu'ils ont dit d'horrible contre leurs concitoyens, ils l'ont fait; ils appellent tous les malheurs contre la France; ils l'investissent de malédictions; ils lui suscitent des ennemis jusqu'aux extrémités de l'Europe; ils fondent son numéraire au feu du fanatisme, et le font couler jusqu'à épuisement hors de son enceinte. Qui donc osera dire qu'il faut encore les soudoyer, et qu'il ne convient pas à la patrie de se soulager de tant de millions pris dans son trésor, et prodigués à ces ingrats? On parle de la générosité de la nation française ; mais ce n'est point de la générosité, c'est de la stupidité. Il vaut mieux sans doute enrichir nos caisses pour salarier nos nombreux indigens, que de nous réduire à la détresse pour continuer des dons insensés aux plus furieux ennemis de la liberté de la France et de la libération du genre humain. (Applaudissemens.)

Ils ne sont pas animés tous d'une fureur égale, il est vrai ; mais tous abhorrent nos lois, et voudraient les avoir renversées, et tous enfin sont au moins inutiles à la patrie. Or, nous avons assez de serviteurs utiles que nous ne pouvons pas payer aux termes mêmes de la justice et de l'humanité, pour que ce soit non-seulement une inconvenance, mais une immoralité, mais un crime national d'amoindrir nos ressources pour les prostituer à de pareils hommes : payons le travail, et non pas l'inutilité, et encore moins la perfidie. On s'écriera que nous allons réduire des infirmes, des vieillards à l'indigence, en supprimant le traitement de tous les prêtres oisifs et réfractaires... Non, Messieurs, non, ce n'est pas nous qui serons des inhumains : l'infirmité, la vieillesse, lors même qu'elles maudissent la patrie, recueilleront

ses bienfaits ; les municipalités, les administrations de district et de département enverront les listes de ces réfractaires infirmes ou vieux ; le comité des secours, présentera les projets d'une sainte allégeance à leur égard, et l'assemblée nationale décrétera la mesure convenable de la bénéficence publique envers ces faibles ennemis, qui balbutieront, s'ils le veulent encore, des imprécations contre les lois qui les protégeront avec soin et les nourriront avec amour. (Applaudissemens.)

Il me reste à prouver, Messieurs, que la loi qui supprimera le traitement de tous les prêtres valides, et qui ne voudront servir la patrie dans aucune des fonctions qu'elle salarie avec les fonds publics, est suffisante : sa justice et sa convenance sont assez démontrées ; son efficacité seule pour contenir les réfractaires, et faire cesser les troubles qu'ils excitent, permet des doutes. Essayons de vous convaincre de la suffisance de cette loi.

D'abord, par l'effet de ce décret, la moitié au moins de l'armée du fanatisme va disparaître : les chanoines, les moines, les bénéficiers simples, qui, considérés à juste titre comme des ecclésiastiques sans fonctions, n'avaient pas été obligés à prêter le serment, et avaient cependant conservé des traitemens fort bons, penseront à deux fois au sort qui les attend, s'ils se constituent définitivement et légalement réfractaires ; vous en verrez les trois quarts revenir de bonne grâce à la patrie, jurer à haute voix de lui être fidèles, demander des fonctions constitutionnelles aux départemens et aux évêques, et bien satisfaits de conserver le tiers de leur traitement avec le salaire de leur place de curé ou de vicaire. De là double avantage : deux tiers de traitemens gagnés pour le trésor public, et des fonctionnaires, que la nécessité autant que le devoir rendront très-attentifs à conserver leurs places, trouvés enfin pour une immense quantité de paroisses qui restent au dépourvu, ou que les réfractaires encore en exercice soulèvent à plaisir contre les lois.

Il faut en convenir, la plupart des ci-devant fonctionnaires révoltés contre la constitution, et un quart peut-être des anciens oisifs du clergé, brûlés d'un fanatisme ardent, resteront cuirassés dans leur prétendue conscience et obstinés dans leur fureur ; mais la faim chassera bientôt ces loups dévorans d'une bergerie où ils ne trouveront plus de pâture ; les fidèles, désabusés par deux grands moyens de lumière, le bon sens et l'intérêt (on rit), ne voudront pas long-temps payer un culte qu'ils peuvent avoir plus commodément, plus majestueusement et pour rien dans les mêmes temples où ils l'ont toujours exercé ; ils reviendront sur les tombeaux de leurs pères, dans leurs églises natives, et aux rits solennels qui firent leur édification dès l'enfance ; les habitans sensés des campagnes ne voudront plus entendre des prêtres toujours écumant de rage, ni boursiller continuellement pour payer un culte sans pompe et des prédications sans charité : l'évangile de la concorde générale, l'évangile des saintes lois sera annoncé pas les ministres constitutionnels, et toutes les âmes sincères en recueilleront avidement la doctrine. Ainsi la sanction du ciel sera donnée aux fraternelles institutions de la liberté ; on goûtera la simplicité des mœurs, l'unité des principes, le charme de l'union et le bonheur de la paix. Dans les premiers momens, je l'avoue, ces restes de prêtres effrénés et affamés, ennemis de la révolution, redoubleront leurs cris, et trouveront quelques dupes qui soudoieront leur religion de haine, et seconderont leur fanatisme implacable ; mais quelques grands exemples de justice légale contre les instigateurs des troubles frapperont leurs disciples imbécilles d'une utile terreur ; ils sentiront soudain qu'il vaut mieux garder leur argent, et respecter l'ordre public, que s'appauvrir pour des brouillons, et s'exposer, en partageant leurs crimes, à la vengeance des lois. Ceux de ces prêtres moins coupables, qui se trouveront alors dénués, mais valides, seront réduits à embrasser une utile profession pour vivre : ils deviendront des commerçans ou des agriculteurs, et seront doucement surpris de se trouver ensuite eux-mêmes des citoyens.

Ne craignons point que la liste civile vienne à leur secours : on en a besoin pour d'autres usages ; elle ne suffirait pas pour soudoyer dans les diverses contrées de l'empire les prédicateurs de la contre-révolution, qui ne savent garder aucune mesure. D'ailleurs, soyons assurés, Messieurs, que le roi, la reine, et ce qu'il y a d'hommes éclairés dans le conseil, ne veulent pas plus que nous une contre-révolution, dans laquelle ils n'auraient rien à gagner, et courraient risque de tout perdre...(Applaudissemens.) La constitution élève le trône assez haut ; les méchans et les conspirateurs parlent du roi des Français avec assez d'insolence, pour qu'il lie d'une manière intime ses intérêts avec ceux de la constitution, et sa sécurité avec celle de la patrie ; il se dégoûtera bientôt des prêtres fanatiques qui torturent sa conscience, des vils courtisans qui mettent leur noblesse à ramper devant lui, des bas valets qui l'outragent, en le traitant toujours comme un despote ; il se débarrassera de toute cette vermine de la couronne (ah, ah, ah!), et mettra sa pure, son immortelle gloire à se montrer le digne chef de la plus grande, de la plus libre des nations. Le fanatisme ne sera donc plus soutenu par l'erreur de la cour, ni par l'imbécillité populaire : nous l'aurons mis à nu ; ses convulsions hideuses le rendront un objet d'horreur à tout le monde ; il s'anéantira dans son impuissance..... (Applaudissemens.)

Voici donc, Messieurs, le projet de décret que je vous présente.

— Le projet de décret de l'orateur se bornait aux deux propositions suivantes : refuser tout traitement et pension aux prêtres non-assermentés ; condamner à cinq ans de gêne ceux convaincus de tentatives de troubles.

SÉANCE DU 27 OCTOBRE.

M. *Torné, évêque de Bourges.* Messieurs, on vous dénonce avec le plus grand éclat des désordres publics et menaçans pour le repos de l'empire ; on vous a dit que ces désordres sont causés par les ecclésiastiques du royaume non-sermentés, qui sèment de toutes parts des germes de discorde et de guerre intestine ; on vous a peint cette plaie comme profonde, et pouvant, si on la néglige, devenir incurable. Les descriptions du mal ont été vives, même véhémentes ; vous avez entendu des déclamations qui ne vous ont pas éclairés ; des diatribes contre les prêtres, plus propres à aigrir leur âme qu'à les corriger ; on vous a proposé ou des remèdes violens capables de cela seul, de faire empirer les maux de l'État, qu'il faut guérir, ou des vues générales de douceur et de tolérance avec des moyens insuffisans ; certains, en commençant par déclamer contre la persécution, ont fini par proposer avec une éloquence cruelle un projet de décret hérissé d'intolérance et de sévérité, qui condamnait les non-sermentés aux horreurs de la misère et de la faim. Je tâcherai, Messieurs, d'être plus conséquent ; tolérant dans mon préambule, je le serai plus encore dans la suite de mon discours et dans mon projet de décret. (Applaudissemens.)

Pour guérir un État comme pour guérir un individu, trois choses sont nécessaires : rechercher profondément les causes du mal, en discerner exactement la nature, et en choisir sagement les remèdes, telle sera, Messieurs, la marche de mon opinion.

PREMIÈRE QUESTION. *Quelles sont les causes du mal.* — Les maladies du corps politique, comme celles des individus, ont des causes éloignées ou des causes prochaines. Le grand art est d'attaquer les premières ; c'est extirper jusqu'à la racine du mal.

La cause éloignée des convulsions politiques qui ébranlent aujourd'hui l'empire, n'en doutons pas, Messieurs, remonte à un certain luxe de serment, à certaines autres lois dont la révision est ajournée à la sixième législature, moins par l'impérieuse autorité du dernier titre de la constitution, que par sa grande sagesse. Soyons fidèles à notre serment, et ne nous occupons que des causes prochaines qui nous agitent.

Il n'est pas difficile d'apercevoir les principales : ce sont le sommeil affecté du pouvoir exécutif, et, ce qui en est une suite nécessaire, la lâche inaction des accusateurs publics, la marche indolente des tribunaux, l'apathie, en certains départemens, des corps administratifs ; en d'autres, peut-être des lenteurs qui semblent attendre des événemens, le relâchement, en un mot, de tous les ressorts du gouvernement intérieur. (Applaudissemens.)

Mais pourquoi chercher tant de coupables où dans le fond il n'y a qu'un coupable principal? Déjà vous voyez, Messieurs, que je veux parler du pouvoir exécutif. C'est la manie de ce pouvoir, quand il est circonscrit par une sage constitution, de se plaindre qu'il en est entravé; c'est sa manie de ralentir tous ses mouvemens et d'affaiblir ses ressorts, pour faire croire que c'est le nouveau régime qui l'a paralysé; c'est sa manie enfin d'user peu de l'autorité royale pour la faire juger insuffisante, et de n'affecter de l'impuissance que pour mendier des forces nouvelles. (Vifs applaudissemens.)

Le remède à cela est plus facile à imaginer qu'il n'est facile de le rendre efficace. Les ministres, grâce à leur illusoire responsabilité, sauront toujours couvrir leur inaction du voile de l'insubordination des pouvoirs, rejeter sur des sous-ordres les torts du gouvernement, et frayer un retour au despotisme en favorisant sous main l'anarchie. Mais enfin l'artifice a ses bornes, et le corps-législatif ses moyens de le dévoiler. Il faut donc, par le projet de décret à intervenir, réveiller le pouvoir exécutif et le retirer de sa léthargie, afin qu'à son tour il en tire tous les pouvoirs. Affermissons ainsi un ordre public qui puisse également assurer à ceux des non-sermentés qui sont paisibles une grande latitude de liberté sous la protection de la loi, et aux incendiaires un châtiment légal de leurs séditieuses manœuvres.

Ce réveil des pouvoirs sommeillans est la seule mesure qui reste à prendre. Elles sont faites par la dernière assemblée les lois vengeresses des désordres dont on se plaint.

Un de ses décrets veut impérieusement que des accusateurs publics, à peine d'être déchus de leurs fonctions, poursuivent les non-sermentés qui auraient causé des troubles : c'est là, Messieurs, tout ce que pouvait faire la prudence humaine; et quand vous aurez puissamment excité le pouvoir exécutif, je ne vois pas ce que vous pourriez ajouter à cette mesure.

Gardons-nous surtout de confirmer des lois, de les renouveler, ou même d'en ordonner l'exécution; ce serait en supposer l'instabilité ou la faiblesse. Un despote confirme les lois de son prédécesseur; il renouvelle souvent l'ordre d'exécuter les siennes propres; cela doit être : la loi des despotes n'est jamais que la loi du moment; aussi est-elle d'autant plus versatile, que le despote est plus absolu. Mais une nation libre et puissante fait des lois stables comme elle, et ne croit pas devoir à vingt fois les tirer du néant où elles n'ont pu tomber. (Applaudissemens.)

Deuxième question. *Quelle est la nature du mal politique dont on se plaint.* — N'équivoquons pas, Messieurs, sur la nature du mal qu'il nous faut guérir ; rien n'égare comme les erreurs dans le choix des remèdes.

Ne pensez pas que la doctrine des non-sermentés soit ici une de ces misérables guerres de controverse entre sectaires, qu'il faille dédaigner, comme n'étant qu'un ridicule ergotisme de l'école.

Je sais que la doctrine des non-sermentés, si elle ne roulait que sur des querelles purement théologiques, ne serait pour l'État d'aucune importance ; le sage législateur devrait en détourner ses regards, et les éteindrait mieux par ses mépris qu'il ne les étoufferait par tout le poids de la force publique.

Mais les erreurs des non-sermentés ont cela de propre et de funeste au repos de l'État, qu'elles tendent à décrier la constitution civile du clergé, comme contraire aux lois divines et canoniques. Ce ne sont pas ici deux docteurs aux prises sur des dogmes indifférens aux législateurs ; c'est une partie notable du clergé de France, qui, soutenue de tous les ennemis de la révolution, est aux prises avec les corps-législatifs ; c'est un combat corps à corps d'une grande section nationale contre le souverain. Cette grande querelle est digne sans doute, Messieurs, de toute votre attention, et les troubles qu'elle a causés demandent une loi majeure, ou bien jamais loi ne fut nécessaire.

Recherchons donc profondément la nature du mal ; une erreur capitale serait de le voir où il n'est pas. Pour ne pas nous y tromper, commençons par écarter tout ce qui pourrait en avoir la fausse apparence, et ne nous laissons pas induire à punir des délits chimériques.

Gardons-nous par exemple de regarder les opiniâtres erreurs des non-sermentés comme un vice politique auquel nous soyons tenus de remédier par nos décrets; de simples erreurs religieuses sont étrangères au législateur, et ne doivent pas trouver place dans le code pénal. C'est aujourd'hui une vérité politique usée, c'est dans cette tribune une espèce de lieu-commun qu'en aucun genre erreur n'est crime. Les murs de cet auguste sanctuaire savent aujourd'hui qu'en fait d'opinions religieuses, toute sévérité du souverain tourne le dos à son but; que l'intolérance alimente le fanatisme, et l'irrite au lieu de l'amortir; que les sectes se propagent par la persécution; que l'œil du souverain ou du gouvernement fixé sur la controverse, l'enflamme davantage; que le sang des sectaires en répand des germes innombrables; que l'explosion religieuse est comme celle de la poudre, en raison des obstacles qui lui sont opposés, et que la seule manière dont une nation sage doive accueillir les querelles des prêtres, est d'en détourner avec mépris son attention et ses regards. (Applaudissemens.)

Et certes, ceux des non-sermentés qui n'ont que de paisibles erreurs, de quoi pourraient-ils être coupables aux yeux de la loi?

Serait-ce de s'être refusés au serment? Mais la loi le propose simplement, et ne l'ordonne pas; en quittant ou en refusant des fonctions publiques plutôt que de prêter le serment, le prêtre ne fait qu'accepter une alternative proposée par la loi, et user d'un droit d'option qu'elle lui a déféré.

Ici je crois entendre cent voix s'écrier : La loi l'a puni en réduisant son traitement, et la loi ne punit pas l'innocent..... Erreur, Messieurs, erreur! ce n'est pas à titre de peine que la loi a réduit à 500 livres le traitement des non-sermentés; cette réduction ne suppose donc pas que se refuser au serment soit un délit politique.

Un moment d'attention, et vous ne douterez plus, Messieurs, que ce traitement, même réduit, ne soit une faveur de l'État au lieu d'un châtiment.

En toute rigueur, l'État ne doit plus aucun traitement aux fonctionnaires publics dont l'exercice est expiré.

A plus forte raison l'État ne doit aucun traitement aux citoyens qui ont volontairement abdiqué leurs fonctions quand l'Etat les invitait à les continuer.

Considéré sous ce point de vue, le traitement fait aux non-sermentés, bien loin d'être un châtiment de la loi par sa modicité, en est un bienfait par sa nature, quelque faible qu'il puisse être par sa quotité.

Sur ce fondement on a osé, Messieurs, proposer aux représentans d'une nation grande et généreuse de révoquer ce bienfait! Encore si l'on ne vous eût proposé ce honteux dépouillement que contre ceux qui seraient convaincus de trouble porté à l'ordre public, ce n'eût été qu'une barbarie dans le code pénal; mais étendre cette féroce mesure sur une multitude de citoyens, même sur ceux qui n'auraient que de douces et paisibles erreurs, ce serait un opprobre en législation, ce serait en morale une horreur! (Applaudissemens.) Retirer un bienfait sans autre cause que l'avarice, finir par condamner à la faim des hommes ci-devant fortunés qu'on venait de condamner à l'indigence, serait une basse et cruelle parcimonie. En rigueur, elle n'aurait que la dureté du corsaire, sans avoir l'iniquité du vol; mais en serait-elle moins pour cette législature une tache éternelle? Tout ce qui n'est pas inique en rigueur est-il pour cela honnête et décent? Ce n'est là une question ni pour l'homme de loi ni pour l'honnête homme. Quelle vertu, bon Dieu, que celle qui aimerait à s'approcher du vice de très-près, et à se tenir sur ses bords! Serait-ce, je vous le demande, être un homme d'honneur que de se permettre en sentimens et en procédés tout ce qui, en rigueur, ne serait pas de l'infamie?

On me dira peut-être que si le non-sermenté n'est coupable ni par l'erreur, ni par le refus du serment qui en est la suite il l'est du moins par le trouble que sa doctrine porte nécessairement à l'ordre public....

Mais c'est une erreur de penser qu'une simple doctrine, parce qu'un trouble public en a été la suite, soit en elle-même un trouble public ; à quoi se réduirait en ce cas la liberté des opinions, même religieuses ? Ne les manifestez pas en factieux ; n'ajoutez pas la sédition à l'erreur, la violence aux écarts, et vous n'excéderez pas les droits de l'homme.

Mais la scission scandaleuse des non-sermentés avec le clergé constitutionnel n'est-elle pas un délit politique, et le schisme peut-il être aussi innocent que l'erreur?...

Tout de même ; car il est évident que le schisme est la suite nécessaire de l'erreur, et la cause devant être impunie, qui croirait pouvoir en punir l'effet nécessaire ?

Disons-le, une fois pour toutes, rien de ce qui concerne les opinions religieuses, les différences de culte et les querelles des sectaires n'est du ressort de la loi pénale.

Faudra-t-il encore leur pardonner la ténébreuse administration des sacremens qu'ils se permettent dans le secret des familles en rabaissant le dieu des chrétiens au niveau de ces dieux domestiques que les païens révéraient au coin de leurs foyers?....

Vaine déclamation! le législateur laisse à Dieu le soin de venger sa gloire s'il la croit outragée par un culte indécent. Que vous importe et qu'importe au public qu'il se fasse ou qu'il ne se fasse pas dans une maison particulière des cérémonies religieuses, pourvu qu'elles ne donnent pas lieu à des attroupemens suspects et dangereux par leur grande masse? Ne serait-ce pas là une inquisition domestique comparable à celle qui ne souffrirait pas dans la maison d'un citoyen des festins, des concerts, des spectacles, des jeux permis ou des évocations magiques? Pourquoi un culte domestique serait-il prohibé quand la loi n'a pas encore pourvu à la liberté de tout culte, ou quand le peuple s'y oppose par un zèle faussement religieux, ou quand le clergé constitutionnel fomente par ses alarmes l'aversion du peuple pour la rivalité des autels ? Voilà, voilà les vrais coupables du culte clandestin, si ce culte est un crime; les menaces populaires forcent toujours les sectes à couvrir leurs pratiques religieuses du voile du mystère, et la clandestinité d'un culte est toujours l'odieux effet de la persécution.

Si l'on peut établir une sorte de culte domestique sans encourir l'animadversion de la loi, peut-on du moins impunément porter le trouble et la division dans le sein des familles, en divisant d'opinion le père et les enfans, l'époux et l'épouse, les frères entre eux ?...

Répondez-moi, argumentateur infatigable : ces divisions et ces troubles ne sont-ils que l'effet des opinions contraires, et ces opinions contraires ne sont-elles que l'effet de l'enseignement religieux, sans mélange de conseils violens ou de suggestions incendiaires? Eh bien, dans ce cas-là, le prêtre non-sermenté, qui a la rage de propager sa doctrine, use des droits de l'homme (murmures); celui de la famille qui l'adopte use de la libre faculté de son jugement; et je ne vois ici de coupable que le parent ou l'époux intolérant qui, pour une différence d'opinions, hait le parent ou l'épouse qu'il aimait.

Mais patience; les sentimens de la nature, étouffés pour un moment, où égarés par l'esprit de parti, reprendront bientôt leur empire; oui, bientôt la paix renaîtra dans les familles de la lassitude même des disputes religieuses, du goût du repos, du besoin d'aimer, de l'habitude de vivre ensemble : alors, la nature reprenant ses droits, la différence des opinions religieuses ne sera plus dans les familles un sujet de divorce ou de haine ; et du sein de ces divisions intestines, on verra sortir enfin une habitude de tolérance entre parens, qui commencera par assurer la paix domestique, et qui finira par assurer invariablement la paix intérieure de tout l'empire.

On me dira peut-être : quelle sera donc l'espèce de trouble public qui pourra donner lieu contre les non-sermentés à des procédures et à des condamnations?...

La réponse est bien simple : tous les actes de désobéissance à la loi, et d'attentats contre l'autorité, tous propos, suggestions, instigations ou voies de fait tendant directement à troubler la tranquillité publique. Quelqu'un des non-assermentés se rendrat-il coupable de quelqu'un de ces troubles portés à l'ordre public, je le livre à toutes les rigueurs de la loi : qu'on le punisse encore si son aversion pour les sermentés lui en fait outrager le culte ou les personnes ; qu'on le châtie avec sévérité, si, pe·. ntent d'attirer à lui et à ses cérémonies autant de peuple qu'il lui est possible, il l'ameute ensuite et le soulève contre la loi de l'État !

Qu'il persiste tant qu'il voudra dans son horreur pour les mystères célébrés dans nos églises ; qu'il les fuie, pour n'être pas complice de la chimérique profanation ; qu'il déteste toute communication religieuse, même sociale, avec les sermentés, et que pour fuir un schisme imaginaire, il tombe lui-même dans un schisme réel, à la bonne heure; il a toute liberté d'être absurde dans sa croyance, d'être implacable dans sa haine, d'être insociable avec ses rivaux de doctrine : mais qu'il s'interdise toute agression hostile, tout complot factieux, toute entreprise séditieuse, toute part aux insurrections populaires, et que, devenu libre d'exercer son culte, il apprenne les égards qu'il doit à tous les autres, même à celui qui lui répugne le plus ; qu'il apprenne à respecter pour les autres les principes de paix, de douceur et de tolérance, qu'il avait invoqués pour lui-même dans des temps de détresse, d'alarme et de persécution, ou bien j'appellerai, le premier sur sa tête les vengeances de la loi ! (Applaudissemens.)

Eh bien, me dit-on, vous venez vous-même de prononcer la condamnation de la secte non-sermentée, de cette secte essentiellement effrénée dans ses procédés, séditieuse, insurgente, implacable ennemie du culte salarié par l'État : qu'on bannisse donc ces pestes publiques de leurs anciennes paroisses ; qu'on les entasse bon gré mal gré dans le chef-lieu de chaque département, et qu'on les prive même du modique reste de leur ancien traitement...

Je vous remercie, Messieurs, pour mon compte, de ce que vous voulez bien renforcer ainsi dans le siége de ma métropole le foyer d'aristocratie, de calomnie et de mendicité (applaudissemens) ; je ne me plaignais pas de son insuffisance.

Je ne sais si je m'aveugle ici dans ma cause ; mais s'il fallait arbitrairement violer les droits de l'homme, c'était ce me semble l'inverse de cette persécution qu'il fallait proposer; c'était la multitude coalisée des non sermentés de la ville qu'il fallait demander à disperser dans les campagnes, et si clair qu'on le pourrait, au lieu d'en faire dans le royaume quatre-vingt-deux foyers de guerre civile, en réunissant ceux de chaque département dans son chef-lieu : l'étrange méthode que celle de réunir les forces que l'on craint au lieu de les diviser ! Que ces messieurs, qui osent ainsi rallier sous les drapeaux de la ville ces ennemis de l'État dispersés dans les campagnes, veuillent bien consulter un despote, il leur dira : je dépeuple mon empire pour le mieux gouverner ; plus les hommes sont prêts les uns des autres, plus ils sont à craindre...

Laissons, messieurs, laissons ces citoyens choisir le lieu de leur domicile, et surtout gardons-nous d'ajouter en eux les fureurs de la faim à celles du fanatisme.

Mais ce qui m'étonne le plus, j'aurais pu dire ce qui me révolte le plus dans ce projet de loi pénale, c'est qu'il embrasse dans sa colère toute la secte, et qu'il frappe du même coup tous les individus sans miséricorde, sans discernement et sans formalités : ils subiront donc le même châtiment le factieux et l'apathique, le brûlot et le bonhomme, le chef de bande et le traîneur, le frénétique et le pusillanime, le bouillant jeune homme et le paisible vieillard, celui dont le refus de prêter le serment tient à de grands vices, et celui dont le refus tient à de grandes vertus !

On distinguera, dites-vous, ceux qui seront favorablement notés par les municipalités... Bon, voilà l'inquisition municipale pour nous consoler d'une loi pénale arbitraire. (Applaudissemens.)

De grâce, messieurs, sous le règne de la liberté point de punition sans jugement, et point de jugement sans procédure.

Des procédures, dit-on, il n'en faut pas ; de quoi serviraientelles ? Ces suborneurs ferment la bouche à leurs adhérens par l'intérêt du parti, à ceux du parti contraire par la crainte; des témoins, chose impossible...

Dieu soit loué! le mal n'est donc pas aussi grand qu'on le dit (on rit), un trouble public que ne dépose personne, n'est pas un trouble bien alarmant!

Quoi, messieurs, des législateurs, se transformant en officiers de justice, et d'une justice bottée, dédaigneraient et les témoins qu'exige le droit naturel et les procédures sagement prescrites par la loi criminelle? Quoi, pour le plaisir d'abréger les cérémonies, ils condamneraient, de plein vol, aux ennuis de l'exil et aux horreurs de l'indigence, une multitude d'hommes répandus dans l'empire, les uns paisibles, honnêtes, irréprochables, autant que les autres sont séditieux, incendiaires et turbulens? Quoi! des législateurs oseraient confondre dans la même proscription des hommes dignes d'une destinée si différente, et, dédaignant de discerner les nuances diverses du crime, ils oseraient mettre de niveau tous les coupables, et ne rougiraient pas de les soumettre tous également à une peine uniforme!

Ah! messieurs, rendriez-vous contre eux un jugement plus commun, les condamneriez-vous à un châtiment plus égal quand tous ces hommes, au lieu d'être épars comme ils le sont dans leurs campagnes, auraient été saisis étant rassemblés sous les drapeaux de la contre-révolution, et tournant leurs armes contre la patrie? Quand tel serait, messieurs, leur crime commun, auriez-vous la cruauté de frapper tout à la fois cette multitude de têtes; vous, clémens législateurs, quand les despotes, les cruels despotes ne feraient que les décimer? Et pourriez-vous ensuite soutenir les regards de l'opinion publique?

Que reste-t-il donc à faire au législateur contre les non-sermentés? Rien en lois rigoureuses; elles sont faites contre ceux d'entre eux qui se rendraient perturbateurs du repos public; elles sont faites contre ceux qui troubleraient l'exercice d'un culte quelconque: c'est maintenant au pouvoir judiciaire à les appliquer séparément à chaque accusé, et à graduer la peine sur la grandeur du délit; la tâche du pouvoir exécutif est de surveiller, de provoquer le judiciaire; la nôtre, messieurs, est consommée en fait de rigueur.

Aussi je déclare ici d'avance que j'invoquerai la question préalable sur tout projet de loi sur les non-sermentés qui renfermerait quelque sévérité.

Il n'en est pas de même des projets de loi qui tendraient à leur accorder une plus grande latitude de protection et de liberté; j'y applaudis à l'avance. (Applaudissemens.)

Troisième question. *Quels sont les remèdes du mal dont on se plaint?* — En deux mots, messieurs, cherchons le remède dans les contraires du mal qu'il faut guérir.

Les désordres publics qu'on vous a dénoncés, viennent en partie de l'aigreur des esprits : imaginons donc des lois capables de les adoucir.

Ces désordres viennent de la contrainte où sont restés les non-sermentés à l'égard de leur culte : imaginons donc des lois qui leur donnent à cet égard la latitude de liberté que la Constitution accorde à tous les cultes.

Ces désordres viennent de l'inaction des pouvoirs constitués, inaction que favorise le gouvernement par sa feinte nullité : il faut donc tout réveiller, tout exciter, tout ranimer, les pouvoirs constitués par le pouvoir exécutif, et l'exécutif par nous-mêmes.

Ces désordres viennent encore de l'intolérance du peuple, attaché fortement à son culte; et cette intolérance est le déplorable effet du peu de lumières politiques qui ont encore percé dans nos campagnes : tâchons donc d'accélérer dans le peuple le progrès des lumières; affermissons-le dans les maximes de tolérance, surtout religieuse, et donnons ainsi une base solide à la sûreté des non-sermentés et à la liberté de tous les cultes.

Or, c'est là, Messieurs, le but du projet que je veux soumettre à votre sagesse.

Quoi! me dira-t-on, deux cultes séparés pour la même religion; quoi! les mêmes sacremens s'administreront dans deux espèces de temple, et par deux classes de prêtres; pourquoi ce double emploi en cérémonies religieuses?.... Pourquoi, Messieurs?

Parce que ces deux classes de croyans, avec les mêmes pratiques religieuses et les mêmes formes de prières, ont, en matière grave, et pour de grands intérêts, des opinions toutes contraires; parce que la classe des non-sermentés a pour l'autre une grande aversion, qui, si elle se tempère un jour, ne peut céder qu'à la longueur des temps, à la tolérance des hommes, et à la douceur de la loi; parce que la même classe, imbue de l'erreur que l'autre classe est tombée dans le schisme, et craignant de s'en rendre complice, se fait une loi rigoureuse d'éviter toute communication avec des schismatiques, de se mêler à ce qu'ils appellent des intrus, de fuir même leurs églises; et sans doute c'est avec scrupule qu'ils vivent dans la même atmosphère, et qu'ils respirent le même élément : avec d'aussi étranges disparités, comment espérer de ces hommes exaltés des rapprochemens prochains?

Cependant, par des égaremens de cette espèce, ils n'ont pu perdre ni le droit d'être libres ni celui de fuir des monstres imaginaires; pourquoi donc ne jouiraient-ils pas de la faculté d'adorer à côté de nous le même Dieu que nous, pendant qu'au même lieu où on leur refuserait la célébration de nos saints mystères, on permettrait à des païens les mystères d'Isis et d'Osiris, au mahométan d'invoquer son prophète, au rabin d'offrir ses holocaustes?

Cette liberté de culte ne fût-elle pas un des droits sacrés du citoyen, nous devrions, Messieurs, l'accorder aux non-sermentés, dans l'espoir qu'un divorce consenti avec douleur, supporté avec modération, amènerait plus tôt la réunion des deux partis, maintenant incompatibles.

Jusqu'où enfin, me direz-vous, ira cette étrange tolérance? Ce ne sera pas sans doute jusqu'à permettre aux non-sermentés l'administration des sacremens?.... Jusqu'où enfin, vous dirai-je à mon tour, porterez-vous la manie de mutiler la tolérance et d'enrayer la liberté? (Applaudissemens.) Ce n'est pas sans doute le moment de donner aux temples des non-sermentés des fonds baptismaux, d'y opérer l'union conjugale, d'y placer des confessionaux; il faut que la loi civile ait auparavant déterminé le mode de constater les naissances des enfans qu'on y baptisera, les mariages qu'on y célébrera, les décès et les inhumations des morts qu'on y aura présentés. Quand la loi aura rempli ce préliminaire urgent, quelle raison pourrait empêcher que ces temples nouveaux ne jouissent de la plénitude des droits attachés à nos temples? Quand la loi permettra sur les deux autels le même sacrifice, par quelle inconséquence n'y laisserait-elle pas couler aussi la vertu des mêmes sacremens?

Prenez-y bien garde, Messieurs, ce ne serait pas seulement restreindre dans les prêtres non-sermentés les droits du sacerdoce, ce serait encore attenter à la liberté du peuple dans le choix de son culte. Par quel paradoxe la loi empêcherait-elle un père sectateur des non-sermentés de leur donner son enfant à baptiser, pendant qu'elle permettrait à ce même père de le faire circoncire par un rabin? Pourquoi la loi repousserait-elle un mariage célébré dans un temple quelconque, pourvu qu'il portât le caractère d'un contrat civil régulièrement fait?

On m'opposera pour dernière ressource les alarmes du peuple sur les abus que fera de ces églises particulières l'esprit de parti. Là, dit-on, se réuniront nécessairement et se coaliseront les ennemis de la révolution, et dans ces foyers d'aristocratie se prépareront des explosions violentes contre la constitution et la liberté....

Terreurs puériles; la sombre défiance voit tout en noir, et, comme l'œil timide de celui qui voyage dans les ténèbres de la nuit, les objets les plus indifférens paraissent à l'homme ombrageux des monstres qui le glacent d'effroi.

Je veux au contraire, par vingt traits serrés, démontrer et qu'il n'y rien à craindre et qu'il y a tout à espérer du culte séparé des non-sermentés.

Ces temples seront ouverts; des provocations au peuple de s'armer contre la constitution ou de résister à la loi ne pourraient s'y faire dans les ombres du mystère; l'accusateur public aurait les yeux toujours ouverts sur les discours tendant à la sédition ou à la révolte ; les séditieux seraient punis sans avoir la gloire d'être persécutés pour cause de religion ; il n'y aurait alors à espérer pour ces séditieux ni palme du martyre, ni ce culte que toute classe de croyans rend aux confesseurs de sa foi ; ce ne serait que le châtiment d'un malfaiteur à subir, et de l'opprobre à dévorer. Ainsi contenus par la police, qui ferait toute grâce aux opinions, aucune aux attentats, les consciences seraient libres, et l'État serait tranquille.

Qui ne voit d'ailleurs que la liberté d'un tel culte doit énerver insensiblement l'esprit d'insurrection, tempérer l'effervescence religieuse, et éteindre graduellement la secte? Ne craignez pas du moins qu'elle acquière jamais de la prépondérance : le culte salarié par l'État a sur tous les autres un ascendant qui le rend de plus en plus dominant. Probablement cette classe des non-sermentés s'éteindra avec les prêtres qui l'ont formée ; si la secte peut avoir une succession clandestine de ministres de son culte, combien le lien qui les unirait aux races futures serait plus faible que celui qui unit aujourd'hui les prêtres déchus de leurs cures avec leurs anciens paroissiens ! Un culte salarié par des individus s'affaiblit constamment ; on se familiarise par l'habitude avec l'obéissance à la loi qu'on improuvait le plus dans son principe. La constitution française est de nature à multiplier sans cesse le nombre de ses partisans et de ses amis ; les plaies qu'elle a faites étant une fois cicatrisées, il n'y aura plus qu'une voix dans le royaume pour la maintenir et l'améliorer. Eh ! qui ne voit que la scission des non-sermentés doit décliner en raison des progrès que fera la constitution dans l'opinion publique et dans le cœur des Français. (Applaudissemens.)

Que vos décrets sur la liberté des cultes soient donc purgés de toute entrave qui ne sera pas impérieusement commandée par de graves considérations d'ordre public ; un reste d'habitude de l'ancien régime nous laisse malheureusement comme malgré nous je ne sais quelle pente pour les lois prohibitives, très-indécente dans une assemblée de restaurateurs de la liberté : ainsi conservent encore une certaine gêne dans les mouvemens ceux qui ont long-temps gémi dans les fers.

Le célèbre arrêté pris le 11 avril par le département de Paris n'est pas entièrement exempt de cette rouille prohibitive, quoique des génies créateurs de la constitution y aient eu la plus grande part. Pourquoi fermer au public des églises non nationales, mais nécessaires encore à quelques restes de corporations? Pourquoi condamner ainsi les non-sermentés à un culte clandestin, même dans des lieux auparavant publics? Pourquoi ce silence de l'arrêté sur la libre administration des sacremens par des hommes qui en étaient naguère les administrateurs à quelques pas de là, dans d'autres églises de la même ville? Pourquoi gêner la confiance du peuple, quand elle se partage entre différens ministres du même culte, ou entre les ministres des différens cultes? Pourquoi forcer, principalement dans les campagnes, les non-sermentés et leurs pauvres sectateurs à acquérir des églises à grands frais, plutôt que de leur offrir en frères d'alterner avec nous dans nos églises? Combien d'exemples n'en offrent pas les églises d'Allemagne! Voyez en Virginie plusieurs classes de croyans se succéder dans les mêmes temples, comme nous nous succédons les uns aux autres pour assister à des messes successivement célébrées. Quel a été l'effet de ces sages alternats? Les différentes sectes, déjà rapprochées par cette communauté de local, après avoir ainsi fait fraterniser leur culte, ont fini par fraterniser entre elles hors du sanctuaire qui leur était commun.

Cependant, Messieurs, n'allez pas croire que mon vœu soit qu'on donne tête baissée dans l'exécution prompte de ces nouvelles mesures; elles sont si étranges pour un peuple nourri jusqu'à ce moment dans les maximes perverses et dans la cruelle habitude de l'intolérance, qu'il faut lui présenter une à une ces sages nouveautés, et l'y accoutumer lentement, comme on accoutume lentement au grand jour des yeux long-temps malades, et aux alimens un convalescent qui revient des portes de la mort. Il faut surtout éclairer le peuple avec patience, et lui faire goûter la loi avant de l'y soumettre, quand elle heurte étrangement ses préjugés. On ne met pas brusquement un frein au cheval indompté. Le retour à la liberté dans tous les genres a ses gradations nécessaires, comme l'a eu l'établissement de la servitude; malheur à la loi qui violente la soumission avant d'avoir obtenu les suffrages du peuple! La lumière doit être le grand précurseur de la loi, quand c'est le souverain qui la fait; laissons au despote l'odieuse politique de préparer par l'ignorance ses esclaves à ses commandemens. (Applaudissemens.)

Il faut surtout que, par l'instruction émanée du législateur, le peuple soit préparé à la hardiesse de la loi et amené lentement à sa paisible exécution, quand, au lieu de ne régler que ses intérêts temporels ou ses actions civiles, elle doit parler à sa conscience, et changer ses habitudes religieuses. C'est alors surtout qu'il faut l'éclairer avant de mettre sa docilité à de trop fortes épreuves. Au lieu de lui fournir brusquement un sujet d'émeute et d'insurrection, épargnons-lui des fautes par de sages lenteurs dans l'exécution des lois qui l'étonnent.

Dans les circonstances présentes, il est de l'intérêt même des non-sermentés de ne point précipiter la jouissance d'une liberté de culte encore mal assurée; il est de l'intérêt de tous de n'exposer ni le peuple au crime de l'émeute, ni les sectateurs d'un culte protégé par la loi, aux dangers d'un attentat populaire. La municipalité de Paris, par sa modération en de telles conjonctures, doit servir de modèle au reste du royaume, et a les plus grands droits aux hommages publics.

Dans toute la suite de ce discours, je ne vous ai rien dit, Messieurs, qui ne vous soit familier; mais j'ai du moins prouvé ce qu'on ne croit peut-être pas assez : c'est qu'en matière de tolérance religieuse, la doctrine d'un évêque pénétré du véritable esprit de la religion, ne s'éloigne pas de la doctrine du philosophe, et que le zèle pastoral se trouve ici parfaitement d'accord avec la modération du législateur.

M. Ducos. Le discours qui vient d'être prononcé contient de grands principes de tolérance et de liberté; il est de notre devoir d'en faire jouir nos concitoyens. Je demande l'impression de ce discours, en expiation du discours intolérant dont l'impression a été décrétée hier.... (Quelques applaudissemens. — Nombreux murmures. — *A l'ordre! à l'ordre!*)

M. Ramond. Si vous rappelez M. Ducos à l'ordre, vous y rappellerez les deux tiers de l'assemblée. (Bruit. — *A l'ordre! à l'ordre!*)

M. Lacroix. Je crois que l'assemblée ne doit expier que sa trop grande facilité à se laisser injurier par ses membres. Lorsque l'assemblée ordonne l'impression d'une opinion, elle n'en adopte pas les principes; mais elle reconnaît que cette opinion contient des vues nouvelles qui méritent la méditation de ses membres. D'après cela, l'assemblée n'a rien à expier, et je demande que M. Ducos soit rappelé à l'ordre. (Bruit.)

M. Fauchet. (Applaudissemens des tribunes.) Très-convaincu que M. Ducos n'a pas eu l'intention de manquer à l'assemblée, et que c'est par un excès de tolérance qu'il a été intolérant envers moi, je crois que l'assemblée ne doit point le rappeler à l'ordre; mais je demande qu'il me soit permis de répondre à M. l'évêque de Bourges, qui m'a attaqué avec beaucoup d'éloquence et d'énergie.... (Murmures.) Je vous prouverai que je n'ai proposé en aucune manière des mesures d'intolérance.... (Murmures.) Je n'ai condamné personne à mourir de faim.... (Bruit. — *L'ordre du jour!*) Puisque l'assemblée n'est pas disposée à m'entendre, je conclus simplement à ce que M. Ducos ne soit pas rappelé à l'ordre. (Appuyé.)

L'assemblée décrète l'impression du discours de M. Torné, et passe à l'ordre du jour.

SÉANCE DU 3 NOVEMBRE.

M. Fauchet. La tolérance des poisons de la société est la plus grande intolérance contre la société; mais accuser d'intolérance celui qui ne veut pas qu'on paye les empoisonneurs, c'est le comble du ridicule. On m'accuse d'avoir déployé une éloquence cruelle, quand je n'ai été ni cruel ni éloquent, mais seulement juste et sensé. (Plusieurs voix : *Au fait.*) Il s'agit de défendre mon opinion contre ceux qui l'ont attaquée.

On trouve que c'est contraindre des hommes à mourir de faim que de les obliger à vivre de leur propriété ou de leur travail; on me trouve cruel quand je sollicite, pour les pauvres qui vous demandent du travail, des sommes immenses prodiguées à des hommes oisifs, inutiles et dangereux. Mon éloquence est cruelle contre les réfractaires : celle de mes adversaires est cruelle contre la partie la plus intéressante de la nation. On veut vous déshonorer par des mesures honteuses ; on veut donner le change à l'opinion publique : mais il est encore des hommes qui sauront prémunir l'assemblée contre les projets de ces endormeurs. En vain voudrait-on vivre fraternellement avec ces prêtres qui secouent les torches du fanatisme ; ils ne veulent pas vivre en amis, ni même vivre en ennemis paisibles : ils ont la haine dans le cœur, et le flambeau de la discorde à la main. Qui peut calculer l'effet de cette scission survenue dans un même culte, entre les ministres et leurs disciples, dont les uns ont continuellement les imprécations à la bouche et le fiel dans l'ame, et dont les autres ne cherchent que l'union, l'égalité et la paix. Renfermez-les dans les mêmes temples, et bientôt les loups dévoreront les agneaux paisibles, à moins que le lion de la garde nationale ne veille sans cesse sur eux.

M. l'évêque du département du Cher doit savoir, comme toute la France, que ce sont les prêtres assermentés qui ont été lapidés, égorgés, et que les prêtres assermentés ne se sont jamais vengés que par des plaintes, qui même n'ont donné lieu qu'à des commencemens de procédures. Voulez-vous savoir à quels excès furieux se portent les non-conformistes dans les départemens. Deux ou trois cents femmes d'une paroisse de Caen ont poursuivi le curé constitutionnel, l'homme le plus paisible, l'ont lapidé, l'ont chassé jusque dans son église, où elles ont descendu le réverbère du chœur pour le pendre devant l'autel. (Plusieurs voix: *Eh bien! Messieurs les endormeurs!*) Ce qui a eu lieu dans le sein d'une grande ville où veillent douze mille ames de gardes nationales, ne peut-il pas se répéter dans les campagnes? Mais, dit-on encore, en affectant une sensibilité à contre-sens, une grande et généreuse nation, après avoir accordé une pension à des bénéficiers sans exiger d'eux ni travail ni serment, peut-elle rétracter ses engagemens et les réduire à mourir de faim? Les biens du clergé étaient destinés à trois usages: au soulagement des pauvres, aux frais du culte, au traitement des ministres. La nation s'est chargée de remplir les deux premières obligations: la troisième se réduit à donner aux prêtres qui font un service le salaire strictement nécessaire. Le prêtre doit vivre de l'autel comme le fonctionnaire de la société du produit de ses fonctions.

On ne paie pas ceux qui ne font rien; on a paru larmoyer sur le sort de ces prêtres qui veulent gagner de l'argent en restant oisifs, tandis qu'une foule de pauvres ne vous demandent que du travail. Mais, a-t-on dit, il ne faut pas que d'anciens fonctionnaires ecclésiastiques, dépouillés de leurs biens, soient réduits à mourir de faim ou à trahir leur conscience. Mais puisqu'ils veulent élever autel contre autel, et que la loi le leur permet, qu'ils vivent de l'autel; et quand les citoyens seront lassés de payer un culte qu'ils pourraient avoir pour rien, ils trouveront à exercer leur industrie, soit dans le commerce, soit dans l'agriculture. Je conclus qu'il ne faut payer que ceux des ecclésiastiques valides qui se présenteront pour recevoir de l'emploi.

M. Gensonnet. En fixant votre attention sur les troubles religieux qui agitent une partie de l'empire, j'examinerai les causes qui les ont produits, et je vous proposerai des moyens propres à en arrêter les progrès. C'est de la décision que vous allez prendre que dépendent la tranquillité intérieure, et peut-être la sûreté extérieure. Si les mesures que vous prenez sont insuffisantes, ou même si elles aggravent la cause du mal, il est impossible de prévoir jusqu'où les malheurs pourront se porter.

L'assemblée nationale constituante, en posant les bases de la constitution, n'a pu tout faire; elle a laissé à ses successeurs le soin d'accomplir ce grand ouvrage par des lois réglementaires qui en assurent l'exécution; de remplacer une partie de celles qui sont faites, ou de leur donner plus d'ensemble. Telle est la tâche que vous avez à remplir; mais, pour vous y livrer avec succès, vous devez commencer par rétablir la paix intérieure. Vos premiers regards doivent donc se porter sur la situation des départemens. Si la tâche de vos prédécesseurs était celle du génie et du courage, la vôtre doit être celle de la prudence et de la raison.

Les troubles intérieurs tiennent uniquement à l'existence des querelles religieuses. Examinons nos moyens et nos forces; écartons surtout de nos délibérations ces mouvemens tumultueux et précipités qui en accuseraient hautement la sagesse. Je vais prouver que tous les moyens qui ont été proposés jusqu'ici sont insuffisans ou absurdes, tyranniques et illusoires. Je vous proposerai des mesures pour faire cesser ces querelles religieuses, et les précautions que la prudence peut suggérer contre les perturbateurs du repos public quels qu'ils soient. Il semblerait au premier coup-d'œil que l'ordre public ne devrait pas être troublé par la diversité des opinions. On conçoit, en effet, comment en France toutes les variétés des cultes pourraient s'établir sans que la tranquillité publique en reçût le moindre échec; cependant les différentes opinions qui se sont élevées sur l'exercice d'un même culte ont déjà produit une scission funeste entre les citoyens de l'empire. Cette situation des choses doit donc être attribuée à une autre cause qu'à la différence des opinions, elle doit être attribuée à l'intimité des rapports qui lient un culte exclusif à l'ordre social et aux différentes institutions publiques, à la ténébreuse malveillance des ennemis de la constitution.

1°. On a laissé subsister trop long-temps entre les mains des prêtres des fonctions qui tiennent à l'ordre civil, il en est résulté que les personnes qui sont restées attachées aux anciens fonctionnaires ecclésiastiques, n'ont su à qui s'adresser pour leurs baptêmes, leurs mariages, etc. Ainsi, lorsque les lois semblaient assurer la liberté des cultes, les fonctions civiles attachées exclusivement à l'un d'eux, semblaient lier l'existence des citoyens à l'admission d'un culte religieux. De l'autre côté, il n'est pas douteux qu'une partie de l'ancien clergé, irritée de la suppression des abus, de la perte de ses dîmes et de l'influence positive qu'elle avait sur le gouvernement, a formé un système d'opposition contre les lois, et continue d'exciter le peuple contre la constitution qui doit faire son bonheur. Ils se flattent de recouvrer leurs priviléges, en livrant la France aux convulsions du fanatisme, et aux horreurs d'une guerre de religion.

Il n'est pas douteux encore que dans plusieurs parties du royaume les guerres religieuses proviennent de ce qu'on a persuadé au peuple que la constitution commandait le sacrifice de leurs opinions religieuses. Les hommes mêmes attachés à la révolution, ont beaucoup contribué à établir ce préjugé, en regardant comme ennemis publics tous ceux qui, par faiblesse ou par erreur, ou par l'effet d'une conscience timorée, sont restés attachés à leurs anciens pasteurs. C'est ainsi que dans la plupart des départemens on a persécuté et tourmenté les peuples des campagnes ; c'est ainsi qu'on les a induits en erreur, en mettant en opposition leur amour pour la patrie, avec leur amour pour les anciens dépositaires de leur confiance ; c'est ainsi que l'on a désigné comme aristocrate le simple et crédule cultivateur, qui était seulement trompé dans son opinion religieuse ; c'est ainsi qu'on leur a persuadé et qu'ils se sont persuadé à eux-mêmes, qu'ils devaient haïr la constitution, parce qu'ils ne voulaient pas suivre le culte que la nation salarie, et qu'il fallait regarder, comme une atteinte à la constitution, les lois mêmes qui assuraient la liberté plus indéfinie des cultes ; c'est ainsi, enfin, que par une singulière méprise on a identifié l'amour de la constitution avec l'adoption de tel ou tel système religieux. Ce qu'il importe de ne pas perdre de vue, ce sont les effets qui résultent de ces erreurs. D'abord les déplacemens, les fatigues, la perte du temps, le sentiment profond de l'injustice dont une partie du peuple est victime, les rivalités, les jalousies qui naissent du contraste entre le bonheur, et la commodité des uns et les désagrémens qu'éprouvent les autres. Il en résulte que le peuple à chaque instant est tenté de se porter, et se porte souvent aux excès les plus graves, soit contre les prêtres conformistes, soit contre ceux qui leur sont attachés.

La majorité du peuple accuse les lois de ses malheurs. Dans un grand nombre de paroisses, les municipalités sont désorganisées, la force publique est dispersée dans les lieux où la majorité adopte le culte salarié; la minorité non-seulement ne jouit pas de la liberté de son culte, mais elle est persécutée. Le peuple, témoin des désordres excités par les ordres des chefs des non-conformistes, confond dans son indignation l'innocent et le coupable. Là, il confond le patriotisme avec les opinions, et pour maintenir la liberté publique, il viole la liberté des consciences, et l'on ne peut concevoir les malheurs qui résulteront de cette situation des choses, si vous aggravez le mal par des mesures fausses ou insuffisantes. C'est parce qu'on a ignoré ces faits, parce que les préventions ont donné une fausse direction à l'opinion publique, qu'on vous a proposé des mesures qui tendent à favoriser et à propager encore les causes du mal. C'est parce qu'on ignore que la constitution et la déclaration des droits ont été violées par des lois réglementaires, que l'on vous a demandé la question préalable sur toute cette discussion. Je dois vous le dire, la question préalable donnerait à ce préjugé, qu'il faut détruire, les conséquences les plus effrayantes; elle deviendrait le signal de l'intolérance, elle augmenterait l'aigreur des esprits dans la proportion la plus alarmante.

M. Fauchet vous a parlé d'une mesure qui ferait infiniment plus de mal, qui attaquerait bien plus directement la liberté religieuse, que ne l'a fait le serment particulier qu'il vous propose de supprimer. M. Ramond vous a proposé une mesure bien plus inconséquente encore; il demande que la nation salarie tous les cultes sans priviléges et sans exception. Il n'a pas fait attention que ce n'est pas par une exception, ni par un privilége quelconque, que la nation paie le culte catholique. En s'emparant des biens qui lui étaient affectés, elle a dû naturellement se charger d'en payer les frais. A la vérité, ceux qui volontairement se détachent de ce culte, n'ont plus de droit à ce salaire. J'ai entendu des hommes, dont j'honore le patriotisme, vous proposer l'enlèvement de tous les prêtres non conformistes. Je conçois comment les violences, l'emploi arbitraire de la force, sont les premiers moyens qui se présentent à l'esprit d'un despote qui ne calcule aucune résistance, et qui croit que tout est soumis au seul empire de sa volonté. Mais ce que je ne conçois pas, c'est comment, sous le règne d'une constitution dont les bases sont la liberté et l'égalité, les représentans de la nation peuvent se familiariser avec des mesures aussi arbitraires et aussi despotiques. Non, vous ne le pouvez pas.

Soit par rapport aux prêtres non-conformistes, soit par rapport au peuple qui suit leurs principes, cette loi est également absurde, dangereuse et inconstitutionnelle. D'abord elle a le terrible inconvénient de frapper l'innocent comme le coupable, de confondre toutes les nuances des délits, d'ôter toute possibilité de justification, d'écarter toute procédure; elle punit des hommes qui ne sont pas accusés, ou au moins que des preuves légales n'ont pas convaincus; elle a un effet rétroactif, et s'étendrait à des faits antérieurs à sa promulgation. Remarquez que l'appliquant à tous les non-conformistes sans aucune distinction, vous ajoutez par-là même une nouvelle peine à une peine déjà prononcée et subie; et comme les prêtres qui n'ont pu être remplacés ne seraient pas compris dans cette loi, il en résulterait une inégalité de peines qui tendrait à encourager ces derniers. Et à l'égard des infortunés habitans des campagnes, de ces hommes que l'on ne peut soupçonner d'être, en connaissance de cause, les instrumens de leurs oppresseurs, songez que s'il est possible de faire souffrir un peuple pendant quelque temps, il ne le sera pas d'étouffer les préjugés; au contraire, n'est-il pas naturel de penser que cette mesure violente en approfondira les racines, qu'elle augmentera l'aversion qu'il leur est impossible de ne pas avoir contre des lois qu'ils accusent de leur malheur? qu'enfin elle servira les projets des ennemis de la constitution,

Cette mesure non-seulement est injuste et tyrannique, mais elle serait encore la plus grande atteinte à la constitution. Vous le savez, la constitution garantit la liberté des cultes; elle veut que les citoyens aient le droit de choisir leurs ministres; et cependant ce qu'on vous propose, sous prétexte de priver les prêtres séditieux de la liberté dont ils abusent, tend à violenter la liberté des consciences, en empêchant les citoyens de s'adresser à ceux auxquels ils sont attachés. Dira-t-on qu'il ne faut pas deux églises pour le même culte? Vous ne devez pas être les juges de cette différence, quelqu'absurde qu'elle soit. Le citoyen cesserait d'être libre du moment où son culte serait réglé sur l'opinion des autres, et par une volonté qui ne serait pas la sienne. La déclaration des droits porte que nul ne sera arrêté ni détenu que dans les formes prescrites par la constitution; que nul ne peut être puni qu'en vertu de lois antérieurement proclamées et légalement appliquées. Et cependant on vous propose une loi de proscription générale contre des citoyens qui ne sont pas tous également coupables. Enfin, la base de la constitution est la séparation des pouvoirs, et dans aucun cas le corps-législatif ne doit exercer le pouvoir judiciaire; il doit fixer les peines, mais jamais les appliquer à tels cas particulier ou à tel individu.

Quelle serait donc l'utilité de cette mesure, et par quel moyen pourrait-on en assurer le succès? Quand on aura enlevé tous les prêtres non-conformistes, croit-on que le peuple des campagnes sera moins attaché à ses opinions qu'il ne l'était auparavant, et que gagne-t-on en laissant dans les lieux voisins, ceux que leur défaut de remplacement force à y rester? Ne sait-on pas que la persécution encourage au martyre, que l'enlèvement d'un seul prêtre fera venir à sa place vingt millionnaires? Comment prévenir l'insurrection là où la force publique et les autorités constituées sont désorganisées; l'insuffisance de ces premières mesures en appellera bientôt de plus sévères; est-il possible de prévoir là où il faudra s'arrêter? Sans doute on vous dira qu'à de grands maux il faut de grands remèdes, que le salut du peuple est la suprême loi; vains sophismes auxquels le despotisme vous avait accoutumés. N'était-ce pas aussi sur la nécessité des circonstances et sur le salut du peuple, que des hommes sanguinaires conseillèrent à Charles IX le massacre de la Saint-Barthélemy, et que le crédule tyran, par intérêt pour une partie de son peuple, en fit égorger l'autre moitié.

A Dieu ne plaise que je vous conseille de porter sur ces troubles une coupable indifférence. Sans doute il faut des mesures répressives ; mais il faut des mesures telles que la constitution les permet, et seulement prendre des précautions contre les perturbateurs du repos public. Ne confondez pas par des mesures générales, le prêtre séditieux avec le prêtre ignorant ; et ne forcez pas le peuple à des mouvemens dangereux. Pour défendre la constitution avec tout ce qu'elle a de force et de moyens, il ne vous demande que d'en étendre sur lui les bienfaits.

Nous avons cherché le remède dans la cause du mal ; il tient à deux causes toujours actives. D'un côté, l'inexécution de la loi sur la liberté des opinions religieuses, de l'autre, les menées de quelques prêtres turbulens et séditieux. Attaquons-les de front toutes les deux ; effaçons jusqu'aux moindres traces de persécution, et le fanatisme s'éteindra de lui-même. Détachons de tout culte religieux, tout ce qui peut tenir à l'ordre civil et politique. Déterminons, par des dispositions précises, les caractères qui peuvent faire connaître les délits contre l'ordre public, et appliquons avec sévérité la loi contre tout individu, sans distinction, qui s'en sera rendu coupable. Ce n'est pas un système nouveau que je vous présente, ce sont des lois réglementaires pour l'exécution de la constitution : c'est la constitution elle-même que je vous propose. L'ancien comité de constitution avait préparé un travail sur la manière de constater civilement les naissances, décès et mariages. Ce travail peut être renvoyé au comité de législation ; la liberté religieuse a été établie par la constitution : il est inutile de rendre un nouveau décret : mais si la liberté des cultes a été proclamée par la constitution, il n'en est pas moins vrai que, dans les onze douzièmes des départemens, elle est journellement violée, parce que les lois du corps constituant présentent à cet égard les contradictions les plus frappantes. Après avoir consacré par des dispositions pleines de philosophie et d'humanité la liberté religieuse, on n'a pris aucune des précautions nécessaires pour empêcher les abus qui pourraient troubler la tranquillité publique. Le Code pénal contient à cet égard deux dispositions immorales et illusoires : la première condamne les ecclésiastiques qui troubleraient l'ordre public, à être privés de leur traitement; l'autre les condamne à la dégradation civique. Vous ne ferez par-là que les jeter dans un sentier plus vicieux encore; car la dégradation civique est-elle une peine pour l'homme qui a commencé par renoncer à tous les droits de citoyen?

Il faut des lois efficaces pour réprimer les factieux que vous voulez punir. Il me paraît essentiel d'ajouter à la loi des dispositions plus précises, et de déterminer son application à d'autres cas qui n'ont pas été prévus; il faut encore que la proclamation de la loi emporte avec elle la certitude que les délits qu'elle poursuit ne resteront pas impunis; vous devez donc ordonner au ministre de la guerre de distribuer dans l'intérieur du royaume les troupes de ligne qui ne sont pas absolument nécessaires pour la défense des frontières, d'accélérer l'organisation de la gendarmerie nationale, et d'augmenter le nombre des brigades là où l'agitation des esprits et le défaut de communication les rendent plus nécessaires.

L'assemblée nationale constituante a reconnu qu'on lui avait fait donner beaucoup trop d'importance à ces dissensions religieuses; profitons de ses erreurs et des leçons de l'expérience; séparons de la religion tout ce qui tient à l'ordre civil, et lorsque les ministres du culte, que la nation salarie, seront réduits à des fonctions purement religieuses; lorsqu'ils ne seront plus chargés des registres publics, de l'enseignement et des hôpitaux, lorsqu'ils ne seront plus dépositaires des secours que la nation destine à l'humanité souffrante; lorsque vous aurez détruit ces corporations religieuses de prêtres séculiers, absolument inutiles, et cette nuée de sœurs grises, qui s'occupent moins de soulager les malades que de répandre le poison du fanatisme, alors les prêtres n'étant plus fonctionnaires publics, vous pourrez adoucir la rigueur des lois relatives au serment ecclésiastique, vous ne gênerez plus la liberté des opinions, vous ne tourmenterez plus les consciences, vous n'inviterez plus, par l'intérêt, les hommes au parjure; peut-être vous déterminerez-vous à quelques changemens salutaires qu'il conviendrait de faire, relativement au mode d'élection des fonctionnaires publics, et particulièrement à l'élection des curés. Je voudrais que l'on rendît aux habitans des paroisses le droit de concourir immédiatement à la nomination de leurs pasteurs, alors ces choix seraient le résultat de la confiance individuelle, et soyez sûrs que jamais on n'aurait vu les paroisses s'élever contre les prêtres assermentés qu'elles auraient été obligées de choisir. C'est à ces objets que je réduis les mesures que je vous propose de prendre. Rappelez-vous que le respect pour la liberté individuelle est le plus sûr garant de la liberté publique, et qu'on ne doit jamais cesser d'être juste, même envers ses ennemis. (On applaudit.)

L'assemblée ordonne l'impression du projet de décret de M. Gensonnet, et décide que le comité de législation lui fera dans huitaine le rapport des différens projets de décret présentés dans le cours de cette discussion.

SÉANCE DU 6 NOVEMBRE.

[*N.....* Le directoire du département de Mayenne-et-Loire a envoyé à la députation de ce département un courrier extraordinaire, pour lui faire connaître la situation déplorable où il se trouve. Voici cette adresse :

« Les administrateurs du département vous envoient un courrier extraordinaire pour vous faire part des troubles qui l'agitent; ils sont tels, que si l'assemblée nationale ne prend pas des mesures promptes et sévères, il en résultera des malheurs qui sont incalculables. Des rassemblemens de 3 à 4,000 hommes armés se sont formés dans plusieurs parties de notre département, et se livreront à tous les excès que produit le délire de la superstition et du fanatisme. Des pélerinages, des processions nocturnes conduites par des prêtres séditieux, ont été le prétexte de ces attroupemens : il était facile de les dissiper tant que les pélerins n'avaient que le chapelet à la main; mais aujourd'hui que les prêtres les ont remplis de leurs fureurs sacrées, qu'ils sont parvenus à leur persuader que les administrateurs sont les ennemis de la religion; aujourd'hui qu'ils sont armés de fusils, de faulx et de piques; qu'ils ont soutenu plusieurs actions contre les gardes nationales, il n'est plus temps de dire : Ce sont des querelles de religion; il faut les mépriser. Partout les prêtres constitutionnels sont maltraités, assassinés jusqu'aux pieds des autels. Les églises des campagnes, fermées en vertu des décrets de l'assemblée nationale constituante, sont ouvertes à coups de haches, et les prêtres non assermentés y reprennent leurs fonctions. Les rôles des contributions ne se font pas, parce que les municipalités sont désorganisées. Trois villes, chefs-lieux de district, sont pour ainsi dire assiégées et près d'être surprises et incendiées; et les prêtres qui dirigent tous ces crimes pourront bien finir par nous mener à une contre-révolution par une guerre civile.

» Voilà le tableau simple des désastres qui affligent le département de Mayenne-et-Loire : nous nous en rapportons à vos lumières et à votre sagesse sur les mesures à prendre. Quelque danger terrible qui nous menace, nous vous jurons d'exécuter la loi, de rester fidèles à notre poste, et de mourir plutôt que de l'abandonner. »

N..... Il me semble que l'adresse qui vient de vous être lue peut être considérée sous deux rapports : 1° sous un rapport général, 2° sous le rapport particulier de la situation du département de Mayenne-et-Loire. Sous le premier, je demande le renvoi au comité de législation, et, sous le second, au pouvoir exécutif, qui doit employer tous les moyens que la constitution lui donne pour maintenir la tranquillité publique. J'observe que je suis porteur d'un grand nombre de procès-verbaux qui contiennent des faits très-graves à l'appui de l'adresse du directoire : je les remettrai au comité de législation, avec un mémoire très-étendu sur le même objet. Un membre de ma députation m'apprend à l'instant qu'un curé, à sept lieues d'Angers, vient d'être lâchement assassiné.

M. Goupilleau. Le département de la Vendée, voisin de celui de Mayenne-et-Loire, est peut-être dans une situation plus effrayante encore. Il y a les mêmes troubles, les mêmes attroupemens, et je pourrais citer à l'assemblée des faits qui prouvent que les prêtres sont venus à bout de persuader aux crédules habitans des campagnes qu'ils seraient invulnérables tant qu'ils combattraient pour la religion.

M. Isnard. Voilà où vous conduit l'impunité : elle est toujours la source des plus grands crimes, et, aujourd'hui, c'est la seule cause de la désorganisation sociale dans laquelle nous sommes plongés. Les systèmes de tolérance qu'on vous a proposés seraient bons pour des temps de calme ; mais doit-on avoir de la tolérance pour ceux qui ne veulent tolérer ni la constitution, ni les lois ? Est-il permis d'avoir de l'indulgence pour ceux qui, avec les torches du fanatisme, incendient tout le royaume ? Sera-ce quand le sang français aura teint les flots de la mer que vous sentirez enfin les dangers de l'indulgence ? Il est temps que tout soit soumis à la volonté de la nation ; que thiares, diadèmes, encensoirs, cèdent enfin au sceptre des lois.

N..... Les faits qui viennent de vous être exposés ne sont que le prélude de ce qui va se passer dans le reste du royaume. Veuillez bien considérer les circonstances de ces troubles, et vous verrez qu'ils sont l'effet d'un système désordonnateur contemporain de la constitution. (*L'orateur se tourne du côté droit.*) Ce système est né là ; il est sanctionné à la cour de Rome. Ce n'est pas un véritable fanatisme que nous avons à démasquer, ce n'est que l'hypocrisie. Ainsi, je demande que le comité de législation soit tenu de présenter incessamment des mesures vigoureuses et fermes, et que provisoirement le pouvoir exécutif soit chargé de prendre des moyens pour rétablir l'ordre dans le département de Mayenne-et-Loire.

L'assemblée ferme la discussion, et, sur la proposition de M. Lacroix, elle rend le décret suivant :

« L'assemblée nationale décrète que son comité de législation fera, mardi prochain, son rapport sur les mesures à prendre contre les prêtres non assermentés perturbateurs du repos public ; et que, toute autre affaire cessante, l'assemblée s'occupera de cet objet jusqu'au décret définitif.]

SÉANCE DU 14 NOVEMBRE.

Le comité de législation présente à cette séance le projet de décret dont l'assemblée l'avait chargée le 6 novembre. Il fut rejeté par la question préalable, et Isnard prit immédiatement la parole sur le fond.

[*M. Isnard.* Puisque cette matière est encore nouvelle après quinze jours de discussion, je demande à proposer des mesures nouvelles. (Il s'élève quelques murmures. — Plusieurs membres demandent le renvoi immédiat de la question au comité de législation.)

Après quelques débats, l'assemblée décide que M. Isnard sera entendu.

M. Isnard. Les ministres du culte troublent la tranquillité publique : pouvons-nous, devons-nous faire une loi pour réprimer ces délits ? Quelle sera cette loi ? voilà, je crois, le vrai point de la question. Beaucoup de bons esprits ont affirmé que nous ne pouvions pas faire de loi directement contre les prêtres perturbateurs, et voilà leur argument présenté dans toute sa force : de deux choses l'une, disent-ils : ou le prêtre n'est que fanatique, ou il est perturbateur ; s'il n'est que fanatique, la loi ne doit pas l'atteindre, parce que la liberté des cultes est permise ; s'il est perturbateur, il existe contre lui des lois communes à tous les citoyens : vous n'avez seulement qu'à les faire exécuter. Ce dilemme, je l'avoue, est très-pressant, et c'est parce qu'on n'y a pas répondu que je vais tâcher de le combattre. Je soutiens, en deux mots, que les prêtres perturbateurs, ceux qui excitent des séditions sous prétexte de religion, doivent être punis de peines plus sévères que de simples particuliers, et que la loi doit les réprimer avec d'autant plus de force, que leur ministère sacré leur donne de plus puissans moyens.

La religion doit être regardée comme un instrument avec lequel on peut faire beaucoup plus de mal qu'avec tout autre, et c'est pour cela qu'il faut réprimer plus sévèrement ceux qui s'en servent : de même que l'on punit plus sévèrement l'incendiaire que le voleur. Le prêtre, dit Montesquieu, prend l'homme au berceau, et l'accompagne jusqu'au tombeau, d'où il n'est pas surprenant qu'il ait de si grands moyens de puissance. D'après ce principe, devons-nous faire une loi contre les prêtres qui, sous le prétexte de la religion, troublent l'ordre public. Je crois vous avoir prouvé que l'affirmative est fondée en justice.

Voyons quelle doit être cette loi. Je soutiens qu'il n'existe qu'un parti sûr : c'est l'exil hors du royaume. (Une partie de l'assemblée et des tribunes applaudissent.) Ne voyez-vous pas que c'est le seul moyen de faire cesser l'influence de ces prêtres factieux? Ne voyez-vous pas qu'il faut séparer le prêtre du peuple qu'il égare? Et s'il m'est permis de me servir d'une expression triviale, je dirai qu'il faut renvoyer ces pestiférés dans les Lazarets de Rome et de l'Italie. (On applaudit.) Ne voyez-vous pas que si vous punissez le ministre de Dieu de toute autre manière, et que si, en le punissant, vous le laissez prêcher, messer, confesser ; si vous le laissez, dis-je, dans le royaume, il fera plus de mal étant puni qu'absous. Cette mesure, me dira-t-on, est trop sévère. Quoi! vous avez donc oublié que de toutes parts la tranquillité publique est troublée par l'influence des prêtres? Vous êtes donc sourds aux cris douloureux de la patrie? Vous devez punir les prêtres perturbateurs, puisqu'il s'élève de toutes parts des plaintes contre eux. Ignorez-vous qu'un prêtre seul peut vous faire plus de mal que tous vos ennemis? Et cela doit être ainsi, parce que le prêtre n'est pas pervers à demi : lorsqu'il cesse d'être vertueux, il devient le plus criminel des hommes. (On applaudit à plusieurs reprises.)

Mais, me dira-t-on, il ne faut pas persécuter les prêtres. Je réponds que punir n'est pas persécuter ; je réponds encore à ceux qui répètent ce que j'ai entendu dire ici à l'abbé Maury, que rien n'est plus dangereux que de faire des martyrs : ce danger n'existe que lorsque vous n'avez à frapper que des hommes vraiment saints ou des fanatiques de bonne foi, qui pensent que l'échafaud leur ouvrira la porte du paradis. Ici la circonstance est différente ; car s'il existe des prêtres qui de bonne foi improuvent la constitution, ceux-là ne troublent pas l'ordre public. Ceux qui le troublent sont des hommes qui ne pleurent sur le sort de la religion que pour recouvrer leurs priviléges, et ce sont ceux-là qu'il faut punir sans pitié ; et certes, ne craignez pas d'augmenter la force de l'armée des émigrans, car chacun sait qu'en général le prêtre est aussi lâche qu'il est vindicatif (on applaudit) ; qu'il ne connaît d'autre arme que celle de la superstition, et, qu'accoutumé à combattre dans l'arène mystérieuse des confessions, il est nul dans le champ de bataille. Les foudres de Rome s'éteindront sous le bouclier de la liberté.... Mais passons là-dessus. (On applaudit.) Une grande révolution s'est opérée en France ; elle n'est pas terminée : l'horizon politique est trop nébuleux pour qu'il s'éclaircisse sans de nouveaux orages. Il faudrait bien peu connaître le cœur de l'homme, pour croire que les ennemis de cette révolution oublient ainsi ce qu'ils appellent des outrages, et qu'ils sacrifient ainsi leurs plus chères idoles, l'intérêt et l'orgueil, et n'espérez pas qu'ils renoncent à leurs projets. Non, ils ne se lasseront point de crimes, ils ne cesseront de vous nuire que lorsqu'ils cesseront d'en avoir les moyens. Il faut que vous les vainquiez ou que vous soyez vaincus, et tout homme qui ne voit pas cette grande vérité est, à mon avis, un aveugle en politique.

Ouvrez l'histoire : vous verrez les Anglais soutenir pendant cinquante ans une guerre désastreuse pour défendre leur liberté ; vous verrez en Hollande des flots de sang couler dans la guerre contre Philippe. Quand de nos jours le Philadelphien a voulu devenir libre, n'avez-vous pas vu aussitôt la guerre dans les deux mondes ? Vous avez été témoins des malheurs récens du Brabant, et vous croyez qu'une révolution, qui a ôté au despotisme son sceptre, à l'aristocratie sa verge, à la noblesse son piédestal, au fanatisme son talisman; qu'une révolution, qui a enlevé au clergé ses mines d'or, qui a déchiré tant de frocs, abattu tant de tiares, tant de diadèmes; qu'une telle révolution, dis-je, n'excite contre elle aucun ennemi! Ne croyez pas qu'une pareille révolution se termine sans qu'on fasse de nouveau efforts pour la renverser. Non, il faut un dénoûment à la révolution française; je dis que, sans le provoquer, il faut marcher vers lui avec courage : plus vous tarderez, plus votre triomphe sera pénible et arrosé de sang. (Il s'élève des murmures dans une partie de l'assemblée.) Mais ne voyez-vous pas que tous les contre-révolutionnaires du dedans et du dehors ont le même but; qu'ils veulent vous forcer à les vaincre? Il vaut mieux avoir à les combattre dans le moment où les citoyens sont encore en haleine, où ils se souviennent des dangers qu'ils ont courus, que de laisser le patriotisme se refroidir, les liens civiques se relâcher, et les ennemis prendre l'occasion de répandre de nouvelles discordes : l'expérience l'a prouvé. N'est-il pas vrai que nous ne sommes plus ce que nous étions dans la première année de la liberté? (Une partie de l'assemblée applaudit, l'autre murmure.)

S'il est dans cette assemblée des personnes que l'austérité et la vérité de mes opinions importunent, qu'elles sachent que ce n'est pas avec le bruit qu'on m'en impose, et que plus elles en feront, plus je ferai retentir à leurs oreilles la voie de la liberté dans toute sa force. (Il s'élève de nombreux applaudissemens, qui se prolongent pendant plusieurs minutes.) A cette époque, si le fanatisme avait osé lever sa tête impie, la loi l'aurait aussitôt immolé; je dis qu'à présent le fanatisme a pris une singulière force, et qu'il gagne toujours du terrain, parce que l'aristocratie veille sans cesse, que le patriotisme se repose sur sa bonne cause (on applaudit), et que le citoyen patriote se refroidit; parce que ses affaires particulières le détachent du soin des affaires publiques. Le moyen que je propose est dicté par la politique : votre politique doit tendre à forcer la victoire à se décider, et vous ne pourrez y parvenir qu'en provoquant contre tous les coupables la rigueur de la loi. Vous les ramènerez par la crainte ou vous les soumettrez par le glaive; ou, s'ils étaient assez forts pour tenter une bataille, vous les écraserez par la victoire, et c'est alors que la confiance du peuple renaîtra, et que le patriotisme, qui n'est que refroidi, se ranimera par votre courage; et c'est de ce courage que tout dépend.

Dans les grandes circonstances, lorsqu'il y a un grand parti à prendre, toute circonspection est une faiblesse. Les têtes qui ont le plus de courage sont les meilleures, et l'excès de la fermeté est le garant du succès. C'est surtout à l'occasion des révoltés qu'il faut être tranchant : il faut les écraser au moment qu'ils paraissent. Si on les laisse se rassembler et se faire des partisans, alors ils se répandent dans l'empire comme un torrent que rien ne peut arrêter. Le despotisme use toujours de ces moyens; et c'est ainsi qu'un seul individu retient une nation entière dans les fers. Si Louis XVI eût employé ces grands moyens lorsque la révolution n'était encore que dans la pensée, nous ne serions pas ici, et la nation serait en faillite et sous le joug. L'usage de cette rigueur est un grand forfait, lorsqu'un despote veut perpétuer la tyrannie; mais lorsque ces moyens sont employés par le corps entier de la nation, ils ne sont pas coupables; ils sont un grand acte de justice, et les législateurs qui ne les emploient pas, sont eux-mêmes coupables; car, en fait de liberté politique, pardonner le crime, c'est presque le partager. (On applaudit.) Une pareille rigueur fera peut-être couler le sang, je le sais; mais, si vous ne la déployez pas, n'en coulera-t-il pas plus encore? La guerre civile ne sera-t-elle pas un plus grand désastre? Il faut couper la partie gangrénée pour sauver le reste du corps. Lorsqu'on veut vous conduire à l'indulgence, on vous tend un grand piége; car vous vous trouverez tout à coup abandonnés de toute la nation.

Le parti des prêtres non-assermentés, qui ne fait qu'un avec celui de l'aristocratie, ne vous haïra pas moins, quelque chose que vous fassiez pour lui, et le parti des prêtres sermentés, qui comprend celui de tous les patriotes, c'est-à-dire des cinq sixièmes de la nation, sera indigné de se voir abandonné. Lassés de combattre vos ennemis, ils deviendront peut-être les vôtres. Alors la confiance publique sera détruite; il n'y aura plus de rapport entre la tête et les bras du corps politique; ceux-ci agiront peut-être sans que celle-là commande, et alors commencerait une anarchie dont on ne peut calculer les suites, un despotisme dont vous serez les premières victimes. Il faut que le corps-législatif soit étayé du reste de la nation, si vous voulez résister aux attaques qui peut-être se préparent, et vous ne pouvez vous attacher la confiance, qu'en châtiant avec sévérité les perturbateurs du repos public et tous les factieux. Je dis tous les factieux, parce que je suis déterminé à les combattre tous, parce que je ne suis d'aucun parti. Mon Dieu, c'est la loi : je n'en ai pas d'autre. Le bien public, voilà ce qui m'embrase. Vous avez déjà fait pour les émigrans ce que vous deviez faire : encore un décret rigoureux contre les prêtres perturbateurs, et vous aurez conquis la confiance publique. Une fois la confiance établie, vous avez à votre disposition dix millions de bras. Vous aurez acquis cette force et cette puissance irrésistibles avec lesquelles vos prédécesseurs ont su tout détruire et tout recréer, avec lesquelles vous pouvez tout, et sans lesquelles vous ne pouvez rien.

Je n'ai point de projet de décret, parce que je croyais que je discuterais le projet du comité, que je ne pouvais deviner être aussi nul et aussi insignifiant. Voici mes moyens ; c'est d'assujétir tout Français, je ne parle point des prêtres seulement, au serment civique, et de décider que tout homme qui ne voudra pas le signer, sera privé de toute pension et de tout traitement. En saine politique et en justice exacte, vous pouvez ordonner de sortir du royaume à celui qui ne signe pas le contrat social. (On applaudit.) Si le prêtre qui n'a pas prêté le serment reste sans qu'il soit porté de plainte contre lui, il jouira de la protection de la loi. S'il existe des plaintes, dès lors il doit être forcé de sortir du royaume. Il ne faut pas de preuves; car vous ne les souffrez là que par un excès d'indulgence. S'il y a des plaintes contre lui de la part des-citoyens avec lesquels il demeure, il faut qu'il soit à l'instant chassé. Quant à ceux qui, ayant prêté le serment, troubleraient cependant le moins du monde la tranquillité publique, il faut qu'ils soient à l'instant exclus. Enfin, ceux qui se trouveraient dans les cas prévus par le code pénal, ou contre lesquels le code pénal prononcerait des peines plus sévères que l'exil, doivent perdre la vie.

Un grand nombre de membres demandent l'impression de ce discours; d'autres la question préalable sur l'impression.

L'assemblée décide qu'il y a lieu à délibérer.

M. Lecoz, évêque du département de l'Ille-et-Vilaine. Je demande la parole comme citoyen et comme prêtre. (Il s'élève de grands murmures.)

Plusieurs voix : Point de prêtres.

M. Lecoz. Je dis que demander l'impression du discours de M. Isnard, c'est demander l'impression d'un code de l'athéisme. (Les murmures redoublent.)

M. le président. J'ai donné la parole à Monsieur, et je la lui maintiendrai.

M. Garan-Coulon. Je demande que vous ne la lui mainteniez pas; Monsieur a demandé la parole comme prêtre, et il ne doit pas être entendu en cette qualité.

Plusieurs minutes se passent dans une grande agitation.

M. Lecoz. Je ne crois pas que l'assemblée qui représente tous les citoyens et tous les fidèles de l'empire, doive décréter quelque chose qui tende à bouleverser de plus en plus la tranquillité publique. Nous fondons nos espérances dans cette régénération du peuple français sur la pureté de sa morale. Or, je soutiens et je prouverai que le discours de M. Isnard tend à détruire toute morale religieuse et sociale. (On murmure; on demande que l'opinant soit rappelé à l'ordre.) Il est impossible qu'une société existe, si elle n'a pas une morale immuable et éternelle. (Les ris et les clameurs redoublent. — M. Lecoz quitte la tribune) (1).

---

(1) Cette accusation d'athéisme portée contre Isnard, eut assez de gravité

M. le président consulte l'assemblée sur la demande de l'impression.

Après deux délibérations douteuses, M. le président prononce que la proposition est rejetée.

Plusieurs membres demandent à proposer de nouveaux projets de décret.

L'assemblée décide que le comité de législation se divisera en quatre sections, pour rédiger en projet de décret les différentes opinions qui partagent la discussion.]

SÉANCE DU 11 NOVEMBRE.

Troubles occasionnés dans le Calvados par les prêtres non assermentés.

[Un de messieurs les secrétaires fait lecture d'une lettre de la municipalité de Caen, ainsi conçue :

« Nous avons déjà prévenu M. Verduit, député de cette ville, de l'insurrection qui a eu lieu dans nos murs samedi dernier. Il a pu vous en rendre compte ; mais nous ne lui avons pas donné tous les détails qui sont contenus dans le procès-verbal que nous vous transmettons. Vous verrez à quels dangers nous avons été exposés. Nous ne devons notre salut qu'au courage et à la prudence de la garde nationale ; nous sommes occupés maintenant à prendre les déclarations des personnes arrêtées, et à recevoir les rapports qui nous sont faits. Nous nous proposons de rédiger un procès-verbal par suite, et de vous l'envoyer. »

Suit le procès-verbal de la municipalité.

5 *Novembre* 1791. — A deux heures de relevée, le conseil-général de la commune étant assemblé dans le lieu ordinaire de ses séances pour dresser le procès-verbal des faits relatifs à l'insurrection qui a eu lieu ce matin, a recueilli ce qui suit :

« Depuis quelque temps, une foule d'émigrans et de ci-devant

---

pour que celui-ci jugeât nécessaire de s'en disculper par la voie de la presse il adressa aux journaux une lettre qui se termine ainsi : « J'ai contemplé la nature, je ne suis point un insensé, je dois donc croire à Dieu. »

(*Note des auteurs.*)

nobles, tant de Caen que des environs, se réunissaient dans les lieux et les places publiques, faisaient des cavalcades, et semblaient par leur arrogance, leurs propos et leurs menaces, annoncer des projets hostiles. Ils sondaient les esprits, et croyaient qu'ils rallieraient facilement à leur parti ceux qu'ils désignent sous le nom d'honnêtes citoyens, de mécontens. Mais il leur fallait un prétexte, et la cause des prêtres non-assermentés leur en donnait un. Ces circonstances avaient déterminé les administrateurs du département à prendre un arrêté qui prescrivait aux prêtres ci-devant fonctionnaires publics, de quitter leurs paroisses, en exceptant toutefois ceux dont les municipalités auraient donné bon témoignage. Mais la lettre du ministre de l'intérieur, en les rétablissant dans les droits qui leur avaient été précédemment accordés, a occasionné une fermentation que le ministre était sans doute loin de prévoir. On a vu des prêtres se présenter dans les paroisses desservies par des prêtres constitutionnels, ayant à leur tête des huissiers et des recors. Fidèles à la loi, les prêtres constitutionnels leur ont ouvert leurs églises et leur ont fourni tous les ornemens nécessaires au culte divin; ils n'en ont pas moins été mortifiés, injuriés, menacés par les gens qui accompagnaient les prêtres non-sermentés. On a remarqué que plusieurs de ces gens malintentionnés avaient des pistolets et plusieurs autres armes. Ces rassemblemens commencèrent à donner de l'inquiétude aux citoyens, et particulièrement au corps municipal.

» Le vendredi 4 de ce mois M. Bunel, ci-devant curé de la paroisse de Saint-Jean, se présenta pour y dire la messe, environ à huit heures du matin. Nous avons su qu'il avait averti le curé constitutionnel de ses intentions, et que la majeure partie des habitans de cette paroisse, composée de ci-devant privilégiés, avait été également prévenue : aussi à l'heure marquée, l'église était pleine; et ce qui a paru étonnant, ce fut de voir le sanctuaire et le chœur remplis de ci-devant nobles et domestiques, qu'on soupçonnait être armés de pistolets et qu'on supposait être apostés pour exciter du trouble. Leur ton aigrit les patriotes; mais par prudence ils évitèrent toute espèce de rixe. M. Bunel annonça qu'il se rendrait demain à l'église à la même heure. On l'entendit dire à ceux qui l'environnaient : *Patience, soyons prudens; le ciel nous aidera, et tout ira bien.* Une autre voix demande un *Te Deum* en action de grâces.

Le conseil-général de la commune, instruit de ce rassemblement, engagea M. Bunel à ne pas dire la messe le lendemain. La lettre ne put lui être remise qu'à huit heures du soir, et il répondit le lendemain matin qu'il se soumettait à la réquisition de la municipalité. Mais les personnes prévenues la veille, ignorant la détermination ultérieurement prise par M. Bunel, se sont rendues à l'église dès huit heures du matin. L'annonce de la veille avait malheureusement circulé dans la ville, et une affluence considérable de monde se rendit à la paroisse. Quelques patriotes inquiets sur un rassemblement aussi subit, entrèrent dans l'église; on fut instruit des causes de ce rassemblement, et ceux qui étaient attachés à leur ancien curé, disaient hautement qu'ils l'attendaient pour dire la messe et pour chanter un *Te Deum*. Un officier de la garde nationale, qui venait d'entendre que sept à huit domestiques avaient provoqué un grenadier, leur demanda quels étaient leurs motifs. Leur réponse, accompagnée d'un ton menaçant, a été : « Vous venez chercher probablement ce que vous trouverez; nous avons plus de force que vous, et nous vous chasserons de l'église. » A ces domestiques s'étaient réunis plusieurs jeunes gens depuis long-temps suspects par leur conduite. L'un d'eux a voulu désarmer un homme de la garde nationale, venu pour rétablir l'ordre : il fit plusieurs tentatives ; il fut repoussé, et reçut plusieurs coups de baïonnettes qui le renversèrent. Plusieurs personnes avaient des pistolets dans leurs poches, et en tirèrent plusieurs coups.

» Le tambour-major de la garde nationale ayant vu tirer une amorce sur lui, a tiré son sabre et a chargé ceux qui avaient provoqué cette attaque.

» Le corps municipal avait chargé deux commissaires d'aller sur les lieux. A leur retour, deux officiers municipaux et le substitut du procureur de la commune s'y sont rendus avec deux compagnies de grenadiers et de chasseurs, et tous les citoyens de la garde nationale qui ont pu être rassemblés. Ils ont dissipé le premier attroupement. Quelques coups de fusil et de pistolet ayant été tirés dans la rue de Cuibert, les commissaires s'y rendirent avec leur détachement et avec le drapeau rouge non déployé; ils empêchèrent qu'on n'enfonçât la porte de la maison de M. Durossel, d'où l'on avait vu partir plusieurs coups de fusil. Quatre gendarmes nationaux déclarèrent avoir été mis en joue par des gens apostés dans la même maison.

» Après avoir assuré, par ces dispositions, la tranquillité publique, le corps municipal a fait ordonner aux compagnies de ne pas tirer sans ordre des chefs, et il eut la satisfaction de voir la tranquillité rétablie. Quatre personnes ont été blessées dans le premier moment de l'insurrection; deux l'ont été très-grièvement. Le calme paraissait renaître dans la ville; mais le nombre de mécontens s'augmentait, et il était important, sinon de tarir la source des troubles, au moins d'assurer la tranquillité publique par les moyens que la prudence pouvait suggérer. La municipalité, ou plutôt le conseil-général de la commune, jugea convenable d'envoyer deux officiers municipaux et le procureur de la commune, pour inviter les corps administratifs à se rendre à la maison commune; ils se sont transportés au département, accompagnés par un détachement de garde nationale.

» Le procureur-général-syndic était absent, et, pour donner au département le temps de prendre une résolution, les commissaires se rendirent au directoire de district. Les administrateurs s'empressèrent d'accéder à la demande du conseil-général de la commune; le directoire du département répondit qu'il enverrait deux députés à la maison commune. Le substitut du procureur de la commune observa que le corps municipal avait besoin des lumières du conseil entier. Cette observation a été sentie des administrateurs, qui se sont déterminés à quitter leurs fonctions pour se rendre au vœu du conseil-général de la commune. Tous les corps administratifs étant réunis ensemble, furent informés qu'une troupe de gens armés, composée de ci-devant nobles et domestiques, était apostée sur la place Saint-Sauveur, et qu'elle n'était commandée par aucun chef de la garde nationale. On chargea l'officier-major d'aller reconnaître cette troupe. Cet officier parvint à l'amener jusqu'à la place Saint-Pierre. On a représenté à ceux qui la composaient qu'ils auraient dû aller chez leur capitaine; mais comme on avait des soupçons sur les dispositions de ces particuliers, on les a fait entrer dans la cour de la maison commune; ils ont été amenés et entendus séparément, soit par des officiers municipaux, soit par des commissaires nommés à cet effet; ils ont été tous désarmés. Il avait d'abord été décidé qu'ils seraient élargis; mais une lettre anonyme qui annonçait une coalition, et qui avait été trouvée sur l'un de ces particuliers lorsqu'il s'efforçait de la mettre en pièces, a déterminé le conseil de les mettre en état d'arrestation, et de les faire conduire au château, tant pour la sûreté de ces particuliers, que pour mettre le conseil en état de prendre des renseignemens. Au même moment M. Durosel fut arrêté sortant de la ville avec ses domestiques. Un particulier qui avait insulté, dans la rue Saint-Gilles, la garde nationale, fut aussi arrêté et conduit au château.

On a trouvé dans ses poches un plan de contre-révolution conforme à celui qui nous avait été annoncé par la lettre anonyme. Ce plan, distribué article par article, contenait la formation de comités qui devaient remplacer les autorités légitimes et constitutionnelles. Il présentait aussi le projet d'une force active, choisie parmi les citoyens dits honnêtes, et les mécontens; les chefs de la conspiration y étaient désignés; on y parlait de membres des corps judiciaires et des corps administratifs sur lesquels on paraît compter; et ce projet devait avoir son exécution lundi prochain. Ce même plan indiquait un rassemblement qui devait se faire sous les ordres de MM. Durosel et d'Héricy. Enfin, une autre lettre nous a appris qu'il devait y avoir des troubles le lundi suivant, et que les mécontens de Bayeux, avec lesquels sans doute ce projet avait été concerté, se rendraient dans la ville de Caen, et se réuniraient aux premiers. Nous avons entendu plusieurs autres rapports qui indiquaient ce projet de conspiration. Les particuliers qui ont été arrêtés sont au nombre de 82. Il faut absoudre ceux qui sont innocens, et punir ceux qui sont coupables.

Ces premières opérations faites, les corps administratifs se sont occupés d'un projet d'arrêté. D'un côté, ils avaient de l'inquiétude sur le nombre d'étrangers suspects qui se trouvaient dans la ville; de l'autre, il était nécessaire d'ôter aux prêtres non-conformistes tout prétexte de troubles. Il a été arrêté, 1° que tous les étrangers se trouvant, soit dans les auberges, soit dans les hôtels garnis, soit dans des maisons particulières, seraient tenus de se rendre en personne à la maison commune, dans les vingt-quatre heures, pour y déclarer le nombre des personnes composant leur maison, et pour y déposer leurs armes.

2° Que tous les prêtres non-assermentés seraient tenus de se dispenser provisoirement de célébrer la messe dans aucune des églises de Caen, jusqu'à ce qu'il eût été déféré à l'assemblée nationale des motifs impérieux qui ont dicté cet arrêté, et qu'elle eût pris les mesures les plus convenables dans les circonstances. Cet arrêté, les administrateurs du département ont refusé de le signer, à l'exception de M. Richier, et ils ont quitté la séance. Les administrateurs du directoire du district ont signé avec les membres du conseil-général de la commune, et nous ont éclairés de leurs lumières jusqu'à une heure du matin, sur les incidens qui survenaient à chaque instant. Nous nous sommes occupés ensuite du soin de faire visiter les personnes mises en état d'arrestation, et de leur procurer les choses de nécessité. Des commissaires ont été nommés pour les interroger séparément. Les municipalités de Lisieux et de Bayeux nous ont envoyé des députés pour nous offrir du secours. Nous avons formé un comité de surveillance. Fait et arrêté ce jourd'hui, etc.

M. Cambon. Il est temps enfin que les administrateurs soient rappelés à leur devoir, et les mécontens à l'obéissance qu'ils doivent à la loi. C'est la constitution à la main que je viens vous faire une proposition qui me paraît devoir réunir tous vos suffrages. Le corps-législatif est tenu d'accuser ceux qui conspirent contre la sûreté de l'État. Or, nous avons maintenant la certitude qu'il existe les plus cruelles machinations dans tout le royaume. Le seul parti qui nous reste à prendre, c'est de convoquer tout de suite la haute-cour nationale. (On applaudit.) Il faut absoudre ceux qui sont innocens, et punir ceux qui sont coupables.

L'assemblée est dans une très-grande agitation.

M. le Président. La matière est grave; il faut que l'assemblée se tienne tranquille.

M. Ducastel. Je propose qu'avant de rendre le décret d'accusation, et de convoquer la haute-cour nationale, l'assemblée se fasse envoyer une copie des procès-verbaux de la municipalité de Caen, et que cependant les personnes détenues continuont d'être en état d'arrestation. Cette proposition est convertie en décret.]

SÉANCE DU 21 NOVEMBRE.

M. le président annonce que M. Gensonné demande la parole pour dénoncer de nouveaux troubles élevés dans le département de la Vendée.

L'assemblée décide que M. Gensonné sera entendu.

M. Gensonné. Ce serait bien vainement que vous prendriez des mesures de répression contre les prêtres perturbateurs, si les agens des administrations ont la bassesse d'être de connivence avec eux. Des avis sûrs m'ont annoncé que les troubles qui ont infesté le département de la Vendée étaient prêts de recommencer avec une nouvelle énergie. Déjà dans plusieurs paroisses les paysans ont désarmé la garde nationale et attaqué les prêtres constitutionnels. Dans celle de Montaigu, la municipalité entière a donné sa démission la veille du jour où le curé constitutionnel devait être installé; et lorsqu'après cette installation, les assemblées des citoyens actifs se sont formées pour la réélection des officiers municipaux, on a renommé ceux qui avaient donné leur démission ; et, le croiriez-vous, ils ont accepté. Je demande que, si l'assemblée ne les mande pas sur-le-champ à la barre, elle décrète au moins que le district où ressortit cette municipalité soit tenu de lui envoyer le procès-verbal de la nomination des officiers municipaux. (On applaudit).

M. Goupilleau. Je suis de Montaigu, et je puis vous assurer que les détails que vous a donnés M. Gensonné sont de la plus exacte vérité.

Je puis vous assurer que des quarante-huit municipalités qui composent le district, celle de Montaigu, pendant quinze mois que j'ai été procureur-syndic du district, m'a donné le plus de peine ; que c'est elle qui m'a le plus contrarié dans l'exécution des lois, et qui a manifesté le plus d'opposition aux principes de la constitution.

Le maire de Montaigu à cette qualité réunit celle de principal du collége : il était tenu au serment prescrit par la loi du 27 novembre 1790 ; il ne m'a pas été possible de l'y contraindre.

Le procureur de la commune réunissait à cette qualité celle de secrétaire du district, et jamais homme plus inconstitutionnel ne pouvait remplir une place constitutionnelle ; aussi vient-on de lui ôter cette place, qu'il était indigne de remplir.

C'est ce maire, c'est ce procureur de la commune, qui devaient donner l'exemple de la soumission à la loi, et qui, la veille de l'installation du curé, donnent leur démission, pour se dispenser de faire un acte de civisme..... Ce sont eux qui se font réélire après, qui font élire avec eux un régisseur, un homme à gages, un autre jeune homme, qui n'ont pas un pouce de terrain et qui ne sont pas citoyens actifs, parce qu'ils sont sûrs de les trouver d'accord avec leurs principes.

Croirez-vous, Messieurs, que des officiers municipaux qui donnent ainsi au peuple un exemple aussi scandaleux, soient amis de notre constitution ? croirez-vous que s'ils restent dans leurs places, c'est pour prêcher l'obéissance aux lois, pour protéger le curé constitutionnel, dont l'installation les a fait démettre, pour le garantir des insultes journalières qu'on lui fait ?

Non, Messieurs, c'est pour prêcher la révolte aux lois, c'est pour outrager ce vertueux curé, c'est pour le harceler, pour le forcer de céder sa place au curé inconstitutionnel, qu'ils protègent au mépris de la loi.

Certainement ils sont indignes de la confiance publique; ils l'ont usurpée, à l'aide de leurs factions; ils doivent en être destitués. Mais avant tout, il est de la justice de les entendre, de leur faire rendre compte de leur conduite; et je fais la motion qu'ils soient mandés à la barre.

Rien, Messieurs, ne peut suspendre votre décision; il faut qu'elle soit aussi prompte que sévère : je crains qu'elle soit trop tardive.

Nous apprenons qu'à l'occasion d'un renouvellement de municipalité, les prêtres réfractaires ont soulevé les habitans de la campagne du bois de Gené; que les gardes nationales et les troupes de ligne ont été désarmées par eux; et il est à craindre que dans ce moment le sang ne coule à grands flots.

D'un autre côté, M. Dumourier, que nous avons le bonheur d'avoir pour général dans le département de la Vendée, dont rien ne surpasse le zèle, l'activité et le patriotisme, marque que sa patience est à bout, qu'il n'a plus d'espérance de maintenir la paix, et qu'il est à la veille de faire le coup de fusil.

Il est donc pressant de prendre un parti sévère, ou c'en est fait de la constitution et de la liberté dans le département de la Vendée. (On applaudit.)

N....... Les faits qui viennent d'être présentés doivent déterminer le corps-législatif à un acte de sévérité nécessaire; mais il ne doit le porter que lorsqu'il sera parfaitement instruit. (On murmure.) C'est peut-être parce que je ne propose pas de suite un moyen violent, qu'on se permet de m'interrompre. (Les murmures redoublent, et couvrent la voix de l'orateur.)

M. l'abbé..... lit une lettre du procureur-syndic du district de Châlons, qui annonce les mêmes malheurs excités pour les mêmes causes, le renouvellement des officiers municipaux, le désarmement des troupes de ligne, l'escalade des murs du presbytère pour assassiner le curé, dont l'absence a prévenu ce crime... — Il en conclut qu'il est instant de prendre un parti vigoureux contre les prêtres réfractaires.

L'assemblée ferme la discussion, et décrète la motion de M. Gensonné, en ces termes :

« L'assemblée nationale décrète que le district de Montaigu enverra dans le plus bref délai :

» 1° Le procès-verbal de la démission des officiers municipaux ;

» 2° Le procès-verbal de l'installation du curé constitutionnel de la ville de Montaigu ;

» 3° Le procès-verbal de la nomination des nouveaux officiers municipaux. »

M. Merlin. Aux voix la motion de M. Goupilleau.

M. Girardin. Je demande la question préalable sur la motion inconstitutionnelle de M. Goupilleau. (*Plusieurs voix* : la discussion est fermée.) Je remarque qu'il est extraordinaire que les agens du pouvoir exécutif ne rendent jamais compte des troubles excités par les prêtres. Je propose que le ministre de l'intérieur soit tenu de vous donner des renseignemens.

M. le président. Je vais mettre aux voix la question préalable sur la motion de M. Goupilleau.

N..... J'en demande l'ajournement jusqu'à ce qu'il vous soit fait un rapport sur ce sujet.]

L'ajournement est adopté.

En conséquence de la décision prise le 14, quatre projets de décrets furent présentés le 16. Celui de François de Neufchâteau obtint la priorité. La discussion s'ouvrit immédiatement article par article, et se prolongea jusqu'au 29. Alors le projet fut relu et définitivement adopté en ces termes :

Décret *relatif aux troubles excités sous prétexte de religion.*
(*Du 29 novembre 1791.*)

« L'assemblée nationale, après avoir entendu le rapport des

commissaires civils envoyés dans le département de la Vendée, les pétitions d'un grand nombre de citoyens, et le rapport du comité de législation civile et criminelle, sur les troubles excités dans plusieurs départemens du royaume par les ennemis du bien public, sous prétexte de religion ;

» Considérant que le contrat social doit lier comme il doit également protéger tous les membres de l'État;

» Qu'il importe de définir sans équivoque les termes de cet engagement, afin qu'une confusion dans les mots n'en puisse opérer une dans les idées ; que le serment purement civique est la caution que tout citoyen doit donner de sa fidélité à la loi et de son attachement à la société, et que la différence des opinions religieuses ne peut être un empêchement de prêter ce serment, puisque la constitution assure à tout citoyen la liberté entière de ses opinions en matière de religion, pourvu que *leur manifestation ne trouble pas l'ordre* ou ne porte pas *à des actes nuisibles à la sûreté publique;*

» Que le ministre d'un culte, en refusant de reconnaître l'acte constitutionnel qui l'autorise à professer ses opinions religieuses sans lui imposer d'autre obligation que le respect pour *l'ordre établi par la loi* et pour *la sûreté publique,* annoncerait par ce refus-là même que son intention n'est pas de les respecter ;

» Qu'en ne voulant pas reconnaître la loi, il abdiquera volontairement les avantages que cette loi seule peut lui garantir ;

» Que l'assemblée nationale, pressée de se livrer aux grands objets qui appellent son attention pour l'affermissement du crédit et le système des finances, s'est vue avec regret obligée de tourner ses premiers regards sur des désordres qui tendent à compromettre toutes les parties du service public, en empêchant l'assiette prompte et le recouvrement paisible des contributions;

» Qu'en remontant à la source de ces désordres, elle a entendu la voix de tous les citoyens éclairés proclamer dans l'empire cette grande vérité, que la religion n'est pour les ennemis de la constitution qu'un prétexte dont ils abusent, et un instrument dont ils osent se servir pour troubler la terre au nom du ciel;

» Que leurs délits mystérieux échappent aisément aux mesures ordinaires, qui n'ont point de prise sur leurs cérémonies clandestines, dans lesquelles leurs trames sont enveloppées, et par lesquelles ils exercent sur les consciences un empire invisible;

» Qu'il est temps enfin de percer ces ténèbres, afin qu'on puisse discerner le citoyen paisible et de bonne foi du prêtre turbulent et machinateur, qui regrette les anciens abus, et ne peut pardonner à la révolution de les avoir détruits;

» Que ces motifs exigent impérieusement que le corps-législatif prenne de grandes mesures politiques pour réprimer les factieux, qui couvrent leurs complots d'un voile sacré;

» Que l'efficacité de ces nouvelles mesures dépend en grande partie du patriotisme, de la prudence et de la fermeté des corps municipaux et administratifs, et de l'énergie que leur impulsion peut communiquer à toutes les autres autorités constituées;

Que les administrations de département surtout peuvent, dans ces circonstances, rendre le plus grand service à la nation, et se couvrir de gloire en s'empressant de répondre à la confiance de l'assemblée nationale, qui se plaira toujours à distinguer leur zèle, mais qui en même temps réprimera sévèrement les fonctionnaires publics dont la tiédeur dans l'exécution de la loi ressemblerait à une connivence tacite avec les ennemis de la constitution;

Qu'enfin c'est surtout aux progrès de la saine raison et à l'opinion publique bien dirigée qu'il est réservé d'achever le triomphe de la loi, d'ouvrir les yeux des habitans des campagnes sur la perfidie intéressée de ceux qui veulent leur faire croire que les législateurs constituans ont touché à la religion de leurs pères, et de prévenir, pour l'honneur des Français dans ce siècle de lumières, le renouvellement des scènes horribles dont la superstition n'a malheureusement que trop souillé leur histoire dans les siècles où l'ignorance des peuples était un des ressorts du gouvernement;

» L'assemblée nationale ayant décrété préalablement l'urgence, décrète définitivement ce qui suit:

» Art. Ier. Dans la huitaine à compter de la publication du présent décret, tous les ecclésiastiques autres que ceux qui se sont conformés au décret du 27 novembre dernier, seront tenus de se présenter par-devant la municipalité du lieu de leur domicile, d'y prêter le serment civique dans les termes de l'article V du titre II de la constitution, et de signer le procès-verbal qui en sera dressé sans frais.

» II. A l'expiration du délai ci-dessus, chaque municipalité fera parvenir au directoire du département, par la voie du district, un tableau des ecclésiastiques domiciliés dans son territoire, en distinguant ceux qui auront prêté le serment civique et ceux qui l'auront refusé : ces tableaux serviront à former les listes dont il sera parlé ci-après.

» III. Ceux des ministres du culte catholique qui ont donné l'exemple de la soumission aux lois et de l'attachement à leur patrie, en prêtant le serment civique suivant la formule prescrite par le décret du 27 novembre 1790, et qui ne l'ont pas rétracté, sont dispensés de toute formalité nouvelle; ils sont invariablement maintenus dans tous les droits qui leur ont été attribués par les décrets précédens.

» IV. Quant aux autres ecclésiastiques, aucun d'eux ne pourra désormais toucher, réclamer ni obtenir de pension ou de traitement sur le trésor public, qu'en représentant la preuve de la prestation du serment civique, conformément à l'article Ier ci-dessus. Les trésoriers, receveurs ou payeurs qui auront fait des paiemens contre la teneur du présent décret, seront condamnés à en restituer le montant, et privés de leur état.

» V. Il sera composé tous les ans une masse des pensions dont les ecclésiastiques auront été privés par leur refus ou leur rétractation du serment. Cette masse sera répartie entre les quatre-vingt-trois départemens pour être employée par les conseils-généraux des communes, soit en travaux de charité pour les indigens valides, soit en secours pour les indigens invalides.

» VI. Outre la déchéance de tous traitemens et pensions, les ecclésiastiques qui auront refusé de prêter le serment civique, ou qui le rétracteront après l'avoir prêté, seront, par ce refus ou par cette rétractation même, réputés suspects de révolte contre la loi et de mauvaises intentions contre la patrie, et comme tels plus particulièrement soumis et recommandés à la surveillance de toutes les autorités constituées.

» VII. En conséquence, tout ecclésiastique ayant refusé de prêter le serment civique, ou qui le rétractera après l'avoir prêté, qui se trouvera dans une commune où il surviendra des troubles dont les opinions religieuses seront la cause ou le prétexte, pourra, en vertu d'un arrêté du directoire du département, sur l'avis de celui du district, être éloigné provisoirement du lieu de son domicile ordinaire, sans préjudice de la dénonciation aux tribunaux, suivant la gravité des circonstances.

» VIII. En cas de désobéissance à l'arrêté du directoire du département, les contrevenans seront poursuivis dans les tribunaux et punis de l'emprisonnement dans le chef-lieu du département. Le terme de cet emprisonnement ne pourra excéder une année.

» IX. Tout ecclésiastique qui sera convaincu d'avoir provoqué la désobéissance à la loi et aux autorités constituées, sera puni de deux années de détention.

» X. Si, à l'occasion des troubles religieux, il s'élève dans une commune des séditions qui nécessitent le déplacement de la force armée, les frais avancés par le trésor public pour cet objet seront supportés par les citoyens domiciliés dans la commune, sauf leur recours contre les chefs instigateurs et complices des émeutes.

» XI. Si des corps ou des individus chargés de fonctions publiques négligent ou refusent d'employer les moyens que la loi leur confie pour prévenir ou pour réprimer une émeute, ils en seront personnellement responsables; ils seront poursuivis, jugés et punis conformément à la loi du 5 août 1791.

» XII. Les églises et édifices employés au culte dont les frais sont payés par l'État, ne pourront servir à aucun autre culte.

» Les églises et oratoires nationaux que les corps administratifs auront déclaré n'être pas nécessaires pour l'exercice du culte dont les frais sont payés par la nation, pourront être achetés ou affermés par les citoyens attachés à un autre culte quelconque pour y exercer publiquement ce culte, sous la surveillance de la police et de l'administration. Mais cette faculté ne pourra s'étendre aux ecclésiastiques qui se sont refusés au serment civique exigé par l'article Ier du présent décret, ou qui l'auront rétracté, et qui, par ce refus ou cette rétractation, sont déclarés, suivant l'article VI, suspects de révolte contre la loi et de mauvaises intentions contre la patrie.

» XIII. La vente ou la location des églises ou oratoires dont il est parlé dans l'article précédent, ne peuvent s'appliquer aux églises dont sont en possession, soit privée, soit simultanée avec les catholiques, les citoyens qui suivent les confessions d'Augsbourg et helvétique, lesquels sont conservés en leurs droits respectifs dans les départemens du Haut et du Bas-Rhin, du Doubs et de la Haute-Saône, conformément aux décrets des 17 août, 9 septembre et 1er décembre 1790.

» XIV. Le directoire de chaque département fera dresser deux listes : la première comprenant les noms et demeures des ecclésiastiques sermentés, avec la note de ceux qui seront sans emploi et qui voudront se rendre utiles ; la seconde, comprenant les noms et demeures de ceux qui auront refusé de prêter le serment civique, avec les plaintes et les procès-verbaux qui auront été dressés contre eux. Ces deux listes seront arrêtées incessamment, de manière à être présentées, s'il est possible, aux conseils-généraux de département avant la fin de leur session actuelle.

» XV. A la suite de ces listes, les procureurs-généraux-syndics rendront compte aux conseils de département (ou aux directoires, si les conseils sont séparés) des diligences qui ont été faites dans leur ressort pour l'exécution des décrets de l'assemblée nationale constituante, des 12, 24 juillet, et 27 nov. 1790, concernant l'exercice du culte catholique salarié par la nation. Ce compte-rendu présentera le détail des obstacles qu'a pu éprouver l'exécution de ces lois, et la dénonciation de ceux qui, depuis l'amnistie, ont fait naître de nouveaux obstacles, ou les ont favorisés par prévarication ou par négligence.

» XVI. Le conseil-général de chaque département (ou le directoire, si le conseil est séparé) prendra sur ce sujet un arrêté motivé, qui sera adressé sur-le-champ à l'assemblée nationale, avec les listes des ecclésiastiques sermentés et non-sermentés (ou qui se seront rétractés), et les observations du département sur la conduite individuelle de ces derniers, ou sur leur coalition séditieuse, soit entre eux, soit avec les Français transfuges et déserteurs.

» XVII. A mesure que ces procès-verbaux, listes et arrêtés seront adressés à l'assemblée nationale, ils seront remis au comité de législation pour en faire un rapport général, et mettre le corps-législatif à portée de prendre un dernier parti afin d'extirper la rébellion, qui se déguise sous le prétexte d'une prétendue dissidence dans l'exercice du culte catholique. Dans un mois le comité présentera l'état des administrations qui auront satisfait aux articles précédens, et proposera les mesures à prendre contre celles qui seront en retard de s'y conformer.

» XVIII. Comme il importe surtout d'éclairer le peuple sur les piéges qu'on ne cesse de lui tendre au sujet des opinions prétendues religieuses, l'assemblée nationale exhorte tous les bons esprits à renouveler leurs efforts et multiplier leurs instructions contre le fanatisme ; elle déclare qu'elle regardera comme un bienfait public les bons ouvrages à la portée des citoyens des campagnes qui lui seront adressés sur cette matière importante, et d'après le rapport qui lui en sera fait, elle fera imprimer et distribuer ces ouvrages aux frais de l'État, et récompensera leurs auteurs. »

QUESTION DES ÉMIGRÉS.

La cour sentait que l'émigration allait provoquer des mesures énergiques de la part de l'assemblée législative. Il devenait imminent d'arrêter la désorganisation de l'armée, de pourvoir au remplacement des officiers, et d'opposer une digue quelconque à cette défection de chaque jour, dont s'accroissait, au-delà des frontières, le parti de la contre-révolution.

Louis XVI calculait alors son salut (*Mémoires de Bertrand de Molleville*, t. VI, p. 22) sur une fidélité complète à son acceptation de l'acte constitutionnel ; il espérait que l'application entière de cet acte ne tarderait pas à en faire sentir les inconvéniens, et que la nation en demanderait elle-même la réforme. La reine était entrée dans ce plan, le seul qui permît d'attendre sans péril des jours meilleurs, et elle avait dit au ministre dont nous parlions tout à l'heure : « Allons, M. Bertrand, du courage ; j'espère qu'avec de la patience, de la fermeté et de la suite, tout n'est pas encore perdu. »

Au lieu d'entrer dans ces vues, les royalistes du dedans, et surtout ceux du dehors, continuèrent à soutenir que Louis XVI n'était pas libre, et qu'ils ne croyaient pas à la sincérité de son serment. Le roi multiplia les assurances de sa bonne foi en proportion des doutes émis par les émigrés. De plus, résolu de ne pas sanctionner contre eux des décrets trop sévères, il gagna l'assemblée de vitesse, pensant que celui qui parlerait le premier aurait droit de conclure.

Nous allons transcrire les actes émanés du cabinet des Tuileries, et puis, sans autre préambule, nous exposerons les débats de l'assemblée et les décrets qui intervinrent.

Lettre du roi aux commandans des ports.

Paris, le 15 octobre 1791.

Je suis informé, Monsieur, que les émigrations se multiplient tous les jours dans le corps de la marine, et je ne puis différer plus long-temps de vous faire connaître combien j'en suis vivement affecté.

Comment se peut-il que des officiers d'un corps dont la gloire m'a toujours été si chère, et qui m'ont donné dans tous les temps les preuves les plus signalées de leur attachement et de leur zèle pour le service de l'État se soient laissé égarer au point de perdre de vue ce qu'ils doivent à la patrie, ce qu'ils doivent à mon affection, ce qu'ils doivent à eux-mêmes?

Ce parti extrême eût paru moins étonnant il y a quelques mois, quand l'anarchie semblait être à son comble, et qu'on n'en apercevait pas le terme; mais aujourd'hui, que la majeure et la plus saine partie de la nation veut le retour de l'ordre et de la soumission aux lois, serait-il possible que de généreux et fidèles marins songeassent à se séparer de leur roi?

Dites bien à ces braves officiers, que j'estime, que j'aime, et qui l'ont si bien mérité, que l'honneur et la patrie les appellent; assurez-les que leur retour, que je désire par-dessus tout, et auquel je reconnaîtrai tous les bons Français, tous mes vrais amis, leur rendra pour jamais toute ma bienveillance.

On ne peut plus se dissimuler que l'exécution exacte et paisible de la constitution est aujourd'hui le moyen le plus sûr d'apprécier ses avantages, et de connaître ce qui peut manquer à sa perfection.

Quel est donc votre devoir à tous? de rester fidèlement à votre poste, de coopérer avec moi, avec franchise et loyauté, à assurer l'exécution des lois que la nation pense devoir faire son bonheur; de donner sans cesse de nouvelles preuves de votre amour pour la patrie et de votre dévoûment à son service.

C'est ainsi que se sont illustrés vos pères, et que vous vous êtes distingués vous-mêmes. Voilà les exemples que vous devez laisser à vos enfans, et les souvenirs ineffaçables qui constitueront votre véritable gloire.

C'est votre roi qui vous demande de rester inviolablement attachés à des devoirs que vous avez toujours si bien remplis. Vous auriez regardé comme un crime de résister à ses ordres, vous ne vous refuserez pas à ses instances.

Je ne vous parlerai pas des dangers, des suites fâcheuses qu'une autre conduite pourrait avoir; je ne croirai jamais qu'aucun de vous puisse oublier qu'il est Français.

Je vous charge, Monsieur, d'adresser de ma part un exemplaire de cette lettre à tous les officiers attachés à votre département, et particulièrement à ceux qui sont en congé.

Signé, LOUIS.
Et plus bas, DE BERTRAND.

Lettre du roi aux officiers généraux et commandans des troupes de terre.

De Paris, le 14 octobre.

En acceptant, Monsieur, la constitution, j'ai promis de la maintenir au dedans et de la défendre contre les ennemis du dehors. Cet acte solennel de ma part doit bannir des esprits toute incertitude; il détermine en même temps de la manière la plus précise et la plus claire la règle de vos devoirs et les motifs de votre fidélité. Mon intention est que vous annonciez aux troupes qui sont sous vos ordres que ma détermination, que je crois essentielle au bonheur des Français, est invariable comme mon amour pour eux.

La loi et le roi désormais confondus, l'ennemi de la loi devient celui du roi. De quelque prétexte maintenant dont on veuille colorer la désobéissance et l'indiscipline, j'annonce que je regarderai comme un délit contre la nation et contre moi tout attentat, toute infraction à la loi.

Il a pu être un temps où les officiers, par attachement à ma personne, et dans le doute de mes véritables sentimens, ont cru devoir hésiter sur des obligations qui leur semblaient en opposition avec leurs premiers engagemens; mais, après tout ce que j'ai fait, cette erreur ne doit plus subsister.

Je ne puis regarder comme m'étant sincèrement dévoués ceux qui abandonnent leur patrie au moment où elle réclame fortement leurs services. Ceux-là seuls me sont sincèrement attachés, qui suivent les mêmes voies que moi, qui restent fermes à leur poste, qui, loin de désespérer du salut public, se confédèrent avec moi pour l'opérer, et sont résolus de s'attacher inséparablement à la destinée de l'empire.

Dites donc à tous ceux qui sont sous vos ordres, officiers et soldats, que le bonheur de leur pays dépend de leur union, de leur confiance réciproque, de leur entière soumission aux lois, et de leur zèle actif pour les faire exécuter. La patrie exige cette harmonie, qui fait sa force et sa puissance. Les désordres passés et les circonstances où nous sommes, donnant à ces vertus du guerrier, pendant la paix, une valeur sans prix, c'est à elles que seront dues les distinctions, les récompenses et tous les témoignages de la reconnaissance publique.

Signé, LOUIS.

Et plus bas, DUPORTAIL.

Proclamation du roi concernant les émigrations; du 14 octobre.

Le roi, instruit qu'un grand nombre de Français quittent leur patrie, et se retirent sur les terres étrangères, n'a pu voir, sans en être vivement affecté, une émigration aussi considérable; et quoique la loi permette à tous les Français la libre sortie du royaume, le roi, dont la tendresse paternelle veille sans cesse pour l'intérêt général et pour tous les intérêts particuliers, doit éclairer ceux qui s'éloignent de leur patrie sur leurs véritables devoirs, et sur les regrets qu'ils se préparent. S'il en était parmi eux qui fussent séduits par l'idée qu'ils donnent peut-être au roi une preuve de leur attachement, qu'ils soient détrompés, et qu'ils sachent que le roi regardera comme ses vrais, ses seuls amis, ceux qui se réuniront à lui pour maintenir et faire respecter les lois, pour rétablir l'ordre et la paix dans le royaume, et pour y fixer tous les genres de prospérités auxquels la nature semble l'avoir destiné.

Lorsque le roi a accepté la constitution, il a voulu faire cesser les discordes civiles, rétablir l'autorité des lois et assurer avec elles tous les droits de la liberté et de la propriété. Il devait se flatter que tous les Français seconderaient ses desseins : cependant c'est à cette même époque que les émigrations ont semblé se multiplier. Une foule de citoyens abandonnent leur pays et leur roi, et vont porter chez les nations voisines des richesses que sollicitent les besoins de leurs concitoyens : ainsi, lorsque le roi cherche à rappeler la paix et le bonheur qui la suit, c'est alors que l'on croit devoir l'abandonner et lui refuser les secours qu'il a droit d'attendre de tous. Le roi n'ignore pas que plusieurs citoyens, des propriétaires surtout, n'ont quitté leur pays que parce qu'ils n'ont pas trouvé dans l'autorité des lois la protection qui leur était due : son cœur a gémi de ces désordres. Ne doit-on rien pardonner aux circonstances ? Le roi lui-même n'a-t-il pas eu des chagrins ? Et lorsqu'il les oublie, pour ne s'occuper que du bonheur commun, n'a-t-il pas le droit d'attendre qu'on suive son exemple ?

Comment l'empire des lois s'établirait-il, si tous les citoyens ne se réunissent pas auprès du chef de l'Etat ? Comment un ordre stable et permanent peut-il s'établir et le calme renaître, si, par un rapprochement sincère, chacun ne contribue pas à faire cesser l'inquiétude générale ? Comment enfin l'intérêt commun prendra-t-il la place des intérêts particuliers, si, au lieu d'étouffer l'esprit de parti, chacun tient à sa propre opinion et préfère de s'exiler à céder à l'opinion commune ?

Quel sentiment vertueux, quel intérêt bien entendu peut donc motiver les émigrations ? L'esprit de parti qui a causé tous nos malheurs n'est propre qu'à les prolonger.

Français, qui avez abandonné votre patrie, revenez dans son sein. C'est là qu'est le poste d'honneur, parce qu'il n'y a de véritable honneur qu'à servir son pays, et à défendre les lois. Venez leur donner l'appui que tous les bons citoyens leur doivent : elles vous rendront, à leur tour, ce calme et ce bonheur que vous chercheriez en vain sur une terre étrangère. Revenez donc, et que le cœur du roi cesse d'être déchiré entre ses sentimens, qui sont les mêmes pour tous, et les devoirs de la royauté, qui l'attachent principalement à ceux qui suivent la loi. Tous doivent le seconder lorsqu'il travaille pour le bonheur du peuple. Le roi demande cette réunion pour soutenir ses efforts, pour être sa consolation la plus chère ; il la demande pour le bonheur de tous. Pensez aux chagrins qu'une conduite opposée préparerait à votre roi ; mettez quelque prix à les lui épargner : ils seraient, pour lui, les plus pénibles de tous.

Fait à Paris, au Conseil-d'Etat, le 14 octobre 1791.

Signé Louis.

Et plus bas, par le roi, Delessart.

Pour copie conforme à l'original, écrit de la main du roi.

Signé Delessart.

SÉANCE DU 20 OCTOBRE.

La question de l'émigration, abordée le 16, fut mise à l'ordre du 20.

Lequinio, et Lemontey après lui, parlèrent sur l'impossibilité, le danger même d'arrêter l'émigration des personnes. Crestin fit observer que cette maladie politique avait redoublé depuis l'acceptation de la constitution; il demanda le renouvellement de la loi du 1er août, et la prohibition de la sortie des armes et des munitions. Après eux Brissot monta à la tribune, au milieu des applaudissemens de l'assemblée.

[*M. Brissot.* En examinant les lois différentes rendues contre l'émigration, en considérant les difficultés qu'elles ont éprouvées dans leur exécution, j'en ai cherché la cause, et je me suis convaincu qu'elle était dans le principe même de ces lois, dans la partialité de leur application, dans le défaut de grandes mesures. La marche que l'on a suivie jusqu'ici, a été l'inverse de celle que l'on devait suivre. Au lieu de s'attacher aux branches, on devait attaquer le tronc. On s'est acharné contre des hommes qui ont porté leurs vieux parchemins dans des pays où ils les croient encore en valeur, et, par une faiblesse impardonnable, on a paru respecter les chefs qui commandaient ces émigrations. Si l'on veut sincèrement parvenir à arrêter l'émigration et l'esprit de rébellion, il faut punir les fonctionnaires publics qui ont abandonné leurs postes; mais il faut surtout punir les grands coupables qui ont établi, dans les pays étrangers, un foyer de contre-révolution.

Il faut distinguer trois classes d'émigrans : la première, celle des deux frères du roi, indignes de lui appartenir, puisqu'il a accepté la constitution ; la seconde, celle des fonctionnaires publics qui ont déserté leurs postes, et qui s'occupent à débaucher les citoyens ; enfin, les simples citoyens, qui, soit par haine pour la révolution, soit par crainte, ont la faiblesse de se laisser entraîner par leur séduction. Vous devez haine et punition aux deux premières classes, pitié et indulgence à la troisième. Si vous voulez arrêter les émigrations, ce n'est pas sur la troisième classe que doivent tomber vos coups, ce n'est pas même sur la seconde que doivent tomber les plus violens ; si l'on use de complaisance et de palliatifs, on croira que vous redoutez leur coalition, et les mécontens, nourrissant des espérances que votre faiblesse aura produites, iront se ranger sous leurs drapeaux. Et pourquoi craindraient-ils ? L'impunité de leurs chefs leur assurera la leur. De quel droit, vous diront-ils, nous punissez-vous ? Avez-vous deux poids et deux mesures ? Vous nous punissez, et vous épargnez nos chefs : il y a double délit, injustice et lâcheté. (On applaudit.)

Tel a été le raisonnement d'instinct qu'a produit la faiblesse de l'assemblée nationale, dans l'esprit de tous les émigrés. Comment pouvaient-ils croire à des lois sur les émigrations, lorsque vous sembliez respecter les traîtres qui les provoquaient ; lorsqu'ils voyaient un prince, après avoir prodigué quarante millions en dix ans, recevoir encore de l'assemblée nationale des millions pour payer son faste et ses dettes ? Il faut poursuivre les grands coupables, ou renoncer à toutes lois contre les émigrations. Vous ne pouvez punir les citoyens qui n'agissent que par instigation, lorsque vous laissez impunis leurs instigateurs. Les tyrans punissaient toujours les chefs, et pardonnaient à la multitude : c'est ce que nous avons vu en Hollande ; c'est l'exemple que nous a donné Joseph II, quand il mit à prix la tête d'Horiah. Contenez, punissez les chefs, et la révolte s'éteint. Je ne dis pas à un peuple libre de suivre en entier cette maxime sanguinaire ; mais je lui conseille de séparer les chefs de leur meute armée : divisez les intérêts des révoltés, en effrayant les grands coupables. On a jusqu'ici suivi le contre-pied, et on est étonné de ce que la loi n'a pas été respectée par les émigrans! Elle ne l'a pas été, parce que les chefs y étaient ménagés, parce qu'un instinct de justice disait aux autres : pourquoi craindrions-nous, puisque nos chefs sont respectés?

On a sans cesse amusé les patriotes par des lois sur l'émigration, qui n'étaient que de vains palliatifs; voilà pourquoi vous avez vu les partisans de la cour les solliciter eux-mêmes, pour se jouer de la crédulité du peuple; voilà pourquoi vous avez vu un orateur célèbre, dans le temps où on le comptait encore au nombre des patriotes, parler contre cette loi, et, dans un mouvement de franchise, vous dire que la loi ne serait jamais exécutée, parce qu'on ne poursuivait pas, soi-même, sa famille; et, en effet, nous devons croire que s'il eût existé alors une assemblée toute plébéienne, les rassemblemens de Coblentz n'existeraient plus.

Trois années d'insuccès, une vie malheureuse et errante, leurs conspirations avortées, leurs intrigues déjouées, toutes ces défaites ne les ont pas corrigés. Ils ont le cœur corrompu de naissance; ils se croient les souverains nés du peuple, et ils cherchent à le remettre sous le joug. N'ont-ils pas assez manifesté leurs intentions, par les protestations qu'ils ont publiées? La dernière de ces protestations, qui est dirigée contre l'acceptation même de la constitution, ne dépose-t-elle pas de leurs desseins hostiles? Exigerez-vous des preuves judiciaires de ces faits, pour punir les grands coupables? Il faudrait donc, pour l'amour de ces formes judiciaires, attendre que vos plus belles provinces fussent réduites en cendres! Qui ignore qu'un noble ne peut plus rester en France sans être déshonoré au-delà du Rhin. Voulez-vous arrêter cette révolte? ce n'est pas en faisant des lois trop minutieuses contre les émigrans que vous y parviendrez, mais c'est en sévissant contre les chefs, c'est au-delà du Rhin qu'il faut frapper, non pas en France. Si vous avez le courage de déclarer crime contre la nation tout paiement qui leur serait fait de leurs appointemens, de confisquer leurs biens, bientôt ils seront abandonnés de leurs courtisans.

C'est par des mesures aussi rigoureuses que les Anglais empêchèrent Jacques II de traverser l'établissement de leur liberté : ils ne s'amusèrent pas à faire de petites lois contre les émigrations, mais ils ordonnèrent aux princes étrangers, de chasser les princes anglais de leurs États (on applaudit) ; et le fier Louis XIV fut forcé d'expulser lui-même son proche parent ; et Jacques II, vivant des modiques et secrètes aumônes de la France, fut dans l'impuissance de se faire un parti.

On avait senti dans la précédente assemblée la nécessité de cette mesure ; mais d'abord on ne l'avait appliquée qu'à M. Condé. Première faute. Ensuite on apporta des retards à l'exécution de la loi. Seconde faute. Car la liberté ne se perd que par cette conduite mystérieuse qui décèle la faiblesse ou la complicité. Le comité diplomatique retarda l'exécution de la loi par un silence mystérieux ; les ministres parlèrent de considérations d'état. Si ces considérations ont occasionné le retard, c'est un crime contre la liberté ; car le roi d'un peuple libre n'a point de famille, ou plutôt sa première famille, c'est le peuple qui lui a confié ses intérêts.

Dans un siècle de révolution, lorsque la France était divisée en plusieurs partis, lorsque le prince Condé jouissait d'un pouvoir immense, lorsqu'il avait de nombreux partisans, Mazarin eut le courage de le faire emprisonner, et ce qu'un prêtre faible qui avait contre lui la nation entière, qui n'avait pour appui qu'une femme ambitieuse put faire, la France, qui réunit à une force immense un concert étonnant de volontés, redouterait de l'entreprendre contre un prince qui est dans un dénuement absolu, qui n'a de force que dans une honteuse troupe de courtisans et dans des hauteurs ridicules ! Vous devez faire respecter la constitution, le néant est là ; choisissez entre la constitution ou le rétablissement de la noblesse. La constitution est finie, les chefs des rebelles doivent s'agenouiller devant elle ou être proscrits à jamais. La disparition du numéraire, l'émigration, tout parle du foyer de contre-révolution établi dans les Pays-Bas par les ci-devant princes du sang. Voulez-vous dissiper ce foyer? c'est en s'attachant à eux, à eux seuls, que vous y parviendrez. Voulez-vous que le numéraire se montre enfin, que la confiance reparaisse? tenez une conduite ferme et vigoureuse. Qu'on ne dise plus : Ces mécontens sont bien forts; ces 25 millions d'hommes sont bien faibles, puisqu'ils les craignent ou les ménagent.

Enfin, une loi contre les chefs est possible, tandis que l'autre entraîne une foule d'inconvéniens qui rendent son exécution impraticable.

C'est par l'exécution de cette loi que vous éprouverez le patriotisme du ministre. On lui demandait la liste des officiers émigrés, l'état des pensions ; il sut toujours se rejeter sur l'impossibilité de faire ces listes. Ici il n'y aura plus de semblables prétextes.

Mais faites précéder vos mesures de rigueur d'un dernier avertissement. (On applaudit.) Cet avertissement doit s'adresser également aux fonctionnaires publics qui ont déserté leur poste : qu'ils rentrent dans le royaume, et l'amnistie lavera tout ; mais s'ils persistent, alors qu'ils soient poursuivis selon toute la rigueur des lois.

Quant aux simples citoyens que des motifs particuliers ont fait émigrer, il est nécessaire de faire quelques observations. Un malentendu a divisé les patriotes. On a confondu les lois contre la révolte, avec les lois contre l'émigration. La déclaration des droits porte, que tout homme est libre d'aller où bon lui semble. Il en résulte que la liberté d'émigrer doit être entière pour les citoyens. Quel éloge c'est faire de la liberté que de montrer aux puissances étrangères que son égide couvre ses ennemis mêmes !

On peut, dit-on, retenir ces citoyens pour faire leur propre bonheur : sophisme adroit, mais facile à réfuter. Chaque homme est le maître de se faire du bonheur l'idée qui lui plaît. Si je renonce à la protection de votre loi, son empire finit pour moi. L'homme tient de la nature le droit de porter partout ses pas, de porter partout son industrie et ses richesses. Sans doute il en doit une portion à la société pour le prix de la protection qu'elle lui accorde ; mais, quand il n'a plus besoin de cette protection, alors aussi la société cesse d'avoir aucun droit sur sa fortune.

L'ancien comité de constitution avait senti combien une pareille loi serait injuste, combien les confiscations, les régies qu'elles nécessitent, ont d'inconvéniens. L'assemblée nationale avait préféré une triple imposition établie sur les propriétés que les émigrés laisseraient en France; je demande que cette loi soit remise en vigueur. Mais surtout j'insiste pour qu'on ne parle ni de lois prohibitives absolues, ni de confiscations. Quand, dans des siècles de barbarie et d'ignorance on fit contre les juifs des lois prohibitives, l'industrie trompa les regards de la tyrannie par le secret des lettres de change. Louis XIV défendit l'émigration aux protestans. Or, si ce grand prince, avec ses cent mille commis, avec ses trois cent mille soldats, avec ses prêtres, avec ses fanatiques, qui étaient autant de délateurs et de bourreaux, n'a pas pu parvenir à l'arrêter, et s'il a inutilement souillé son règne, que sera-ce lorsqu'il n'y a plus de commis, lorsque les soldats, brûlant de combattre ouvertement les ennemis de la patrie, se refusent au rôle de délateurs, lorsque l'avide cupidité ouvre publiquement des bureaux d'assurance pour le transport de toutes les espèces de propriétés ? La prospérité et la tranquillité publiques, voilà les meilleures lois contre les émigrations.

Attachons-nous donc à consolider notre révolution, à faire aimer la constitution, et nous verrons revenir en foule nos émigrans: leur goût, leurs habitudes, cet amour de la patrie qui poursuit les émigrans dans les pays même les plus heureux, les rameneront bientôt vers vous ; ils les rameneront surtout, si, déployant la plus grande sévérité contre les chefs des révoltés, contre les fonctionnaires publics qui ont ajouté des crimes à leur désertion, qui ont l'impudence de parler encore d'honneur, lorsque, plus vils que les *Cartouche*, ils enlèvent les caisses qui leur sont confiées; si, dis-je, sévères à l'égard de ces brigands, nous traitons avec indulgence cette classe d'émigrans qu'un préjugé futile, mais excusable, qu'un fol espoir ou que la crainte ont entraînés loin de nous. Les peuples libres sont essentiellement bons; ils finissent toujours par faire grâce à leurs plus cruels ennemis, quand le danger est passé. N'avez-vous pas vu les royalistes d'Amérique, qui avaient porté le fer et la flamme dans leur propre pays, ne les avez-vous pas vus rappelés par les patriotes, même les plus énergiques?

Pour résumer mes idées sur cet article, je voudrais donc qu'on fixât un délai dans lequel les ci-devant princes, leurs adhérens, tous les fonctionnaires publics et autres particuliers seraient tenus de rentrer dans le royaume et de se soumettre à la constitution. Je voudrais que, le délai passé, les chefs de la révolte et les fonctionnaires publics fussent poursuivis criminellement, comme ennemis de la patrie, que leurs biens et revenus fussent confisqués.

Je voudrais que, pour rendre plus difficiles les circulations, la sortie des fonctionnaires publics émigrans, on renouvelât le régime des passeports, en laissant cependant sortir tous ceux qui ne le seraient pas.

Je voudrais encore faire revivre la loi qui défend l'exportation des munitions de guerre et du numéraire.

Quant aux simples citoyens émigrans, qui ne prendraient pas part à la révolte, je voudrais qu'on se bornât à remettre en vigueur la loi qui assujétit leurs biens à une plus forte taxe. Cette taxe est de toute justice, car leur demeure, en nous causant des inquiétudes, nous entraîne à des précautions dispendieuses : et qui doit en supporter le poids plus considérable, sinon les auteurs de nos maux? De cette manière, vous concilierez la justice, les droits de l'homme et des citoyens, la dignité de la nation française et le maintien de la révolution.

Je vous l'ai déjà fait pressentir, toutes vos lois, et contre les émigrans, et contre les rebelles, et contre leurs chefs, seront inutiles, si vous n'y joignez pas une mesure essentielle, seule propre à en assurer le succès; et cette mesure concerne la conduite que vous avez à tenir à l'égard des puissances étrangères qui soutiennent et encouragent ces émigrations et cette révolte.

Je vous ai démontré que cette émigration prodigieuse n'avait lieu que parce que, jusqu'à présent, vous aviez épargné les chefs de la rébellion, que parce que vous aviez toléré le foyer de la contre-révolution, qu'ils ont établi dans les pays étrangers ; et ce foyer n'existe que parce qu'on a négligé, qu'on a craint, jusqu'à ce jour, de prendre des mesures convenables et dignes de la nation française, pour forcer les puissances étrangères d'abandonner les rebelles.

Tout présente ici un enchaînement de fraude et de séduction. Les puissances étrangères trompent les princes, ceux-ci trompent les rebelles, et les rebelles trompent les émigrans. Parlez enfin le langage d'hommes libres aux puissances étrangères, et ce système de révolte qui tient à un anneau factice s'écroulera bien vite, et non-seulement les émigrations cesseront, mais elles reflueront vers la France ; car les malheureux, que l'on enlève ainsi à leur patrie, désertent dans la ferme persuasion que des armées innombrables d'étrangers vont fondre sur la France pour y rétablir la noblesse. Il est temps enfin de faire cesser les espérances chimériques qui égarent des fanatiques ou des ignorans ; il est temps de vous montrer à l'univers ce que vous êtes, hommes libres et Français. (On applaudit.) Vous devez donc à la sûreté autant qu'à la gloire de la nation d'examiner les outrages que vous avez reçus des dispositions des puissances étrangères. Vous devez, en un mot, faire votre bilan de situation vis-à-vis des puissances étrangères. De là dépend le succès de toutes vos lois sur les émigrations et l'extirpation totale de l'esprit de révolte.

Vous me permettrez donc de jeter un coup d'œil rapide sur notre situation politique, dont la connaissance seule peut diriger vos lois sur l'émigration. Vous rappellerai-je tous les outrages faits aux Français, l'arrestation d'un de vos envoyés, la saisie de la lettre du roi à l'ambassadeur de Vienne ? Vous rappellerai-je la persécution et la ruine d'un manufacturier français, l'aversion manifestée en tant d'occasions par la cour d'Espagne contre la révolution ; et cette lettre où on insultait la nation française, en appelant le roi, son souverain, et en la menaçant de la punir de son enthousiasme pour la liberté? Vous rappellerai-je et cette inquisition exercée contre les voyageurs français, et ces expéditions, ces rassemblemens de troupes du côté des Pyrénées, ordonnés sous de ridicules prétextes, et dont la coïncidence avec la fuite du roi montre assez les véritables motifs? Vous rappellerai-je les outrages faits au seul de nos ambassadeurs qui ait montré une conduite patriote et digne du représentant d'une nation libre? N'avez-vous pas vu les magistrats de l'État de Berne verser le sang français, poursuivre comme un crime la célébration de l'anniversaire de notre révolution, punir une ville pour avoir chanté cet air qui déjà a frappé les oreilles de plusieurs peuples? et jusqu'à ce gouvernement de Venise, qui n'est qu'une comédie, n'a-t-il pas expulsé un négociant français pour son patriotisme, et l'amiral vénitien n'a-t-il pas outragé le pavillon français? Jusqu'à ces petits princes d'Allemagne, dont l'insolence, dans le siècle dernier, fut foudroyée par le despotisme, n'ont-ils pas prêté une hospitalité coupable à des rebelles, tandis qu'ils persécutaient les patriotes? Jusqu'à Genève, cet atome de république (on applaudit), que tout aurait dû porter à adorer et à suivre la révolution française; l'aristocratie de cette république n'a-t-elle pas fait les efforts les plus coupables pour protéger nos contre-révolutionnaires? N'a-t-on pas vu les magistrats border de canons les murs de Genève, sous le prétexte de se défendre contre l'armée imaginaire de la propagande, mais bien plutôt pour en défendre l'entrée aux patriotes? Enfin, jusqu'à cet évêque de Liége, qui appesantit son joug sur un peuple qui devrait être libre, sans l'indifférence d'une nation puissante qui aurait pu le secourir, n'a-t-il pas refusé de recevoir notre ambassadeur, sous le prétexte qu'il appartenait à une société célèbre dans les fastes de notre révolution.

On insultait ici les Anglais qui admiraient notre constitution, tandis que l'Angleterre était occupée à calmer les esprits dans le congrès de Ratisbonne.

Que doit-on penser des ordres donnés pour le rassemblement des troupes sardes et espagnoles? Pourquoi la paix du Nord a-t-elle été conclue dans le moment où la Russie allait recueillir les fruits de la guerre? Pourquoi cet enthousiasme unique, ce rapprochement entre l'empereur et le roi de Prusse? Pourquoi cette liaison inouie et monstrueuse? Est-il vrai que dans cette fameuse entrevue de Pilnitz les plénipotentiaires aient juré la ruine de la constitution française; que le roi de Prusse, comme électeur de Brandebourg, ait fait la même déclaration à la diète de Ratisbonne? Pourquoi la Russie a-t-elle publié qu'elle regardait comme sa propre cause, la cause des fugitifs français? Est-il vrai qu'elle leur ait fourni ostensiblement des secours; qu'elle ait envoyé aux rebelles un député extraordinaire? Pourquoi a-t-elle défendu à l'ambassadeur français de sortir publiquement? Pourquoi l'entrée de la cour lui a-t-elle été fermée. Que signifie ce congrès d'Aix-la-Chapelle, qui se propose de réformer, à son gré, notre constitution, et qui se forme malgré la déclaration du roi? Pourquoi l'empereur, qui a donné des ordres pour qu'on respecte le pavillon français, protége-t-il le rassemblement des révoltés? Pourquoi le roi de Prusse a-t-il ordonné l'inspection de ses troupes et ne les réduit-il pas? Pourquoi le cordon des troupes sardes et espagnoles croît-il tous les jours?

Il importe que nous soyons promptement instruits des motifs de ces rassemblemens, afin que nous prenions des mesures grandes, généreuses et dignes de la nation que nous représentons.

Je ne me permettrai pas d'anticiper sur les réponses qui vous seront faites, mais je dis que, jusqu'à ce jour, les Français n'ont pas cessé d'être insultés; que jusqu'à ce jour les princes étrangers n'ont pas cessé de fournir des secours aux rebelles; je dis que vous devez forcer les puissances étrangères à chasser les Français rebelles de leurs États, ou à leur donner une protection ouverte. En effet, deux partis se présentent; ou elles rendront hommage à votre nouvelle constitution, ou elles se déclareront contre elle.

Dans le premier cas, celles qui favorisent actuellement les émigrans seront forcées de les expulser; dans le second cas, il se présente encore une alternative : ou elles prendront le parti d'attaquer la constitution à force ouverte, ou elles adopteront le parti d'une médiation à main armée. Dans toutes les hypothèses vous devez vous préparer à déployer toutes vos forces. Dans le cas de refus ou de médiation armée, vous n'avez pas à balancer, il faudra attaquer vous-même les puissances qui oseront vous menacer. (Une partie de l'assemblée et les tribunes applaudissent.) Dans le dernier siècle, lorsque le Portugal et l'Espagne offrirent un asile à Jacques II, l'Angleterre attaqua l'un et l'autre. L'image de la liberté, comme la tête de Méduse, effraiera les armées de nos ennemis : ils craignent surtout d'être abandonnés de leurs soldats, voilà pourquoi la médiation armée sera probablement le parti qu'ils prendront; et la résurrection de la noblesse, et ces erreurs de la constitution anglaise, et le rétablissement de tous les anciens priviléges seront les bases des réformes qu'ils vous proposeront. Mais vous seriez indignés de la liberté si vous faiblissiez par la crainte des menaces; mais vous anéantiriez la constitution dans son principe le plus sacré, puisque toute modification serait le produit de la force, et non de la volonté générale; et si vous consentez à une première modification, qui répondra que vous ne vous croirez pas obligés d'en accorder une seconde? Quelle stabilité que celle d'une constitution qui reposerait sur la foi de garans étrangers !

Le peuple anglais aime votre révolution, le gouvernement la hait; mais à Dieu ne plaise que je veuille vous environner de terreurs..... Je dois vous rassurer sur la conduite de la cour autrichienne, son chef aime la paix, a besoin de la paix; l'épuisement produit par la dernière guerre, la médiocrité de ses revenus, le caractère remuant de ses sujets, les dispositions des troupes qui ont déjà pressenti la liberté, et qui se sont livrées à des insurrections, la crainte de leur donner un exemple funeste, tout fait à Léopold la loi de ne point déployer la force des armes. Quant à cette princesse, dont l'aversion contre la constitution française est connue, qui ressemble par quelque beauté à Élisabeth, elle ne doit pas attendre plus de succès qu'Élisabeth n'en a eu dans la révolution de Hollande. A peine subjugue-t-on les esclaves à quinze cents lieues, on ne soumet pas les hommes libres à cette distance. (On applaudit.) Je dédaigne de parler des autres princes ; je ne compterai pas sur la liste de nos ennemis ce roi (le roi de Suède) qui n'a que 25 millions de revenu, et qui en dépense les deux tiers pour payer mal une armée nombreuse d'officiers généraux et un petit nombre de soldats mécontens. (On applaudit.) Je crois donc que la France, soit qu'elle porte les yeux au-dehors, soit qu'elle considère sa situation intérieure, doit concevoir des espérances, et qu'il est temps d'effacer l'avilissement dans lequel l'insouciance ou la pusillanimité l'ont plongée; il est temps de lui donner une attitude imposante, de faire respecter les personnes et les propriétés. Sans doute vous avez déclaré aux puissances étrangères que vous n'entreprendriez plus de conquêtes ; mais vous avez le droit de leur dire : nous respectons votre constitution, respectez la nôtre : si vous préférez à l'amitié d'une grande nation vos relations avec quelques rebelles, attendez-vous à des vengeances. La vengeance d'un peuple libre est lente, mais elle frappe sûrement. (On applaudit à plusieurs reprises.)

Mais avant de faire cette déclaration, il vous faut des faits certains ; il faut donc ordonner au ministre des affaires étrangères de mettre sous les yeux du comité diplomatique les renseignemens qui lui sont parvenus, de faire connaître la manière dont a été faite la notification aux puissances étrangères de l'acceptation du roi. Alors vous distinguerez les agens du pouvoir exécutif qui ont rempli leur mission, et ceux qui l'ont trahie. Les mystères de notre équivoque diplomatie seront peut-être dévoilés, et vous y découvrirez la source de ces menaces, de cette terreur dont on nous a environnés. Peut-être les rassemblemens de Coblentz n'existeraient-ils plus si le ministre avait envoyé aux puissances étrangères des hommes profondément révolutionnaires, de ces hommes qui, le pistolet sur le sein, se tiennent devant les tyrans dans l'attitude de la liberté. (On applaudit.) La diplomatie se purifiera comme toutes les autres parties du gouvernement; mais, en attendant, le salut public vous ordonne de prendre toutes les mesures qui intéressent la sûreté de l'État et la dignité de la nation française, car qui ne se fait pas respecter, cesse bientôt d'être libre.

— Ce discours excita de vifs applaudissemens. Un membre s'opposait à l'impression, parce que Brissot, en parlant des frères de Louis XVI, avait dit : les *ci-devant princes français*. « Le mot *ci-devant* sera supprimé, répondit Brissot ; je l'ai prononcé par mégarde. » L'impression fut décrétée à l'unanimité.

Couthon prit ensuite la parole : il demanda que Monsieur fût déchu de ses droits à la régence. Mathieu Dumas ferma la séance par un long discours, dans lequel il rappela l'opinion de Mirabeau sur les émigrations ; il s'éleva contre les flatteurs du peuple, et déclara que l'assemblée devait se borner à rendre une loi pour punir la désertion des officiers et des fonctionnaires publics.

SÉANCES DES 22 ET 25 OCTOBRE.

Le 22, Kock chercha à prouver qu'on n'avait rien à craindre, ni des émigrés, ni des puissances. Un député du Haut-Rhin présenta la même opinion. Rougier la Bergerie proposa de déclarer la déchéance des droits politiques de tous les émigrés non rentrés dans l'espace de trois mois. Dubois-Dubay demanda la question préalable contre toutes les lois sur l'émigration. Voisard pensa qu'il fallait lancer contre les princes un acte d'accusation, et traduire, devant les cours martiales, les officiers déserteurs. Thorillon conseilla un nouveau délai pour la rentrée des émigrés. Pyro réclama l'assujétissement de leurs propriétés à une triple imposition. Aubert Dubayet examina l'état des divers cabinets de l'Europe, et proposa d'inviter le roi à agir auprès des puissances étrangères pour dissoudre les rassemblemens d'émigrés, les enrôlemens et les préparatifs hostiles. Jaucourt combattit quelques idées de Brissot, et tous projets de loi contre l'émigration ; il proposa d'ajourner la discussion à un mois, disant que

Louis XVI aurait ainsi le temps d'épuiser les moyens de conciliation pour faire rentrer les princes et les émigrés.

Le 25, la discussion fut reprise. Un député du Jura certifia la tranquillité de l'État de Berne, et vanta la conduite amicale de la république de Genève. Fauchet allégua contre ces assertions les persécutions suscitées par les États de Berne à des officiers qui avaient célébré l'anniversaire de la révolution française. Roujoux ne craignait rien de l'orgueil impuissant des émigrés; il ne pensait pas qu'ils conspirassent contre une patrie où ils avaient laissé leurs familles et leurs propriétés pour ôtages; il demanda qu'on séquestrât seulement les biens des fonctionnaires publics qui ne seraient pas rentrés dans un mois. Après lui, Condorcet monta à la tribune.

[*M. Condorcet.* C'est une grande erreur que de croire que l'intérêt commun ne soit pas d'accord avec l'exercice des droits des individus, que le salut public puisse commander une injustice. Cette maxime a toujours été le prétexte de toutes les tyrannies. Nous avons juré de maintenir la constitution : ce serment comprend la déclaration des droits, et les conséquences générales des principes qu'elle renferme. Ainsi, nous devons avoir sans cesse sous les yeux ces principes sacrés, reconnus par la loi française, et défendus, contre les sophismes qui voudraient les éluder par toute l'autorité de la volonté générale.

Ainsi, avant de chercher ce qu'il peut être à propos de faire, je chercherai ce que vous pouvez faire.

La nature accorde à tout homme le droit de quitter son pays; la constitution le garantit à tout Français, et vous ne pouvez y porter atteinte. L'homme doit pouvoir user de cette liberté, sans que son absence le prive de ses droits.

Tout homme a le droit de changer de patrie. Dès ce moment, devenu citoyen d'une nouvelle patrie, il ne l'est plus de la première; mais il est une première question à examiner. Ce citoyen se trouve-t-il, par sa seule renonciation, privé de toute obligation; je ne parle pas de ces obligations morales auxquelles on est tenu, même envers une patrie injuste; mais je parle des obligations sociales, et je dis qu'on ne peut, quoique devenu citoyen d'une nouvelle patrie, prendre les armes contre son pays. J'ajoute que chaque nation a le droit de déterminer le délai après lequel toutes ces obligations cessent. Nier ce principe, ce serait briser tous ses liens sociaux.

Dans l'ordre ordinaire et commun, tout citoyen émigrant ne doit pas être censé quitter son pays. On doit attendre qu'il en ait montré la volonté formelle, et l'on ne doit le regarder comme ennemi que lorsqu'il a pris les armes contre son pays. Mais quand l'émigration est telle, qu'elle se fait simultanément, de la part d'un grand nombre d'individus qui quittent leur pays pour aller dans des contrées étrangères y former comme une nouvelle nation sans territoire, alors la société a le droit de rechercher les causes de cette émigration. Les uns quittent par terreur, les autres par vanité: citoyens plus malheureux que coupables, car si c'est un malheur que d'avoir placé sa jouissance dans de vains préjugés que la raison a dissipés, ils n'en doivent pas moins conserver le droit de changer de patrie. La troisième classe des émigrans est celle de ceux qui ont manifesté des desseins hostiles : plusieurs même sont déjà coupables. Je demande pourquoi la nation ne pourrait pas prendre des mesures pour connaître ses ennemis, si elle n'a pas le droit de prendre des précautions pour sa sûreté, lorsque ce droit est celui de tout individu; mais, confondre les rebelles avec tous les émigrés, ce serait violer la liberté de beaucoup d'entre eux; car, comment un homme est-il libre, lorsque, sortant pour son commerce, il est puni de son activité, en se trouvant confondu avec de vils transfuges ?

Enfin, quand une nation a le droit de faire des préparatifs contre une autre, comment n'aurait-elle pas celui de faire des préparatifs contre une nouvelle espèce de nation qui prendrait les armes contre elle? Le droit est le même, mais les moyens sont différens. On agit à force ouverte contre une nation constituée, mais contre une nation qui n'est pas formée, contre une ligue volontaire de rebelles, on doit agir comme on agirait contre des individus. Il faut connaître quelles sont les intentions de chacun d'eux ; il faut que chacun des Français émigrés puisse prêter le serment civique tel qu'il est inséré dans l'acte constitutionnel, entre les mains du consul ou de l'envoyé de la nation ; il faut qu'ils déclarent reconnaître la constitution, se soumettre à l'exécuter, et la regarder comme émanée d'une autorité légitime, et comme exécutoire pour tous les citoyens. Celui qui ne voudra pas prêter le serment civique doit déclarer que, pendant deux ans, il n'entrera au service d'aucune puissance étrangère, qu'il ne prendra pas les armes contre sa patrie, et qu'il ne sollicitera des secours auprès d'aucune puissance étrangère contre la France ; celui, dis-je, qui ne fera pas cette déclaration, doit être regardé comme ennemi de la patrie. Ceux au contraire qui auraient fait cette déclaration, conserveraient tous leurs droits à leurs pensions ; car la renonciation à sa patrie n'est pas un délit : ils jouiraient pour leurs biens de toute la protection qu'on accorde aux propriétés des étrangers ; mais ils perdraient tous droits aux grades et à l'avancement militaires ; car ils ne doivent pas jouir d'une patrie qu'ils ont refusé de servir.

Je viens de demander que ceux qui refuseraient de faire les déclarations demandées, soient regardés comme ayant émigré avec des intentions coupables ; mais on ne peut les punir jusqu'à ce qu'il existe contre eux des preuves judiciaires ? Pour désarmer les ennemis, faut-il attendre qu'ils vous aient assassinés. Parce que le crime des émigrés n'est pas consommé, faut-il leur laisser les moyens de nous faire la guerre, de nous susciter des ennemis, de soulever notre armée en soudoyant des hypocrites, en faisant entrer dans vos régimens de ces hommes qui ne redoutent aucune bassesse, pourvu qu'ils puissent servir la cause de l'orgueil et du fanatisme ? De quel droit, par pitié pour ces hommes méprisables, sacrifierions-nous la sûreté de nos commettans ?

Telles sont les mesures de rigueur que vous avez le droit de prendre ; mais elles doivent encore être justifiées par leur utilité.

Sans doute elles ne seraient pas nécessaires, si, au commencement de la révolution, les ministres avaient maintenu auprès des puissances étrangères la dignité de la nation, s'ils n'eussent pas souffert que les puissances étrangères renvoyassent tous nos ambassadeurs, excepté celui dont une juste défiance avait provoqué la destitution ; s'ils ne se fussent pas rendus complices du fanatisme, en laissant à Rome un cardinal pour soutenir la cause de la religion; si, par les remplacemens, on n'avait pas mis à la tête de l'armée des hommes qu'il était impossible de ne pas soupçonner d'incivisme.

Mais aujourd'hui que le temps a justifié tous les soupçons que l'on avait alors contre le ministre, il faut que le nom français soit enfin respecté, il faut que nous fassions rendre justice au peuple, et c'est alors seulement que, sans le trahir, il nous sera permis de pardonner en son nom. C'est de votre conduite envers cette lie de la nation, qui ose encore s'en dire l'élite, que dépendent les dispositions des puissances étrangères à votre égard ; et c'est de cette confiance aussi que dépend la confiance publique dont vous voulez vous environner. Si vous montrez de l'indulgence et de la faiblesse lorsqu'il ne faut montrer qu'une sévère justice ; si vous accordez un pardon qu'on ne vous demande point, alors vous ferez croire que vous êtes plus occupés des intérêts de quelques familles que du salut du peuple. (On applaudit.) Un grand nombre d'émigrés n'ont pour la constitution française qu'une aversion fondée sur des préjugés qui seront sans doute bientôt détruits : presque tous sont disposés à sentir les avantages de la constitution française, lorsque vous leur aurez laissé la liberté de choisir le moment de leur retour : beaucoup d'entre eux jouiront de cet avantage, et ne sacrifieront pas un bonheur réel au plaisir de conserver leur humeur quelques mois de plus. Ainsi nous verrons le nombre de nos ennemis diminuer en même temps que nous apprendrons à les connaître.

Une amnistie accordée sans les précautions qui doivent accompagner ces lois de clémence, a confondu l'innocent avec le coupable. Par la mesure que je vous propose, on connaîtra les intentions de chacun. Ce n'est pas que je veuille mettre entre eux aucune distinction : que les émigrans qui ont abandonné leur patrie, qu'ils soient suppléans du trône ou simples fonctionnaires publics, soient tous égaux devant la loi : ils doivent tous perdre leurs droits, et être privés de leurs revenus. Mais on demandera ce que deviendront les familles de ceux dont on séquestrera les biens ? ce que deviennent les familles de ceux qu'un autre genre de démence force de priver de l'administration de leurs biens.

Occupons-nous de rendre à la nation sa dignité auprès des puissances étrangères; que des ambassadeurs choisis parmi ceux qui se sont célébrés dans les fastes de la liberté, fassent connaître aux puissances étrangères qu'il n'existe plus qu'une volonté, celle du peuple français. (On applaudit.)

L'assemblée ordonne l'impression du discours de M. Condorcet.

M. Vergniaud. Est-il des circonstances dans lesquelles les droits naturels de l'homme puissent permettre à une nation de prendre une mesure quelconque relative aux émigrations? La nation française se trouve-t-elle dans ces circonstances? Si elle s'y trouve, quelles mesures lui convient-il de prendre?

Telles sont les questions dont je pense que l'examen doit nous conduire à la solution du grand problème qui vous occupe; et j'avoue que mon esprit et mon cœur sont d'accord pour me fournir les réponses que je vais hasarder de vous présenter.

Première question. Est-il des circonstances dans lesquelles les droits naturels de l'homme puissent permettre à une nation de prendre une mesure quelconque relative aux émigrations? L'homme, tel qu'il sort des mains de la nature, reçoit avec la vie une liberté pleine, entière, sans aucune restriction, sans aucune borne. Il a droit de faire tout ce qu'il peut ; sa volonté seule et sa conservation sont sa suprême loi. Dans l'état social, au contraire, l'homme contracte des rapports avec les autres hommes, et ces rapports deviennent autant des modifications à son état naturel. L'exercice en sens contraire d'une indépendance absolue, aurait bientôt dispersé ou même détruit des hommes qui tenteraient de le conserver dans le sein d'une association politique : de là la liberté civile qui est la faculté de faire ce qu'on veut, pourvu qu'on ne nuise pas à autrui, et la liberté politique qui doit être aussi la faculté de faire ce qu'on veut, pourvu qu'on ne nuise pas à la patrie...

C'est donc une vérité non moins respectable que les droits de l'homme, et qu'on ne saurait obscurcir par aucun sophisme ; que lorsque la patrie juge nécessaire à sa tranquillité de réclamer les secours de tous ses membres, c'est un devoir sacré pour ceux-ci de lui payer le tribut de fortune ou de sang qu'elle demande. D'où je conclus naturellement que les droits de l'homme, tels du moins qu'il peut en jouir dans l'ordre social, ne renferment pas celui de répondre à cet appel de la patrie par une émigration qui serait la plus lâche désertion. J'explique cette conséquence pour qu'on ne puisse pas la combattre. Je ne veux pas dire que l'homme qui a germé sous le despotisme affreux de l'inquisition espagnole, ne puisse bien aller, sous un climat plus heureux, chercher l'air de la liberté ; que l'homme à qui les lois d'une association politique déplaisent, ne puisse bien aller s'incorporer dans une autre association où il se flattera de mieux remplir les vœux de son cœur. Je laisse de pareilles maximes aux amis de la tyrannie. Je n'entends pas même que l'homme qui a vécu dans une société où il a constamment reçu protection et assistance, ne conserve aussi la faculté physique de l'abandonner, au moment où elle croit avoir besoin de lui, et qu'elle puisse employer la force pour le retenir. Mais j'entends que la faculté physique qu'il exerçait alors est précisément la même que celle dont jouit l'impie qui se déshonore par un parjure, et le débiteur ingrat qui s'acquitte envers ses créanciers par une fuite banqueroutière. J'entends que, par sa trahison, il a rompu le pacte social ; que la société, à laquelle il est infidèle, ne doit plus aucune protection, ni à lui, ni à sa propriété.

On a distingué dans cette tribune les émigrans simples citoyens, les émigrans fonctionnaires publics, et les émigrans qui, après être sortis de leur patrie, tourneraient leurs armes contre elle. Cette distinction, qui varie et aggrave les caractères d'une désertion criminelle, est fondée sur la justice; mais il est évident qu'elle est une chimère pour ceux qui ne croient pas à la possibilité d'une loi juste sur les émigrations, et qu'en la proposant eux-mêmes, ils ont rendu hommage à mes principes. En effet, ils ne pensent pas qu'on puisse adopter aucune mesure de justice relative aux émigrations, parce que, disent-ils, c'est un droit naturel et imprescriptible de l'homme, de quitter une patrie où il se déplaît, pour en adopter une autre. Mais si c'est là un droit naturel insusceptible d'aucune modification dans l'ordre social; si je puis à mon gré, et dans toutes les circonstances, abdiquer le titre de Français pour prendre celui d'Allemand ou d'Espagnol, pourquoi prétendez-vous que je sois gêné dans l'exercice de mon droit par l'acceptation des fonctions publiques que vous m'aurez confiées?

Vous répondez que c'est à cause de l'engagement particulier qui résulte de mon acceptation; mais quand j'ai accepté, c'est qu'il me plaisait d'user du droit naturel que j'ai de rester chez vous si bon me semble. Mon acceptation doit s'évanouir dès que je veux user du droit de me transporter ailleurs. L'imprescriptibilité de ce droit naturel anéantit tout engagement qui lui serait contraire; lorsque j'aurai brisé les liens qui m'unissaient à vous, lorsque je vous serai devenu étranger, pourquoi, si je porte, pour ma nouvelle patrie, les armes contre vous, pourquoi me traiterez-vous en rebelle ou en déserteur? Pourquoi condamner les autres membres de la société à laquelle je me suis donné? Votre code pénal et votre distinction prouvent, ou que vous ne croyez pas à la réalité de mon droit imprescriptible de changer de patrie à ma volonté, ou que vous le violez avec scandale. Il n'y a qu'une seule réponse à cette objection, et elle se trouve dans les principes desquels j'ai conclu que tout citoyen doit, à sa première demande, voler au secours de la patrie : c'est que la liberté absolue n'appartient qu'à l'homme sauvage; c'est que si l'individu aspire au privilége d'être protégé par la société, il faut qu'il renonce à cette portion de sa liberté, dont l'exercice pourrait devenir funeste à ceux qui le protégeraient; c'est qu'enfin les obligations de services, de soins, de travaux, de dangers et même d'affection, sont réciproques entre la patrie et le citoyen.

Attaquez cette vérité fondamentale, ou plutôt ce sentiment d'obligations mutuelles, sur lequel repose l'harmonie sociale, vous lâchez le frein à toutes les passions particulières; vous faites disparaître les rapports de l'individu à la société, et de la société à l'individu; vous rendez l'homme plus libre, mais vous l'autorisez à la trahison, à la perfidie, à l'ingratitude; vous éteignez en lui les sentimens moraux qui lui font si souvent trouver au fond de sa conscience le bonheur qu'il cherche en vain dans les objets qui l'environnent. Vous lui donnez, il est vrai, l'univers pour patrie, mais vous lui ôtez celle qui l'avait vu naître; vous lui donnez tous les hommes pour concitoyens, mais vous l'instruisez à leur manquer de foi.... Il est prouvé qu'une association politique touche au terme de sa durée, si on lui ôte le droit de réclamer, dans ses besoins, le secours des membres qui la composent; il est prouvé que les membres qui, au lieu d'accorder les secours réclamés, prennent lâchement la fuite, violent la plus sacrée des obligations; il est prouvé que, vouloir justifier cette coupable défection par l'allégation des droits de l'homme, de celui surtout de se fixer sous l'empire du gouvernement qui lui plaît le plus, c'est étouffer tous les sentimens qui font les délices et l'honneur de notre existence; c'est demander hautement la dissolution du corps social. Il est donc prouvé qu'il est des circonstances où une nation peut, sans blesser la justice, chercher les moyens de réprimer les émigrations qui compromettent sa tranquillité.

Jusqu'à présent j'ai raisonné dans la supposition qu'il ne s'agissait que d'émigrations proprement dites, ou, si l'on veut, d'une simple fuite. J'ai combattu les adversaires d'une loi sur les émigrans dans le champ clos où ils ont eu soin de se placer pour se ménager les avantages du terrain; je les appelle à mon tour dans une autre arène, et je les prie de me répondre. Supposons que les émigrans ne quittent pas seulement leur patrie parce que son gouvernement ne les rend pas heureux, ou parce qu'ils ne veulent supporter pour elle aucune fatigue ni courir aucuns hasards; supposons que la haine et la fureur les bannissent de son sein, qu'ils forment autour d'elle une ceinture de conspirateurs, qu'ils s'agitent et se tourmentent pour lui susciter des ennemis, qu'ils excitent ses soldats à la désertion, qu'ils soufflent parmi ses enfans le feu de la discorde, qu'ils y répandent par leurs manœuvres l'esprit de vertige et de faction, et qu'enfin, le fer et la torche à la main, ils élèvent au ciel indigné des vœux criminels pour hâter le jour où ils pourront s'enivrer de son sang et la couvrir de cendres et de ruines; je le demande aux ardens défenseurs des droits de l'homme et de la liberté indéfinie des émigrations, croient-ils qu'il soit de la justice que la patrie attende dans un calme funeste les coups qu'on lui prépare? Croient-ils qu'elle blessera les droits de l'homme en prenant les précautions qui pourront faire avorter les complots formés contre elle? Pensent-ils qu'elle ne puisse pas traiter en ennemis ceux qui conjurent sa ruine, en rebelles les enfans ingrats qui aiguisent des poignards pour la déchirer? L'exercice des droits de l'homme ne serait-il permis qu'aux émigrans ou aux assassins? serait-il interdit aux citoyens vertueux restés fidèles à leur pays? L'attaque serait-elle licite aux premiers, et les autres doivent-ils attendre qu'on les égorge pour se mettre en état de défense? Oh! mais, dit-on, vous sortez de la question; vous parlez de rébellion, et il s'agit d'émigrations. Soit; je vous passe tous les termes qui vous plairont; mais que le crime, quelque nom qu'on lui donne, reçoive enfin le juste salaire qui l'attend. (On applaudit.)

Seconde question. La France se trouve-t-elle dans les circonstances dont je viens de parler? Certes, je n'ai point l'intention d'exciter ici de vaines terreurs, dont je suis bien éloigné d'être frappé moi-même. Non, ils ne sont point redoutables, ces factieux aussi ridicules qu'insolens, qui décorent leur rassemblement convulsif du nom bizarre de *France extérieure*; chaque jour leurs ressources s'épuisent. L'augmentation de leur nombre ne fait que les pousser plus rapidement vers la pénurie la plus absolue de tous moyens d'existence. Les roubles de la fière Catherine et les millions de la Hollande se consument en voyages, en négociations, en préparatifs, désordonnés, et ne suffisent pas d'ailleurs au faste des chefs de la rébellion. Bientôt on verra ces superbes mendians, qui n'ont pu s'acclimater à la terre de l'égalité, expier dans la honte et la misère les crimes de leur orgueil, et tourner des yeux trempés de larmes vers la patrie qu'ils ont abandonnée; et quand leur rage, plus forte que leur repentir, les précipiterait les armes à la main sur son territoire, s'ils n'ont pas de soutien chez les puissances étrangères, s'ils sont livrés à leurs propres forces, que seraient-ils, si ce n'est de misérables pygmées qui, dans un accès de délire, se hasarderaient à parodier l'entreprise des Titans contre le Ciel? (On applaudit.) Quant aux empires dont ils implorent les secours, ils sont ou trop éloignés, ou trop fatigués par la guerre du Nord pour que nous ayons de grandes craintes à concevoir de leurs projets.

D'ailleurs, l'acceptation de l'acte constitutionnel par le roi paraît avoir dérangé toutes les combinaisons hostiles. Les dernières nouvelles annoncent que la Russie et la Suède désarment; que, dans les Pays-Bas, les émigrés ne reçoivent d'autres secours que ceux de l'hospitalité. Croyez surtout que les rois ne sont pas tranquilles; ils savent qu'il n'y a pas de Pyrénées pour l'esprit philosophique qui vous a rendu la liberté : ils frémiraient d'envoyer leurs soldats sur une terre encore brûlante de ce feu sacré; ils trembleraient qu'un jour de bataille ne fît de deux armées ennemies un peuple de frères. (On applaudit.) Mais si enfin il fallait mesurer ses forces et son courage, nous nous souviendrions que quelques milliers de Grecs, combattant pour la liberté, triomphèrent d'un million de Perses; et, combattant pour la même cause, nous aurions l'espérance d'obtenir le même triomphe. Mais quelque rassuré que je sois sur les événemens que nous cache l'avenir, je n'en sens pas moins la nécessité de nous faire un rempart de toutes les précautions qu'indique la prudence.

Le ciel est encore assez orageux pour qu'il n'y ait pas une grande légèreté à se croire entièrement à l'abri de la tempête; aucun voile ne nous cache la malveillance des puissances étrangères; elle est bien authentiquement prouvée par la chaîne des faits que M. Brissot a si énergiquement développés dans son discours. Les outrages faits aux couleurs nationales et l'entrevue de Pilnitz sont un avertissement que leur haine nous a donné, et dont la sagesse nous fait un devoir de profiter. Leur inaction actuelle cache peut-être une dissimulation profonde. On a tâché de nous diviser; qui sait si l'on ne veut pas nous inspirer une dangereuse sécurité? Je ne crains rien, mais j'aime à me précautionner contre ceux qui n'ont renoncé à me nuire que parce qu'ils ont perdu l'espoir de réussir dans leurs projets. Quant aux émigrés, feindrait-on d'ignorer qu'ils calomnient tous les jours Louis XVI, et que dans toutes les cours d'Allemagne où ils promènent leur haine et leur bassesse, ils accusent la franchise de son acceptation? Feindra-t-on d'ignorer que c'est par ces propos perfides qu'ils entretiennent les puissances étrangères dans des dispositions si équivoques à notre égard?

Dira-t-on que leur émigration du royaume n'est qu'un simple voyage, et que leur rassemblement dans les Pays-Bas n'est que l'effet d'un hasard innocent? Mais serait-ce aussi par un cas fortuit que tous les ci-devant gardes-du-corps et tous les officiers déserteurs de leur poste se rendent sous les drapeaux des princes français fugitifs, et qu'au lieu d'en être reçus avec l'indignation qu'on doit à des traîtres, ils en ont été accueillis comme des amis fidèles? Serait-ce sans une combinaison réfléchie et sans un concours de mesures bien préparées, qu'une foule d'hommes également tourmentés, et par l'imbécille fatuité de leur noblesse, et par une misère qui ne leur laissait pas assurément les moyens d'entreprendre un grand voyage, ont voulu cependant aller aussi figurer dans les cours séditieuses de Worms et de Coblentz? Est-ce par excès de bienveillance qu'on tâche de désorganiser notre armée, qu'on provoque à la désertion et les officiers et des soldats, qu'on les excite à voler les caisses et les drapeaux de leurs régimens, et qu'à leur arrivée on leur tend les bras comme aux plus loyaux défenseurs de l'honneur et de la noblesse? Aura-t-on l'impudeur de vouloir nous persuader que la présence des Bourbons à Pilnitz est un témoignage de leur dévoûment à la France? Non, non; il n'est plus le temps où une clémence magnanime pouvait engager à dissimuler les crimes de nos ennemis. Ils ont refusé le pardon qu'on leur offrait: eh bien ! livrons-les aux peines qu'ils ont trop méritées; rendons-leur enfin haine pour haine. Voyez-les s'agiter en tous sens sur vos frontières, attirer à eux des munitions de guerre, recruter dans votre sein des hommes, des chevaux, pomper, ou du moins faire enfouir votre numéraire par les terreurs qu'ils répandent; voyez-les correspondre dans l'intérieur du royaume avec des prêtres turbulens et avides qui partagent leur haine, et brûlent comme eux du désir de la vengeance. C'est du sein de cette coalition fatale que sortent et se répandent dans les campagnes les haines, les divisions, les insurrections et les massacres. Habiles à propager leurs criminelles espérances, ils encouragent les séditieux qui ont épousé leurs querelles, rallient par crainte à leur parti les hommes sans caractère, qui voient toujours la justice du côté de la force, plongent les bons citoyens dans une incertitude qui les fatigue, et entravent le crédit public par le mouvement de fluctuation qu'ils impriment à l'empire.

Ici, j'entends une voix qui s'écrie : Où est la preuve légale des faits que vous avancez? Quand vous la produirez, il sera temps de punir les coupables. O vous qui tenez ce langage, que n'étiez-vous dans le sénat de Rome, lorsque Cicéron dénonça la conjuration de Catilina! vous lui auriez demandé aussi la preuve légale! J'imagine qu'il eût été confondu : Rome aurait été pillée, et vous et Catilina auriez régné sur ses ruines. Des preuves légales! Vous ignorez donc que telle est la démence de ces nouveaux conjurés, qu'ils tirent même vanité de leurs complots? Lisez cette protestation contre l'acceptation du roi, où l'on insulte la nation avec tant d'indécence, ou plutôt démentez l'Europe entière. Attendez une invasion, que votre courage repoussera sans doute, mais qui livrera au pillage et à la mort vos départemens frontières et leurs infortunés habitans. Des preuves légales! Vous comptez donc pour rien le sang qu'elles vous coûteront? Des preuves légales! ah! prévenons plutôt les désastres qui pourraient vous les procurer. Prenons enfin des mesures rigoureuses; ne souffrons plus que des perfides qualifient notre générosité de faiblesse; imposons-en à l'Europe par la fierté de notre contenance; dissipons ce fantôme de contre-révolution autour duquel vont se rallier les insensés qui la désirent; débarrassons la nation de ce bourdonnement continuel d'insectes avides de son sang, qui l'inquiètent et la fatiguent, et rendons le calme au peuple. On s'est permis de dire ici que c'étaient les flatteurs du peuple qui proposaient des mesures de rigueur contre les émigrans, et l'on a eu soin d'ajouter que cette espèce de flatteurs était la pire de toutes. Je déclare formellement que je n'accuse les intentions de personne; mais je dis à mon tour que cette dernière réflexion ne prouverait rien sur la question des émigrans, si ce n'est une préférence marquée pour la flatterie envers les rois. (On applaudit.) Je dis en second lieu: Malheur sans doute à ceux qui flattent le peuple pour l'égarer, comme à ceux qui l'ont méprisé pour usurper le droit de l'opprimer! mais malheur aussi à qui saisirait avec adresse le prétexte de censurer ses flatteurs pour décourager ses vrais amis, et pour épancher indirectement une haine cachée contre lui! Malheur à ceux qui l'excitent aux séditions! mais malheur aussi à ceux qui, lorsqu'il est près du précipice, cherchent à lui cacher le danger, et qui, au lieu d'échauffer son courage, l'endorment dans une fausse sécurité! On ne cesse depuis quelque temps de crier que la révolution est faite; mais on n'ajoute pas que des hommes travaillent sourdement à la contre-révolution. Il semble qu'on n'ait d'autre but que d'éteindre l'esprit public, lorsque jamais il ne fut plus nécessaire de l'entretenir dans toute sa force. Il semble qu'en recommandant l'amour pour les lois on redoute de parler de l'amour pour la liberté. S'il n'existe plus aucune espèce de danger, d'où viennent ces troubles intérieurs qui déchirent les départemens, cet embarras dans les affaires publiques? Pourquoi ce cordon d'émigrans qui cerne une partie de nos frontières? Que signifie cette puissante armée de ligne répandue dans les départemens du Nord, et ces nombreux bataillons de gardes nationales par lesquels vous la renforcez? Si vous ne jugez pas inutiles ces précautions dispendieuses pour la nation, pourquoi vous récriez-vous avec tant de force, lorsqu'on propose de prendre une mesure secondaire qui pourra produire de grands effets et sera lucrative au trésor public?

Troisième question. Quelles sont donc les mesures que la nation doit prendre?

Ici je distingue avec M. Brissot, parmi les émigrans, les princes français, les officiers déserteurs et les simples citoyens. On a paru douter qu'il fût juste d'assujétir la propriété de ces derniers à une contribution plus forte que celle des autres citoyens. S'ils paient, a-t-on dit, leur part de la contribution commune, ils ont droit à la protection dont cette contribution est le prix : il faut les considérer comme des étrangers qui auraient des propriétés dans le royaume. On se trompe: il faut les regarder comme des traîtres qui, ayant violé leurs obligations envers la patrie, l'ont affranchie de celles qu'elle avait contractées envers eux. Il faut les considérer comme des ennemis auxquels elle doit indignation et non assistance. Que si malgré leur perfidie elle veille encore sur leurs propriétés, elle peut déterminer à son gré le prix de cette surveillance volontaire; que si, pour déjouer leurs complots et assurer sa tranquillité, elle est induite à des dépenses extraordinaires, la justice lui désigne leurs propriétés comme le dédommagement naturel de ses frais. On observe que cette mesure est petite, et peu digne de l'assemblée nationale. Et qu'importe de sa grandeur ou de sa petitesse! c'est de sa justice qu'il s'agit. (On applaudit.)

Je n'ai rien à dire sur les officiers déserteurs : leur sort est déjà réglé par le code pénal. Quant aux princes français, il y a dans la constitution une disposition qui concerne particulièrement Louis-Stanislas-Xavier, ci-devant *Monsieur.* L'ordre de sa naissance l'appellerait à la régence, si le roi venait à mourir, et que le prince-royal fût encore mineur; or, voici, relativement au régent, les dispositions de la loi constitutionnelle : on les trouve au chapitre II, section III, article second. Il est dit:

« Si l'héritier présomptif est mineur, le parent majeur, premier appelé à la régence, est tenu de résider dans le royaume. Dans le cas où il en serait sorti, et n'y rentrerait pas sur la réquisition du corps-législatif, il sera censé avoir abdiqué son droit à la régence. »

La loi est claire : vous avez juré de la maintenir, ce serait vous outrager que de vous observer que votre négligence même serait un parjure. (On applaudit.)

Mais la réquisition que vous allez faire ne vous suffit pas; vous devez un mémorable exemple à l'Europe : elle sait que tous les princes fugitifs se sont hautement déclarés les chefs de la horde nobiliaire qui conjure contre vous. Elle a retenti de leurs plaintes incendiaires, de leurs déclamations calomnieuses contre la nation; elle a été un instant agitée par les efforts qu'ils ont faits pour l'associer à leurs complots. Ces préliminaires d'une ligue des despotes contre les peuples, la fameuse déclaration de Pilnitz, sont les fruits de leurs intrigues. Leurs attentats sont connus : il faut que vous fassiez connaître aussi votre justice; il faut, ou que, par des ménagemens inciviques, vous avilissiez la nation, et la montriez tremblante devant eux, ou que, par une attitude ferme, vous les fassiez trembler devant elle. D'un côté, ce sont les intérêts de quelques rebelles qui regorgent de bienfaits et d'ingratitude; de l'autre, ceux du peuple : il faut opter. D'un côté est la gloire de signaler votre amour pour la patrie par un acte sévère, mais équitable, mais nécessaire; de l'autre, la honte de signaler votre insouciance pour elle par une faiblesse coupable encore aux yeux de la justice : il faut opter.

On parle de la douleur profonde dont sera pénétré le roi. Brutus immola des enfans criminels à sa patrie. Le cœur de Louis XVI ne sera pas mis à une si rude épreuve; mais il est digne du roi d'un peuple libre de se montrer assez grand pour acquérir la gloire de Brutus. Quel succès d'ailleurs ne peut-il pas se flatter d'obtenir auprès des princes fugitifs par ses sollicitations fraternelles et par ses ordres, pendant le délai que vous leur accorderez pour rentrer dans le royaume ! Au reste, s'il arrivait qu'il échouât dans ses efforts, qu'ils fussent insensibles aux accens de la tendresse, en même temps qu'ils résisteraient à ses ordres, ne serait-ce pas une preuve aux yeux de la France et de l'Europe, que, mauvais frères et mauvais citoyens, ils sont aussi jaloux d'usurper par une contre-révolution l'autorité dont la constitution investit le roi, que de renverser la constitution elle-même. (On applaudit à plusieurs reprises.) Dans cette grande occasion, leur conduite lui dévoilera le fond de leur cœur; et s'il a le chagrin de n'y pas trouver les sentimens d'amour et d'obéissance qu'ils lui doivent, qu'ardent défenseur de la constitution et de la liberté, il s'adresse au cœur des Français : il y trouvera de quoi se dédommager de ses pertes. (Les applaudissemens recommencent.)

Encore deux mots, et je termine cette longue discussion. On a dit et répété avec beaucoup d'affectation qu'une loi sur les émigrations serait impolitique en ce qu'elle exciterait des alarmes dans le royaume. Je réponds qu'une loi sur les émigrations n'apprendra rien aux Français que ce qu'ils savent tous : qu'il s'est formé à Worms et à Coblentz une conspiration contre leur liberté. La loi ne les effraiera point ; au contraire elle comblera leurs vœux : il y a long-temps qu'ils la désirent. On a dit encore qu'elle serait inutile et sans effet. Pourrais-je demander aux auteurs de cette objection quelle divinité les a doués du merveilleux don de prophétie? (On applaudit.) Voyez, s'écrient-ils, les protestans sous Louis XIV, plus on aggrava les peines contre les émigrans, plus les émigrations se multiplièrent. C'est avec bien de l'irréflexion qu'on a cité un pareil exemple : ce ne fut pas à cause des peines prononcées contre les émigrans que les protestans sortirent alors du royaume, mais à cause des persécutions inouïes dont ils étaient les victimes dans le royaume; ce fut la violence qu'on ne cessait de faire à leur conscience qui les obligea à chercher une autre patrie. Or, au lieu de menacer de violence les Français aujourd'hui émigrés, la patrie leur tend les bras avec bonté, et les recevra comme des enfans chéris dont elle a déjà oublié les égaremens. Enfin, dans tous les événemens le succès est l'affaire du destin, et vous ne sauriez en être responsables ; mais les précautions pour le préparer sont de votre ressort, et dès-lors un devoir impérieux vous commande de les prendre.

L'assemblée décrète l'impression du discours de M. Vergniaud.

M. Pastoret. Plusieurs opinions ont été proposées : les uns regardent une loi sur les émigrans comme inconciliable avec les principes de la constitution et de la déclaration des droits de l'homme; les autres croient trouver les principes qui l'autorisent dans la constitution même, et dans l'évangile politique dont elle est le développement. Les uns affirment que les circonstances dans lesquelles nous nous trouvons exigent impérieusement une pareille loi; les autres se plaignent de ce qu'on veut courber la loi devant les circonstances; les uns invoquent le salut du peuple; les autres leur répondent que le salut du peuple est d'être juste. Parmi ceux-mêmes qui désirent une loi, les uns la veulent indulgente, les autres la veulent sévère : les uns la font porter sur tous les émigrans ; les autres s'arrêtent à leurs chefs.

Au milieu de tant d'opinions, quelle est donc celle qu'il faut adopter ? Je vais essayer de le découvrir. Je suivrai la division qui a été proposée par le plus grand nombre des orateurs. Une loi sur les émigrans est-elle ou non contraire aux principes de la constitution ? Les circonstances dans lesquelles nous nous trouvons exigent-elles qu'on prenne des mesures contre eux ? S'il faut en prendre, quelles seront-elles ?

D'abord, je ne puis vous dissimuler ma surprise de voir qu'on ait pu élever des doutes sur la première question. La déclaration des droits de l'homme, la constitution, plus précise encore, proscrivent évidemment une pareille loi. Examinons la conduite de nos prédécesseurs. Une loi est demandée sur la résidence de la famille royale: bientôt on l'étend à tous les fonctionnaires publics. Le comité de constitution vient proposer une loi : elle est repoussée ; elle était digne de l'être ; mais au même instant on charge les comités d'en proposer une nouvelle : les comités la proposent. Je ne prétends point approuver ni improuver ces mesures ; mais enfin l'assemblée nationale constituante pensa elle-même que ces mesures devaient être adoptées; et elle l'a fait; et à son opinion particulière paraît se joindre encore l'opinion des hommes qui ont été tous nos maîtres et nos modèles, des plus grands philosophes que la France ait produits. Je vous rappellerai le mot de Montesquieu : *Il est des cas où il faut jeter un voile sur la liberté, comme on cache les statues des dieux*; et le mot plus profond encore et plus précis de Jean-Jacques : *Quoique la liberté d'aller et de venir ne puisse être contestée à tous les citoyens, cependant quand il y a des alarmes dans la patrie, quand il est nécessaire de la défendre, de la garantir des invasions ennemies, alors s'éloigner d'elle ne peut plus être considéré comme une retraite ; mais c'est une véritable désertion.*

A présent j'entre dans la discussion de la seconde partie de la question ; et d'abord j'établis que les émigrations sont permises dans les temps ordinaires. La maxime est si évidente, que ce n'est pas la peine de perdre un temps précieux pour l'établir. Mais est-ce bien sérieusement qu'on veut confondre les émigrés avec le voyageur paisible qui va contempler en Italie les prodiges des arts, ou juger en Angleterre les effets heureux de la liberté ? Est-ce bien sérieusement que l'on veut confondre les hommes qui vont dans une ville obscure de l'Allemagne allier leurs haines, et méditer ce qu'ils appellent leurs vengeances, avec ce négociant laborieux, qui va, par ses relations et son industrie, acquérir des richesses qu'il nous apportera ensuite comme un tribut ?

Si la maxime générale sur les émigrations est certaine, il n'est pas moins certain que les remèdes extrêmes sont permis quand les maux sont extrêmes. A Rome, on créait quelquefois un dictateur ; en Angleterre, il est des momens où l'on suspend la loi connue sous le nom de *habeas corpus*. En France même on a créé la loi martiale. Voyons donc si nous sommes dans une situation politique qui permette et qui ordonne une exception à la faculté libre de sortir de l'empire. Je me demande quel est le nombre des émigrans, quels sont leurs motifs, quelle est l'époque de leur émigration, quel en est l'objet, quels en seront les effets. Quel est le nombre des émigrans? Ce nombre est considérable; il s'accroît tous les jours davantage, et doit fixer l'attention des législateurs de la France; car enfin ils ne peuvent être indifférens sur les motifs de la désertion de leur patrie.

Les motifs de l'émigration sont différens; tous les orateurs sont d'accord sur ce point : ils ne doivent pas, par conséquent, être confondus. Les uns sont des hommes faibles, qui ne fuient que parce qu'ils sont effrayés; les autres, des hommes mécontens, qui regrettent les avantages de l'ancien régime, et qui ne peuvent encore s'acclimater à une constitution qui a eu la perfidie d'exclure du premier rang l'intrigue et l'opulence, pour y placer deux divinités long-temps obscures, le talent et la vertu. (On applaudit.) Les autres sont des hommes tourmentés par la rage, agités de desseins pervers, prêts à se sacrifier à leur vengeance, si la vengeance pouvait exister pour eux. Ceux-là sont véritablement coupables. Les deux premières classes méritent votre pitié; elles doivent se reprocher cependant d'être devenues en quelque sorte leurs complices et leurs appuis.

Quelles ont été les époques principales des émigrations? Une loi venait d'ordonner à tous les citoyens de prendre les armes pour la défense de la patrie : plusieurs ont choisi ce moment pour l'abandonner. Ceux qui n'ont pas rougi d'une pareille conduite, sont des lâches, s'ils ne sont pas des traîtres. L'émigration s'est ensuite renouvelée au moment où la constitution venait d'être terminée; et ici observez l'illusion de nos prédécesseurs. On disait sans cesse dans l'assemblée constituante, quand elle discutait la loi sur les émigrans : il faut que des troubles nécessaires accompagnent la révolution; mais quand elle sera finie, quand la constitution acceptée assurera aux Français un bonheur paisible et durable, ils reviendront tous dans leurs foyers. Eh bien ! loin d'y revenir, ils ont paru s'en éloigner avec plus d'ardeur. Quel a donc été l'objet de cette émigration ? Devons-nous nous le dissimuler ? Leurs efforts sont-ils inconnus ? Je le sais, leurs efforts seront impuissans. On n'osera pas nous combattre, ou on l'osera en vain. Le glaive des amis du despotisme s'est toujours émoussé contre le bouclier des amis de la liberté. Nous avons pour modèles les Grecs et les Romains dans l'antiquité ; et, chez les modernes, les Anglais, les Hollandais, les Suisses et les Américains. Des ennemis comme les nôtres n'obtiendraient point la victoire contre nous, quand même ils seraient en force.

Je me demande enfin quels sont les effets de l'émigration. Comme ils ont déjà été développés, je ne m'arrêterai point à en retracer le tableau. Mais, dit-on, le contrat social est rempli par le citoyen quand il paie les charges de la société : les émigrans paient les charges, nous n'avons pas le droit d'en exiger davantage. On a présenté ce raisonnement : quant à moi, j'en nie toutes les propositions ; je nie que le paiement de l'impôt suffise : il suffit pour être sujet d'un despote ; mais le citoyen libre doit encore à sa patrie ses lumières, son travail, son industrie ; je dirai même, jusqu'à un certain point, sa consommation habituelle. J'ajoute que l'impôt n'est pas seulement assis sur les terres ; il y a un service personnel qui n'est pas un droit moins sacré. On n'a pas le droit de dire : j'accepte votre protection pour mes biens, mais je soustrais ma personne. Quand le calme sera rétabli, je jouirai du prix de vos bienfaits : aujourd'hui je ne veux partager ni vos fatigues ni vos travaux.

Sous quelque point de vue que l'on considère les émigrans, il est donc impossible de les défendre. Par quel sentiment serai-je donc entraîné à ne vous proposer, au lieu de mesures de rigueur, qu'une mesure de tolérance ? C'est que je regarde l'indulgence comme le devoir de la force ; c'est qu'il est digne de vous de respecter encore la liberté individuelle, envers ceux qui osent menacer la liberté publique ; c'est que dans les principes de justice rigoureuse, il ne faut pas punir ceux qui n'ont pas encore consommé le crime; c'est que, malgré tous leurs efforts, aucun danger ne nous environne. La Suède désarmée, l'intérêt de la Prusse lui défend de nous combattre; l'Angleterre, qui eut souvent tant de peine à nous pardonner notre gloire, nous pardonne et aime notre liberté; Léopold songera que son devoir l'attend, et qu'il a devant lui l'Europe et la postérité. Et quand même des troupes mercenaires seraient armées pour nous combattre, que peuvent-elles contre trois millions de citoyens qui défendent leurs propriétés, leurs familles, leurs amis, leur roi, et qui ont juré de vivre libres ou de mourir? Ah! plutôt croyez que le moment approche où ce serment auguste sera répété dans l'Europe entière. L'impulsion de la liberté est donnée, elle ne se ralentira pas; la guerre lui donnerait plus de ressort en voulant la comprimer. Quant aux émigrans abandonnés à eux-mêmes, si le ridicule se mêle à la pitié, lorsqu'on les entend appeler coupable de rébellion une nation fière, la pitié redouble lorsqu'on les voit opposer à un grand peuple fort de son courage, de sa justice, de son inébranlable fermeté, des chefs sans argent, des combattans sans armes, des officiers sans soldats. Au reste, permettez-moi de vous représenter une vérité qui, selon moi, répond à beaucoup d'objections, et qui ne me paraît pas avoir été aperçue par les différens orateurs. Ce n'est point parce que les émigrans sont dangereux, c'est parce que les émigrations sont nuisibles, qu'il faut dans ce moment prendre des mesures contre elles. Par-là nous avons le double avantage de ne pas nous livrer à un mouvement de colère, et de rentrer dans les termes précis de la constitution, qui soumet à de justes peines les actes nuisibles à la société. Je sais que l'on a prétendu que l'émigration est un acte négatif; mais il est facile de prouver qu'emporter le numéraire, et avec lui le moyen d'ébranler la chose publique, en se ralliant à des hommes connus pour être les ennemis de la constitution, ne sont pas seulement des actions négatives. Ne croyez pas cependant qu'en écartant l'idée du danger je veuille vous conduire à un engourdissement funeste. Veiller toujours et ne craindre jamais, doit être la devise d'un peuple libre. Parmi ses nombreux avantages, la vigilance a encore celui de dispenser de la crainte : l'indolence vient quelquefois de l'orgueil, et d'un résultat plus ordinaire, celui de la servitude. En un mot, soyons prêts à combattre, mais soyons aussi prêts à pardonner.

Il est des hommes que ce pardon ne doit pas atteindre; votre clémence envers eux serait coupable. Chargés de vous défendre contre les invasions ennemies, l'ayant promis de nouveau par un serment solennel, ils ont abandonné leurs drapeaux : ils sont indignes d'être comptés au nombre des Français. Quant aux princes, leur devoir est tracé par la constitution. Ils doivent être sommés de rentrer en France dans un délai très-court; et s'ils n'obéissent pas à cette sommation, l'assemblée nationale déterminera les mesures convenables à la dignité du peuple qu'elle représente. Vis-à-vis de tous les autres émigrés, vous devez vous borner aussi à les requérir de rentrer dans un court délai, ou à faire passer au greffe de leur municipalité le serment prescrit d'être fidèles à la constitution et de la maintenir de tout leur pouvoir. Lorsque votre voix paternelle les aura rappelés, libres de la fausse honte qui les retient, la plupart d'entre eux viendront jouir avec nous de cette liberté qui a tant de charmes. Leur orgueil aurait résisté à une loi sévère; leur intérêt, un motif plus noble peut-être, les ramènera, et peut-être encore lorsqu'ils auront posé leurs pieds sur la terre qui les a vus naître, ils s'y sentiront soulagés, comme les Grecs, poursuivis par les remords, se sentaient plus tranquilles au moment où ils embrassaient l'autel des dieux.

Telles sont les mesures que je compte vous proposer; elles auront l'avantage de vous faire distinguer ceux qui, égarés un moment, sont prêts à abjurer leurs erreurs, d'avec ceux qui pourraient méditer encore de criminels projets. Vos lois alors indiqueront plus distinctement la faiblesse, la douleur et le crime; nous aurons de véritables rebelles à la constitution : nous les connaîtrons, et nous pourrons les punir. D'ici à l'expiration du délai, je ne vous proposerai aucune loi prohibitive, si ce n'est pour les armes et les munitions de guerre. L'orateur qui nous a proposé d'exiger des passeports a fini lui-même par y renoncer, et j'adopte sa dernière opinion. Le même orateur vous a dit, et j'aime à répéter cette grande vérité : la prospérité, la tranquillité de l'État, sont la meilleure loi contre les émigrans. Il est temps en effet que la loi reprenne toute sa vigueur et toute son autorité; il est temps que le peuple jouisse paisiblement du bonheur que la constitution lui assure.

M. Pastoret lit un projet de décret dont l'assemblée ordonne l'impression, ainsi que celle du discours.

L'assemblée consultée ferme la discussion, et ajourne à vendredi 28 la lecture de tous les projets de décrets.]

SÉANCE DU 28 OCTOBRE.

[M. Brissot. L'ordre du jour est d'entendre la lecture de tous les projets de décret. Vous désirez tous porter dans cette délibération toute la gravité, tout le calme qui convient à une assemblée législative, et éviter le tumulte, si facile quand une foule de projets de décret viennent vous disputer votre choix. Or, il est manifeste que tous les projets qui ont été présentés se réduisent à ces trois points principaux : Faut-il une loi contre les princes français émigrés? Faut-il une loi contre les fonctionnaires publics déserteurs? Faut-il une loi contre les simples citoyens émigrés? Je demande qu'on aille successivement aux voix sur ces trois questions. La première est la plus importante : il faut frapper sur les princes; c'est frapper sur le cœur de la rébellion. S'occuper sans cela des autres émigrés, c'est s'amuser à guérir un cors au pied quand la tête est attaquée. (On applaudit et on demande à aller aux voix.)

M. Briche. L'assemblée a décrété qu'on lui ferait la lecture de tous les projets de décret. Je demande que, sans s'arrêter aux différentes propositions qui sont faites, on passe à l'ordre du jour.

L'assemblée passe à l'ordre du jour.

Plusieurs membres font successivement la lecture de leur

projet de décret; plusieurs présentent des préambules très-étendus.

L'assemblée décide que les opinans s'abstiendront de rouvrir la discussion par la voie des préambules.

Un de messieurs les secrétaires continue la lecture.

N..... Mais, monsieur le président, la discussion est à l'agonie. On va, à force de projets de décret, faire émigrer le corps-législatif lui-même.

M. Merlin. Je demande qu'arrêtant ici la lecture des projets de décret, on en adopte enfin un comme base de délibération.

Après quelques débats, la proposition de M. Merlin est adoptée. On demande la priorité aux différens projets de décret.

L'assemblée ordonne la lecture des projets de MM. Brissot, Couthon, Vergniaud et Condorcet.

L'assemblée refuse successivement la priorité aux trois premiers projets, et l'accorde à celui de M. Condorcet.

L'assemblée ordonne la réimpression de ce projet, avec les modifications qui y ont été faites.

On demande l'ajournement à huitaine.

M. Girardin. Je demande à parler contre l'ajournement. Le projet de M. Condorcet contient deux propositions distinctes et séparées : la première, relative au premier prince français. Je demande l'exécution de la loi constitutionnelle, qui porte qu'il sera tenu de résider dans le royaume, sous peine d'être déchu de ses droits à la régence : c'est un devoir que l'assemblée doit remplir à l'instant même. Je demande que, dans trois jours, elle fasse une proclamation dans le lieu de ses séances, pour requérir Louis-Joseph-Xavier, premier prince français, de rentrer dans le royaume dans le délai d'un mois, sous peine d'être déchu de ses droits à la régence.

M. Ramond. Dans une matière aussi importante, je crois que l'assemblée ne peut se dispenser d'ordonner l'ajournement.

M. Girardin. Vous n'avez déjà que trop tardé de vous acquitter de votre devoir et de vos sermens. (On applaudit.)

M. Goujon et plusieurs autres membres demandent la parole, et insistent avec chaleur pour l'ajournement.

L'assemblée décide qu'ils ne seront pas entendus, et adopte, sauf rédaction, la proposition de M. Girardin.]

SÉANCE DU 31 OCTOBRE.

[M. le président annonce que la discussion doit s'ouvrir sur la seconde partie du décret présenté par M. Condorcet.

M. Isnard. Messieurs, le projet de décret de M. Condorcet peut satisfaire à ce que nous devons à la prudence; mais il ne satisfait point à ce que demande la justice, à ce que réclament tous les Français.

Il est souverainement juste de ne plus envoyer l'or de la nation à ceux qui conspirent contre elle, et d'appeler au plus tôt sur ces têtes coupables le glaive des lois. Pour prouver invinciblement la justice de deux mesures que je vais proposer, je me permettrai de faire deux questions importantes, auxquelles je désirerais que quelqu'un voulût bien répondre.

Je demande à cette assemblée, à la France entière.....

M. Léopold. Ne demandez qu'à la moitié; car ce n'est qu'à elle que vous parlez. (L'orateur était tourné vers la gauche.)

M. Isnard. Je demande à l'assemblée, à la France entière, (en désignant M. Léopold) à vous, Monsieur (on rit et on applaudit), s'il est quelqu'un qui, de bonne foi et dans l'aveu secret de sa conscience, veuille soutenir que les princes émigrés ne conspirent pas contre la patrie? Je demande, en second lieu, s'il est quelqu'un dans cette assemblée qui ose soutenir que tout homme qui conspire ne doive pas être au plus tôt accusé, poursuivi et puni?... S'il en est quelqu'un, qu'il se lève et réponde..... (Applaudissemens et murmures.) Puisque chacun se tait, il est donc vrai, il est donc convenu..... (*Bah!*)

M. le président. Je vous ferai observer, M. l'opinant, que la discussion ne peut pas se faire par interrogations et par réponses. Continuez votre opinion.

M. Isnard. Je vous demande pardon, M. le président; c'est une figure.

Une voix. Je demande que l'orateur prouve la première proposition.

M. Isnard. M. le président, je vous prie de rappeler à l'ordre monsieur, qui parle ici de charlatanisme.... (Éclats de rire.)

M. le président. Je conjure, au nom de la patrie, tous ceux qui l'aiment sincèrement et qui sont jaloux de la gloire de l'assemblée nationale, de se tenir dans les bornes de la décence. (Applaudissemens.)

M. Isnard. Tant qu'on n'aura pas répondu, je dirai que nous voilà placés entre le devoir et la trahison, entre le courage et la lâcheté, entre l'estime publique et le mépris : c'est à nous de choisir.

Et si vous me permettiez de dire tout ce que je sens, je dirais que si nous ne punissons pas tous les chefs des rebelles, ce n'est pas que chacun ne reconnaisse dans le fond de son cœur qu'ils sont coupables; mais c'est parce qu'ils sont princes, et que, quoique nous ayons détruit la noblesse et les dignités, ces vains fantômes épouvantent encore les âmes pusillanimes. (Applaudissemens.) Je vous dirais qu'il est temps que ce grand niveau de l'égalité, qu'on a placé sur la France libre, prenne enfin son aplomb. Je vous demanderais si, en élevant les princes au-dessus des lois, vous persuaderez aux citoyens que vous les avez rendus égaux; si c'est en pardonnant à tous ceux qui conspirent contre la liberté que vous prétendez vivre libres. Je vous dirais, à vous, législateurs, que la foule des citoyens français qui se voient chaque jour punis pour avoir commis les moindres fautes demandent enfin à voir expier les grands crimes; que ce n'est qu'alors qu'on croira à l'égalité et que l'anarchie disparaîtra; car, ne vous y trompez pas, c'est la longue impunité des grands criminels qui a pu rendre le peuple bourreau. (Applaudissemens.) Oui, la colère du peuple, comme celle de Dieu, n'est trop souvent que le supplément terrible du silence des lois. (Applaudissemens réitérés.) Je vous dirais : Si nous voulons vivre libres, il faut que la loi, la loi seule nous gouverne; que sa voix foudroyante retentisse dans le palais du grand comme dans la chaumière du pauvre, et qu'aussi inexorable que la mort lorsqu'elle tombe sur sa proie, elle ne distingue ni les rangs ni les titres. (Applaudissemens.)

On vous a dit que l'indulgence est le devoir de la force, que la Suède et la Russie désarment, que la Prusse n'a pas intérêt de nous attaquer, que l'Angleterre pardonne à notre gloire, que Léopold attend la postérité; et moi je crains, Messieurs, je crains qu'un volcan de conjurations ne soit près d'éclater, et qu'on ne cherche à nous endormir dans une sécurité perfide.

Et moi, je dis que la nation doit veiller sans cesse, parce que le despotisme et l'aristocratie n'ont ni mort ni sommeil, et que si les nations s'endorment un seul instant, elles se réveillent enchaînées. (Applaudissemens.) Et moi, je soutiens que le moins pardonnable des crimes est celui qui a pour but de ramener l'homme à l'esclavage, et que si le feu du ciel était au pouvoir des hommes, il faudrait en frapper ceux qui attentent à la liberté des peuples. (Applaudissemens.)

Les assassins, les incendiaires ne nuisent qu'à quelques individus; les conspirateurs contre la liberté nuisent à des millions de citoyens; que dis-je! à des milliards, puisqu'ils influent sur le malheur des générations futures. Aussi, Messieurs, jamais les peuples vraiment libres ne pardonnent aux conspirateurs contre la liberté publique. A tous les exemples anciens et modernes qu'on vous a cités, permettez-moi d'en ajouter un seul. Lorsque les Gaulois escaladèrent une nuit les rochers du Capitole, Manlius, qui s'éveille aux cris des oies sacrées, vole aux ennemis, les combat, les précipite, et la république est sauvée! Le même Manlius est accusé dans la suite de conspirer contre la liberté publique : il comparaît devant les tribuns du peuple; il présente des bracelets, des javelots, douze couronnes civiques, deux couronnes d'or, trente dépouilles d'ennemis vaincus en combats singuliers, et sa poitrine criblée de blessures; il rappelle qu'il a sauvé Rome : n'importe, on le condamne; il est précipité du haut du même rocher dont il avait culbuté les Gaulois. (Applaudissemens réitérés.)

Voilà, Messieurs, un peuple libre! Mais le sommes-nous, nous qui, le premier jour de la conquête de notre liberté, pardonnons à nos patriciens conspirateurs leurs vils complots? Que dis-je, leur pardonner! nous qui, depuis trois années, récompensons leurs forfaits avec des chariots d'or! N'est-il pas honteux, Messieurs, de faire ainsi payer au peuple l'épée qui peut-être doit l'assassiner?

Quant à moi, si je votais de pareils dons, j'en mourrais de remords. (Applaudissemens.)

Enfin, Messieurs, je vous dirai que le peuple que nous représentons nous voit et va nous juger; que de ce premier décret dépend le sort de tous nos travaux; que si nous montrons de la lâcheté, nos ennemis se réveillent, et nous perdons la confiance publique : nous tombons dès-lors dans le mépris; nous sommes perdus, et peut-être la France avec nous. Mais si nous montrons de la fermeté, aussitôt la confiance renaît, nos ennemis se déconcertent. De deux choses l'une, ou ils réclameront de la nation un pardon généreux, ou bien, dans leur folle rage, ils tenteront une attaque désespérée, et aussitôt le peuple les écrasera, parce que le peuple combattra toujours avec courage quand vous saurez agir avec énergie. (Applaudissemens.)

Tandis, Messieurs, que si ce peuple se persuade une fois que ses représentans n'ont pas le courage nécessaire, alors, abattu, découragé, indigné, lassé de courir sans cesse, au péril de sa fortune et de sa vie, après une liberté, une égalité qu'il ne croira que chimériques, il se rendormira dans les bras du despotisme, et ce sera sur nous, qui aurons contribué à ce malheur, sur nous que retomberont l'indignation et l'anathème des générations présentes et futures. (Applaudissemens.)

Je conclus à demander la question préalable sur les articles du projet de M. Condorcet, parce que je pense que le serment est une mesure illusoire et vaine pour les gens à qui vous voulez le faire prêter; que c'est souiller la sainteté du serment que de le placer dans des bouches affamées de notre sang ; que nos ennemis promettront tout et ne tiendront rien ; qu'ils ne reconnaissent d'autres divinités que l'intérêt et l'orgueil ; qu'ils jureront d'une main et aiguiseront leurs épées de l'autre.

Ainsi, Messieurs, je conclus à cette question préalable, et je demande l'adoption des articles du projet de décret de M. Vergniaud, et en outre, Messieurs, qu'il soit dit dès aujourd'hui que nous n'enverrons plus l'or de la nation aux fonctionnaires publics qui ont quitté leurs postes, non plus qu'aux princes français ; et si vous ne vous croyez pas assez instruits des faits qui se passent au dehors pour prononcer dès à présent qu'il y a lieu à accusation contre eux, je demande au moins que vous renvoyiez à quelque comité, afin de recueillir toutes les pièces et renseignemens qui peuvent mettre l'assemblée nationale à même de porter cette accusation. Voilà ce que la France demande de nous. (Applaudissemens prolongés.)

M. Girardin. Il est résulté de la discussion sur les émigrans de grandes et salutaires vérités : tous les orateurs ont rendu hommage au droit imprescriptible que tout homme tient de la nature, d'aller où bon lui semble, d'aller chercher le bonheur partout où il espère le rencontrer ; tous sont convenus qu'une loi contre les émigrations serait souverainement injuste, et tous ont cherché de concert à préserver le corps social des coups qui sont dirigés contre lui. C'est sans doute avoir reconnu que ces précautions existent dans le projet de M. Condorcet, que de lui avoir accordé la priorité. Je me propose cependant de prouver que les mesures qu'il contient sont d'une exécution lente et difficile, qu'elles sont inutiles sous plusieurs rapports, et dangereuses sous beaucoup d'autres.

Par quel moyen peut-on contraindre des Français résidant en pays étranger à la prestation d'un serment quelconque ? La puissance nationale a-t-elle d'autres limites que celles de l'empire français ? Un citoyen peut-il être soumis à une loi dont il n'a pas connaissance ? Comment pouvez-vous la lui faire notifier ? Avez-vous des ministres, des consuls, des envoyés partout où il y a des Français émigrés? Tous ceux qui, n'ayant pas de propriétés en France, refuseront de prendre l'engagement demandé, ou ceux qui le violeront, n'échapperont-ils pas à votre loi? Quel sera le délai fixé pour chaque distance? Voyez combien de difficultés et d'obstacles, quelle lenteur énorme dans l'exécution de votre loi!

Lors même que M. Condorcet aurait répondu à toutes ces questions, il n'aurait pas pour cela démontré que ses mesures ne sont pas inutiles. En effet, les Français absens du royaume se divisent en deux classes : les uns voyagent pour leur plaisir ou pour leurs affaires; il en est d'autres aussi qui ont quitté leur patrie à l'époque des troubles, qui, loin des convulsions d'un grand peuple dirigé vers la liberté, ont cru devoir attendre que ces convulsions fussent passées et que la liberté fût établie : ces Français n'attendent que le signal de la tranquillité publique; ils n'attendent que le moment où le despotisme de la loi aura fait disparaître l'anarchie pour rentrer dans leur patrie : ces Français se soumettront sans doute à l'engagement que M. Condorcet propose; mais les Français émigrés qui conspirent contre leur patrie ne se soumettront-ils pas eux-mêmes à cet engagement? Ainsi, vous n'aurez pas un ami de plus et pas un ennemi de moins.

L'expérience vient à l'appui de cette observation. Tous les Français émigrés s'étaient liés à la constitution par le serment civique; à l'époque même du 13 juin, lorsque l'assemblée constituante décréta un serment militaire, vous avez vu les chefs du parti aristocratique répandre des écrits, inonder les corps de leurs lettres, et conseiller aux officiers le parjure comme un moyen d'assurer le succès d'une contre-révolution. A une époque bien plus fameuse encore, celle du 21 juin, époque qu'il me suffit de citer pour réfuter M. Condorcet, et pour prouver que tout serment, que tout engagement est un moyen illusoire, vous avez vu des députés à l'assemblée nationale se précipiter à la tribune pour prêter le serment de ne porter les armes que pour leur patrie, et ces mêmes députés trahir peu de temps après la nation, et n'attendre que la suppression de la loi des passeports pour se réunir aux rebelles.

Laissez donc les sermens aux charlatans, aux sectaires, aux faux prophètes, et que la tranquillité nationale ne repose jamais sur une pareille garantie! Le serment est inutile pour l'honnête homme, et il ne lie pas les scélérats. (Applaudissemens.) Sous ce rapport, l'engagement proposé serait donc inutile : je vais démontrer qu'il serait dangereux.

Ce serment ou cette déclaration exigée de chaque Français émigré serait une véritable patente de conspirateur; les émigrans pourraient librement, en pays étranger, conspirer contre la patrie. L'assemblée nationale a certainement le droit de rappeler les fonctionnaires publics hors du royaume : cependant, en exigeant d'eux un pareil engagement, ils pourraient rester dans les pays étrangers. L'assemblée nationale a non seulement le droit, mais c'est un devoir pour elle que d'attaquer les chefs des rebelles; et cependant les chefs mêmes des rebelles, en souscrivant cet engagement, seraient parfaitement tranquilles.

Le décret proposé par M. Condorcet est donc d'une exécution lente et difficile; il est complétement inutile; enfin il est dangereux, puisqu'il ne vous permet plus de distinguer vos amis de ceux qui veulent trahir la patrie. Je demande en conséquence la question préalable sur ce projet, et, si elle est admise, je demande que la discussion s'ouvre sur celui de M. Vergniaud.

M. Condorcet. — Je vais essayer de répondre successivement aux différentes objections qui m'ont été faites.

La première est celle de l'inutilité du serment, ou plutôt de la déclaration que j'ai proposée. Je sais que les honnêtes gens n'ont pas besoin de sermens; je sais que les scélérats les méprisent; mais je sais aussi qu'entre les honnêtes gens vraiment fermes dans leurs engagemens, et les scélérats, il y a un nombre infini d'hommes qui manqueraient à leur devoir, et qui ne manqueraient pas à l'engagement qu'ils viennent de prendre. (Murmures.) Ce n'est pas seulement par une espèce de demi-conscience que l'on respecte un engagement d'honneur; c'est par intérêt, parce qu'en manquant à un engagement on perd toute confiance, et qu'il n'est pas possible de se trouver dans une circonstance où l'on n'ait pas besoin de la confiance d'autrui. La mesure que je propose n'est donc pas inutile.

On a parlé des difficultés que pouvait renfermer l'exécution de la loi que je propose : c'est précisément parce que j'ai cru qu'il fallait commencer par s'assurer invariablement des dispositions des Français émigrés, que j'ai proposé des mesures qui paraissent un peu lentes. (Murmures.)

On m'a parlé des fonctionnaires publics. Il y a très-peu de fonctionnaires publics qu'on puisse regarder comme tels parmi les émigrans. D'abord, les officiers qui ont quitté leurs régimens sans avoir donné leur démission, ne sont plus regardés comme des fonctionnaires publics ; on doit pourvoir à leur remplacement : ces mêmes officiers sont l'objet d'un article particulier. Il reste les personnes qui, sans être fonctionnaires publics, sans être placées dans le militaire d'une manière active, ont cependant, d'après les lois militaires, conservé des droits à un remplacement, à une promotion dans différens grades. Ceux-là, Messieurs, sont aussi l'objet particulier d'un de mes articles : le ministre de la guerre, d'après cet article, est chargé de n'admettre dans les remplacemens que ceux qui auraient souscrit l'engagement de reconnaître la constitution, de lui être soumis, et de vouloir rester citoyens français.

On a dit que ma loi n'atteignait pas les chefs, puisqu'ils en seraient quittes pour violer leur engagement. Je réponds que les chefs, s'ils persistent dans leurs projets, ne prendront pas un pareil engagement, parce qu'ils ne pourraient plus, après l'avoir pris, solliciter aucun secours étranger ; parce que jamais les chefs d'un parti ne peuvent prendre un engagement au moment où ils veulent le violer, car par cet engagement ils cesseraient d'être chefs : ce qu'un individu peut faire, un chef, qui doit à son parti l'exemple du plus grand zèle, ne le peut pas.

Je n'ai pas voulu désigner nominativement les princes dans la loi générale, parce qu'il ne faut pas faire soupçonner qu'ils puissent, comme princes, en être exceptés.

On dit que ces mêmes hommes auxquels on demande une déclaration, car c'est une déclaration que j'ai proposée, et non un serment; que ces mêmes hommes ont déjà prêté des sermens, et qu'ils y ont déjà manqué... Messieurs, lorsqu'on a prêté le serment civique au 4 février 1790, beaucoup de gens qui l'ont prêté n'y ont manqué que parce qu'ils avaient prêté le serment à une constitution qui n'était pas encore faite... (Murmures.) Messieurs, c'en est fait; personne ne convient d'avoir fait un faux serment : ils ont dit qu'ils avaient prêté lenr serment de bonne foi, mais qu'on avait ajouté à la constitution : ils ont invoqué contre leur serment une exception que je crois très-mauvaise; mais cette exception ne peut avoir lieu actuellement ; et s'il est vrai qu'on ait pu mettre une différence entre les sermens, le premier serment ne pouvait pas comprendre des articles qui n'existaient pas encore d'une manière positive et précise; c'était un engagement de patriotisme différent d'un serment positif sur un article existant : il ne faut donc pas confondre le serment du 4 février avec le serment solennel et positif qu'on a juré depuis que la constitution est finie : le serment de la maintenir ne donne lieu à aucune exception, à aucun prétexte de le violer.

On demande à aller aux voix.

L'assemblée consultée décide à une très-grande majorité qu'il n'y a pas lieu à délibérer sur le projet de décret de M. Condorcet, et charge son comité de législation de lui en présenter, sous trois jours, un nouveau.]

La rédaction définitive du décret relatif au premier prince français, fut adoptée en ces termes :

Premier décret. — « L'assemblée nationale, considérant que l'héritier présomptif de la couronne est mineur, et que Louis-Stanislas-Xavier, prince français, parent majeur, premier appelé à la régence, est absent du royaume, en exécution de l'article II de la section III de la constitution française, décrète que Louis-Stanislas-Xavier, prince français, est requis de rentrer dans le royaume sous le délai de deux mois, à compter du jour où la proclamation du corps-législatif aura été publiée dans la ville de Paris, lieu actuel de ses séances.

» Dans le cas où Louis-Stanislas-Xavier, prince français, ne serait pas rentré dans le royaume à l'expiration du délai ci-dessus fixé, il sera censé avoir abdiqué son droit à la régence, conformément à l'article 2 de l'acte constitutionnel. »

Second décret. — « L'assemblée nationale décrète qu'en exécution du décret du 28 de ce mois, la proclamation, dont suit la teneur, sera imprimée, affichée et publiée sous trois jours dans la ville de Paris, et que le pouvoir exécutif fera rendre compte à l'assemblée nationale, dans les trois jours suivans, des mesures qu'il aura prises pour l'exécution du présent décret. »

Proclamation. — « Louis-Stanislas-Xavier, prince français, l'assemblée nationale vous requiert, en vertu de la constitution française, titre 3, chapitre 2, section 3, nombre 2, de rentrer dans le royaume dans le délai de deux mois, à compter de ce jour; faute de quoi, et après l'expiration dudit délai, vous serez censé avoir abdiqué votre droit éventuel à la couronne. »

SÉANCE DU 2 NOVEMBRE.

[Un de MM. les secrétaires fait lecture d'un mémoire adressé à l'assemblée nationale, par M. Belleredon, citoyen français; il est ainsi conçu:

« J'ai pensé qu'il était de mon devoir de communiquer à l'assemblée nationale, non pas les craintes que l'on pourrait concevoir sur les dispositions des émigrans, mais les faits dont j'ai pris note dans un voyage que je viens de faire.

» J'arrive à Varennes, ville que l'arrestation du roi rendra célèbre dans l'histoire. Cette ville est entièrement dévouée à l'aristocratie, par différens manifestes, que M. Berfontaine, ancien intendant de M. Condé, a répandus. Il est préposé de la part des émigrans, et a fait nommer une municipalité à sa fantaisie. Le procureur de la commune partage ses sentimens: il a remplacé le courageux citoyen Sausse, qui a arrêté le roi.

» M. Berfontaine, auquel j'avais été adressé, me donnait des renseignemens sur la conduite que je devais tenir pour passer chez l'empereur. Il m'adressa à M. Henriquet, ingénieur des ponts et chaussées, pour qu'il me conduisît dans la forêt voisine de Dhums, lieu de sa résidence. Il me fit conduire par le nommé Gentil, maréchal-ferrant dudit lieu, qui me dit en avoir passé plus de trois cents. La municipalité de cette ville et la garde nationale sont étroitement liées par l'aristocratie, et m'ont même offert un passeport, ainsi qu'à trois gardes-du-corps qui ont passé avec moi. Ils avaient des ordres conçus en ces termes : *Monsieur et cher camarade, je suis chargé, par ordre supérieur, de vous inviter à rejoindre vos drapeaux à Coblentz, ainsi que beaucoup de nos camarades qui y sont,* etc. Signé, le duc DE GUICHE.

» Arrivé aux différens villages qui avoisinent Luxembourg, les paysans éprouvaient une joie surprenante, et semblaient désirer ardemment la réussite des projets des princes. Ils nous donnèrent un passeport pour Luxembourg, que nous fûmes faire viser chez M. Désauteux, major-général de l'armée, qui est préposé, ainsi que le baron de Pouilly, pour viser les passeports, ainsi que pour prendre des renseignemens sur ce qu'on y va faire, et, d'après ces renseignemens, ils vous indiquent l'endroit où vous devez aller, et vous fournissent de l'argent quand vous en manquez.

» Il faut être porteur d'un brevet, et avoir quatre répondans *gentilshommes*, pour pouvoir aller se faire inscrire sur la liste des émigrans qui veulent prendre les armes. S'ils éprouvent des refus, ils n'y répondent que par des traitemens aussi barbares que leurs projets.

» Les louanges feintes que je donnais à ces projets leur firent penser que je pourrais être habile à remplir une place dans une des *compagnies rouges* à Coblentz....

» J'arrive à Coblentz, où j'ai vu tous les princes se livrer frénétiquement aux projets les plus étonnans. Toute cette ville est électrisée d'aristocratie. Il leur échappe souvent, dans les accès de fureur, de dire: *J'ai fait de mon roi mon ame ; et comme un corps sans ame ne saurait vivre, je perdrai plutôt la vie que de voir ainsi déshonorer mon pays.* Vrai langage d'enfans prodigues qui détournent les yeux pour ne pas voir une mère-patrie qui leur tend les bras.... Il y a dans cette ville quatre escadrons de gardes-du-corps en activité, et c'est là que la cavalerie doit toute se rendre, ainsi que les différentes maisons des princes. J'obtins très-facilement un congé pour en sortir.

» Je fus à Trèves, où je vis tous nos prêtres émigrés... Plusieurs d'entre eux jettent le froc aux orties, prennent l'uniforme, et, d'abbés qu'ils étaient, deviennent soldats du pape.

» De là je fus à Gravet-Maker, où il y avait environ huit cents hommes qui auraient pu prendre les armes s'ils en avaient eu. Leur uniforme est : habit bleu, gilet rouge et culotte de nankin. Ils ont par mois trente-six livres à prendre sur leurs appointemens qui courent dans les différens régimens qu'ils ont abandonnés.

» Je fus choisi secrétaire du sieur Désauteux ; il m'emmena à Luxembourg, où je recueillis les notes que voici :

» Leur plan d'attaque est par la *chaussée des Romains*, qui est derrière l'abbaye d'Orval, où ils doivent se porter *incognito*, si les princes étrangers ne leur fournissent pas des secours, ou du moins s'ils ne peuvent eux-mêmes remplir la condition secrète, qui est que le roi lui-même se mette à la tête des troupes : s'il ne le fait pas, il court lui-même des risques.

» La chaussée dont il est ici question, conduit droit à Dhums, où ils doivent entrer. Ils comptent sur Metz, et disent qu'on leur ouvrira les portes à leur arrivée.

» M. Désauteux est en correspondance avec le commandant de Longwi, qui est lieutenant-colonel des hussards qui y sont en garnison; et même M. Désauteux assistait à des sociétés aristocratiques qui se tiennent, à Longwi, chez M. Créci, major de la porte de Bourgogne. Ils ont arrêté de substituer de mauvaises cartouches aux cartouches de munition qu'on donne aux soldats. C'est le sixième régiment d'infanterie qui y est en garnison. Ils ont beaucoup de sous-officiers dans leurs intérêts. On assure que les balles de non-calibre viennent d'Arbes, par une voiture de maître qui va tous les jours chez M. Créci.

» La plus grande partie des officiers des régimens qui bordent nos frontières, ont été se faire inscrire sur la liste des émigrans. J'en ai reconnu entre autres plusieurs à Metz, dont j'ai donné les noms au général. Le régiment suisse qui est à Sarrelouis a écrit une lettre aux princes. *Je l'ai vue*: ils y disent qu'ils leur tendent les bras, et qu'ils seront toujours fidèles au roi.

» Les officiers émigrés qui ne sont pas remplacés viennent chercher leurs appointemens; ils ont dans leurs intérêts la plus grande partie des commissaires des guerres, et notamment le commissaire-ordonnateur de Metz.

» Le commandant de la garde volontaire soldée de Longwi se nomme M. Delaunay, parent du gouverneur de la Bastille, et aussi traître que lui.

» Ils ont conçu un projet, en cas que les autres ne puissent réussir : c'est d'empoisonner toutes les sources ; mais ils ne pourront empoisonner ni tarir la véritable source de la liberté. (On applaudit.)

» Voici la copie de la lettre de M. d'Artois à M. Désauteux : elle est datée de Coblentz.

» J'ai vu avec étonnement le projet d'entrée que vous me pré-
» sentez : le chemin est-il praticable ? êtes-vous sûr de l'homme
» dont vous me parlez, ainsi que de ses affidés ? Nommez des
» commissaires pour vérifier les lieux, et envoyez-moi au plutôt
» leur rapport. On parle beaucoup d'un cantonnement qui doit
» se faire entre Montmédi et Longwi; mais je compte sur le
» fidèle Duportail, et j'ai trop de confiance sur sa probité.... »

» Je n'ai pas pu en copier davantage : j'ai été surpris, et je n'ai eu que le temps de me sauver.

» Le nombre des émigrés qui se préparent à prendre les armes est de treize mille.

» Ils doivent envoyer en France des émissaires chargés de distribuer de faux assignats. Voici le signalement de l'un de ces agens : Le nommé Lebrun, se disant négociant à Lyon, âgé d'environ trente ans, taille de cinq pieds deux pouces, cheveux blonds et en quantité, l'œil droit poché: il est dans un wiski tiré par un cheval noir.

» Le régiment de Poitou, qui est actuellement en garnison à Verdun, a des disputes journalières avec les volontaires.

« Je ne vous dissimulerai pas que j'ai risqué de perdre la vie à Luxembourg, et dans plusieurs autres endroits : mes intentions ayant été découvertes, j'ai été obligé pour fuir, de faire à pied douze lieues en six heures ; mais il est aisé d'oublier toutes les peines qu'on a éprouvées quand on peut être utile à sa patrie. »

M. le président adresse la parole à l'auteur du mémoire, présent à la barre, et l'admet à la séance.]

SÉANCE DU 8 NOVEMBRE.

Rapport fait au nom du comité de législation par M. Ducastel.

[Messieurs, depuis les premiers momens de la révolution des Français, faibles ou coupables, factieux ou séduits, ont successivement abandonné le royaume.

Les uns, rassemblés vers nos frontières, ont des chefs, osent menacer notre constitution, cherchent ou préparent ridiculement les moyens d'asservir une grande nation qui veut être libre.

D'autres annoncent des préventions fâcheuses, des désirs blâmables, des espérances criminelles.

Tous inquiètent, épuisent et affligent leur patrie, qui les rappelle vainement.

Quelles mesures l'assemblée nationale doit-elle prendre dans cette position ?

Divers orateurs vous en ont proposé, et ils ont indiqué leurs motifs. Vous avez particulièrement fixé votre attention sur quatre projets de décret. On a réclamé la priorité pour l'un d'eux ; vous l'avez décrétée. En conséquence une nouvelle discussion a été ouverte sur ce projet : elle n'a pu vous satisfaire ; mais vous avez renvoyé à votre comité de législation tous les projets et discours.

Votre comité de législation civile et criminelle s'est empressé de répondre à vos vues ; il a médité profondément tous les projets de décret : aucun ne lui a paru suffisant ou convenable. Il croit donc devoir vous en présenter un nouveau.

Les Français fugitifs forment deux classes principales : dans la première sont ceux qui composent les rassemblemens ; dans la seconde sont tous les autres.

Dans la première on distingue des princes français ; dans la première et dans la seconde on trouve des fonctionnaires publics.

Ces fonctionnaires doivent être vus sous un double aspect : les uns ont lâchement abandonné leurs postes avant l'amnistie, les autres les ont encore plus lâchement abandonnés depuis.

Votre comité croit que l'on doit mettre une différence entre les Français rassemblés sous des chefs et ceux qui ne le sont pas ; qu'il faut prendre à l'égard des princes français absens des mesures spéciales et provisoires, et que tous les fonctionnaires publics fugitifs ne sont point également coupables. Je vais vous exposer les motifs de votre comité.

L'émigration n'est point l'absence ou la fuite.

L'émigration véritable a lieu lorsqu'un citoyen abandonne réellement sa patrie et en adopte effectivement une autre, alors il n'est plus membre du premier état, et il devient membre du second : c'est pourquoi l'acte constitutionnel porte que *la qualité de citoyen français se perd par la naturalisation en pays étranger.*

L'homme peut à son gré changer de patrie : sous ce rapport l'émigration, dans les circonstances ordinaires, n'est pas un crime ; elle est même, dans la position où nous sommes, un malheur, et non un délit.

Mais les Français qui sortent du royaume en y conservant leur domicile, en ne renonçant pas à leur qualité de citoyen, soit par une déclaration expresse, soit par la naturalisation effective, sont des Français absens ou fugitifs, et non des émigrés ; ne cessant point d'être Français, ils ne peuvent cesser d'être soumis aux lois de la France.

Telle est la position de tous les Français qu'on nomme mal à-propos *émigrans* : ce sont de simples absens ou fugitifs ; la patrie peut les rappeler, et quand ils ne reviennent pas, elle doit les regretter, et non les punir. (Les tribunes publiques murmurent.)

Mais si ces citoyens se rassemblent vers nos frontières sous les chefs ennemis de la révolution ; s'ils manifestent des desseins hostiles, mendient l'appui des puissances étrangères, répandent l'alarme dans le royaume, y entretiennent des dissensions, obligent la nation de mettre en mouvement la force publique, occasionnent des dépenses, altèrent le crédit et retardent les effets de la plus sage administration ; ces individus ne sont alors que des citoyens rebelles en état de conjuration contre leur patrie. (Applaudissemens de l'assemblée et des tribunes.)

Ils la fuient parce qu'ils n'y dominent plus ; ils se rassemblent pour nous asservir : nous ne devons notre liberté qu'à leur impuissance ; ils nous perdraient s'ils pouvaient nous vaincre ; ils sont nos ennemis, et ils veulent redevenir nos tyrans ! (Applaudissemens réitérés.) Voilà le motif de leur réunion.

Quand ils ne seraient pas des conjurés ils seraient au moins très-soupçonnés de l'être. La nature ne peut tolérer cette incertitude : vous avez le droit de prescrire un terme à leur rassemblement. S'ils se divisent, s'ils reconnaissent encore l'empire des lois, ils effaceront leur crime par leur obéissance : s'ils ne se divisent point, s'ils dédaignent votre pouvoir, plus de doute en ce cas ; il sera évident qu'ils se révoltent, qu'ils demeurent réunis pour réaliser d'odieux projets, qu'ils sont conjurés contre la patrie, et qu'ils sont sujets à la peine de ce crime : cette peine est la mort. (Applaudissemens.)

Votre comité vous propose de les déclarer seulement suspects de conjuration ; de leur accorder un délai jusqu'au 1er janvier 1792, et de les avertir qu'à cette époque ceux qui se trouveront rassemblés seront poursuivis, comme conjurés, et punis de mort : cette loi serait à la fois juste et politique.

En effet, si les Français et leurs chefs ainsi réunis vers les frontières sont seulement d'abord déclarés suspects de conjuration, c'est par grâce ; et ils ne peuvent se plaindre. Qu'exigez-vous d'eux ensuite? Est-ce leur retour en France? Non; s'ils y reviennent, leurs personnes seront sous la protection des lois comme leurs biens y sont maintenant ; mais vous ne les contraignez pas d'y rentrer; vous voulez seulement qu'ils ne soient plus rassemblés. En leur commandant au nom de la patrie et pour la tranquillité générale, une démarche aussi facile, vous ne blessez ni les droits de l'homme ni ceux du citoyen ; vous ordonnez un léger sacrifice à ceux que vous pourriez traiter plus rigoureusement. S'ils n'obéissent pas dans le délai prescrit ils se dévoilent tout-à-fait; ils sont des conspirateurs ; ils veulent demeurer unis pour effectuer leurs complots. Sous cet aspect les ménagemens seraient une faiblesse : le crime est constant; on doit le punir.

La loi que votre comité propose est donc juste.

Il n'en existe point contre des rassemblemens de cette espèce; une loi nouvelle ne peut donc avoir d'effet rétroactif : aussi ce n'est pas sur les rassemblemens actuels que cette loi posera; mais elle en défendra seulement la continuité, et pour l'avenir elle les déclarera criminels à une époque déterminée. Le délai qu'elle désigne est suffisant.

Les effets politiques de cette loi sont sensibles. Ou les Français qu'elle concerne obéiront ou ils n'obéiront pas ·· s'ils obéissent nous parviendrons au but désiré; tant qu'ils ne seront point rassemblés ils ne seront jamais à craindre : s'ils n'obéissent pas, ils sont, dès l'expiration du délai, déclarés coupables; le rassemblement est alors un crime suivant la loi ; quiconque fera partie du rassemblement sera coupable par cela seul ; il ne s'agira plus que de constater le fait.

Vous connaîtrez bientôt les chefs, les principaux moteurs, les complices de la conjuration ; vous saurez quels conspirateurs on doit punir, quels ennemis on doit combattre.

Parmi vos orateurs plusieurs ont cru que la loi devait frapper uniquement les chefs des rebelles : cette distinction ne serait pas constitutionnelle, et elle s'écarterait du Code pénal; mais la mesure que le comité propose remplit toutes les vues ; en atteignant les conspirateurs quelconques elle ne permet à aucun d'échapper;

les chefs et leurs premiers agens seront sous le glaive judiciaire ; trop conuus pour qu'on s'y méprenne, trop convaincus du crime pour s'en justifier, ils seront les premiers poursuivis et condamnés. Ils ne se le dissimuleront pas lorsqu'ils connaîtront votre loi, et il se peut que, jetant un regard effrayé sur l'avenir, ils voient leur tort et donnent l'exemple de l'obéissance : fasse le ciel que nous ne soyons jamais obligés de punir! Mais enfin la loi proposée est un mode efficace sous tous les rapports ; elle est juste dans son principe et dans ses effets ; elle n'excepte nul conspirateur ; elle imprime à chaque coupable la même crainte ; elle annonce également le pardon ou la mort.

En vain l'on dirait que les rebelles éluderont facilement la loi, qu'ils feindront de se diviser, et qu'ils se réuniront ensuite selon les circonstances.... L'objection n'aurait nulle force : votre loi prohibe les rassemblemens postérieurs au mois de décembre prochain; elle a pour objet les rassemblemens continués ou nouveaux ; elle déjoue ainsi toutes les intentions perverses, tous les criminels complots ; nul ne peut la trouver injuste ou rigoureuse, puisque chaque individu est libre de s'éloigner des conspirateurs ou de ne pas s'y réunir.

C'est avec douleur, Messieurs, que votre comité pose le cas où les Français maintenant rassemblés au-delà des frontières ne cesseraient pas de l'être au premier janvier 1792 ; mais il doit prévoir une résistance possible, quoiqu'elle soit invraisemblable; il pense donc que dans les quinze premiers jours du même mois la haute-cour nationale doit être convoquée : il est utile de le décréter à présent, et il sera doux de ne pas avoir besoin de ce décret.

D'après cette marche, votre comité vous présente d'ailleurs quelques articles secondaires qui sont les conséquences de ce qui précède.

Les condamnés par contumace braveraient la loi en ne rentrant pas dans le royaume, s'ils jouissaient de leurs revenus : une saine politique exige que ces coupables pendant leur vie soient privés de leurs biens. Cette mesure ne doit pas nuire à leurs femmes, leurs enfans ou leurs créanciers (applaudissemens) : le projet de votre comité renferme une disposition prudente et juste à cet égard.

Les chefs des rassemblemens sont les princes français absens du royaume; les revenus de ces princes alimentent la conjuration : depuis long-temps la nation désire que les biens de ces princes soient séquestrés. (Applaudissemens.) L'assemblée nationale constituante avait ordonné le séquestre des biens du prince ci-devant Condé ; de vains prétextes ont suspendu l'exécution de ce décret : il faut enfin cesser de fournir des ressources à nos ennemis ; votre comité vous propose donc encore de décréter que dès à présent les revenus des princes fugitifs seront séquestrés.

Quant aux fonctionnaires publics absens du royaume avant et depuis l'amnistie, voici le plan de votre comité.

Ceux qui ont abandonné leurs postes avant la loi de l'amnistie ont commis un crime; mais elle l'efface. Si cette loi ne leur conserve point le droit de réclamer leurs places, elle ne le détruit pas d'une manière expresse (murmures); elle semble le faire dépendre de la conduite que tiendront ces fonctionnaires, de leur empressement à revenir dans le royaume : sous ce rapport votre comité estime que ceux qui y sont rentrés dans le cours du mois précédent doivent jouir de leurs places et traitemens. (Murmures.)

Mais les fonctionnaires publics sortis du royaume sans cause légitime depuis leur serment, l'amnistie et l'acceptation du roi, ne méritent nulle indulgence; ils doivent dans tous les cas être privés de leurs places et traitemens, et même de la qualité de citoyen actif.

C'est ce que votre comité vous propose aussi d'admettre. Il y joint un article qui assimile pour l'avenir l'officier qui déserte au soldat déserteur. (Applaudissemens.) Il pense que l'on doit former des cours martiales pour juger les délits militaires commis depuis l'amnistie, et que les accusateurs publics doivent poursuivre les personnes qui ont enlevé les effets ou les deniers appartenant aux régimens français.

De toutes parts on débauche, on enrôle des Français et des étrangers pour les réunir aux rassemblemens des rebelles : ce crime, que le Code pénal n'a point prévu, est infiniment dangereux ; votre comité pense qu'il doit être puni de mort.

Il estime aussi que l'assemblée nationale doit provisoirement suspendre la libre sortie hors du royaume des munitions de guerre ; apprécier d'après l'expérience cette précaution politique, et l'écarter ou la maintenir selon les convenances.

Enfin votre comité est dans la persuasion que les puissances étrangères limitrophes qui favorisent ou au moins permettent sur leur territoire les rassemblemens qui nous inquiètent et nous offensent, oublient les rapports existant entre elles et la nation française ; il croit que des mesures fermes et sages sont nécessaires à cet égard ; que votre comité diplomatique doit les indiquer, et qu'il faut prier le roi de les prendre. (Applaudissemens réitérés.)

L'assemblée décrète que le projet du comité sera immédiatement mis aux voix, et que la discussion aura lieu sans désemparer.] — Le décret, amendé dans plusieurs dispositions, fut en effet rendu le même jour, relu le lendemain, et définitivement adopté en ces termes :

Décret *concernant les émigrans (Du 9 novembre 1791).*

« L'assemblée nationale, considérant que la tranquillité et la sûreté du royaume lui commandent de prendre des mesures promptes et efficaces contre les Français qui malgré l'amnistie ne cessent de tramer au dehors contre la constitution française, et qu'il est temps enfin de réprimer sévèrement ceux que l'indulgence n'a pu ramener aux devoirs et aux sentimens de citoyens libres, a déclaré qu'il y a urgence pour le décret suivant, et, le décret d'urgence préalablement rendu, a décrété ce qui suit :

Art. Ier. Les Français rassemblés au-delà des frontières du royaume sont dès ce moment déclarés suspects de conjuration contre la patrie.

II. Si au premier janvier prochain ils sont encore en état de rassemblement, ils seront déclarés coupables de conjuration ; ils seront poursuivis comme tels, et punis de mort.

III. Quant aux princes français et aux fonctionnaires publics civils et militaires qui l'étaient à l'époque de leur sortie du royaume, leur absence à l'époque ci-dessus citée du premier janvier 1792 les constituera coupables du même crime de conjuration contre la patrie, et ils seront punis de la peine portée dans le précédent article.

IV. Dans les quinze premiers jours du même mois la haute-cour nationale sera convoquée s'il y a lieu.

V. Les revenus des conjurés condamnés par contumace seront pendant leur vie perçus au profit de la nation, sans préjudice des droits des femmes, enfans et créanciers légitimes.

VI. Dès à présent tous les revenus des princes français absens du royaume seront séquestrés ; nul paiement de traitement, pension ou revenu quelconque ne pourra être fait directement ni indirectement auxdits princes, leurs mandataires ou délégués, jusqu'à ce qu'il en ait été autrement décrété par l'assemblée nationale, sous peine de responsabilité et de deux années de gêne contre les ordonnateurs et payeurs.

Aucun paiement de leurs traitemens et pensions ne pourra pareillement, et sous les peines ci-dessus portées, être fait aux fonctionnaires publics civils et militaires, et pensionnaires de l'État émigrés, sans préjudice de l'exécution du décret du 4 janvier 1790.

VII. Toutes les diligences nécessaires pour la perception et le séquestre décrétés par les deux articles précédens seront faites à la requête des procureurs-généraux-syndics de département, sur la poursuite des procureurs-syndics de district où seront lesdits revenus ; et les deniers, en provenant, seront versés dans les caisses des receveurs de district, qui en demeureront comptables.

Les procureurs-généraux et syndics feront parvenir tous les mois au ministre de l'intérieur, qui en rendra compte chaque mois à l'assemblée nationale, l'état des diligences qui auront été faites pour l'exécution de l'article ci-dessus.

VIII. Tous fonctionnaires publics absens du royaume sans cause légitime avant l'amnistie prononcée par la loi du 15 septembre 1791 seront déchus pour toujours de leur place et de tout traitement, sans déroger au décret du 18 décembre 1790.

IX. Tous fonctionnaires publics absens du royaume sans cause légitime depuis l'amnistie sont aussi déchus de leurs places et traitemens, et en outre du titre de citoyen actif.

X. Aucun fonctionnaire public ne pourra sortir du royaume sans un congé du ministre dans le département duquel il sera, sous les peines portées dans l'article ci-dessus. Les ministres seront tenus de donner tous les mois à l'assemblée nationale la liste des congés qu'ils auront délivrés.

Et quant aux officiers-généraux, officiers, sous-officiers et soldats, soit de ligne, soit de garde nationale en garnison sur les frontières, ils ne pourront les dépasser même momentanément, sous quelque prétexte que ce puisse être, sans encourir la peine portée par le précédent article.

XI. Tout officier militaire, de quelque grade qu'il soit, qui abandonnera ses fonctions sans congé ou démission acceptée, sera réputé coupable de désertion, et puni comme le soldat déserteur.

XII. Conformément à la loi du 29 octobre 1790, il sera formé une cour martiale dans chaque division militaire pour juger les délits militaires commis depuis l'amnistie; les accusateurs publics poursuivront comme coupables de vol les personnes qui ont enlevé des effets ou des deniers appartenant aux régimens français. Le ministre sera tenu d'envoyer aux cours martiales la liste des officiers qui, depuis l'amnistie, ont quitté leurs drapeaux sans avoir obtenu une permission ou congé préalable.

XIII. Tout Français qui, hors du royaume, embauchera et enrôlera des individus pour qu'ils se rendent aux rassemblemens énoncés dans les art. Ier et II du présent décret, sera puni de mort, conformément à la loi du 6 octobre 1790. La même peine aura lieu contre toute personne qui commettra le même crime en France.

XIV. L'assemblée nationale charge son comité diplomatique de lui proposer les mesures que le roi sera prié de prendre au nom de la nation à l'égard des puissances étrangères limitrophes qui souffrent sur leur territoire des rassemblemens de Français fugitifs.

XV. L'assemblée nationale déroge expressément aux lois contraires au présent décret.

XVI. Le présent décret sera porté dans le jour à la sanction du roi. »

LES DEUX VETO.

Nous placerons d'abord sous les yeux de nos lecteurs les pièces parlementaires et les pièces officielles relatives au double refus de sanction, dont l'un frappa le décret contre les émigrés, et l'autre, celui contre les prêtres non-assermentés.

SÉANCE DU 12 NOVEMBRE.

M. le ministre de la justice. Le roi m'a chargé de vous présenter la note de la sanction des différens décrets de l'assemblée nationale. (M. le ministre de la justice lit la note de plusieurs décrets sanctionnés, parmi lesquels se trouvait celui du 31 octobre contre Monsieur.) Quant au décret du 9 novembre sur les émigrans, sa majesté examinera.

Quelques instans se passent dans un grand silence.

M. le ministre de la justice se dispose à lire un mémoire qu'il annonce comme un message du roi. — On demande l'ordre du jour. — M. le président donne la parole au ministre.

M. le ministre de la justice. Sa majesté m'a expressément chargé de déclarer que si la sanction était divisible, elle eût volontiers adopté quelques dispositions de la loi. (Il s'élève de grands murmures.) — Plusieurs membres font entendre à la fois plusieurs motions d'ordre.

M. le président. Une motion a été faite, qui est appuyée; je vais la mettre sous les yeux de l'assemblée. M. Lacroix a demandé que l'assemblée acquît la certitude que le message du roi, annoncé par le ministre de la justice, est signé et contresigné par le roi....

M. Lacroix. Je demande que, si le message annoncé est dans les formes légales, le ministre soit entendu sans être interrompu. (On applaudit.)

M. le président. Je crois devoir maintenir la parole à M. le ministre de la justice.

M. le ministre de la justice. Sa majesté m'a expressément chargé..... (Il s'élève des murmures. — Plusieurs membres interrompent pour demander l'ordre du jour; d'autres demandent que M. le président rappelle à l'ordre les premiers qui interrompront.)

M. le président. Je déclare, en ma qualité de président, que je sais ce qui est dû à l'assemblée nationale et ce qui est dû au pouvoir exécutif, et je me soumets d'avance aux peines qui seront prononcées contre moi, si je manque à mon devoir. (On applaudit.)

M. le ministre de la justice veut continuer. Il est encore interrompu.

M. le président. Je vous prie d'avoir un peu de confiance en votre président.

M. le ministre de la justice. Sa majesté m'a expressément chargé de déclarer que si sa sanction était divisible....

M. le président. M. le ministre, permettez que je vous interpelle. Il me paraît que vous vous annoncez comme parlant au nom du roi : si c'est au nom du roi que vous lisez un message non signé de lui, il peut se présenter quelques difficultés.... (Il s'élève quelques applaudissemens.)

M. Reboul. Je crois que les explications qu'annonce M. le ministre de la justice ne doivent pas être lues. Sans doute le roi a le droit de refuser sa sanction à vos décrets, et vous devez respecter sa décision à cet égard. Mais ce serait attaquer la constitution que de lui permettre d'expliquer ses motifs. La constitution est claire à cet égard : elle porte que le roi apposera sur les décrets qui lui seront présentés la formule suivante, signée par lui : *Le roi consent*; ou bien, s'il refuse: *Le roi examinera*. Je dis que si le ministre veut expliquer en son propre et privé nom les motifs du roi, ce n'est pas un objet qui concerne son administration, et qu'en conséquence il ne doit pas être entendu ; j'ajoute que s'il parle au nom du roi, il fait ce qu'il n'a pas le droit de faire; car les messages du roi doivent être signés par le roi lui-même. Il est donc impossible que l'assemblée se détermine à entendre le ministre. (On entend quelques murmures dans une partie de l'assemblée.) C'est avec bonne foi que je présente mes doutes, ma certitude même à cet égard. Je dis qu'il est important que les motifs du refus du roi ne soient pas donnés à l'assemblée, d'abord parce qu'un article formel de la constitution s'y oppose, et que si cet article pouvait faire ici l'objet d'une discussion, je vous rappellerais quel est le résultat d'une délibération extrêmement sage et nécessaire pour maintenir la confiance publique, dont les représentans de la nation doivent être environnés. L'article IV du titre relatif à la sanction des lois porte : « Le roi est tenu d'exprimer son consentement ou son refus sur chaque décret dans les deux mois de sa présentation. »

Cet article annonce la nécessité où est le roi d'exprimer son consentement ou son refus dans les termes prescrits par l'article précédent, et l'article précédent porte que le refus du roi sera exprimé par la simple formule : *Le roi examinera*. Je demande donc que le ministre de la justice ne soit pas entendu.

M. Girardin. Le ministre n'a le droit de vous annoncer comme message du roi qu'un message signé par le roi et contresigné par le ministre. La loi ne connaît point d'intermédiaire entre le corps-législatif et le roi. Si le message est signé par le roi, le président doit le lire; s'il n'est pas signé, le ministre n'a pas le droit d'être entendu.

M. Cambon. En appuyant la motion du préopinant, je crois qu'il est nécessaire que le roi fasse connaître son refus de sanction par la formule pure et simple qui est prescrite par la constitution. Le roi n'a pas l'initiative sur les lois ; les représentans seuls peuvent la décréter ; elle devient loi par la sanction du roi. Nous venons de prouver que le roi est libre au milieu de ses peuples, même de résister au vœu général. (On applaudit.) C'est comme représentant de la nation qu'il refuse sa sanction à votre loi ; c'est sans doute une preuve d'attachement qu'il donne à la constitution. Il faut croire que la loi que nous avons portée a besoin de révision ; mais il ne faut pas que les motifs du roi influent sur la décision de la législature prochaine. Ce n'est pas à vous seulement que ces motifs sont portés ; ils seraient une initiative sur la décision de nos successeurs. Les motifs de ce refus doivent donc rester inconnus ; il les a puisés dans notre constitution, je n'en doute pas ; nous n'avons pas motivé notre loi, il ne faut pas qu'il motive son refus ; car alors nous ne nous serions pas entendus.

M. *le président.* M. le ministre de la justice demande à faire une observation ; mais j'ai l'honneur de lui faire remarquer qu'il ne peut pas faire une observation sur la question même qui se discute en ce moment, et qu'il ne peut parler que sur un point de fait, ou pour donner des renseignemens.

M. *le ministre de la justice.* Je n'entrerai pas dans la discussion ; je n'ai pas l'honneur d'être membre de l'assemblée. Sa majesté, en refusant sa sanction à la loi sur les émigrans, a cru devoir me charger d'instruire l'assemblée des mesures qu'elle a prises et qui peuvent avoir le même effet que cette loi, sans avoir une exécution aussi rigoureuse. En déterminant la formule de la sanction, la constitution n'a pas empêché les actes de correspondance du roi.

M. *le président.* Monsieur, le peu de mots que vous venez de dire rentrent dans la discussion. Je vais donner la parole à celui des membres qui l'avait demandée.

L'assemblée ferme la discussion, et décide de passer à l'ordre du jour.]

Les mesures prises par le roi contre les émigrés, et dont le ministre de la justice voulait donner communication, sont renfermés dans les pièces suivantes.

PROCLAMATION DU ROI.

« Le roi n'a point attendu jusqu'à ce jour pour manifester son improbation sur le mouvement qui entraîne et qui retient hors du royaume un grand nombre de citoyens français.

» Mais après avoir pris les mesures convenables pour maintenir la France dans un état de paix et de bienveillance réciproque avec les puissances étrangères, et pour mettre les frontières du royaume à l'abri de toute invasion, Sa Majesté avait cru que les moyens de la persuasion et de la douceur seraient les plus propres à ramener dans leur patrie des hommes que les divisions politiques et les querelles d'opinion en ont principalement écartés.

» Quoique le plus grand nombre des Français émigrés n'eût point paru changer de résolution depuis les proclamations et les démarches du roi, elles n'avaient cependant pas été entièrement sans effet; non-seulement l'émigration s'était ralentie, mais déjà quelques-uns des Français expatriés étaient rentrés dans le royaume, et le roi se flattait de les voir chaque jour revenir en plus grand nombre.

» Le roi, plaçant encore son espérance dans les mêmes mesures, vient de refuser sa sanction à un décret de l'assemblée nationale dont plusieurs articles rigoureux lui ont paru contrarier le but que la loi devait se proposer, et que réclamait l'intérêt du peuple, et ne pouvoir pas compatir avec les mœurs de la nation et les principes d'une constitution libre.

» Mais Sa Majesté se doit à elle-même, et à ceux que cet acte de la prérogative royale pourrait tromper sur ses intentions, d'en renouveler l'expression positive, et de remplir autant qu'il est en elle l'objet important de la loi dont elle n'a pas cru devoir adopter les moyens?

» Le roi déclare donc à tous ceux qu'un esprit d'opposition

pourrait entraîner, rassembler ou retenir hors des limites du royaume, qu'il voit non-seulement avec douleur, mais avec un profond mécontentement, une conduite qui trouble la tranquillité publique, objet constant de ses efforts, et qui paraît avoir pour but d'attaquer les lois qu'il a consacrées par son acceptation solennelle.

» Ceux-là seraient étrangement trompés qui supposeraient au roi une autre volonté que celle qu'il a publiquement manifestée, et qui feraient d'une telle erreur le principe de leur conduite et la base de leur espoir. De quelques motifs qu'ils aient pu la couvrir à leurs propres yeux, il n'en existe plus aujourd'hui : le roi leur donne, en exerçant sa prérogative sur des mesures de rigueur dirigées contre eux, une preuve de sa liberté, qu'il ne leur est permis ni de méconnaître ni de contredire ; et douter de la sincérité de ses résolutions lorsqu'ils sont convaincus de sa liberté, ce serait lui faire injure.

» Le roi n'a point dissimulé la douleur que lui ont fait éprouver les désordres qui ont eu lieu dans le royaume, et il a long-temps cherché à croire que l'effroi qu'ils inspiraient pouvait seul retenir hors de leurs foyers un si grand nombre de citoyens ; mais on n'a plus le droit d'accuser les troubles de sa patrie lorsque par une absence concertée et des rassemblemens suspects, on travaille à entretenir dans son sein l'inquiétude et l'agitation ; il n'est plus permis de gémir sur l'inexécution des lois et sur la faiblesse du gouvernement lorsqu'on donne soi-même l'exemple de la désobéissance, et qu'on ne veut pas reconnaître pour obligatoires les volontés réunies de la nation et de son roi.

» Aucun gouvernement ne peut exister si chacun ne reconnaît l'obligation de soumettre sa volonté particulière à la volonté publique : cette condition est la base de tout ordre social et la garantie de tous les droits ; et soit qu'on veuille consulter ses devoirs ou ses intérêts, peut-il en exister de plus réels pour des hommes qui ont une patrie, et qui laissent dans son sein leurs familles et leurs propriétés, que celui d'en respecter la paix, d'en partager les destinées, et de prêter son secours aux lois qui veillent à sa sûreté.

» La constitution, qui a supprimé les distinctions et les titres, n'a point exclu ceux qui les possédaient des nouveaux moyens d'influence et des nouveaux honneurs qu'elle a créés, et si, loin d'inquiéter le peuple par leur absence et par leurs démarches, ils s'empressaient de concourir au bonheur commun, soit par la consommation de leurs revenus au sein de la patrie qui les produit, soit en consacrant à l'étude des intérêts publics l'heureuse indépendance des besoins que leur assure leur fortune, ne seraient-ils pas appelés à tous les avantages que peuvent départir l'estime publique et la confiance de leurs concitoyens?

» Qu'ils abandonnent donc des projets que réprouvent la raison, le devoir, le bien général, et leur avantage personnel! Français qui n'avez cessé de publier votre attachement pour votre roi, c'est lui qui vous rappelle dans votre patrie; il vous promet la tranquillité et la sûreté au nom de la loi, dont l'exécution suprême lui appartient; il vous les garantit au nom de la nation, avec laquelle il est inséparablement uni, et dont il a reçu des preuves touchantes de confiance et d'amour. Revenez; c'est le vœu de chacun de vos concitoyens; c'est la volonté de votre roi. Mais ce roi, qui vous parle en père, et qui regardera votre retour comme une preuve d'attachement et de fidélité, vous déclare qu'il est résolu de défendre par tous les moyens que les circonstances pourraient exiger, et la sûreté de l'empire qui lui est confiée, et les lois, au maintien desquelles il s'est attaché sans retour.

» Il a notifié ses intentions aux princes ses frères; il en a donné connaissance aux puissances sur le territoire desquelles se sont formés des rassemblemens de Français émigrés : il espère que ses instances auront auprès de vous le succès qu'il a droit d'en attendre. Mais, s'il était possible qu'elles fussent vaines, sachez qu'il n'est aucune réquisition qu'il n'adresse aux puissances étrangères, qu'il n'est aucune loi juste, mais vigoureuse, qu'il ne soit résolu d'adopter plutôt que de vous voir sacrifier plus long-temps à une coupable obstination le bonheur de vos concitoyens, le vôtre, et la tranquillité de votre pays!

» Fait à Paris, le 12 novembre 1791.

» *Signé* Louis.   *Et plus bas*, Delessart. »

Lettre du roi aux princes français, ses frères.

Paris, le 16 octobre 1791.

« J'aurais cru que mes démarches auprès de vous, et l'acceptation que j'ai donnée à la constitution, suffisaient, sans un acte ultérieur de ma part, pour vous déterminer à rentrer dans le royaume, ou du moins à abandonner les projets dont vous paraissez être occupés. Votre conduite, depuis ce temps, devant me faire croire que mes intentions réelles ne vous sont pas bien connues, j'ai cru devoir à vous et à moi de vous en donner l'assurance de ma propre main.

» Lorsque j'ai accepté, sans aucune modification, la nouvelle constitution du royaume, le vœu du peuple et le désir de la paix m'ont principalement déterminé ; j'ai cru qu'il était temps que les troubles de la France eussent un terme ; et voyant qu'il était en mon pouvoir d'y concourir par mon acceptation, je n'ai pas balancé à la donner librement et volontairement : ma résolution est invariable. Si les nouvelles lois exigent des changemens, j'attendrai que le temps et la réflexion les sollicitent : je suis déterminé à n'en provoquer et à n'en souffrir aucun par des moyens contraires à la tranquillité publique et à la loi que j'ai acceptée.

» Je crois que les motifs qui m'ont déterminé doivent avoir le même empire sur vous. Je vous invite donc à suivre mon exemple. Si, comme je n'en doute pas, le bonheur et la tranquillité de la France vous sont chers, vous n'hésiterez pas à concourir par votre conduite à les faire renaître : en faisant cesser les inquiétudes qui agitent les esprits, vous contribuerez au rétablissement de l'ordre, vous assurerez l'avantage aux opinions sages et modérées, et vous servirez efficacement le bien, que votre éloignement et les projets qu'on vous suppose ne peuvent que contrarier.

OCTOBRE, NOVEMBRE, DÉCEMBRE (1791)

« Je donnerai mes soins à ce que tous les Français qui pourront rentrer dans le royaume y jouissent paisiblement des droits que la loi leur reconnaît et leur assure. Ceux qui voudront me prouver leur attachement ne balanceront pas. Je regarderai l'attention sérieuse que vous donnerez à ce que je vous marque comme une grande preuve d'attachement envers votre frère et de fidélité envers votre roi, et je vous saurai gré toute ma vie de m'avoir épargné la nécessité d'agir en opposition avec vous, par la résolution invariable où je suis de maintenir ce que j'ai annoncé. »

Signé, Louis.

Lettre du roi à Louis-Stanislas-Xavier, prince français, frère du roi.

Paris, le 11 novembre 1791.

« Je vous ai écrit, mon frère, le 16 octobre dernier, et vous avez dû ne pas douter de mes véritables sentimens. Je suis étonné que ma lettre n'ait pas produit l'effet que je devais en attendre. Pour vous rappeler à vos devoirs, j'ai employé tous les motifs qui devaient le plus vous toucher. Votre absence est un prétexte pour tous les malveillans, une sorte d'excuse pour tous les Français trompés, qui croient me servir en tenant la France entière dans une inquiétude et une agitation qui font le tourment de ma vie. La révolution est finie, la constitution est achevée, la France la veut, je la maintiendrai ; c'est de son affermissement que dépend aujourd'hui le salut de la monarchie. La constitution vous a donné des droits ; elle y a mis une condition que vous devez vous hâter de remplir. Croyez-moi, mon frère, repoussez les doutes qu'on voudrait vous donner sur ma liberté. Je vais prouver par un acte bien solennel, et dans une circonstance qui vous intéresse, que je puis agir librement. Prouvez-moi que vous êtes mon frère et Français, en cédant à mes instances. Votre véritable place est auprès de moi ; votre intérêt, vos sentimens vous conseillent également de venir la reprendre ; je vous y invite, et, s'il le faut, je vous l'ordonne. »

Signé, Louis.

Lettre du roi à Charles-Philippe, prince français, frère du roi.

Paris, 11 novembre 1791.

« Vous avez sûrement connaissance du décret que l'assemblée nationale a rendu relativement aux Français éloignés de leur patrie; je ne crois pas devoir y donner mon consentement, aimant à me persuader que les moyens de douceur rempliront plus efficacement le but qu'on se propose, et que réclame l'intérêt de l'État. Les diverses démarches que j'ai faites auprès de vous ne peuvent vous laisser aucun doute sur mes intentions ni sur mes vœux. La tranquillité publique et mon repos personnel sont intéressés à votre retour. Vous ne pourriez prolonger une conduite qui inquiète la France et qui m'afflige, sans manquer à vos devoirs les plus essentiels. Épargnez-moi le regret de concourir à des mesures sévères contre vous; consultez votre véritable intérêt; laissez-vous guider par l'attachement que vous devez à votre pays, et cédez enfin au vœu des Français et à celui de votre roi. Cette démarche de votre part sera une preuve de vos sentimens pour moi, et vous assurera la continuation de ceux que j'ai toujours eus pour vous. »

Signé, Louis.

Réponse de Monsieur au roi.

Coblentz, le 3 décembre 1791.

« Sire, mon frère et seigneur,

» Le comte de Vergennes m'a remis, de la part de votre majesté, une lettre dont l'adresse, malgré mes noms de baptême qui s'y trouvent, est si peu la mienne, que j'ai pensé la lui rendre sans l'ouvrir. Cependant, sur son assertion positive qu'elle était pour moi, je l'ai ouverte, et le nom de frère que j'y ai trouvé ne m'ayant plus laissé de doute, je l'ai lue avec le respect que je dois à l'écriture et au seing de votre majesté. L'ordre qu'elle contient de me rendre auprès de la personne de votre majesté, n'est pas l'expression libre de sa volonté, et mon honneur, mon devoir, ma tendresse même, me défendent également d'obéir. Si votre majesté veut connaître tous ces motifs plus en détail, je la supplie de se rappeler ma lettre du 10 septembre dernier. Je la supplie aussi de recevoir avec bonté l'hommage des sentimens aussi tendres que respectueux avec lesquels je suis, sire, etc., etc. »

Réponse de M. le comte d'Artois au roi.

Coblentz, le 5 décembre 1791.

« Sire, mon frère et seigneur,

» Le comte de Vergennes m'a remis hier une lettre qu'il m'a assuré m'avoir été adressée par votre majesté. La suscription, qui me donne un titre que je ne puis admettre, m'a fait croire que cette lettre ne m'était pas destinée : cependant, ayant reconnu le cachet de votre majesté, je l'ai ouverte ; j'ai respecté l'écriture et la signature de mon roi ; mais l'omission totale de mon frère, et, plus que tout, les décisions rappelées dans cette lettre, m'ont donné une nouvelle preuve de la captivité morale et physique où nos ennemis osent retenir votre majesté. D'après cet exposé, votre majesté trouvera simple que, fidèle à mon devoir et aux lois de l'honneur, je n'obéisse pas à des ordres évidemment arrachés par la violence.

» Au surplus, la lettre que j'ai eu l'honneur d'adresser à votre majesté, conjointement avec Monsieur, le 10 septembre dernier, contient les sentimens, les principes et les résolutions dont je ne m'écarterai jamais ; je m'y réfère donc absolument ; elle sera la base de ma conduite, et j'en renouvelle ici le serment. Je supplie votre majesté de recevoir l'hommage des sentimens aussi tendres que respectueux, avec lesquels je suis, sire, etc., etc. »

Monsieur avait répondu à l'assemblée législative par une proclamation imprimée à côté de la notification qui lui avait été signifiée. Nous empruntons cette pièce au *Moniteur* du 13 décembre.

De Coblentz, le 6 décembre.

DEUX PROCLAMATIONS.

Louis-Joseph-Stanislas-Xavier, prince français ;	Gens de l'assemblée française se disant nationale,
L'assemblée nationale vous requiert, en vertu de la constitution française, titre III, cha-	La saine raison vous requiert, en vertu du titre Ier, chapitre Ier, section Ire, article Ier des lois

pitre II, section III, article II, de rentrer dans le royaume dans le délai de deux mois, à compter de ce jour; faute de quoi, et après l'expiration dudit délai, vous perdrez votre droit éventuel à la régence.

imprescriptibles du sens commun, de rentrer en vous-mêmes, dans le délai de deux mois, à compter de ce jour ; faute de quoi, et après l'expiration dudit délai, vous serez censés avoir abdiqué votre droit à la qualité d'êtres raisonnables, et ne serez plus considérés que comme des fous enragés dignes des Petites-Maisons.

Refus de sanction au décret contre les prêtres. — Le directoire du département de Paris se signala en cette occasion par une démarche du genre de celles que nous lui avons déjà vu faire sous la constituante, au sujet de la liberté religieuse. Voici la pétition qu'il adressa à Louis XVI :

Pétition présentée au roi par le directoire du département.

Sire,

Nous avons vu les administrateurs du département de Paris venir vous demander, il y a huit mois, d'éloigner les perfides conseils qui cherchaient à détourner de vous l'amour du peuple français. Ils bravèrent, pour vous faire entendre la vérité, jusqu'aux tourmens de votre cœur ; c'était le seul effort qui pût coûter à des Français devenus libres.

Nous, citoyens pétitionnaires, venons aujourd'hui, non pas avec la puissance d'opinion qui appartient à un corps imposant, mais forts de notre conviction individuelle, vous adresser un langage parfaitement semblable dans son principe, quoique différent sous plusieurs rapports ; nous venons vous dire que les dispositions des esprits dans la capitale sont aussi bonnes, aussi rassurantes que votre majesté peut le désirer ; que le peuple y veut avec ardeur la constitution, la paix, le retour de l'ordre, et le bonheur du roi ; qu'il manifeste ce dernier sentiment avec la plus touchante sensibilité au milieu même de ses propres peines.

Mais nous vous dirons en même temps, sire, que ceux-là vous tromperaient bien cruellement, qui oseraient tenter de vous persuader que son amour pour la révolution s'est affaibli ; qu'il verrait en ce moment avec indifférence, ils disent peut-être avec joie, le succès de nos implacables ennemis, et que sa confiance dans ses représentans n'est plus la même.

Défiez-vous, sire, de ceux qui vous tiennent cet odieux langage ; il est faux, il est perfide dans tous ses points.

Le peuple est calme, parce qu'il se fie à votre probité, à la religion de votre serment, parce que le besoin du travail ramène toujours les hommes vers la paix ; mais croyez, et croyez bien qu'au moindre signal du danger pour la constitution, il se souleverait tout entier avec une force incalculable. Croyez aussi que même un grand nombre de ceux qui se sont montrés moins attachés à la révolution, sentiraient tout à coup l'indispensable nécessité de la défendre contre des ennemis qui, sans pouvoir guérir leurs maux actuels, les précipiteraient dans les plus horribles malheurs, et que, par conséquent, il existera toujours pour le maintien du nouvel ordre de choses la majorité la plus imposante et la plus formidable.

Croyez que, quelle que puisse être l'opinion publique sur tel ou tel décret du corps-législatif qui aura été surpris à son zèle, c'est toujours près des représentans du peuple, élus par lui, que retournera, que reposera nécessairement sa confiance.

Vous avez attaché, sire, votre bonheur à la constitution ; nous ajoutons qu'il est là tout entier, et qu'il ne peut plus être désormais que là ; que cela est incontestable dans toutes les suppositions possibles ; que vos ennemis, vos seuls ennemis sont ceux qui méditent le renversement de l'ordre actuel, en vous livrant à tous les périls ; que leurs démonstrations de dévoûment pour votre personne sont fausses, leurs applaudissemens hypocrites ; qu'ils ne vous pardonneront jamais, non jamais, ce que vous avez fait en faveur de la révolution, et particulièrement cet acte courageux de liberté par lequel, usant du pouvoir qui vous est délégué, vous avez cru nécessaire, pour détruire plus sûrement leurs espérances, de les sauver eux-mêmes de la rigueur du décret dont ils étaient menacés.

Nous en concluons, sire, que tout moyen de conciliation doit vous paraître maintenant impraticable; que trop long-temps ils ont insulté à votre bonté, à votre patience; qu'il est urgent, infiniment urgent que, par une conduite ferme et vigoureuse, vous mettiez à l'abri de tout danger la chose publique et vous, qui en êtes devenu inséparable; que vous vous montriez enfin tel que votre devoir et votre intérêt vous obligent d'être, l'ami imperturbable de la liberté, le défenseur de la constitution, et le vengeur du peuple français que l'on outrage.

Nous avons senti le besoin, sire, de vous faire entendre ces vérités; elles n'ont rien qui ne soit d'accord avec les sentimens que vous avez manifestés.

Un autre motif nous conduit aussi auprès de vous : la constitution vous a remis un immense pouvoir quand elle vous a délégué le droit de suspendre les décrets du corps-législatif. Il eût été désirable, sans doute, qu'une telle puissance reposât long-temps sans qu'on fût obligé d'y recourir, et protégeât la liberté par sa seule existence, sans étonner l'empire par son action réitérée. Mais quand le salut public le commande, cette arme redoutable ne peut demeurer oisive dans vos mains : la constitution vous ordonne de la déployer; et cette même constitution appelle tous les citoyens à éclairer votre religion sur ce que la patrie attend de vous dans des circonstances difficiles.

Nous venons donc, avec un sentiment pénible il est vrai, et pourtant avec une forte confiance, vous dire que le dernier décret sur les troubles religieux nous a paru provoquer impérieusement l'exercice du *veto*.

Nous ne craignons pas que la malveillance ose se servir de notre franchise pour accuser nos intentions. On persuaderait difficilement que des hommes qui, par la persévérance de leurs principes pendant le cours de la révolution, ont mérité des haines dont ils s'honorent, qui les méritent chaque jour, d'autant plus qu'ils se montrent les amis infatigables de l'ordre, et combattent sans relâche tous les genres d'excès dont se nourrit avec complaisance l'espoir des contre-révolutionnaires; que des hommes qui savent que plusieurs d'entre eux sont à la tête des listes de proscription, tracées par la fureur de nos ennemis, veuillent servir leurs criminels desseins.

Nous abhorrons le fanatisme, l'hypocrisie, les discordes civiles excitées au nom du ciel; nous sommes dévoués à jamais par nos affections les plus intimes, plus encore, s'il est possible, que par nos sermens, à la cause de la liberté, de l'égalité, à la défense de la constitution; et c'est dans ces sentimens mêmes que nous trouvons tout le courage nécessaire pour vous demander ce grand acte de raison et de justice.

Sire, l'assemblée nationale a certainement voulu le bien, et ne cesse de le vouloir: nous aimons à lui rendre cet hommage, et à la venger ici de ses coupables détracteurs; elle a voulu extirper les maux innombrables dont en ce moment surtout les querelles religieuses sont la cause ou le prétexte. Mais nous croyons qu'un aussi louable dessein l'a poussée vers des mesures que la constitution, que la justice, que la prudence ne sauraient admettre:

Elle fait dépendre, pour tous les ecclésiastiques non fonctionnaires, le paiement de leurs pensions de la prestation du serment civique, tandis que la constitution a mis expressément et littéralement ces pensions au rang des *dettes nationales*. Or, le refus de prêter un serment quelconque, de prêter le serment même le plus légitime, peut-il détruire le titre d'une créance qu'on a reconnue? et peut-il suffire, dans aucun cas, à un débiteur d'imposer une condition pour se soustraire à l'obligation de payer une dette antérieure?

L'assemblée nationale constituante a fait, au sujet des prêtres non-assermentés, ce qu'elle pouvait faire : ils ont refusé le serment prescrit, elle les a privés de leurs fonctions, et, en les dépossédant, elle les a réduits à une pension. Voilà la peine, voilà le jugement. Or, peut-on prononcer une nouvelle peine sur un point déjà jugé, toutes les fois qu'aucun délit individuel ne change pas l'état de la question?

L'assemblée nationale, après que les prêtres non-assermentés auront été dépouillés, veut encore qu'on les déclare suspects de révolte contre la loi, s'ils ne prêtent pas un serment qu'on n'exige d'aucun autre citoyen non fonctionnaire. Or, comment une loi peut-elle déclarer des hommes suspects de révolte contre la loi? A-t-on le droit de présumer ainsi le crime?

Le décret de l'assemblée nationale veut que les ecclésiastiques qui n'ont point prêté le serment, ou qui l'ont rétracté, puissent, dans tous les troubles religieux, être éloignés provisoirement, et emprisonnés s'ils n'obéissent à l'ordre qui leur sera intimé. Or, n'est-ce pas renouveler le système des ordres arbitraires, puisqu'il serait permis de punir de l'exil, et bientôt après de la prison, celui qui ne serait pas encore convaincu d'être réfractaire à aucune loi?

Le décret ordonne que les directoires de département dressent des listes des prêtres non-assermentés, et qu'ils les fassent parvenir au corps-législatif, avec des observations sur la conduite individuelle de chacun d'eux, comme s'il était au pouvoir des directoires de classer des hommes qui, n'étant plus fonctionnaires publics, sont confondus dans la classe générale des citoyens; comme si des administrateurs pouvaient se résoudre à former et à publier des listes qui, dans des jours d'effervescence, pourraient devenir des listes sanglantes de proscription; comme, enfin, s'ils étaient capables de remplir un ministère inquisitorial que nécessiterait l'exécution littérale de ce décret.

Sire, à la lecture de ces dispositions, tous les individus qui vous présentent cette pétition se sont demandés s'ils se sentiraient ce genre de dévoûment : tous ont gardé le plus profond silence.

Eh quoi! il faudrait donc qu'ils tinssent ce langage à chacun de leurs concitoyens : Dites quel est votre culte; rendez compte de vos opinions religieuses; apprenez-nous quelle profession vous avez exercée, et nous verrons alors si vous avez droit à la protection de la loi : nous saurons s'il nous est permis de vous donner la paix. Si vous avez été ecclésiastique, tremblez; nous

nous attacherons à vos pas ; nous épierons toutes vos actions privées ; nous rechercherons vos relations les plus intimes : quelque régulière que puisse être votre conduite, à la première émeute qui surviendra dans cette ville immense, et où le mot de religion aura été prononcé, nous viendrons vous arracher à votre retraite, et, malgré votre innocence, nous pourrons impunément vous bannir des foyers que vous vous êtes choisis.

Si la France, sire, si la France libre était reduite à entendre ce langage, où est l'homme qui pourrait se résoudre à en être l'organe ?

L'assemblée nationale refuse à tous ceux qui ne prêteraient pas le serment civique la libre profession de leur culte. Or, cette liberté ne peut être ravie à personne; aucune puissance n'a pu la donner, aucune puissance ne peut la retirer : c'est la première, c'est la plus inviolable de toutes les propriétés. Elle est consacrée à jamais dans la déclaration des droits, dans les articles fondamentaux de la constitution : elle est donc hors de toutes les atteintes.

L'assemblée nationale constituante ne s'est jamais montrée plus grande, plus imposante peut-être aux yeux de la nation, que lorsque, au milieu des orages même du fanatisme, elle a rendu un hommage éclatant à ce principe. Il était perdu dans les siècles d'ignorance et de superstition, il devait se retrouver aux premiers jours de la liberté ; mais il ne faut pas qu'il puisse se reperdre ; il ne faut pas que, sur ce point comme sur tout autre, la liberté puisse rétrograder.

Vainement on dira que le prêtre non-assermenté est suspect; et sous le règne de Louis XIV, les protestans n'étaient-ils pas suspects aux yeux du gouvernement, lorsqu'ils ne voulaient pas se soumettre à la religion dominante? Et les premiers chrétiens n'étaient-ils pas aussi suspects aux empereurs romains ? et les catholiques n'ont-ils pas été long-temps suspects en Angleterre, etc.? Sur un tel prétexte, il n'est aucune persécution religieuse qu'on ne puisse justifier. Un siècle entier de philosophie n'aurait-il donc servi qu'à nous ramener à l'intolérance du seizième siècle par les routes mêmes de la liberté? Que l'on surveille les prêtres non-assermentés; qu'on les frappe sans pitié au nom de la loi, s'ils l'enfreignent, s'ils osent surtout exciter le peuple à lui désobéir, rien de plus juste, rien de plus nécessaire; mais que jusqu'à ce moment on respecte leur culte comme tout autre culte, et qu'on ne les tourmente point dans leurs opinions. Puisqu'aucune religion n'est une loi, qu'aucune religion ne soit donc un crime.

Sire, nous avons vu le département de Paris s'honorer d'avoir professé constamment ces principes; nous sommes convaincus qu'il leur doit en partie la tranquillité religieuse dont il jouit en ce moment. Ce n'est pas que nous ignorions qu'il est des hommes turbulens par système, qui s'agiteront long-temps encore, et qu'on espérerait vainement de ramener à des sentimens patriotiques; mais il nous est prouvé par la raison et par l'expérience de tous les siècles, que le vrai moyen de les réprimer est de se montrer parfaitement juste envers eux, et que l'intolérance et la persécution, loin d'étouffer le fanatisme, ne feront qu'accroître ses fureurs.

Par tous ces motifs, et au nom sacré de la liberté, de la constitution et du bien public, nous vous prions, sire, de refuser votre sanction au décret des 29 novembre et jours précédens sur les troubles religieux; mais en même temps nous vous conjurons de seconder de tout votre pouvoir le vœu que l'assemblée nationale vient de vous exprimer avec tant de force et de raison contre les rebelles qui conspirent sur les frontières du royaume. Nous vous conjurons de prendre, sans perdre un seul instant, des mesures fermes, énergiques et entièrement décisives contre ces insensés qui osent menacer le peuple français avec tant d'audace. C'est alors, mais alors seulement que, confondant les malveillans et rassurant à la fois les bons citoyens, vous pourrez faire sans obstacle tout le bien qui est dans votre cœur, tout celui que la France attend de vous. Nous vous supplions donc, sire, d'acquiescer à cette double demande, et de ne pas les séparer l'une de l'autre.

A Paris, ce 5 décembre 1791.

Signés, GERMAIN GARNIER, membre du directoire du dépar-

OCTOBRE, NOVEMBRE, DÉCEMBRE (1791) 239

tement de Paris; J.-B. Brousse, membre, etc.; Talleyrand-Périgord, membre, etc.; Beaumetz, membre, etc.; Larochefoucauld, président du département de Paris; Desmeuniers, membre; etc.; Blondel, secrétaire-général du département de Paris; Thion Delachaume, membre, etc.; Anson, membre, etc.; Davoust, membre, etc. (1).

Ce fut le 19 décembre que le garde-des-sceaux adressa à l'assemblée la note de non-sanction relative au décret concernant les prêtres; le roi, y disait-il, se réservait d'examiner. La séance n'en fut nullement troublée. A celle du 20, il y eut une motion que nous transcrivons.

[*M. Delcher, du département de la Haute-Loire.* Vous êtes les représentans du peuple français; c'est à vous qu'il a confié l'exercice de sa souveraineté. Vous devez donc remplir la tâche importante dont il vous a honorés. Il s'agit de savoir quels sont les actes qui ont besoin de sanction, et si le roi peut refuser de sanctionner les décrets provoqués par des dangers imminens. D'après la constitution, le roi a le droit de suspendre les actes du corps-législatif; mais les décrets urgens, les décrets de circonstance, tels que ceux que vous avez rendus contre les rebelles émigrés et contre les prêtres factieux, n'ont pas besoin de sa sanction. Qu'il la refuse aux lois contraires à l'intérêt général, à la bonne heure; dans ce cas le roi est le surveillant du corps-législatif, comme le corps-législatif est le surveillant du pouvoir exécutif. En vain m'objectera-t-on que cette distinction n'existe pas dans la constitution; en vain m'opposera-t-on que l'assemblée législative ne peut être juge dans les cas où la loi permet le *veto* d'une manière

---

(1) Le 9 décembre, les membres du directoire, signataires de la pétition, adressèrent la lettre suivante au *Moniteur* : «Nous avons vu, Monsieur, dans le *Journal de Paris*, et dans plusieurs autres journaux, un faux intitulé qu'il est de notre devoir de vous engager à rectifier. Il y est dit : *Pétition du directoire du département de Paris*. Il n'y a point de pétition du directoire; il n'y a point là d'acte du directoire ; il n'y a point d'acte du département. La pétition est individuelle; elle est seulement l'expression de l'opinion des personnes qui l'ont signée. Nous vous prions d'insérer la présente déclaration dans votre prochain numéro. (*Note des auteurs.*)

indéterminée; je dis qu'alors il faut consulter la nation entière, et je conclus à ce qu'il soit fait une adresse au peuple français, expositive de ce qu'a fait l'assemblée nationale pour réprimer les rebelles émigrés et les prêtres factieux, et de ce qu'a fait le pouvoir exécutif pour arrêter l'effet de cette loi....

Plusieurs voix: Monsieur le président, rappelez l'opinant à l'ordre; il s'écarte de la constitution.

D'autres: Qu'il soit entendu jusqu'à la fin.

M. le président. Je vais consulter l'assemblée. (*Plusieurs membres*: Non, non.)

M. Delcher. Je conclus donc à ce qu'il soit fait une adresse au peuple français qui décidera en souverain, et alors l'assemblée nationale prononcera ultérieurement ce qu'il appartiendra. (Les tribunes applaudissent.)

N.... C'est prêcher l'insurrection.

Un grand nombre de membres. L'ordre du jour.

N.... Je demande qu'on accorde la parole aux défenseurs de la constitution.

Plusieurs voix réclament, au milieu de l'agitation, l'ordre du jour. L'assemblée passe à l'ordre du jour. (On applaudit.)

M. le président. On a fait la proposition que N.... fût rappelé à l'ordre. (Non, non.)

L'assemblée passe de nouveau à l'ordre du jour.]

Les deux *veto* consécutifs n'excitèrent ni attroupemens, ni émeutes, ni discussions animées dans l'enceinte des clubs. La polémique des journaux en fut à peine un instant remuée. Il était évident que la verve révolutionnaire avait perdu de son énergie. Depuis que les hommes les plus ardens de l'opposition étaient devenus législateurs à leur tour, le drame s'agitait maintenant dans le cercle parlementaire. Les scènes orageuses, les débats violens, s'étaient déplacés comme les acteurs. Aussi, nulle part on ne rencontrait autant de passion, autant de luttes, autant de vivacité politique, que dans l'assemblée législative.

Les clubs en général, et la société des Jacobins en particulier, se présentent maintenant, sinon avec le caractère de l'indifférence, du moins avec celui du calme et de la régularité. On y expose plutôt qu'on n'y discute ; on suit les travaux législatifs, mais on se borne à émettre des opinions et des projets, que la contradiction ne fait plus se produire sous les formes si nettes et si dramatiques de l'attaque et de la défense. L'obstacle né de la révolution elle-même, le parti des Feuillans, contre lequel ont été livrés les derniers combats est toujours le principal ennemi. Mais cet ennemi n'est plus ni dans la tribune nationale, ni dans un club, ni sur la place publique : on le saisit à peine dans quelque article de journal. Fort de la constitution qu'il a faite, le parti feuillant borne aujourd'hui son entremise à d'obscures intrigues ministérielles, à une diplomatie secrète avec la cour, actes conduits avec assez d'art pour ne donner prise qu'à des soupçons vagues, qu'à des inculpations sans fondement. Lorsqu'il essayera de rouvrir son club, nous verrons se renouveler des querelles analogues à celles qu'occasionna le club monarchique. Pendant le trimestre actuel, les seules manifestations ont été quelques articles sur la liberté religieuse, publiés dans le *Moniteur*, et la pétition du directoire du département, citée plus haut.

Ce n'est donc pas sur la ligne révolutionnaire proprement dite, que les Feuillans et les Jacobins se heurtent maintenant. Leur champ de bataille est circonscrit au terrain des élections municipales.

Quant aux Jacobins eux-mêmes, leurs séances ne reprendront vie et mouvement qu'avec la question de la guerre, alors que deux partis naîtront au sein de ce club, et se diviseront de plus en plus jusqu'au 31 mai 1793.

Il nous est donc impossible de recueillir, sur les refus de sanction, une opinion autre que celle de la presse. Voici les extraits qui nous ont paru les plus propres à la faire connaître :

Du lundi 14 novembre. — « Enfin la cour vient de lever le masque, en opposant le *veto du pouvoir exécutif* à la loi contre les émigrés conspirateurs et leurs coupables chefs. L'assemblée nationale, fidèle à ses devoirs et à la constitution, qui lui ordonnent de veiller au salut du peuple et à la sûreté de l'empire, convaincue, par les preuves les plus positives, que les frères et les cousins du roi sont sur nos frontières à la tête d'une horde nombreuse armée contre la patrie, a cru qu'il était temps enfin de faire parler la loi, c'est-à-dire la volonté générale contre les conspirateurs.

» Les conspirateurs de la cour ont senti que le décret contre les émigrans plaçait le pouvoir exécutif dans une position difficile, en le forçant de rompre cet étrange silence et cette neutralité perfide, qu'il garde depuis si long-temps sur les manœuvres et les complots des ennemis de la constitution. Ils ont dit : « Si le roi sanctionne le décret contre les émigrans, ils se disperseront. Les princes et les chefs de la conspiration, qui disent à nos adhérens et à la foule obscure de nos complices que le roi est d'intelligence avec eux, et qu'il n'attend que le moment de se déclarer ouvertement, recevront un démenti formel. Les prêtres non-assermentés qui dans tout l'empire prêchent pour nous la contre-révolution au nom de Dieu et du roi, seront déconcertés, et déserteront nos drapeaux. Le peuple ne voudra plus les écouter ; le découragement gagnera tous nos partisans, qui verront dans cette sanction une preuve de la sincérité du roi dans son acceptation de l'acte constitutionnel. Il faut donc empêcher cette sanction. » Tel est le langage des conspirateurs de la cour.

» Il y a tout lieu de croire, et la sûreté publique l'exige, que l'assemblée nationale va porter incessamment un décret d'accusation contre les princes français et leurs complices, rassemblés à Worms et à Coblentz. Ce décret n'a pas besoin de sanction ; et la haute-cour nationale, qui ne peut tarder à être rassemblée, jugera ensuite si les conspirateurs d'outre-Rhin, et ceux de l'intérieur, doivent rester impunis, et si les séditieux et les contre-révolutionnaires peuvent agir audacieusement et sans frein à l'ombre du *veto* royal. » (*Annales patriotiques*, n° DCCLXXIII.)

— « Toutes les rues de Paris sont tapissées d'une proclamation du roi, dans laquelle ce prince explique les motifs du *veto* dont il a frappé le décret contre les émigrans. Il y est continuellement en contradiction avec lui-même, puisqu'après avoir avoué l'inutilité *des voies de douceur* qu'il a employées jusqu'ici, il s'oppose à des mesures de rigueur que l'opiniâtreté des émigrés justifie. Au reste, il dit que le décret qu'il refuse de sanctionner renferme plusieurs articles rigoureux qui lui ont paru contrarier le but que la loi devait se proposer, et que réclamait l'intérêt du peuple, et ne pouvoir pas compâtir avec les *mœurs* de la nation et les principes d'une constitution libre. Ce langage ne nous étonne pas dans la bouche du roi : il ne nous a pas étonné dans les feuilles ministérielles et aristocratiques qui ont voulu préparer les esprits au *veto*. Mais nous sommes surpris de le retrouver dans la *Chronique*; nous sommes surpris d'entendre les auteurs de cette feuille, jusqu'ici patriote, traiter d'*injuste* et de *barbare* le décret contre les émigrés. « Quelle justice, s'écrient-ils, de punir de mort ceux qui ne seront pas rentrés dans deux mois; ceux que la peur, l'habitude et le goût de la tranquillité ont portés à fuir, ou que la maladie retient, et qui n'ont point trempé dans les complots contre nous ! » — Cette réflexion est une *calomnie* contre l'assemblée nationale, et ferait croire qu'elle a prononcé la peine de mort contre tous les émigrés, *sans distinction*, qui ne seraient pas rentrés dans deux mois. Or, rien n'est plus faux; cette peine n'est prononcée que contre les princes français et les autres fonctionnaires publics, et il n'est ni *injuste*, ni *barbare* de punir ainsi les traîtres et les déserteurs.

» Le roi a fait aussi publier la lettre qu'il a écrite à ses frères, le 16 octobre, et à laquelle ils n'ont pas eu égard, et deux autres lettres, datées du 11 novembre, auxquelles il sait bien qu'ils n'en auront pas davantage, d'autant plus que son *veto* les enhardit par l'espoir de l'impunité. Il faut le dire : en refusant de sanctionner le décret contre les émigrans, le roi sanctionne leurs criminels projets. » (Le *Patriote français* du 15 novembre.)

— « Déjà la tranquillité publique renaissait, déjà la confiance remplaçait l'inquiétude ; le commerce se ranimait, la circulation devenait plus facile, l'espoir rentrait dans tous les cœurs, on applaudissait de tous les points de l'empire au décret de l'assemblée nationale sur les émigrés, et voilà que, par son refus de sanction, Louis XVI nous replonge dans notre premier état.

» Oui, les maux de la France étaient près de leur terme, si une main perfide n'eût empêché l'effet politiquement nécessaire du décret de l'assemblée nationale sur les émigrés; car, de deux choses l'une : ou ils seraient rentrés en conséquence du décret, ou non. S'ils étaient rentrés, notre proposition est évidemment vraie; le peuple, bon et facile, était disposé à les recevoir à bras ouverts; cet acte de repentir lui eût fait oublier leur égarement : de là l'union générale, la confiance, la circulation, la vie rendue aux arts, au commerce et à l'agriculture.

» Que si les émigrés n'étaient pas rentrés pour la fin de décembre, au moins nous les connaissions à fond; nous n'avions plus à les ménager; c'était, pour la France, des enfans dénaturés que la mère commune n'avait pu ramener à son giron; la patrie les maudissait, elle leur retirait les biens qu'elle leur a donnés, tous leurs revenus étaient mis en séquestre, nous cessions de leur fournir des armes pour nous combattre, ils se trouvaient abandonnés à eux-mêmes. Tout ce qu'ils eussent pu faire, c'eût été de décider les tyrans étrangers à venir à leur secours, de former enfin cette ligue *formidable* dont on entend parler depuis si long-temps, d'attaquer la France d'une manière combinée, de tenter simultanément leur invasion, et de nous livrer combat.... Mais c'est là que nous les attendons!

» Voilà donc l'alternative que nous présentait le décret de l'assemblée nationale! S'il eût été exécuté, les citoyens devenaient frères, ou les ennemis des fugitifs. Frères, ils eussent partagé la félicité commune; ennemis, nous les exterminions. Mais Louis XVI ne veut pas l'union des citoyens ; il faut qu'il divise pour régner. Non-seulement il voit avec une joie intérieure des brigands armés aux portes de la France, et qui menacent d'y entrer la flamme à la main; mais il veut encore que le trésor salarie ces mêmes brigands; il veut qu'ils arrachent à la patrie le peu d'or qui lui reste.

» Voilà les émigrés libres et maîtres de rentrer ou de ne pas rentrer! Que feront-ils? S'ils ne rentrent pas, s'ils se tiennent rassemblés, la nation entière est encore livrée aux inquiétudes et à la détresse; les ordonnateurs et payeurs du trésor public font encore passer des millions outre-Rhin; les chefs de cette armée, tous riches propriétaires, soutirent encore des millions à la France; et la liste civile qui viendra encore à leur secours!

» Que s'ils rentrent après l'apparition du *veto*, nous n'en serons ni plus heureux, ni plus tranquilles. Ce ne seront pas des frères repentans qui se seront soumis à la loi; ce seront des ennemis hautains qui viendront insulter à la nation. Un fugitif, rentré d'après l'invitation du roi, dira hautement qu'il ne se serait pas mis en peine des décrets d'une assemblée qu'il ne reconnaît pas; qu'il n'est revenu qu'à la prière de son *souverain*, de son *maître*; et de là une lutte perpétuelle entre les sujets de l'État et les fidèles *sujets* du roi. On voit donc que Louis XVI, en apposant son *veto* sur le décret des émigrans, a nécessairement tari la source des biens qu'il pouvait produire; car, encore bien qu'ils rentrassent après cet acte de la prérogative royale, leur rentrée même ne pourra plus être envisagée que comme une infraction à la volonté nationale et une insulte à la nation.

» Mais, dit-on, le roi en apposant son *veto*, a fait un acte de liberté; il a fermé la bouche, il a ôté tout prétexte aux puissances étrangères, et la France ne peut que s'en applaudir. Vils esclaves! un homme qui, passant à côté de moi dans la rue, me tire un coup de pistolet, prouve aussi qu'il est libre. Dois-je aimer cette liberté? ne vaudrait-il pas mieux pour moi qu'il eût eu les bras liés? Appelle-t-on liberté la faculté de nuire? S'il en est ainsi, que fait à une nation la liberté de son roi? Les rois sont-ils institués pour eux? et les nations qui les souffrent, ne les souffrent-elles pas pour elles, et parce qu'on leur a dit qu'elles y trouveraient un avantage? Le *veto* ne laisse plus de prétexte aux puissances étrangères.... Montmorin en disait autant à l'assemblée nationale. Le peuple aurait-il pris les errémens de cet ex-ministre? Laissons aux puissances étrangères penser ce qu'elles voudront et de Louis XVI et de nous ; que nous importent leurs opinions? Tant que nous réglerons nos destinées sur le thermomètre des cours, nous ne serons jamais que des esclaves.

» Le roi n'a eu, n'a pu avoir que des intentions perfides en refusant sa sanction. Depuis long-temps il épie le moment d'user de ce droit fatal. La proclamation contre l'aîné de ses frères lui offrait un prétexte heureux; il allait y apposer son *veto*, quand l'assemblée nationale rendit le décret contre les émigrans. Cette nouvelle marche a fait changer de batteries : on a sanctionné la proclamation pour n'avoir pas l'air obstiné. Cette proclamation n'est rien au fond; c'est le décret qui est tout, et c'est pour le décret que l'on a réservé toute la force du *veto*. Remarquez l'adresse de la cour : c'est à l'instant même qu'elle a annoncé la sanction de la proclamation, que le roi a écrit qu'il examinerait la loi sur les émigrans. On a voulu donner cette sanction illusoire comme un correctif au *veto*, afin de ne pas trop indisposer l'opinion publique.

» Outre le but évident du refus de sanction, qui est ou d'empêcher la rentrée des émigrés, ou, s'ils rentrent, de les dispenser de la soumission aux décrets de l'assemblée nationale, la cour avait encore un but caché : celui de tâter le peuple, afin de voir comment il prendrait cet acte d'autorité absolue, et le préparer à de plus grands coups. Elle se croit aujourd'hui sûre de son fait, et l'on verra que dorénavant elle ne sera pas modeste dans sa marche. Si les émigrés ne rentrent pas, ils feront une attaque; s'ils font une attaque, l'assemblée nationale sera obligée de décréter que deux ou trois cent mille gardes nationales de plus se porteront aux frontières; et si l'assemblée nationale rend ce décret, le roi y apposera encore son *veto*. Nous apercevons distinctement qu'avant peu de mois la nation française se trouvera nécessairement placée entre la nécessité de se laisser égorger, d'une part, et celle de désobéir, de l'autre; c'est-à-dire entre la servitude et l'insurrection. Voilà les avantages du *veto*, et de ce qu'on nomme monarchie tempérée.

» Notre intention n'a jamais été d'inspirer du découragement ; nous sommes si convaincus qu'une grande nation ne peut manquer de ressources dans l'occurence la plus difficile, que toutes les menaces et les manœuvres réunies des despotes ne nous ébranleront pas, tant que nous apercevrons du caractère et de l'énergie dans les citoyens ; mais ce caractère et cette énergie même ont besoin d'être guidés. Pour réussir, il ne suffit pas d'être prêt à tout faire, il faut savoir ce qui est à faire ; et pour savoir ce qui est à faire, il faut bien connaître son monde, et surtout l'ennemi que l'on a à combattre. Celui que généralement on regarde comme le plus dangereux dans ce moment-ci, c'est le roi : cependant, comme nos ennemis cherchent encore à le rendre intéressant, il est essentiel de le montrer tel qu'il est, et de le faire juger d'après sa propre conduite.

» Il est vrai que, *constitutionnellement* parlant, le roi des Français a le droit de *veto* sur toutes les opérations du corps-législatif ; mais de ce qu'il a le droit de *veto*, s'ensuit-il qu'il a bien fait d'apposer son *veto* sur un décret commandé par les circonstances, provoqué par l'opinion publique, et nécessaire au rétablissement de la tranquillité générale ? Non. Si le roi avait eu les sentimens qu'on a eu la stupidité de lui supposer, il lui eût suffi que la voix du peuple eût prononcé, pour rejeter avec indignation toute idée du *veto*. Les législateurs qui ont accordé au roi cette prérogative funeste, ne l'ont eux-mêmes envisagée que comme un appel fait au peuple, et il n'y avait pas lieu d'appeler au peuple, quand la voix du peuple avait précédé le décret.

» Nous allons juger les intentions de Louis XVI dans sa proclamation relative au *veto* ; mais avant tout, sachons s'il avait le droit de la faire.

» La loi de l'assemblée nationale constituante qui permet au roi de faire des proclamations, porte expressément que ces proclamations seront conformes aux lois, et pour faire exécuter les lois. Or, la proclamation sur le *veto* a les deux caractères opposés : elle est conforme à un *veto*, qui n'est pas une loi; elle n'est pas pour faire exécuter une loi, puisqu'elle est pour en empêcher l'exécution. Conséquemment la proclamation est un délit, et le ministre qui l'a signée est responsable.

» *Le roi n'a point attendu jusqu'à ce jour pour manifester son improbation,* etc.... » — Ce combat de popularité entre l'assemblée nationale et le pouvoir exécutif est plus dangereux qu'on ne pense. Nous sommes perdus, si le roi parvient à persuader au peuple qu'il est plus propre et plus disposé à faire le bien de la patrie que l'assemblée nationale; mais il n'y parviendra pas. Il ne suffit pas qu'il dise avoir manifesté son improbation; nous lui demanderons la preuve de ce qu'il avance : et quelle preuve donnera-t-il? Écoutons-le parler. « Après avoir pris les mesures convenables pour maintenir la France dans un état de paix et de bienveillance réciproque avec les puissances étrangères. » — Et quelles sont ces mesures? Qu'il les publie donc ! La lettre par laquelle il annonce son acceptation? mais cette lettre n'est rien moins qu'une mesure pour la France; elle ne regarde que *lui*; ces puissances n'ont répondu qu'*à lui* et pour *lui*; Louis XVI n'a jamais vu que *lui*; toute la diplomatie de l'Europe ne voit que *lui*; et s'il était vrai qu'il eût pris des mesures pour la nation, on ne verrait pas toujours ces mêmes puissances insulter aux patriotes français que des affaires obligent à se transporter dans leurs États. Mais les prétendues mesures de Louis XVI ne se bornent pas à maintenir la France dans un état de paix avec les puissances étrangères, il a, dit-il, pris des mesures, «pour mettre les frontières du royaume à l'abri de toute invasion. » A-t-on jamais menti avec plus d'effronterie? Il a fallu vingt décrets, cent dénonciations; il a fallu envoyer des commissaires de l'assemblée; il a fallu sans cesse éperonner les ministres, pour faire exécuter les réparations les plus urgentes, pour porter aux frontières nos phalanges citoyennes ; toutes les opérations des patriotes ont été croisées par ces traîtres, et voilà qu'aujourd'hui l'on se fait un mérite d'avoir mis les frontières à l'abri de toute invasion! Qu'on dise plutôt que l'on a fait tous les efforts imaginables pour l'empêcher, et l'on nous aura dit vrai ; mais alléguer la bonne volonté de la cour à garnir la frontière, c'est combattre la notoriété publique. « Sa Majesté avait cru que les moyens de la persuasion et de la douceur seraient les plus propres à ramener dans leur patrie des hommes que les divisions politiques et les querelles d'opinions en ont principalement écartés. » — Louis XVI sait donc ce qui a écarté les fugitifs ? Il est donc du secret de la fuite ? Il est donc en correspondance avec les émigrés ? Oui. Louis XVI connaît la cause des émigrations ; mais il ne la dit point ici ; sa proclamation en impose : leurs véritables causes, c'est l'incivisme, c'est l'aristocratie, c'est l'esprit de rébellion, c'est le désir de renverser la constitution, c'est l'espoir de rétablir l'ancien régime, c'est la plus criminelle de toutes les entreprises ; et Louis XVI les disculpe ! ils ne sont point coupables à ses yeux ! tout leur crime est une querelle d'opinions ! Se peut-il que l'homme, qu'on a osé appeler le *restaurateur de la liberté*, favorise aussi évidemment les ennemis de la liberté ? Mais ce qui frappe le plus dans cette phrase insidieuse, c'est l'éloge perfide qu'on y fait des voies de la douceur, et qu'on a la malignité d'opposer aux voies de rigueur employées par l'assemblée nationale. C'est comme si le roi disait aux émigrés : *Mes bons amis et fidèles sujets, l'assemblée dite nationale a ordonné la peine de mort en cas que vous ne rentriez pas avant le premier janvier ; mon unique désir est de vous voir heureux auprès de ma personne : venez, accourez dans les bras de votre prince ; il saura vous mettre à l'abri des décrets de cette assemblée ; n'obéissez pas à elle, mais obéissez à moi ; exécutez toujours mes ordres, n'exécutez que mes ordres, et soyez sûrs de ma protection.* Voilà le véritable sens de la proclamation du 12 novembre, qui est un acte de rébellion, un attentat à la loi.

» *Les démarches du roi n'avaient pas été entièrement sans effet ; non-seulement l'émigration s'était ralentie, mais,* etc. — C'est une imposture ; elles n'ont jamais été aussi fréquentes que dans les derniers jours qui ont précédé le décret. « Déjà quelques-uns des Français expatriés étaient rentrés dans le royaume. » Oui, pour y venir vendre leurs biens, pour venir débaucher les soldats, exciter les prêtres fanatiques, ranimer l'aristocratie intérieure, assurer le fil de la correspondance, communiquer avec le cabinet des Tuileries, et composer la troupe des janissaires chargés d'escorter le départ de Louis XVI et de sa digne épouse.

» A entendre Louis XVI, son *veto* était réclamé par *l'intérêt du peuple*. Toujours ce mot à la bouche! c'est au nom de l'intérêt du peuple que les tyrans adroits asservissent le peuple. Le décret sur les émigrans « ne pouvait pas compâtir avec les mœurs de la nation, et les principes d'une constitution libre. » Louis XVI! c'en est trop! il ne t'appartient pas de censurer aussi amèrement la conduite des représentans de ton *souverain*; et s'il est ici quelque chose qui ne puisse pas *compâtir avec les principes d'une constitution libre*, c'est l'audace d'un délégué à gages, qui sort sans cesse des bornes du respect qu'il doit aux représentans de la nation. Les principes d'une constitution libre sont de sacrifier toutes les considérations à la liberté, de punir tous les attentats contre la patrie et l'assemblée nationale, qui pouvait, qui devait peut-être sévir *hic et nunc* contre les conspirateurs. L'assemblée nationale avait été clémente, en leur donnant jusqu'au premier janvier pour éviter la peine que déjà ils devraient avoir encourue.

« *Sa Majesté* se doit à elle-même.... de remplir, autant qu'il est en elle, l'objet important de la loi dont elle n'a pas cru devoir adopter les moyens. » — Ici le crime est caractérisé; il y a plus, il est avoué. L'assemblée nationale avait fait une loi, le pouvoir exécutif y a apposé son *veto*, soit; mais que doit-il résulter de l'apposition du *veto*? rien. La loi sur laquelle il tombe est censée non-rendue; c'est comme si rien n'eût été décrété à cet égard, et les fonctions du roi ont cessé dès qu'il a prononcé la formule *j'examinerai*. Or, au cas présent, le roi agit, et déclare qu'il agira en conséquence de son *veto*. Il n'adopte pas, dit-il, les moyens de la loi, mais il en remplira l'objet important, c'est-à-dire que, malgré la distinction des pouvoirs, malgré le décret qui déclare que le roi ne peut faire de proclamations que conformes aux lois, Louis XVI en fait pour annoncer au peuple qu'il met sa volonté à la place de la loi, en substituant son caprice à la volonté constante du législateur.

« Ceux-là seraient étrangement trompés, qui supposeraient au roi une volonté autre que celle qu'il a publiquement manifestée. »— Il n'en disait pas moins avant le départ de Montmédi.

« Le roi leur donne (aux émigrés), en exerçant sa prérogative sur des mesures de rigueur exercées contre eux, une preuve de sa liberté, qu'il ne leur est permis ni de méconnaître, ni de contredire. » Et en partant pour Montmédi, le roi avait aussi donné une preuve de liberté. A laquelle de ces deux preuves contradictoires faut-il que les émigrés ajoutent foi ?»—L'auteur de l'article analyse ainsi mot à mot la proclamation. Il examine ensuite les lettres aux princes. Il commente de la sorte le mot suivant, renfermé dans la lettre collective du 16 octobre : *Vous assurerez l'avantage aux opinions modérées.* « Qu'entend-on par les opinions modérées ? On entend les opinions de ceux qui croient que l'assemblée nationale constituante a été trop loin; qu'il fallait bien réformer certains abus, mais qu'il ne fallait entièrement supprimer, ni les parlemens, ni le clergé, ni la noblesse; ôter aux nobles leurs priviléges pécuniaires, était tout ce qu'il fallait faire. Mais les modérés croient qu'il fallait leur laisser leurs priviléges de naissance : ces modérés veulent deux chambres, etc., etc. Et voilà l'opinion que Louis XVI veut que ses frères assurent. Votre éloignement, dit-il, et les projets qu'on vous suppose, peuvent la contrarier. Pourquoi? Parce que ces projets tiennent les patriotes en haleine, qu'ils sont éveillés par la nécessité; tandis que si l'or coulait en abondance, si l'on pouvait attacher chaque individu à sa chose particulière, il ne serait pas difficile d'obtenir de la majorité telles conditions que l'on voudrait, pourvu qu'on lui laissât gagner de l'argent tout à l'aise : et l'on a l'impudence de nous dire que ce sont-là des preuves de patriotisme !»

L'auteur termine ainsi son article : « On voit que la prétendue sincérité du roi, n'est qu'une dérision. Mais si nous sommes attaqués, mettons-nous peu en peine de Louis XVI et de son *veto*;

défendons-nous avec le courage des peuples qui ont le bonheur de n'avoir point de roi.» (*Révol. de Paris,* n° CXXIII.)

Le décret sur les troubles religieux fut appuyé par la presse d'une manière plus énergique. Les ressentimens du *veto* royal s'exhalèrent dans les feuilles patriotes en récriminations amères et en sinistres conjectures. On releva, avec indignation certains articles de tolérance publiés par *le Moniteur.* Le numéro du 22 octobre renferme une longue lettre d'André Chénier sur les *dissensions des prêtres.* Cet écrivain que nous avons déjà trouvé rédigeant le *Journal du club de* 1789, se montre toujours fidèle aux mêmes doctrines. Le morceau dont nous parlons, est encore plus empreint de feuillantisme, que la pétition au roi, par le directoire de Paris.

Cette pétition fut rudement commentée par la presse révolutionnaire, et, de plus, dénoncée à la barre de l'assemblée par un grand nombre de sections. Dans la séance du 11 décembre, on entendit tour à tour celles du Théâtre-Français, de Mauconseil, des Quinze-Vingts, de la Halle, de l'Arsenal, des Enfans-Rouges, de l'Observatoire, du Luxembourg, de la Croix-Rouge, du faubourg Saint-Antoine. Nous transcrirons les deux adresses de la section du Théâtre-Français. Legendre prit le premier la parole.

SÉANCE DU 11 DÉCEMBRE.

[*M. Legendre.* «Tous les citoyens veulent entourer le sénat français de leur estime; il sera un jour le conseil de l'univers. Nous venons y adorer l'auguste liberté. Suivez les élans de sa superbe audace : souveraine de vingt-quatre millions d'hommes, la liberté doit rouler les tyrans dans la poussière, et fouler les trônes qui ont écrasé le monde. Le salut public nous commande de vous dire, que l'heure approche de le défendre; mais les Français n'ont que leur courage : intrépides comme des Romains, faites forger des millions de piques semblables à celles de ces héros, et armez-en tous les bras; annoncez aux départemens ce décret vraiment martial. Que le cultivateur et le journalier, l'artisan et le pauvre puissent défendre les foyers de la patrie; ils sont, nous sommes tous ses enfans. Il ne faut pas 40,000,000 pour sauver la France, et elle les donne tous les ans pour précipiter sa ruine. Représentans du peuple, ordonnez : l'aigle de la victoire et la renommée des siècles planent sur vos têtes et sur les nôtres. Si le canon des ennemis se fait entendre, le foudre de la liberté ébranlera la terre, éclairera l'univers, frappera les tyrans. Ne laissons pas à la postérité la gloire de les anéantir. Le délire leur tiendrait lieu de courage, si nous restions plus long-temps dans une coupable sécurité. Soyons armés, et nous atteindrons ces fuyards, les mêmes que nous défîmes en 89, au seul bruit de nos armes et de nos cris. (On applaudit.)

S'il devient inutile de dénoncer les forfaits des ministres, qui se montrent si ouvertement leurs complices, dites-leur : Nous armons le peuple, nous l'armons pour la liberté; s'il faut que nous périssions avec lui, ce sera pour elle. Que votre supplice commence, les tyrans vont mourir !»

M. le président à la députation. Le peuple respecte les lois; il est déjà armé contre l'anarchie, il mérite encore de l'être pour la liberté.

M. Camille Desmoulins. Je suis chargé, au nom des mêmes citoyens, c'est-à-dire, au nom de trois cents signataires, de présenter à l'assemblée une autre adresse qui est relative à la pétition faite au roi par le directoire du département de Paris; mais, comme je me défie de ma voix, je prie M. Fauchet de la lire :

M. Fauchet, secrétaire, fait lecture de cette adresse, elle est ainsi conçue :

« Dignes représentans, les applaudissemens sont la liste civile du peuple; ne repoussez donc point la juste récompense qui vous est décernée par le peuple. Entendez des louanges courtes, comme vous avez entendu plus d'une fois une longue satire. Recueillir les éloges des bons citoyens, et les injures des mauvais, pour une assemblée nationale, c'est avoir réuni tous les suffrages. (On applaudit.)

»Le roi a mis son *veto* à votre décret comminatoire contre les rassemblemens d'outre-Rhin, à ce décret digne à la fois de la majesté du peuple romain et de la clémence du peuple français. Beaucoup ont pensé que la constitution ayant refusé au roi le *veto* absolu, ce décret sur les émigrés était nul et devait être regardé comme non-avenu, puisque ce serait un *veto* absolu, définitif, et qui ne pourrait être levé par la troisième législature; ce qui est contre l'esprit de la constitution; néanmoins nous ne sommes pas venus nous en plaindre, parce que nous nous sommes dit : ou l'assemblée nationale regardera ce *veto* comme inconstitutionnel et non avenu, et le premier janvier elle passera outre purement et simplement (on applaudit); ou elle le regardera comme constitutionnel, et alors nous ne devons nous plaindre, ni de la constitution qui a accordé le *veto*, parce que nous serons toujours respectueusement soumis à la constitution, ni du roi qui en use, parce que nous nous souvenons de la maxime d'un grand politique, excellent juge en cette matière, de Machiavel, qui dit ces mots bien remarquables, et que l'assemblée constituante aurait dû méditer profondément.

» Si, pour rendre un peuple libre, il fallait renoncer à la souveraineté, celui qui en aurait été revêtu mériterait quelque excuse, et la nation serait trop injuste, trop cruelle, de trouver mauvais qu'il s'opposât constamment à la volonté générale, parce qu'il est difficile et contre nature de tomber volontairement de si haut.»

»Dans ce sens, l'inviolabilité du roi est infiniment juste. Et pénétrés de cette vérité, prenant exemple de Dieu même, *dont les commandemens ne sont point impassibles,* nous n'exigerons jamais du ci-devant souverain, un amour impossible de la souveraineté nationale, et nous ne trouvons point mauvais qu'il appose son *veto*, précisément aux meilleurs décrets.

»Mais que des fonctionnaires publics, chargés spécialement de faire exécuter la loi, provoquent l'opposition du prince à ce qu'elle ne s'exécute pas, que bien plus ils se permettent de mettre en question, si, supposé que le roi ne mit pas son *veto*, eux feraient exécuter la loi; que non-seulement, ils doutent s'ils tiendraient la main à l'exécution; mais qu'ils déclarent leur rébellion, et publient une protestation anticipée; que ceux qui avilissent ainsi le premier des pouvoirs constitués, qui soulèvent contre l'assemblée nationale l'opinion publique, en déclarant que son décret est tellement inique, qu'il est impossible à la probité et à la raison de s'y prêter, soient précisément les auteurs et les plus ardens défenseurs de l'art. XVII, chapitre V de la constitution, qui sévit contre *tout écrit provoquant l'avilissement des pouvoirs constitués et la résistance à leurs actes*; que ceux qui signent cette pétition individuelle contre un décret qui, rendu après six semaines de discussion, a excité des applaudissemens universels soient précisément les mêmes hommes, qui, il y a quatre mois, ont fait fusiller au Champ-de-Mars, les citoyens signataires d'une pétition individuelle, contre un décret qui n'était pas rendu, et contre lequel s'élevaient des murmures universels; que les magistrats du peuple tournent contre le peuple ses propres bienfaits, et l'autorité qu'il leur a confiée; qu'ils inondent l'empire d'une pétition, qui n'est évidemment autre chose, que le premier feuillet d'un grand registre de contre-révolution, et une souscription de guerre civile, envoyée à la signature de tous les fanatiques, de tous les idiots, de tous les esclaves permanens, de tous les ci-devant voleurs des 83 départemens, en tête de laquelle sont les noms exemplaires des membres du directoire du département de Paris. Pères de la patrie, il y a ici une telle complication d'ingratitude et d'abus de confiance, de contradictions et de fourberies, de prévarication et de perversité, et de haute-trahison, que, profondément indignés de tant de scélératesse sous le manteau de la philosophie et sous le masque de la douceur, de la modération et d'un civisme hypocrite, nous nous empressons de nous rallier autour de vous, non-seulement pour adhérer à votre décret, pour déclarer unanimement que ce décret a sauvé la patrie, pour vous dire : continuez, fidèles mandataires; et si l'on s'obstine à ne pas vous permettre de sauver la nation; eh bien! la nation se sauvera elle-même, car enfin la puissance du *veto* royal a un terme, et on n'empêche point avec un *veto* la prise de la Bastille. Non-seulement voilà ce que nous venons vous dire au nom de vingt millions d'hommes; mais nous venons vous demander un grand exemple, et que le directoire soit mis en état d'accusation. (Les applaudissemens de l'extrémité gauche recommencent.)

» Il est facile d'établir en deux mots qu'il y a lieu à accusation ; et cette discussion laconique n'est pas pour ceux qui jugent les intentions. A juger comme hommes, il y a long-temps que nous avons eu la mesure du civisme de notre directoire, quand nous l'avons vu par une proclamation incendiaire, non pas rouvrir les chaires évangéliques à des prêtres, mais des tribunes séditieuses aux conjurés en soutane. C'est comme juges, c'est avec les balances de la justice et les décrets à la main, que nous disons qu'il y a lieu à accusation. Il y a lieu à accusation : 1° l'article XVII du chapitre V de l'acte constitutionnel, porte : *Pourront être poursuivis les auteurs de tout écrit, provoquant à dessein l'avilissement des pouvoirs constitués, et la résistance à leurs actes.* Nous invoquons avec quelque honte un pareil décret, et il est singulier de voir les Desmeuniers et les Beaumetz pris les premiers à leur propre piége. (On applaudit.) Mais nous demandons s'il est possible de concevoir un écrit qui provoque plus la résistance à la loi, que celui où les fonctionnaires publics chargés de la faire exécuter, déclarent qu'ils ne le feront pas. Ces fonctionnaires publics, qui se parent d'un si grand zèle pour la constitution, doivent donc être poursuivis comme coupables de forfaiture, aux termes de la constitution.

» 2° Parce que le décret des pétitions défend les pétitions collectives ; et la pétition du directoire de Paris est une pétition collective. Il ne sert de rien que les signataires l'aient qualifiée de pétition individuelle. Ce n'est point, disent les lois, le nom que le notaire donne à l'acte, qui en fait la nature ; c'est la nature même de l'acte. C'est ainsi qu'il n'a servi de rien d'appeler *constitutionnel* le décret du 24 septembre sur les colonies ; parce qu'il était rendu quinze jours après la clôture de l'acte constitutionnel, auquel l'assemblée constituante avait déclaré elle-même ne pouvoir rien ajouter. De même cette pétition qualifiée *individuelle* n'en est pas moins une pétition collective des membres du directoire, puisque les membres seuls ont signé, qu'ils ont signé tous, jusqu'au secrétaire, et qu'ils ont pris dans leur signature la qualité de membre du directoire. Ils ont tellement agi en cette qualité, qu'après s'être annoncés comme simples pétitionnaires, ils ont soin aussitôt de rappeler leur qualité d'administrateurs; ils parlent de la puissance de l'opinion attachée à un corps imposant ; enfin ils vont jusqu'à se souvenir que c'est à eux qu'appartiendrait l'exécution du décret, et ils ne craignent pas de déclarer qu'aucun d'eux ne se sentirait ce genre de dévoûment, de prêter la main à une pareille loi. Les membres du directoire sont donc coupables d'avoir violé la loi des pétitions, et cette violation de la loi, répréhensible dans un citoyen, dans les circonstances et dans la personne des fonctionnaires publics, chargés de la faire exécuter, acquiert un degré de gravité qui met les coupables dans le cas d'être poursuivis.

» 3° Enfin, il y a lieu à accusation, parce que demander le *veto*, fût-ce même par une pétition individuelle, c'est demander, ou bien la guerre civile, ou bien le renversement de la constitution, qui est un gouvernement représentatif. Qui ne voit que l'effet nécessaire d'une pétition individuelle, pour demander le *veto*, c'est que les uns s'inscriront pour, et les autres contre. Alors, ou le roi accédera au vœu de la minorité, et voilà la guerre civile et l'insurrection : car la majorité dira que *la loi doit être l'expression de la volonté générale*; ou bien le roi accédera au vœu de la majorité; et voilà le renversement du gouvernement représentatif, puisque ce sera la majorité de la nation elle-même qui fera la loi, et non plus ses représentans. Certes, nous ne sommes pas les admirateurs du gouvernement purement représentatif, sur lequel nous pensons comme J.-J. Rousseau, qui en a fait un tableau si vrai dans *le Contrat social*; mais les bons citoyens ont juré de maintenir la constitution, et ceux même d'entre eux qui l'aiment le moins, se feront toujours un devoir, du moins jusqu'à la prochaine convention, de la maintenir telle qu'elle est; parce que, s'ils en aiment peu certains articles, ils aiment encore moins les horreurs d'une guerre civile. Au lieu que voyez avec quelle impudeur des membres du comité de constitution, et ceux-là qui ont établi le gouvernement purement représentatif, ceux-là qui ont sans cesse à la bouche le mot sacré de constitution, proposent tout à coup le renversement du gouvernement, depuis que la nation a des représentans qui ne conspirent plus contre elle. Et ils ne proposent de consulter le vœu de la nation; que parce que la nation a des représentans qui la consultent. Le ministre de l'intérieur n'a pu les consulter comme directoires, la loi des pétitions s'y opposait; il n'a pu consulter que les individus; s'il a consulté les individus, tous les autres individus ont été également consultés; la nation entière a été appelée à la consultation aussi bien qu'eux.

»C'était donc compter les voix; c'était ramener le système proscrit des mandats impératifs; c'était renverser le gouvernement représentatif, à moins qu'on ne dise que le ministre et le directoire ne cherchaient qu'à s'assurer d'une minorité, et voulaient seulement ouvrir une souscription de guerre civile.

»Mais on vous dit que la pension des prêtres était *une dette nationale*; comme si, lorsque vous demandez seulement aux prêtres de déclarer qu'ils ne seront pas séditieux, ceux qui refusent un pareil serment n'étaient pas déjà des séditieux; comme si c'était un crime de punir la sédition par une amende; comme si des prêtres factieux qui n'ont rien prêté à l'État, créanciers de l'État, non à titre onéreux, mais à titre de bienfaisance, n'étaient pas déchus de la donation pour cause d'ingratitude. (On rit.)

»Dédaignez donc ces misérables sophismes, pères de la patrie! La forfaiture des membres du directoire est établie; connaissez-vous vous-mêmes, et ne doutez plus de la toute-puissance d'un peuple libre. Mais si la tête sommeille, comment le bras agira-t-il? Ne levez plus ce bras; ne levez plus la massue nationale pour écraser des insectes, un Varnier, un Delâtre. Caton et Cicéron faisaient-ils le procès de Cétégus et de Catilina? Ce sont les chefs qu'il faut poursuivre. Frappez à la tête; servez-vous de la foudre contre les princes conspirateurs, de la verge contre un directoire insolent, et exorcisez le démon du fanatisme par le jeûne. » (On applaudit à plusieurs reprises.)]

L'assemblée décréta que le procès-verbal de cette séance serait envoyé aux quatre-vingt-trois départemens. Le lendemain, les Feuillans firent, à l'égard de ce décret, ce qu'ils avaient fait à l'égard de celui du 5 octobre, relatif au cérémonial. Voici comment Brissot rend compte de cette affaire : « Faut-il donc que le patriotisme et la bonne foi soient toujours dupes ou victimes de la même tactique et des mêmes manœuvres ? Faut-il que toujours la minorité, qui veille pour l'intrigue, profite du sommeil ou de la négligence de la majorité, qui s'endort sur la foi de ses succès, pour renverser, par de misérables subtilités et par une indigne surprise, le résultat d'une discussion franche et loyale ?

» De toutes les ruses de guerre des intrigans de l'ancienne assemblée, celle qui leur a le mieux et le plus souvent réussi, c'est de se trouver en force à la lecture du procès-verbal, pour faire rapporter ou modifier les décrets auxquels ils s'étaient opposés en vain pendant la discussion. Héritiers des stratagèmes de ces savans tacticiens, et dirigés par leurs leçons dans des conciliabules bien connus, les ministériels de l'assemblée législative ont aussi adopté cette marche, et elle leur a valu un honteux succès dès leurs premiers pas dans la carrière.

» Ils l'ont encore employée aujourd'hui, désespérés des triomphes éclatans remportés par le patriotisme dans les deux dernières séances ; jaloux des félicitations et des éloges qu'obtenaient les deux décrets auxquels ils n'avaient opposé que de stériles efforts ; convaincus que le reste de la France s'empresserait de dénoncer, à l'exemple des citoyens de Paris, l'incivique pétition du directoire, si on laissait subsister les témoignages de l'accueil favorable qu'avaient reçu les adresses des sections ; ils ont résolu de faire rayer des procès-verbaux toutes les mentions honorables décrétées hier et avant-hier, et de faire rapporter le décret qui ordonnait l'envoi au département du procès-verbal de la séance d'hier, et ils ont réussi.

» M. Faucher a lu le procès-verbal de la séance d'avant-hier soir; il a rendu compte d'une adresse où il était dit que le *veto* lancé contre un décret du moment était absolu, et par conséquent inconstitutionnel.

» Ces mots ont été le signal de l'insurrection du parti ministériel. On s'est écrié qu'on *avilissait* le pouvoir exécutif; comme si c'était avilir un pouvoir que de censurer un de ses actes. On s'est écrié qu'on aimerait mieux être *enseveli dans les cachots de l'Abbaye*, que de permettre que l'on attente à aucun pouvoir constitué; comme si ces exclamations n'étaient pas de véritables attentats contre la constitution, qui consacre et le droit de pétition, et le droit de censure des actes de législation et de gouvernement.

» M. Quatremère n'a gardé aucun ménagement, et, insultant à la fois, et aux pétitionnaires et à l'assemblée qui les avait applaudis, il a osé traiter leurs adresses d'adresses *mendiées*, et dictées par l'aveugle esprit de parti, et les sentimens patriotiques qu'elles renferment d'*encens et de tournures perfides*; il a demandé la radiation de toutes les mentions honorables faites hier et avant-hier.

» M. Lacroix n'a pu contenir sa juste indignation; il s'est élevé avec force contre l'audace avec laquelle on voulait renverser ce qui avait été fait par une majorité si grande, que ceux qui réclamaient la question préalable n'osèrent se lever pour l'appuyer. «Une petite coalition, s'est-il écrié, espérerait-elle avoir aujourd'hui un succès qu'elle n'a pu obtenir hier ? »

« La conscience de M. Chéron, l'un des chefs de cette *petite coalition*, lui a fait sur-le-champ à lui-même l'application de ces paroles, et il a demandé, mais en vain, que M. Lacroix fût rappelé à l'ordre.

» Enfin, après de nouvelles déclamations contre les adresses et leurs auteurs, la cabale a forcé l'assemblée de décréter que le secrétaire effacerait du procès-verbal tout ce qui était relatif au *veto*.

» Mais ce succès ne remplissait pas les vues de la coalition, et elle s'en promettait un plus complet sur le procès-verbal d'hier.

» M. Grangeneuve en a fait lecture. Il était rédigé avec tant de réserve, que la chicane attentive, et la mauvaise foi déterminée à critiquer à quelque prix que ce fût, ont été obligées de se rabattre sur une observation dont nous avons même vu rougir plus d'un front ministériel. Le secrétaire disait qu'un grand nombre de citoyens des sections de Paris avaient réclamé contre la pétition du directoire. Le puriste M. Chéron a observé, avec une sagacité infinie, que l'expression n'était pas *exacte*; que le terme grand nombre était relatif; que cent personnes étaient un grand nombre dans un village, et que deux mille personnes étaient un petit nombre à Paris. Il a judicieusement demandé que le secrétaire notât le *nombre précis* des pétitionnaires.

» En applaudissant à ces importantes réflexions, M. Ramond a encore enchéri sur la proposition de son collègue, et il voulait que les noms des pétitionnaires fussent inscrits au procès-verbal.

» Ces deux motions, et surtout la dernière, ont excité un violent tumulte; on a sagement réclamé l'ordre du jour. Mais ce n'était pas là le compte des ministériels; ils ont lutté avec une telle obstination, que trois épreuves n'ont pas donné de résultat, et n'ont servi qu'à augmenter l'agitation.

» Elle était à son comble. Convaincu qu'il était impossible de discuter et de délibérer au milieu du tumulte, M. Lasource demandait qu'on ajournât la motion de M. Chéron.

» Le désordre qui régnait dans l'assemblée avait gagné les galeries. Plusieurs des spectateurs étaient indignés de voir l'assemblée livrée à la mauvaise foi, à l'astuce et aux vaines clameurs; ils en rougissaient pour elle. « Allons nous-en, s'écrièrent plusieurs d'entre eux, n'écoutons pas ces stériles débats. »

» Cependant M. Lacroix profite d'un instant de calme pour appuyer la motion de M. Lasource; il demande que le procès-verbal soit discuté le soir. Mais ce n'était pas au procès-verbal qu'en voulait réellement la coalition, et elle crut qu'il était temps de lever le masque.

» Un membre avoue bonnement qu'il s'agit de révoquer les mentions honorables accordées hier, et de rapporter le décret qui ordonnait l'envoi du procès-verbal aux départemens. Il demande un *comité général* pour discuter la question.

» Cette proposition a indigné les patriotes qui ont senti qu'on ne cherchait qu'un prétexte pour introduire l'usage des comités généraux. Pour parer le coup, M. Vergniaud demandait le renvoi de la question à un comité ; mais les patriotes qui n'ont pas assez senti son but, et qui ne voulaient pas transiger sur les décrets d'hier, ont réclamé.

» Le tumulte a recommencé..... Enfin M. Cambon, persuadé qu'il fallait céder quelque chose pour ne pas tout perdre, a proposé qu'on se contentât de rapporter le décret d'envoi, et que d'ailleurs on adoptât le procès-verbal. — Cette motion conciliatrice a été adoptée, et a terminé des débats aussi indécens qu'infructueux pour la chose publique. » (*Le Patriote français* du 13 décembre.)

Parmi les nombreux articles de la presse révolutionnaire, que suscita le refus de sanction au décret contre les prêtres, nous choisissons celui du *journal de Prudhomme*, n° 128, p. 532.

— « Encore un *veto*. C'est le second depuis deux mois ; ce serait probablement le troisième, si le décret contre le titre de majesté royale n'avait pas été retiré le lendemain de son adoption.

» On a été long-temps sans vouloir user de cette prérogative empruntée d'une île voisine qui se vante d'être libre ; on avait d'autres projets : mais à présent qu'il faut en finir, on se jette à corps perdu dans la constitution ; on prévoit que le *veto* est un pis-aller capable de dédommager de toutes les pertes qu'on a faites, et il paraît que ce pis-aller servira de pierre angulaire, sur laquelle la cour va réédifier son système de despotisme, d'autant plus imposant, qu'il aura l'air d'être légal ; en sorte que la révolution, qui d'abord avait paru un monstre altéré du sang royal, s'est tellement radoucie, qu'elle n'ose plus avancer d'un pas sans la permission de la cour.

» Si c'est là en effet le train des affaires publiques, et toutes les apparences nous en menacent, citoyens! avisez vous-mêmes à ce qui vous reste à faire; nous n'avons plus de conseils à vous donner. Le *veto* est un boulet que l'assemblée nationale s'est condamnée à traîner avec elle. Tout élan généreux lui est interdit désormais, et bientôt la lassitude lui ôtera le courage.

» Et vous, véritables représentans du peuple, législateurs patriotes, venus de tous les coins de l'empire pour mettre en commun vos lumières et vos bonnes intentions, en vain étudiez-vous les besoins de vos commettans; en vain interrogez-vous la sagesse de tous les lieux et de tous les âges, pour en appliquer les résultats à la régénération de votre pays. A quoi aboutiront vos travaux assidus et pénibles? Votre bon génie vous inspire vainement des décrets accommodés aux circonstances; à côté de vous est le génie du mal qui veille pour détruire le bien à mesure que vous l'opérez.

» Comme au château des Tuileries on doit sourire avec dédain, en jetant les yeux sur la salle du manége! Là-dedans laissons-les tout à leur aise motionner, discuter, délibérer; en dernière analyse, il n'en sera toujours que ce que je voudrai, se dit la cour. La nation veut absolument avoir une volonté à elle, et n'obéir désormais qu'aux lois qu'elle se sera faites. Nation inconséquente et frivole, il n'y a pas beaucoup de gloire à te tromper! Tu relis avec orgueil la déclaration des droits de l'homme et ta constitution; tu en multiplies les pages comme les grains de sable de la mer, afin que le reste des nations de l'Europe apprenne de toi à être libre; tu contemples avec complaisance l'ensemble de tes décrets fondamentaux, qui sont tous des chefs-d'œuvre à tes yeux! Exceptes-en un du moins, et vois comme il a été aisé de renverser l'échafaudage de ton système représentatif! Une seule loi surprise au jugement sain dont tu dis avoir fait preuve, a suffi pour infirmer toutes les autres. Il est beau de n'obéir qu'à des lois résultat du concours de toutes les volontés; mais y a-t-il de quoi te vanter de ta législation nouvelle, qui confère à un pouvoir constitué, et placé par toi hors de toi, une volonté individuelle et négative, plus forte que toutes les autres volontés positives ensemble, puisqu'elle a la faculté d'en suspendre l'exercice! La loi permet tout ce qu'elle ne défend pas; mais le roi est plus puissant qu'elle, puisqu'il a le droit de défendre non-seulement ce qu'elle permet, mais même ce qu'elle ordonne.

» Nation imprudente, continue la cour en s'applaudissant et en insultant à nos réflexions tardives, tu as donné dans le premier piége que je t'ai tendu, et il ne m'en a fallu qu'un. Va! le seul *veto* me venge assez de tous les *dégoûts* dont tu m'abreuves depuis deux années. Ne vantes plus ton courage et tes sentimens romains, la perspicacité de ta vue et la finesse de ton tact, peuple imbécille qui n'aimes que le bruit et le mouvement; parce que tu t'agites, tu te crois libre : sois détrompé, et vois toute l'étendue de l'abîme où j'ai su t'entraîner au milieu de tes chants d'allégresse et de tes menaces. Va! saches que tu es fait pour être esclave, et que tu le seras tant que j'aurai le *veto*; et c'est la constitution que tu idolâtres qui me l'a donné. Tu m'as forcé à l'accepter ce pacte solennel; j'ai le droit à mon tour de t'obliger à en exécuter toutes les clauses. Peuple né seulement pour porter mon bagage, marche devant moi, et ne t'avises pas de regimber : la verge du *veto*, continuellement levée sur ta tête, te fera rentrer dans le devoir; obéis et sers. Dans tes loisirs, rêve à l'indépendance si cela t'amuse, j'y consens, et paie des représentans pour te faire des décrets; mais ceux-là seuls qui me plairont auront force de loi : je suis toujours ton législateur suprême comme auparavant, et je puis encore te dire : *Car tel est mon bon plaisir*; j'ordonnais *sic volo*, je défends *veto*; la chose est restée, il n'y a que le mot qui n'est plus le même. J'étais jadis *roi de France*, c'est-à-dire seigneur suzerain d'un fief de vingt-cinq mille lieues carrées, aujourd'hui je suis *roi des Français*, c'est-à-dire maître de leurs volontés. La constitution m'a fait plus grand que je n'étais. Monarques de l'Europe, hâtez-vous, imitez-moi : permettez à vos Etats de s'assembler, et n'appréhendez rien. Si vous obtenez le *veto*, vous serez encore tout-puissans.

» Si ce n'est pas là ce qu'on dit tout haut au comité des Tuileries, c'est bien là ce qu'on y pense. Mais toute médaille a son revers, et le triomphe de la cour pourrait bien ressembler à ceux des Romains : derrière le char triomphal, des citoyens se fesaient plaisir de jeter quelques feuilles d'absinthe dans la coupe des louanges où s'enivrait le vainqueur; quelques vérités dures s'échappaient du milieu de la foule, et perçaient jusqu'à son oreille superbe à travers le nuage d'encens qui exaltait son cerveau.

» Ne serait-il pas possible de rétablir cet ancien usage? ne se trouvera-t-il pas quelque franc patriote assez courageux pour hanter la cour, dans l'espoir de saisir la première occasion de faire parvenir au roi lui-même quelques vérités utiles et salutaires de l'espèce de celle-ci :

» Louis! tout succède à nos vœux, et même au-delà; la révolution, qui semblait devoir saper la base d'un trône souillé par quatorze cents ans de crimes, n'a fait que vous le rendre plus commode et mieux assuré que jamais. Vous venez de frapper de nullité une loi qui suspendait le glaive de la justice sur la tête des ennemis de la patrie, seule guerre qu'il était de notre dignité de déclarer aux émigrans et à leurs alliés. Votre second *veto* est encore une grâce accordée à d'autres traîtres, forts de la faiblesse des esprits, ennemis domestiques plus dangereux peut-être que ceux du dehors.

» Ces deux premiers essais de l'exercice du droit le plus redoutable qu'on ait imaginé de confier individuellement à un homme, ont été trop heureux pour ne pas vous enhardir; et désormais, sans doute, le *veto* sera comme le van du laboureur, qui retient le bon grain, et ne laisse aller que la balle stérile. Vous manifestez clairement l'intention de ne sanctionner que les décrets insignifians ou qui vous seront agréables, et de refuser le caractère de loi à ceux dictés par l'opinion, attendus par le peuple, mais hors du sens de votre comité.

» Vous avez pour vous la constitution ; vous n'usez que d'un droit qu'elle vous donne : il n'y a rien à vous dire. Ce n'est pas vous qui avez sollicité la loi du *veto*, du moins vous ne l'avez pas fait officiellement; en un mot, c'est un décret constitutionnel. Malheur au mal-avisé qui se lèverait maintenant pour réclamer contre! ce serait un factieux, un mauvais citoyen. N'est-ce pas bien là ce que vous avez droit de répondre, ce que le parti qui vous représente dans l'assemblée nationale a répondu au courageux Delcher? et cette réponse ne souffre pas de réplique. Vous et les vôtres êtes parfaitement en mesure.

» Mais est-ce donc tout que d'avoir pour lui le sens littéral de la loi? et pourra-t-on impunément violer l'esprit qui l'a dictée? Suffit-il d'invoquer et de remplir les formes? Appuyé sur elles, sera-t-il permis d'insulter à la raison, de fouler aux pieds les convenances sociales, et de compromettre le repos et le bonheur de toute une nation? La constitution est chose sainte, et avec les meilleures intentions du monde, personne ne doit y toucher; mais aussi tout ce qu'elle ne défend pas est permis. Voyez l'article V de la déclaration des droits. Or, elle ne défend pas de se mettre en garde contre un prince qui ferait un indigne abus du pouvoir monstrueux que la loi lui donne.

» La loi recommande le respect envers tous les pouvoirs constitués, mais elle ne défend pas le mépris pour la personne du magistrat suprême qui avilirait, par son caractère équivoque, la majesté de la nation dont il se dit le représentant héréditaire; mais elle ne nous défend pas de manquer de confiance envers ceux de nos fonctionnaires publics qui nous deviendraient suspects par une conduite louche et perfide, parce que la confiance ne se donne pas en vertu d'un décret, fût-il émané du sein de l'aréopage.

» La constitution accorde au prince un *veto* suspensif, et ne prononce aucune peine contre les législateurs assez lâches pour le laisser dégénérer en *veto* absolu; mais elle ne parle pas du *veto* de l'opinion publique; elle ne défend donc pas, elle permet donc d'en appeler à l'opinion publique pour frapper à son tour de nullité le *veto* royal, suspensif ou absolu.

» La constitution a décrété la loi martiale, mais elle ne défend pas, donc elle permet au peuple, de se rassembler sans armes sur le passage du roi ou aux portes de son château, et de lui faire dire par un orateur député par lui :

» Sire! nous sommes ici présens sous vos fenêtres cinquante mille citoyens paisibles, pas si bien habillés que vos gardes; mais nous nous sommes dépouillés pour les vêtir. Écoutez-nous sans intermédiaire : nous venons vous parler de vos *veto*. Vous avez attendu bien tard pour en user; cependant le décret du marc d'argent vous en offrait une belle occasion. Il paraît que vous voulez réparer le temps perdu; mais nous vous le demandons sans humeur, répondez-nous de même : si vous prenez l'habitude de dire *veto* à chaque bonne loi, à chaque décret urgent, à quoi nous servira-t-il d'avoir une assemblée nationale? Ce n'était pas la peine qu'ils accourussent de si loin et qu'ils fissent tant de beaux discours pour bien arranger un décret que vous anéantissez d'un mot! Savez-vous, sire, que c'est bientôt dit, *veto*, et qu'on a été plus long-temps à combiner la loi contre les émigrans et contre les prêtres? Convenez avec nous, sire, qu'il n'est guère probable que vous possédiez à vous seul plus de lumières et de sagesse que les quatrevingt-trois départemens ensemble; convenez qu'il est étrange d'attacher la destinée d'un peuple immense à deux syllabes tombées de vos lèvres royales. Du fond de votre palais, obsédé la nuit et le jour par une épouse vindicative et une sœur bigote, entre un Barnave et un Dandré, un Malouet et un Talleyrand, comment pourriez-vous vous flatter de connaître la véritable disposition des esprits? Dites! comment s'y est-on pris pour vous persuader de mettre votre volonté particulière, ou plutôt les décisions de votre petit comité des Tuileries, à la place du vouloir général? Il faut autre chose que la cour d'un roi pour éclipser le disque éclatant de la raison universelle. Nous sommes bien fâchés que la besogne de nos représentans ne vous plaise pas toujours; mais la nation les a rassemblés pour arranger ses affaires, et non les vôtres; et puis avez-vous oublié à quelles conditions nous vous avons gardé sur le trône? C'est pour nous que nous voulons un roi : nous ne lui appartenons pas, et nous ne devons rien à la maison des Bourbons; c'est elle qui nous doit tout. Nous avons fait bien des ingrats : n'importe!

» Au reste, pour en revenir à tous les *veto*, la constitution vous les permet, nous le savons comme vous. Mais, s'il faut vous le dire, vous abusez de la permission ; et si vous continuez, cela finira par devenir une véritable tyrannie de votre part. Bientôt nos députés n'auront que faire au manége. Sire, que n'y allez-vous plutôt l'un de ces matins, pour leur dire tout bonnement : Sortez d'ici, Messieurs, je viens moi-même pour en fermer les portes. Il est fort inutile que vous y restiez plus long-temps, car je suis bien résolu à dire *veto* à tout ce que vous feriez de passable. Allez en paix chacun chez vous; je me charge du reste.

» L'histoire nous assure que ce ton un peu leste réussit parfaitement à Cromwell ; mais l'assemblée nationale de France ne doit pas plus ressembler aux parlemens anglais, que nous ne ressemblons aux habitans de cette île. Sire, nous ne vous conseillons donc pas de suivre cet exemple; et, pour en finir, nous vous dirons que si la constitution est pour vous, la déclaration des droits de l'homme et du citoyen est pour nous. L'une vous donne le droit de *veto* ; l'autre nous donne celui de la résistance à l'oppression, art. II. Or, encore un *veto* de l'espèce de vos deux premiers, et il y a évidemment oppression de votre part; vous appelez sur nous la guerre civile et religieuse; donc vous nous placez dans le cas de l'art. II de la déclaration acceptée par vous. Prenez-y garde; nous vous laissons y penser : *examinez*. Nous vous ajouterons seulement que nos frères des quatrevingt-trois autres départemens pensent absolument comme nous et agiront de même, *quand votre majesté aura examiné.* »

MOTIONS ET DÉNONCIATIONS.

Nous entrons dans le troisième chapitre que nous avons indiqué dans notre classement des faits accomplis pendant le dernier trimestre de 1791. Ici, comme l'annonce notre titre lui-même, devraient se trouver les actes spontanés, les mouvemens d'initiative, si quelque chose de semblable s'était manifesté au sein de l'assemblée. Nos lecteurs se convaincront que les fatalités logiques imposées par la constituante à la législative, furent aussi rigoureuses que nous l'avons annoncé. Ils ont déjà vu à quelle insulte royale répondait la colère démocratique du 5 octobre, si tôt calmée d'ailleurs; à quels délits long-temps accumulés, à quelles provocations, chaque jour plus audacieuses, répondaient les deux lois dont nous venons d'achever l'histoire. Ils vont maintenant constater par les incidens révolutionnaires que tout dans l'assemblée procède d'un choc extérieur, et que la minorité fougueuse de l'extrême gauche ne s'abandonne, ne s'irrite, et ne demande certaines mesures que par besoin de réagir.

La querelle de Dermigny avec Goupilleau, les tribunes réservées aux ex-constituans, et dont ils faisaient l'usage plus haut mentionné, provoquèrent deux motions, déjà connues de nos lecteurs. Elles furent préparées aux Jacobins, avec une troisième dont nous n'avons pas encore parlé. Brissot résume ainsi la discussion ouverte sur ces trois objets : « Demander à l'assemblée nationale, 1° qu'elle exclue de son intérieur la foule d'hommes à épaulettes qui l'inondent; 2° qu'elle éloigne les places privilégiées; 3° enfin, qu'à l'avenir les actes du corps-législatif soient datés de l'année de la liberté française. » (*Journal du club*, séance du 5 octobre.) Ce nouveau millésime avait été adopté, pour la première fois, par le *Moniteur*, le 14 juillet 1790. Il était devenu populaire, comme on l'a vu par la date de la pétition du Champ-de-Mars (*le 17 juillet de l'an III*). Le jour de la prise de la Bastille servit de point de départ jusqu'au 2 janvier 1792, où, sur la proposition de Ramond, l'assemblée décréta que l'ère de la liberté commençait au 1er janvier 1789.

La question du mariage des prêtres, depuis long-temps traitée par les journaux, résolue par des exemples particuliers, même sous la constituante, fut posée à la tribune de l'assemblée législlative, dans la séance du 19 octobre : une lettre des administrateurs du département de Maine-et-Loire y donna occasion. Il s'agissait de savoir si un bénéficier qui n'était pas dans les ordres et qui venait de se marier, devait conserver son traitement.

[M. *Delaunai, d'Angers.* Je suis chargé par la députation de ce département d'appuyer la demande que forment les administrateurs et de vous proposer une mesure générale à cet égard. L'assemblée nationale constituante avait décrété que les religieuses qui se marieraient, seraient privées de leur traitement, mais par une loi postérieure, rendue le 10 septembre dernier, sur la motion d'un membre du comité de constitution, il fut décrété qu'elles conserveront leur pension en entier. Je demande que vous étendiez non pas la faveur, mais la justice de cette loi aux ecclésiastiques qui se marient. L'intention de la nation n'est pas de vouer au célibat une classe de citoyens, c'est-à-dire, de la condamner à un état que la nature réprouve et auquel elle n'est assujétie par aucune loi. Cependant plusieurs pensionnaires ecclésiastiques n'osent remplir le vœu de la nature et de l'humanité par la crainte d'être privés de leurs pensions, et les administrateurs eux-mêmes sont incertains sur le parti qu'ils doivent prendre. Je demande que l'assemblée prenne une mesure générale qui dissipe les craintes des uns, lève les incertitudes des autres; je demande qu'elle décrète que les prêtres pensionnés jouiront de leur pension, quel que soit l'état civil qu'ils embrassent. (On applaudit.)

M. Quesnay. Au moyen que la loi a déclaré qu'elle ne connaissait plus de vœux contraires à la nature, la question est décidée, et je demande qu'on passe à l'ordre du jour.

M. Lequinio. C'est précisément par les paroles même de l'opinant que je combats son opinion. S'il est une matière importante, c'est celle qui se présente à votre décision; il faut enfin ramener les choses à l'état de nature et de raison, et c'est précisément parce qu'il n'existe qu'une loi vague et obscure, et qu'elle ne nous empêche pas de suivre les abus anciens, qu'il faut en faire une plus précise. Je demande le renvoi au comité de législation.

M. Girardin. J'appuie la proposition du renvoi au comité, mais j'y propose un amendement infiniment pressant ; il consiste à ce que les traitemens des ecclésiastiques qui se marieront, leur soient provisoirement conservés.

M. Taillefer. Les raisons déduites par les préopinans sont absolument les mêmes que j'avais à présenter. Je ne crois pas que la loi doive être faite dans ce moment ; mais comme ces citoyens jouissent du bienfait de la constitution et ne contreviennent à aucune loi, il serait injuste de les priver provisoirement de leur traitement.

M. Goupilleau. Comme les administrateurs sont dans l'incertitude, il est essentiel de décréter que les ecclésiastiques qui se marieront, recevront provisoirement leur traitement.

N..... Il n'est point question de faire une loi, il est seulement question de déclarer qu'il n'y a pas de loi contraire.

M. Lecoz, évêque du département de l'Ille-et-Vilaine. Ceux qui ont dit que le célibat était contraire à la nature, ont avancé une grande erreur. (On murmure.) D'ailleurs vous vous occupez en ce moment d'éteindre ce feu qui consume l'empire, et par l'impolitique motion qui a été faite, vous l'alimenteriez de plus fort. (Quelques membres applaudissent.)

N..... Il n'existe point de loi qui empêche les ecclésiastiques pensionnaires qui se marieront, de toucher leurs pensions, donc les administrateurs n'auront pas le droit de les en priver, donc il est inutile que l'assemblée nationale s'occupe par provision de cet objet. Je demande en conséquence que l'assemblée passe à l'ordre du jour sur l'amendement de M. Girardin.

N..... Ceux qui insistent pour que la question soit ou décidée à l'instant ou préjugée, ne sentent pas la différence énorme qu'il y a entre un principe et son application. Je demande qu'attendu qu'il n'existe point de loi contraire à la pétition qui a été faite, il soit passé à l'ordre du jour.

L'assemblée passe à l'ordre du jour.]

Le 1ᵉʳ novembre, Goupilleau fit une motion en faveur de quarante-et-un soldats de Château-Vieux, condamnés aux galères. Cette démarche avait été précédée d'une séance aux Jacobins : nous allons la transcrire.

CLUB DES JACOBINS (31 OCTOBRE).

M. Collot-d'Herbois. « J'ai annoncé, Messieurs, que je vous rendrais compte de l'état où se trouve l'affaire des soldats de Château-Vieux. Je suis resté pendant quelque temps en suspens, parce que M. de Montmorin me paraissant bien disposé, j'ai cru ne devoir pas risquer de changer ses bonnes dispositions ; parce que, pendant un autre instant, j'ai craint d'exposer au ressentiment de ce ministre les malheureux soldats de Château-Vieux, en dévoilant les intrigues et la conduite fausse de M. de Montmorin à l'égard de ces infortunés.

» Les soldats du régiment de Château-Vieux, après avoir passé au conseil de guerre après l'affaire de Nanci, ont vu pendre vingt-sept de leurs camarades ; quarante-et-un ont été envoyés aux galères, où ils sont encore. Je ne vous retracerai pas leurs maux. Vous savez que toujours M. de Bouillé a été leur persécuteur, et néanmoins M. de Bouillé a été déclaré innocent et pourrait rentrer en France sans danger, tandis que les soldats de Château-Vieux sont aux galères.

» M. l'abbé d'Expilly avait épousé, dans l'assemblée constituante, la cause de ces infortunés, et vous allez juger, par le trait suivant, de l'hypocrisie et de la fausseté du ministre Montmorin. M. d'Expilly se rend plusieurs fois chez lui, et en est amusé comme il amusait tout le monde. Cependant, pour avoir un air de franchise, il lui dit qu'il croyait la circonstance favorable pour arranger cette affaire, vu que la diète des Suisses, du jugement de laquelle elle dépendait, était pour lors assemblée. Il lui offrit de négocier à cet effet, et d'écrire au ministre de France, près la diète. Craignant la lenteur du ministre, M. d'Expilly offrit d'envoyer sur-le-champ un courrier à ses frais, porter les dépêches ministérielles. Un citoyen de Brest,

OCTOBRE, NOVEMBRE, DÉCEMBRE (1791) 275

membre de la députation de cette ville, que vous avez souvent vu assister à vos séances, M. Rabit enfin était présent à cette conversation. Il offre aussitôt de servir de courrier, et de porter lui-même les dépêches.

» Le croiriez-vous, Messieurs, le ministre ne pouvant plus reculer, confie le paquet à M. Rabit, qui part dans la pleine assurance qu'il est sous la sauvegarde de la loi en portant ces dépêches adressées à M. Baker. Eh bien ! ce paquet était un passeport pour aller se faire pendre. Ce M. Baker n'était pas ministre de France, il n'avait pas de lettre de créance, et fut aussi étonné qu'effrayé de recevoir de M. de Montmorin un paquet qui l'exposait, ainsi que le porteur, à être pendu, dans un pays où le patriotisme français n'est rien moins que bien accueilli. Il est donc important que M. Montmorin, quittant le ministère (1), soit responsable de la conduite qu'il a tenue envers M. Rabit, et que MM. les députés à l'assemblée nationale.....

M. Bécourt. « Il n'y en a pas ici. »

« *Plusieurs voix.* Pardonnez-moi, Monsieur, en voilà de tous côtés. »

N.... « Je demande que M. Bécourt soit rappelé à l'ordre pour avoir interrompu l'orateur. »

Un député. « M. Bécourt ne doit pas être rappelé à l'ordre ; car si nous pouvons compter ici quelques-uns de nos membres, ils sont en petit nombre, et nous devrions y être tous. » (On applaudit.)

M. Collot-d'Herbois. « Votre étonnement augmentera encore, Messieurs, lorsque vous apprendrez qu'à cette époque la diète des Suisses n'était plus rassemblée. Je supplie donc les membres de l'assemblée nationale qui m'entendent, de mettre à cette affaire tout le zèle qu'elle mérite, et de ne pas perdre de vue les vives réclamations faites par le département du Finistère. Le successeur de M. Montmorin croira sans doute avoir des choses

(1) Depuis la clôture de la Constituante, le bruit de la démission prochaine de Montmorin s'était répandu. Le 21 novembre, Delessart le remplaça par intérim.
(*Note des auteurs.*)

T. XII. 18

bien plus importantes à faire que de délivrer de leurs fers quarante-deux misérables soldats; car il est impossible de se figurer l'insouciance des ministres sur les supplices et les tourmens des citoyens. Je demande donc en grâce à messieurs les députés de l'assemblée nationale qu'ils veuillent bien ne pas laisser aller M. Montmorin sans le faire expliquer d'une manière bien expresse. »

Ce discours fut suivi de la lecture d'une lettre par laquelle la société de Brest annonçait une souscription ouverte par elle en faveur des victimes de Bouillé, et sollicitait d'y concourir la société mère. Cette invitation fut acceptée sur-le-champ; Collot-d'Herbois souscrivit le premier pour une somme de 300 livres, moitié du prix qui avait été décerné à son *Almanach du père Gérard*; d'autres en grand nombre imitèrent son exemple.

MOTION DE GOUPILLEAU (*Séance du 1er novembre.*)

[*M. Goupilleau.* Je viens réclamer votre humanité et votre justice en faveur de plusieurs infortunés. Quarante-un Suisses soldats au régiment de Château-Vieux sont maintenant aux galères. Aux termes des traités, les Suisses ont toujours conservé la police sur leurs corps militaires au service de France; aussi l'assemblée nationale constituante n'a-t-elle pas compris positivement les Suisses de Château-Vieux dans l'amnistie; mais elle a rendu, le 15 septembre 1791, un décret conçu en ces termes:

« L'assemblée nationale décrète que le roi sera prié d'interposer ses bons offices, afin que ceux qui ont été condamnés pour des faits relatifs à la révolution française par les lois suisses, participent au bienfait de l'amnistie accordée à tous les citoyens français. »

Cette loi est demeurée sans exécution, et M. de Montmorin en est seul la cause. J'ai entre les mains plusieurs pièces qui m'ont été remises par les députés de la municipalité de Brest : je les déposerai sur le bureau, et j'en demanderai le renvoi au comité diplomatique. Il est prouvé par ces pièces que M. Montmorin a leurré l'espoir de ces malheureux; que, sous prétexte de condescendre à la volonté des citoyens de Brest, qui ont offert d'aller volontairement faire le voyage de Soleure, il les a exposés à périr, ou du moins à perdre leur liberté. Les cantons helvétiques n'ont dans ce moment aucun représentant de la nation française. Il est prouvé par ces pièces que M. de Vérac, ci-devant ambassadeur dans ces cantons, a envoyé depuis plus de quatre mois sa démission en France, et que cette démission n'a pas été notifiée aux cantons helvétiques; il est prouvé encore que M. Blache, qui, sur la démission de M. de Vérac, devait être chargé des affaires de France, n'a point eu de caractère pour se présenter : de façon que non-seulement nos affaires périclitent dans ce pays-là, mais que les Suisses du régiment de Château-Vieux n'ont pu trouver de protection pour faire écouter leur demande. Je demande donc que le comité diplomatique, dans le plus bref délai possible, nous fasse un rapport qui fixe l'état de ces malheureux, dont le patriotisme est le seul crime.

L'assemblée ordonne le renvoi au comité diplomatique.]

Le 5 novembre, Montmorin se justifia par une lettre écrite au président de l'assemblée législative. Voici cette lettre :

[« M. le président, le 1ᵉʳ de ce mois une dénonciation a été faite contre moi, relative à l'inexécution du décret de l'assemblée précédente, par lequel le roi était prié de négocier avec les cantons helvétiques pour que les soldats suisses détenus en conséquence des faits relatifs à la révolution profitassent de l'amnistie. Je vous prie de mettre cette lettre sous les yeux de l'assemblée; elle contient les différentes lettres écrites dans cette négociation. M. de Vérac, envoyé de France, me répondit, le 21 juin, en ces termes :

« L'instant ne m'ayant pas paru favorable pour entamer l'affaire du régiment de Château-Vieux, je me suis borné à sonder les dispositions du directoire. Ce n'est pas au moment où les cantons sont occupés à rétablir la subordination, que l'on peut croire qu'ils voudront laisser impunis des crimes qui n'ont pu être réprimés qu'au prix du sang de plusieurs officiers qu'ils regrettent encore. Je me suis aperçu que toute démarche non-seulement serait infructueuse, mais qu'elle aurait même un succès contraire à son but, etc.

» Depuis, M. de Vérac ayant donné sa démission, je ne pus le remplacer par un envoyé qui n'aurait pas eu de caractère sans une lettre de créance revêtue de la signature du roi. J'accréditai en conséquence M. Baker, que je chargeai de négocier l'exécution de la seconde amnistie. Le 21 octobre, étant en pleines fonctions, il me répondit qu'il n'avait pu entamer cette affaire auprès du district de Zurich, parce qu'on était alors occupé à la réponse à faire à la notification du roi, relativement à la nouvelle constitution. Je joins ici la copie des différentes lettres. »

L'assemblée renvoie la lettre du ministre, avec les pièces annexées, au comité diplomatique.]

Le 31 décembre, l'assemblée discuta l'affaire des soldats de Château-Vieux. Garran-Coulon établit, par d'anciens exemples, que les lois d'amnistie étaient applicables aux Suisses, et demanda que ceux détenus dans les galères de Brest fussent rendus à la liberté. Lémontey soutint les droits des cantons suisses sur leurs régimens; il voulait que l'amnistie fût l'effet de négociations. Guadet insista sur l'injustice de la condamnation des soldats, et démontra que ni les capitulations, ni la politique ne s'opposaient à ce qu'ils fussent amnistiés. L'assemblée, sur la proposition de Pastoret, décréta que les quarante-un soldats de Château-Vieux étaient compris dans l'amnistie, et qu'elle leur serait immédiatement appliquée.

— La motion de Cambon à l'occasion des troubles de Caen séance du 11 novembre), et relative à la prompte convocation de la haute-cour nationale, fut reprise le 19 par Lacroix. Le 22, en présence des commissaires du roi, eut lieu le scrutin pour la nomination des quatre grands juges, qui furent : MM. Creuzé de Latouche, Marquis, Albaret et Calmer. Le 23, Garran-Coulon et Pellicot furent nommés procurateurs.

Le 5 décembre, l'abbé Mulot fit une motion contre les maisons de jeu. Il s'exprima ainsi :

[*M. Mulot.* Il est impossible que l'assemblée laisse subsister plus long-temps des repaires de brigands, où les anti-révolutionnaires s'engraissent. C'est au nom des mœurs que je demande la destruction des deux ou trois mille maisons de jeu qui infectent la capitale, et que je prie l'assemblée d'ajourner à jour fixe le rapport du comité de législation sur cet objet.]

L'assemblée ajourna cette délibération au 15 décembre; mais elle fut complétement omise jusqu'au 19 février 1792, jour où l'officier municipal Charon vint solliciter une loi de répression contre les jeux. Il cita l'exemple d'un domestique qui venait de tuer son maître, après avoir perdu au jeu un remboursement qu'il avait touché.

—Nous terminerons notre analyse des motions par celles que les pétitions suscitèrent. La doctrine déposée par la constituante dans le décret qui précéda les massacres du Champ-de-Mars, et par lequel le droit de pétition était strictement borné aux individus, trouva de chauds partisans dans le côté droit de la législative.

Pas une des pétitions adressées à l'assemblée dans un but plus ou moins révolutionnaire, et présentée collectivement, ne passa sans être attaquée par les Feuillans. Nous allons brièvement exposer ces débats et leurs conséquences.

Le 22 octobre, la société fraternelle des Halles envoya une députation à la barre de l'assemblée, pour y présenter un projet de loi contre les émigrés. Ce projet déclarait que la patrie était en péril. Un membre s'opposa à ce que lecture en fût faite; mais le président Ducastel ayant répondu que le droit de pétition était sacré, et qu'il fallait entendre la société des Halles, l'orateur poursuivit au milieu des applaudissemens d'une partie de l'assemblée et des tribunes.

Le lendemain eut lieu la motion suivante :

[N.... Je demande la permission de faire une motion d'ordre. Le droit de pétition est un droit sacré; mais il doit être distingué du droit d'initiative sur vos discussions, qui a été exercé hier par une société fraternelle. Je demande que l'on ne reçoive que les pétitionnaires qui auront à réclamer contre la lésion de leurs intérêts particuliers. (On murmure.)

M. Merlin. Empêcher les citoyens de dénoncer à l'assemblée les faits dont ils sont les témoins, et de proposer les remèdes aux maux dont ils voient la source, ce serait la plus criante injustice.

N.... Il me semble que des pétitionnaires devraient se borner à énoncer les faits, mais qu'ils ne doivent jamais proposer de projets de décret. Aux seuls membres de l'assemblée nationale est délégué le droit d'avoir l'initiative sur la formation des lois.

N.... C'est attaquer la liberté de l'assemblée nationale que de vouloir que, par une loi générale, elle décide de n'admettre que tels et tels pétitionnaires. Elle doit, lorsque des pétitionnaires demandent à l'entretenir, prononcer leur admission, et suivant les circonstances, entendre ou renvoyer à un comité les conclusions qu'ils ont à présenter.

L'assemblée passe à l'ordre du jour.]

La séance du 25 octobre fut troublée par un incident du même genre. Plusieurs citoyens demandaient à être admis à la barre. Un membre proposa de fixer à douze le nombre de ceux qui pourraient désormais l'obtenir. Taillefer, Merlin et quelques autres réclamèrent avec chaleur la question préalable; néanmoins le président mit aux voix la question principale. Il s'ensuivit un tumulte impossible à décrire.

Couthon s'écria que le président avait violé la loi. Que le président soit cassé, dit un autre député. Alors il s'éleva de violentes rumeurs, et plusieurs membres proposèrent de se former en comité général. En ce moment, Couthon arrivait à la tribune.

[*M. Couthon.* Lorsque j'ai demandé la parole contre le président, j'ai cru y être autorisé par le réglement, et je ne me serais jamais attendu que l'usage du réglement m'eût attiré une telle indisposition de la part d'un grand nombre de membres, qu'on m'ait obligé de monter à la tribune, quoique l'assemblée ait plusieurs fois eu égard à mon infirmité.]

Cependant le désordre allait croissant. Le président se couvrit; les huissiers se répandirent dans la salle pour rétablir le calme, et enfin les députés s'asseyant et se découvrant, quelques minutes se passèrent dans un profond silence.

[*M. le président.* Il ne peut y avoir entre M. Couthon et moi qu'une difficulté bien facile à lever : nous pouvons remettre la question à un autre instant. Dans ce moment, un grand nombre de membres demandent que l'assemblée se forme en comité général : cinquante membres peuvent, aux termes de la loi, exiger cette formation en comité général ; or, plus de cinquante membres se sont fait inscrire. Je vais consulter l'assemblée pour savoir si elle veut se former en comité général. (On murmure.)

M. Lacroix. Cinquante membres ont le droit d'exiger que l'assemblée se forme en comité général, mais cette demande doit avoir un motif; or, je demande s'il existe des motifs pour que nous nous réunissions en ce moment en comité général. J'observe à l'assemblée, qu'en comité général elle ne peut rien décréter ; par conséquent, elle ne pourrait rien faire pour le bien public.

M. Fauchet. Il faut que l'opinant, qui demande à parler contre le président, soit entendu, à quelque prix que ce soit.

M. Couthon. Je dis que si j'avais pu penser qu'en demandant la parole contre le président, conformément au réglement, j'eusse occasionné le moindre trouble dans l'assemblée, que j'eusse en aucune manière altéré la paix, la tranquillité et la dignité qui doivent y régner, je n'aurais pas demandé la parole ; mais voilà ce que j'ai voulu : il a été fait une motion, que j'approuve, et qui consiste à restreindre le nombre des députés qui pourront être admis à la barre. Mais contre cette motion on a demandé la question préalable, qui a été appuyée par un très-grand nombre de membres. Cependant, quoique le réglement oblige M. le président à mettre aux voix la question préalable avant la question principale, M. le président a mis aux voix cette dernière, malgré les réclamations d'une partie de l'assemblée. Voilà pourquoi j'ai demandé la parole contre le président, pour l'honneur de la règle et de l'assemblée.

M. le président. Je rends justice au sentiment d'honnêteté de

M. Couthon ; mais une simple observation va écarter l'inculpation qu'il m'a faite.

Il est vrai que la motion principale a été mise aux voix ; mais la première épreuve était déjà faite, lorsque j'ai entendu demander la question préalable. J'ai proposé à l'assemblée de renouveler l'épreuve. L'assemblée ne l'a point voulu. (On applaudit.)

M. le président. Je rappelle aux tribunes qu'elles doivent assister aux délibérations, qu'elles ne peuvent ni applaudir ni improuver ; sans quoi j'exécuterai contre elles la loi.

L'assemblée décide de passer à l'ordre du jour.]

Le 5 décembre, à la séance du soir, une adresse de la société des Amis de la constitution, séante à Auch, excita de nouveaux débats. La société félicitait l'assemblée de son décret sur les émigrés. Laureau demanda qu'on prohibât ces sortes d'adresses, qui étaient au-delà de la loi, contre la loi, et qui tendaient à donner l'expression d'un petit nombre d'individus pour celle de la totalité. Thuriot et Lacroix parlèrent en faveur des sociétés, et l'assemblée décréta la mention honorable de l'adresse. À la séance du 15, une pétition, qui dénonçait celle du directoire de Paris comme attentatoire à la souveraineté nationale, donna lieu encore à des réclamations. « Il est temps enfin, s'écria Girardin, de se pénétrer de cette grande vérité, que le salut de l'empire est dans la constitution, que le salut des patriotes est dans la constitution, que le salut du peuple est dans la constitution ; ceux-là sont ses plus grands ennemis qui osent invoquer une autre loi : la loi suprême est dans l'obéissance à la constitution, elle est là tout entière. »

Bazire et Grangeneuve défendirent le *droit sacré de pétition*, et l'assemblée passa à l'ordre du jour. — Il ne nous manque, pour ne rien omettre d'essentiel en cette matière, que de citer l'arrêté pris le 4 novembre sur la proposition de Quatremère, et par lequel le dimanche fut exclusivement consacré à la lecture des pétitions. Nous avons maintenant à faire connaître les dénonciations.

Dénonciations. Les ministres furent harcelés de soupçons continuels, d'ordres de comparaître à la barre de l'assemblée, d'interpellations plus ou moins pressantes, plus ou moins fondées. Duportail et Delessart surtout, devinrent l'objet d'attaques et de dénonciations se succédant avec une rapidité et une violence qui ne tardèrent pas à amener la retraite de l'un, et la mise en accusation de l'autre. Duportail se démit le 2 décembre, et Delessart fut traduit devant la haute-cour nationale le 10 mars 1792.

Le premier grief contre Duportail fut sa négligence à faire jouir du bénéfice de l'amnistie plusieurs soldats détenus dans les prisons par suite de leurs querelles avec les états-majors. A la séance du 19 octobre, Chabot fit lecture d'un mémoire, en date du 29 septembre, signé par quarante-sept citoyens de Blois, qui réclamaient contre la détention de quatre soldats détenus à Blois, prolongée malgré la publication de la loi de l'amnistie, et qui se plaignaient du contraste qu'ils avaient remarqué entre la promptitude de l'envoi des décrets de sévérité, et la lenteur des ordres qui devaient procurer l'exécution des décrets favorables aux soldats.

« Je conclus, dit Chabot, en terminant, à ce qu'enfin l'assemblée nationale ouvre les yeux sur l'armée de ligne que des scélérats ont commandée jusqu'ici. (Les tribunes applaudissent. — Il s'élève beaucoup de murmures dans l'assemblée.) Je conclus à ce que l'assemblée nationale se constitue vengeresse de toutes ces iniquités, et à ce qu'elle oblige le ministre de la guerre de rendre compte des motifs de l'inexécution de la loi. »

On demanda l'ordre du jour sur cette dénonciation. Ducos déclara que cette décision déshonorerait l'assemblée. Taillefer fit décréter le renvoi des pièces au comité militaire.

A la séance du 28, Brissot communiqua un extrait des délibérations du district de Château-Thierry, inculpant le ministre de la guerre d'un séjour extraordinaire que ce district avait été obligé d'accorder au second bataillon des volontaires de Seine-et-Marne. Un membre annonça que les volontaires ne trouvaient point les armes promises par le ministre au lieu de rassemblement. Lecointre articula contre Duportail différens griefs. Audrein et Lacroix demandèrent l'examen le plus sérieux de sa conduite. Plusieurs membres dénoncèrent le mauvais état du peu de fusils qui avaient été livrés, et l'aristocratie des commis des bureaux de la guerre. On proposa de déclarer que Duportail avait perdu la confiance de la nation. Bertrand et Ducos voulaient qu'on fît examiner par le comité militaire les différentes accusations intentées contre le ministre, et qu'on lui portât un coup décisif après en avoir reconnu l'authenticité. Robbecourt proposa de faire rédiger par le comité militaire une série de questions auxquelles le ministre serait tenu de répondre catégoriquement ; Vergniaud, de faire examiner par le comité militaire les faits allégués, et de demander en même temps au ministre son rapport sur l'armement des gardes nationales, pour confronter ensuite ces deux travaux. Lacroix insista pour que le ministre fût sur-le-champ mandé à la barre. Après différentes propositions, celle de Vergniaud fut arrêtée.

A la séance du 29, Choudieu présenta, au nom des comités militaires, les chefs d'accusation contre Duportail. « Les questions étaient au nombre de huit, et en général assez mal posées, dit Brissot dans sa feuille du 30 octobre. Comme elles rentraient les unes dans les autres, on eût dit qu'elles n'avaient été ainsi divisées que pour ménager au ministre des triomphes plus nombreux. On pouvait les réduire à ces trois points : Comment les bataillons des volontaires nationaux ont-ils été armés ? comment ont-ils été équipés ? comment ont-ils été dirigés dans leur marche ? Il a été décidé que le président lirait les interpellations au ministre, une à une, et que les secrétaires écriraient ses réponses. Quelques membres ont demandé que les huit questions fussent communiquées au ministre avant qu'il se rendît à l'assemblée. Cette demande fut combattue par M. Lacroix, et rejetée par l'assemblée. *En effet, c'était une précaution inutile.*

» Nous n'entrerons pas dans le détail de l'interrogatoire subi par le ministre. En général, ses réponses portaient sur un faux principe. Il a semblé croire qu'il était déchargé de toute responsabilité dès qu'il avait donné des ordres ; mais cela ne suffit pas ;

il faut encore qu'il veille à leur exécution. Il a voulu faire croire qu'il répondait sans préparation ; mais il s'est trahi lui-même, car, en répondant à une question, il a dit que sa réponse satisferait aussi à la question qu'on allait sans doute lui faire ensuite. Nous avions donc raison de dire que la communication *officielle* demandée pour lui par quelques membres était une précaution inutile. Il a fini avec un ton d'humeur, qu'il a sans doute pris pour une noble fierté ; il a, pour ainsi dire, jeté le gant aux membres de l'assemblée, en les sommant de lui faire sur-le-champ les interpellations qu'ils auraient à lui faire, et il a taxé de malveillance ceux qui l'inculperaient en son absence.

» Ce ton cavalier a déplu à une partie de l'assemblée ; on a même accusé le ministre d'irrévérence pour le corps-législatif ; mais sur ces plaintes, on a passé à l'ordre du jour. »

A la séance du 2 novembre, un député dénonça encore Duportail, et s'éleva particulièrement contre son insouciance. *Le Patriote français*, du 3 novembre, renferme là-dessus les réflexions suivantes : « Nous avons remarqué que le ministre de la guerre avait répondu bien faiblement aux diverses interpellations qu'on lui avait faites au nom de l'assemblée ; nous avons dit qu'il avait semblé croire qu'il lui suffisait, pour être irréprochable, d'avoir donné des ordres, comme s'il n'était pas responsable de leur exécution. M. Ducos a présenté, sur ce point, des réflexions très-solides, et il a demandé que l'assemblée déclarât qu'elle ne regardait pas comme satisfaisantes les réponses du ministre, et qu'elle le chargeât de faire tous les huit jours le rapport de son travail. Cette proposition a été adoptée. »

A la séance du 10, Audrein dénonça Duportail, au sujet du défaut d'armes. Lecoz parla vivement contre ceux qui croyaient donner des preuves de civisme en *aboyant* contre un ministre. Cette expression le fit rappeler à l'ordre. Vaublanc et Lacroix développèrent des moyens de surveillance à l'égard des agens du pouvoir exécutif ; ils firent arrêter que le comité de législation présenterait un projet sur les mesures propres à assurer la responsabilité des ministres. Par suite de cette proposition, Hérault de Séchelles, rapporteur du comité de législation, lut sur la responsabilité un travail que l'assemblée renvoya au comité. Ce travail commençait par cette parabole : « Un peuple indien avait élevé une statue, dans les mains de laquelle il avait placé le livre de la loi : chaque jour les chefs venaient fléchir le genou devant la statue. » — « L'orateur, dit le *Patriote français* du 3 décembre, a vu dans cette statue le pouvoir exécutif ; est-ce parce que *nos chefs* fléchissent le genou devant lui? est-ce parce qu'il a fait souvent la statue ou le mort, comme un ci-devant patriote? C'est ce que M. Hérault n'a pas jugé à propos d'expliquer. Nous imiterons sa discrétion. » La discussion sur la responsabilité ne fut reprise que le 22 février 1792.

A la séance du 17, l'assemblée renvoya au comité militaire deux lettres lues par Regnaud-Beaucarron, et dans lesquelles on accusait Duportail de laisser sans armes les volontaires qui étaient aux frontières.

A la séance du 19, Rougier fit décréter que Duportail produirait la dernière quittance du lieutenant-colonel Lamotte, mort depuis plus de trente ans, et porté encore sur la liste des pensions pour une solde de 1,500 liv. (1).

Le 22 au soir, Carnot jeune fit un rapport sur l'inexécution par le ministre de la loi d'amnistie à l'égard des quatre soldats détenus à Blois. La discussion fut ajournée.

Le 2 décembre, Duportail annonça sa démission, ce qui n'empêcha pas qu'il ne fût encore dénoncé le 5 du même mois. Un membre demanda qu'il vînt à la barre rendre compte de sa conduite. Le 7, il fut remplacé par Narbonne, le même dont le *Moniteur* du 16 mai 1790 rapporte un discours à la garde nationale de Besançon, qu'il commandait alors, et qui plus tard prit sa

---

(1) Le discours de Rougier (député de la Haute-Loire) renferme deux fois le mot ma *dénonce*, au lieu de ma *dénonciation*. Cette expression tout-à-fait patoise est la seule de ce genre que nous ayons encore trouvée dans le *Moniteur*. Les députés des provinces méridionales à la Constituante usèrent souvent de la syntaxe patoise, sans cependant se servir de mots patois. Ainsi, par exemple, ils employèrent constamment et finirent par faire adopter aux députés du Nord cette locution : *J'observe* au lieu de *je fais observer*.

(*Note des auteurs.*)

défense contre une attaque de Mercier dans les *Annales patriotiques*. (*Moniteur* du 30 juin 1790.)

Le ministre de l'intérieur Delessart fut mandé pour la première fois à la barre le 17 octobre. Il devait s'expliquer sur le retard de l'envoi des fonds affectés aux dépenses publiques, retard dont se plaignaient les administrateurs de Loir-et-Cher. Il comparut le 18, et rendit compte des sommes qu'il avait ordonné de faire passer au département dont il s'agit, pour le paiement des ecclésiastiques fonctionnaires publics; il se renferma dans le même système que nous avons vu plus haut invoqué par Duportail, disant qu'il fallait distinguer le soin d'ordonner les paiemens de celui de les effectuer, chose tout-à-fait à la charge des commissaires de la trésorerie.

Sommé, le 11 novembre, de communiquer sa correspondance avec le directoire du Calvados, à l'occasion des troubles de Caen, le lendemain il rendit compte des événemens, et donna des éclaircissemens sur les inculpations articulées par Fauchet contre la majorité des directeurs. Delessart n'avait pas été étranger à la démarche qu'avait faite contre Fauchet la municipalité de Bayeux : il avait encouragé l'opposition manifestée par les administrateurs du Calvados à l'égard de ce prélat, soit dans le mode qu'il avait adopté pour ses visites pastorales, pleines de prédications révolutionnaires, soit dans sa candidature à la législative. Aussi Fauchet le poursuit-il maintenant avec une haine toute personnelle. Ainsi, quoique Delessart ait été définitivement promu au ministère des affaires étrangères, le 29 novembre, et remplacé à l'intérieur par Cahier de Gerville, le 3 décembre, il est de nouveau attaqué à outrance sur sa gestion passée. Comme Fauchet se fera plus tard un titre de cette dénonciation, lorsqu'on l'accusera lui-même d'être le partisan de Narbonne, nous allons en reproduire la partie essentielle.

[*M. Fauchet.* Il est temps de faire un grand exemple : j'accuse M. Delessart de deux crimes de haute trahison. Il a trahi son ministère en n'envoyant que le 25 novembre au département du Calvados la loi du 27 septembre sur le répartiment des contributions publiques; il a trahi la nation en diffamant auprès d'elle la première des autorités constituées. La preuve complète de ce second délit est dans toutes les places publiques; elle est dans la proclamation que M. Delessart a signée, et dans laquelle il accuse les représentans de la nation d'ignorer les principes de la constitution. Ces deux crimes attentent à la sûreté de l'État; ils appellent sur la tête de celui qui s'en est rendu coupable une grande responsabilité. L'assiette de la contribution publique est encore à faire dans un des plus riches départemens de la France, et c'est par la faute du ministre de l'intérieur. Observez quel est l'homme dont il s'agit : c'est un homme qui avait pris l'esprit d'agiotage avec M. Necker; c'est l'homme qui conçut, dans le commencement de la révolution, le projet d'affamer Paris; c'est l'homme enfin qui dernièrement a tout calculé pour réduire la France à la disette. Il est convenu ici qu'il avait écrit aux départemens pour la répartition des contributions, et que la plupart d'entre eux ne lui avaient pas seulement répondu, et il est resté tranquille; et nous aussi, nous sommes restés tranquilles! Un seul objet attire sa sollicitude, c'est le traitement des prêtres réfractaires; mais les curés constitutionnels sont obligés de quitter leurs cures de peur d'y mourir de faim. Les ennemis de la chose publique sont les premiers des hommes pour M. Delessart, et les amis de la constitution sont à ses yeux des factieux et des perturbateurs. (Applaudissemens.)

Je demande que M. Delessart soit à l'instant mandé à la barre, et que M. le président lui fasse ces deux questions : 1° Est-il vrai que vous n'avez envoyé au département du Calvados que le 25 novembre la loi du 27 septembre sur les contributions publiques? 2° Est-il vrai que vous avez dit dans une proclamation ces mots : *Le roi vient de refuser sa sanction à un décret qui ne pouvait pas compatir avec les mœurs françaises et les principes d'une constitution libre.* Comme ces deux délits ne pourront être niés, je demande qu'il soit alors rendu contre lui le décret d'accusation. (Les applaudissemens des tribunes recommencent avec de nouveaux transports.)]

Delessart, alors malade, vint se justifier à la séance du 22 décembre. Il renversa, d'une manière satisfaisante pour l'assemblée, les griefs qui lui étaient imputés. Nous verrons ce ministre aboutir, d'acousations en accusations, à la haute-cour nationale, ainsi que nous l'avons annoncé, et finir par être massacré à Versailles, le 9 septembre 1792, avec les prisonniers qu'on y transférait d'Orléans.

Le ministre de la justice, Duport-Dutertre, ne fut dénoncé qu'une fois pendant le trimestre qui nous occupe. Le 9 décembre un député se plaignit qu'il n'avait pas fait exécuter la loi de l'amnistie envers soixante-un laboureurs détenus dans les prisons de Périgueux. L'assemblée ordonna le renvoi de cette plainte au pouvoir exécutif.

Le ministre de la marine, Bertrand de Molleville, accusé une première fois d'avoir annoncé qu'aucun officier de la marine n'avait quitté son poste, prononça un discours justificatif à la barre de l'assemblée, dans la séance du 5 décembre. Il excita de violens murmures, parce qu'en parlant des officiers il lui arriva d'en désigner un par la qualification de *chevalier de la Bentizane*. « J'ai voulu dire, reprit-il, M. de la Bentizane. » L'assemblée ordonna l'impression de son mémoire.

A la séance du 7, on lut la lettre suivante, adressée par le conseil-général du département du Finistère.

« Nous dénonçons le ministre de la marine pour avoir trompé votre religion, en assurant que les officiers de son département étaient à leurs postes. Cent quatre sont absens par congé, deux cent soixante-onze sans congé; vingt-huit demandent leur retraite. Nous dénonçons le ministre pour avoir confié à des hommes tarés dans l'opinion publique les secours destinés aux colonies. Les citoyens de Brest y ont vu arriver avec horreur M. Lajaille. Peut-on sans scélératesse remettre à des mains criminelles le salut de l'empire? Les troubles ont été apaisés par les soins de M. Labourdonnais. Nous vous le jurons, jamais, non jamais nous ne serons tranquilles si vous vous reposez sur les agens du pouvoir exécutif; ils vous ont trompés, ils trompent encore la France entière. »

L'assemblée renvoya cette lettre aux comités de surveillance et de marine.

Le 18, le ministre présenta un second mémoire justificatif, dont l'impression fut également ordonnée. Le rapport du comité de marine sur les diverses dénonciations dont Bertrand de Molleville avait été l'objet, n'eut lieu que le 13 janvier 1792.

Il nous reste à mentionner quelques autres dénonciations, dont une seule frappa un agent du pouvoir exécutif; les autres tombèrent sur de simples particuliers. Les députés qui s'étaient fait remarquer par leur zèle en ces matières, déterminèrent bientôt l'assemblée à nommer un comité de surveillance; il fut décrété le 25 novembre, sur la proposition de Bazire. Nous trouvons là-dessus dans le *Patriote français* du 26, une apologie que nous plaçons sous les yeux de nos lecteurs.

« La vaste trame dont le but est de relever le trône du despotisme sur les ruines de la France, et dont tous les jours on découvre quelques fils, exige une vigilance toujours active, et un point auquel puissent se réunir toutes les dénonciations, tous les renseignemens sur les complots et les moyens de les déjouer. C'était un établissement nécessaire que le comité des recherches de l'assemblée constituante; et s'il a été sur la fin dangereux pour la liberté, parce que des intrigans y dominaient, parce qu'il était sorti des limites de son institution, parce qu'il avait usurpé le pouvoir terrible de lancer des lettres de cachet, parce que de comité il était devenu tribunal, et tribunal secret, on n'en doit pas moins convenir qu'il a rendu de grands services à la révolution.

» Purgé des abus qui l'ont infecté dans un temps où l'assemblée nationale tombée en enfance, était le jouet des intrigans et des ministériels; ramené à son objet naturel, qui ne peut être que de rassembler les lumières, que de recueillir des preuves, que de préparer des mesures contre les criminels qu'il aurait découverts ; ce criminel peut seul effrayer les ennemis de l'État, et rendre leurs complots inutiles.

» Aussi le patriote Bazire en a-t-il demandé le rétablissement sous le titre de *Comité de surveillance*. Une institution de ce genre ne peut plaire à tout le monde ; il est tout simple que les voleurs crient contre les réverbères. Les amis de la cour ont fait une grande insurrection contre la proposition de M. Bazire, et au défaut de raisons, ils ont eu recours aux murmures, aux cris et au tumulte. Mais les patriotes Chabot, Audrein et Guadet ont répondu par des raisons qui ont triomphé. L'assemblée a décrété qu'il y aurait un comité de surveillance, composé de douze membres, renouvelés par moitié tous les trois mois. Elle lui a renvoyé tout ce qui est relatif aux émigrans. »

Le comité de surveillance se composa d'abord de MM. Grangeneuve, Isnard, Merlin, Bazire, Fauchet, Goupilleau, Chabot, Lecointre, Quinette, Jagot, Montaut, Antonelle. — *Suppléans* : MM. Bruat, Rülh, Ritter, Thuriot.

Affaire Varnier. — Avant que le comité fût établi, eut lieu la première des dénonciations dont nous allons nous occuper. A la séance du 12 novembre, Bazire demanda la parole et dit :

[*M. Bazire.* Je viens vous dénoncer un fait très-important : c'est une lettre adressée par M. Varnier, receveur-général des finances à un receveur particulier de mon département ; la date en est encore toute fraîche, elle est du 30 octobre dernier, elle est ainsi conçue :

« Continuez, Monsieur et cher ami, à mettre la même adresse pour le passage de nos employés chez les émigrans ; n'en faites point partir de mariés, de peur qu'ils n'éventent la mèche. Ils ne manqueraient pas d'écrire à leurs femmes, qui bientôt découvriraient le complot. Les soixante-trois que vous avez envoyés sont arrivés à Coblentz ; on en est fort content, ce sont des hommes vigoureux, et faits à la fatigue. Ils ont promis de ne point écrire en France. Ne négligez rien pour faire passer ceux de Dijon et des directions voisines. Faites-leur croire que vous les envoyez aux frontières pour la contrebande, et comme il faut à ces gens-là un appât, dites-leur qu'on fait là-bas de très-bonnes prises, et que les fermiers-généraux n'en retiennent plus rien. La rigueur de la saison et la misère les décideront à passer dans l'armée des princes. On est fort content de M. Tardy ; il les fait passer avec beaucoup d'art et sans argent. A ce que vous me mandez, il paraît que nous aurons beaucoup de ces anciens employés. Si vous avez de beaux hommes, et qu'ils manquent d'argent, faites-leur quelques avances, que vous porterez sur leur commission. Je viens de recevoir 500 liv. que je vous envoie ; accusez-m'en la réception, pour que je puisse en justifier l'emploi ; n'en donnez pas surtout sans le mettre sur les commissions. Si nous parvenons à réunir vingt-cinq mille hommes, les connaisseurs assurent que l'armée des gardes nationales sera bientôt chassée jusqu'à Paris, où les mécontens, qui y sont en grand nombre, l'étrilleront ; et que les provinces ne tarderont pas à rentrer sous la protection du roi. L'assemblée est dans le plus grand discrédit, et n'attendra pas que nous la chassions pour se diviser. Continuez, mon ami, je suis, etc. VARNIER. »

J'aurais pu, avec une pareille lettre, faire poursuivre par l'accusateur public ; mais l'instruction aurait été lente ; j'ai mieux aimé donner à un coupable le moyen d'échapper au châtiment, que d'exposer une foule d'individus à être victimes de sa perfidie. On cherche à faire partir les employés en leur faisant accroire qu'ils marchent à la défense des frontières. Je dépose la lettre sur le bureau. Je demande que l'assemblée établisse un comité de surveillance pour arriver à la connaissance des faits indiqués par cette lettre, et moi je prends l'engagement de dire, lorsqu'il en sera besoin, comment et par qui elle m'est parvenue. (On applaudit.)

N.... Je demande que M. Bazire veuille bien nous le déclarer sur-le-champ.

M. Bazire. Je n'ai pas besoin de dire en ce moment à l'assemblée comment cette lettre m'est parvenue. La justice a des moyens assurés pour obtenir la vérification que je demande. Il suffit actuellement que je dépose la lettre sur le bureau. Ceux qui doutent de son authenticité sont les maîtres de faire les démarches nécessaires pour s'en convaincre. Il y a des experts pour cette partie ; qu'ils examinent si la signature qui est au bas de cette lettre n'est pas celle de M. Varnier. (On applaudit.)]

Le correspondant de Bazire était un maître serrurier d'Auxonne, nommé Volon. Voici sa lettre d'envoi telle que Bazire la lut à la séance du 23 novembre.

« Mon compagnon courtise la fille de M.... aubergiste à Auxonne. Il a été la voir hier ; et en faisant le lit de M. Noirot, il a vu sur une table une lettre. S'apercevant qu'elle était pour la contre-révolution, il l'a mise dans sa poche sans rien dire. Cette lettre est écrite par M. Varnier, receveur de notre grand bureau, qui loge à Paris, à l'hôtel du Grand-Louis. Je n'en ai pas parlé à nos officiers municipaux, dans la crainte qu'ils n'en avertissent M. Noirot, qui est receveur de notre district. J'affranchis la lettre, afin qu'elle vous parvienne plus sûrement, etc. »

L'assemblée décréta successivement la comparution à la barre et la mise en accusation de Varnier. Celui-ci fut amené, séance tenante ; il subit un long interrogatoire de la part du président Vergniaud, et fut ensuite transféré à l'Abbaye. Le 19 novembre, il écrivit à l'assemblée pour réclamer contre le secret auquel il était encore soumis. Sa lettre n'eut d'autre résultat que de précipiter la formation de la haute-cour nationale. Le 23, Poupard-Beaubourg, ex-administrateur et inspecteur-général du doublage de la marine, récemment impliqué dans une affaire de falsification d'assignats, adressa à l'assemblée le message suivant :

Lettre de la dernière importance, affaire Varnier. « Monsieur le président, je vous déclare, du fond du sépulcre constitutionnel où je suis plongé, que c'est moi qui suis le coupable dans l'affaire du sieur Varnier ; je me suis servi de son nom. J'ai fait écrire mes lettres par un jeune homme dont j'ai guidé la main.

» Je vous tairai son nom. Déclarer son nom, ce serait une lâcheté ; et un homme de mon caractère, qui a attaqué la constitution, est incapable d'une lâcheté. Cessez donc de balancer le fer de la justice et de la vengeance sur des têtes innocentes ; je suis le seul coupable.

» Que l'on me frappe; bien des personnes apprendront de moi comment on doit mourir.

» *A Paris, le 23 novembre.*   *Signé,* Poupard-Beaubourg,
» détenu aux prisons de l'Abbaye-St-Germain. »

Guadet proposa de déposer cette pièce aux archives, pour qu'elle fût remise avec toutes les autres au greffe de la haute-cour nationale. L'assemblée décréta cette mesure; elle entendit ensuite la lecture d'un projet d'acte d'accusation contre Varnier et ses complices Tardy et Noirot.

Affaire Delastre. A la séance du 24, Merlin demanda la parole pour une dénonciation.

[M. *Merlin.* Je viens vous proposer de renvoyer à la haute-cour nationale la lettre dont je vais vous faire lecture. Elle a été trouvée dans un bateau qui allait à Trèves. Elle est datée de Paris, le 22 octobre, et adressée à M. de Calonne, conseiller-d'état à Coblentz.

« Monsieur, oserais-je me flatter que, malgré l'importance des affaires qui vous occupent, vous voudrez bien vous souvenir d'un professeur en droit, qui, lié à Paris par son état, encore subsistant, quoique ruiné, et qui ne pouvant, à cause de son âge, aller servir la cause de son roi, vous envoie son fils unique, jeune homme de vingt-cinq ans, plein de zèle et d'ardeur, et pour lequel je sollicite votre protection. Ce fils était contrôleur des fermes; il a servi sous M. de Neuilly, fermier-général, qui vous en rendra bon témoignage. Il a de plus l'honneur d'être connu de M. Gilbert de Voisins, auquel il vous serait plus facile encore de demander des renseignemens sur son compte. Puissent les projets que vous avez conçus s'effectuer bientôt pour la délivrance de notre auguste monarque, et le rétablissement de l'ordre et de la tranquillité dans le royaume.

«*Signé,* Delastre, *professeur en droit.*»

Traduit à la barre immédiatement, Delastre avoua tout, reconnut sa lettre, et fut, par les ordres de l'assemblée, incarcéré à l'Abbaye pour de là être envoyé par-devant la haute-cour nationale.

Lettre brûlée. A la séance du 10 décembre, un secrétaire donna lecture de la lettre suivante d'un citoyen de Paris.

[J'ai été hier à l'Abbaye, une voix plaintive s'est fait entendre; un prisonnier m'a chargé de mettre une lettre à la poste, en me disant qu'elle était adressée à son frère, pour lui demander des secours. Il a exigé que je fisse serment de m'acquitter avec fidélité de sa commission : je me rendis à ses prières, et lui promis de remettre la lettre à la poste. Mais le patriotisme dans un citoyen veille toujours. J'allais à la poste, un repentir m'arrêta ; une force invincible me détermina à décacheter ladite lettre..... (Il s'élève un mouvement d'indignation.—On demande de toutes parts l'ordre du jour.)

M. Vergniaud. L'assemblée ne peut délibérer sur le délit dont le particulier qui vous envoie la lettre s'est rendu coupable. Je demande qu'elle décrète sur-le-champ la suppression et le brûlement de la lettre.

M. Bazire. Le particulier peut être coupable : il est un seul cas où il trouverait son crime lavé : c'est celui où il aurait sauvé sa patrie. Il faut examiner les faits que la lettre contient : j'en demande le renvoi au comité de surveillance.

M. Cambon. La lettre du prisonnier est sa propriété ; elle doit lui être renvoyée.

M. Garran. L'assemblée ne doit point laisser passer cette affaire sans témoigner sa souveraine indignation contre cette violation de tout ce qu'il y a de plus sacré. On a dit qu'il pouvait être question du salut de la patrie. La patrie ne peut être sauvée que par la justice et la loyauté. Je demande le brûlement de la lettre. (On applaudit.)

M. Bazire. On confond toujours la morale des particuliers avec la morale publique. (On murmure.)

L'assemblée ferme la discussion, et décrète que son procès-verbal énoncera que l'assemblée nationale, indignée, a passé à l'ordre du jour, après avoir ordonné la suppression et le brûlement de la lettre.]

—Le comité de surveillance débuta, le 13 décembre, par un rapport présenté par Fauchet sur les enrôlemens qui se faisaient à Paris pour Worms et pour Coblentz. Ce rapport inculpait un certain Rauch, tambour-major du bataillon de l'Oratoire. Le prévenu, son dénonciateur Lucot et un grand nombre de témoins furent entendus par l'assemblée. L'instruction dura pendant près de trois séances, et aboutit à la mise en liberté de tout le monde. La légèreté avec laquelle le comité de surveillance avait entraîné l'assemblée dans une démarche inutile, fut vivement critiquée. Les apologies de ses partisans se bornèrent à cette excuse : Il en est à son coup d'essai; l'on ne doit pas s'étonner qu'il ait été induit en erreur. « Il est temps, s'écria Lacroix, que l'assemblée se fatigue de la position où elle s'est mise depuis trois jours. Le délit n'est pas prouvé; l'innocence n'est pas évidente. On pourrait même demander si le délit existe. Ne perdons plus de temps à le chercher, et, instruits par le passé, évitons de tomber à l'avenir dans de semblables inconvéniens. Décrétons que le comité de surveillance ne fera jamais de dénonciations qu'après que les preuves de l'accusation auront été acquises juridiquement et renvoyées à l'assemblée. (On applaudit.) Ne vous y trompez pas, le temps que vous avez perdu est du temps gagné pour les ennemis de la chose publique. Ils sauront vous susciter de semblables affaires pour vous faire perdre trois jours par semaine. »

— Nous venons d'exposer les principaux actes parlementaires du premier trimestre de la législative. Au décret contre les prêtres, à celui contre les émigrés, aux motions et aux dénonciations que l'on vient de lire, nous devons seulement ajouter un décret sur le remplacement des officiers, et les mesures prises à l'égard des colonies : nous réserverons tout ce qui concerne la guerre pour en faire un seul et même chapitre avec l'analyse des séances des Jacobins, comprise plus bas dans notre coup d'œil sur Paris.

La question du remplacement des officiers, soumise à la délibération dès le 16 octobre, fut décidée le 29 novembre. Le roi sanctionna le décret le 11 novembre. La discussion y relative n'offre aucun discours remarquable : nous nous bornerons en conséquence à reproduire les dispositions importantes du décret.

« L'assemblée nationale, considérant qu'il est impossible de procéder aux nominations et remplacemens dans l'armée par la voie de l'examen ; considérant que la discipline et la force de l'armée exigent que les emplois vacans par la défection d'un grand nombre d'officiers soient promptement remplis, décrète, etc. : — La moitié des sous-lieutenances actuellement vacantes, ou qui viendront à vaquer dans chaque régiment de toute arme jusqu'au 1er février prochain, sera donnée aux nationaux du royaume. — Tout citoyen ou fils de citoyen âgé de dix-huit ans et au-dessus sera admissible aux emplois réservés aux gardes nationaux par l'article précédent, s'il a fait un service personnel et continu dans la garde nationale depuis le 1er janvier jusqu'à ce jour. — Sont également admissibles auxdits emplois tous les anciens sous-officiers et soldats qui, à l'époque du 1er janvier 1790, étaient dans les troupes de ligne, et qui depuis, dans le délai de deux mois à compter du jour de la date de leur congé absolu, sont entrés dans la garde nationale, et y ont fait un service personnel et continu jusqu'à ce jour. »

Colonies. La première nouvelle de l'insurrection des nègres vint par le navire le Triton, parti de Léogane du 29 au 30 août. Une lettre du Havre, datée du 17 octobre, transmit à Paris les détails que ce navire apportait.

La municipalité du Havre expédia à l'assemblée législative un message qu'elle reçut le 29 octobre : il fut lu par Brissot à la séance de ce jour. C'était un extrait de deux lettres, l'une écrite du Cap-Français, en date du 25 septembre ; l'autre, par William Collow, de Londres, à MM. Collot frères et compagnie, du Havre. En voici la substance :

« Les nègres des environs du Cap-Français sont rassemblés au nombre de 40 ou 50 mille ; ils sont armés de 5,000 fusils, et ils ont en outre beaucoup d'instrumens d'agriculture qu'ils ont convertis en armes.

» Le commodore Afleck, en station à la Jamaïque, s'est rendu au Cap pour offrir à M. Blanchelande des secours que le général français n'a pas cru devoir accepter, et il a fait passer ces détails par la frégate la *Daphné*, qui a touché au Cap, d'où elle a mis à la voile le 25 septembre. »

Le 30 octobre, Bertrand de Molleville écrivit à l'assemblée pour l'informer du départ prochain pour Saint-Domingue d'une expédition de 3,200 hommes. Le 8 novembre, il communiqua la lettre suivante, qu'il recevait de Blanchelande, gouverneur de la colonie.

« Je vous dois compte de l'état affreux où nous nous trouvons. Le 22 août, l'assemblée coloniale m'avait invité à être présent aux déclarations de plusieurs personnes, blanches ou noires, arrêtées par des patrouilles. Je fus, par ces dépositions, convaincu qu'une conspiration était formée contre la colonie, et particulièrement contre le Cap. J'appris que la nuit du même jour on devait incendier plusieurs habitations près du Cap, et égorger tous les blancs. Le 23 au matin, plusieurs habitans de la campagne se réfugièrent dans la ville; ils rapportèrent que plusieurs ateliers étaient en insurrection, et que plusieurs personnes blanches avaient été massacrées. J'ordonnai à la compagnie de grenadiers et aux chasseurs volontaires du Cap de se porter au fort. L'assemblée coloniale, de son côté, envoya des volontaires à la hauteur du Cap, port distant d'une lieue. Ces mesures remirent un peu la tranquillité dans la ville; mais bientôt l'alarme y fut répandue par la nouvelle que les Nègres s'étaient emparés des cases à Bagasle. On apprit qu'un rassemblement de mille nègres était formé et grossissait toujours.

» Je fis renforcer mes détachemens; mais les nouvelles ultérieures m'annonçant la révolte de plusieurs autres ateliers, et l'assemblée me témoignant ses alarmes sur la tranquillité de la ville, qui contenait huit mille nègres mâles, je fus obligé de retirer les détachemens pour couvrir la ville. L'assemblée coloniale sentant que la province du Nord était en danger, et que l'inertie dans laquelle elle se trouvait empêchait la réunion des troupes patriotiques aux troupes de ligne, je réunis ces troupes, et j'établis un poste de cent cinquante hommes d'infanterie et de cavalerie à une lieue du Cap. Sur le déclin du jour, il y eut quelques fusillades, où cinquante nègres furent tués ; je mis un poste de deux cents hommes à la Petite-Anse ; j'en établis d'autres aux entrées de la ville et sur les routes qui y aboutissent ; je pris même d'autres précautions : j'envoyai deux frégates pour battre sur le chemin de la Petite-Anse ; je m'assurai ainsi qu'il n'y avait rien à craindre pour la ville. Sur la demande de l'assemblée générale, je mis un embargo sur les vaisseaux de long cours, afin d'avoir une ressource pour embarquer les femmes et les enfans, en cas d'événemens plus fâcheux.

» Si mes moyens me l'eussent permis, je ne me serais pas réduit à des mesures défensives, j'aurais attaqué les rebelles ; mais la ville contenant des rassemblemens d'hommes dangereux et un complot étant évidemment concerté entre les nègres de la ville et ceux de la plaine, je fus obligé de laisser les troupes dans la ville. J'écrivis à tous les commandans espagnols pour leur demander des secours, et pour les prier d'ordonner à leurs troupes de se réunir aux troupes françaises quand elles en seraient requises ; j'envoyai une dépêche au commandant-général de *Santo-Domingo*, pour le prier d'autoriser l'envoi de ces secours, conformément à l'article IX du traité de police entre les cours de France et d'Espagne. J'écrivis aussi au gouverneur de la Jamaïque et au président des États-Unis pour leur demander des secours en hommes ; j'y fus invité par l'assemblée générale, qui, de son côté, a envoyé des commissaires pour faire les mêmes demandes. Les réponses ne sont pas encore parvenues. Cependant Don..... m'a accusé la réception de ma lettre, et m'a mandé qu'il allait rassembler des troupes sur la frontière de la partie espagnole de l'île, et qu'aux ordres du général il les ferait entrer dans la partie française. Déjà il est arrivé en rade cent cinquante Américains qui se sont offerts généreusement, et dont j'ai accepté les services ; ils se conduisent parfaitement bien.

» L'assemblée générale, sur l'offre que lui ont faite les gens de couleur de partager les peines et les fatigues des troupes patriotiques et de ligne, a accepté leur secours ; ils ont laissé pour garantie de leur fidélité leurs femmes, leurs enfans et leurs propriétés. Ces dispositions sages nous donnent l'espoir de réduire plus tôt les nègres en marchant contre eux. En effet, les gens de couleur sont craints des nègres; ils connaissent toutes leurs allures et leurs projets; ils seront d'un grand soulagement pour les troupes de ligne et patriotiques. J'en ai répandu un grand nombre dans différens postes; mais j'en conserve encore la plus grande partie dans la ville, pour nous secourir au besoin. La marine royale m'a demandé à occuper un poste à Mornicheld, où elle fait le service avec le plus grand zèle. Quoique le Cap soit l'objet de mes plus vives sollicitudes, j'ai aussi de grandes inquiétudes sur le sort des autres provinces; je leur ai envoyé des secours, plus en munitions qu'en hommes, car les moyens me manquent. Sur la demande des assemblées provinciales, j'ai envoyé des commandans pour se mettre à la tête des troupes patriotiques, et en former des corps capables de repousser toute attaque. La Tortue pourrait devenir un point de retraite; j'y ai donc envoyé des canons et des munitions de toute espèce. La révolte sera donc arrêtée par-là, et ne se communiquera pas aux provinces du nord et du sud, à moins qu'elle n'y soit excitée par des blancs philantropes, qu'on soupçonne beaucoup avoir été envoyés de France pour faire cette étonnante révolution. En ce cas, les colonies seraient perdues sans ressource. L'assemblée générale s'occupant de tout ce qui pouvait tendre au salut des colonies, et considérant que trois régimens coloniaux étaient nécessaires, non-seulement pour sa sûreté, mais pour entretenir les individus que les circonstances ont privés de toutes ressources et de tous moyens de subsistance, j'ai approuvé son arrêté, dont je vous envoie un exemplaire.

» M'étant aperçu que les troupes patriotiques n'étaient pas bien persuadées que la discipline était le seul moyen de sauver la colonie, j'ai fait un réglement dont l'assemblée générale a approuvé toutes les dispositions; j'ai rédigé aussi un projet de proclamation que j'ai présenté à l'assemblée générale: elle l'a trouvé impolitique; il n'a pas eu de suite. Je crois cependant qu'il eût été d'un heureux effet: je l'avais écrit dans un style à la portée des nègres. J'ai proposé à l'assemblée générale de me mettre en plaine avec le régiment du Cap, dont il me reste cinq cents hommes, avec quatre cents hommes de couleur et tous les volontaires que j'aurais pu rassembler: mais la crainte que l'on a ici des nègres renfermés dans la ville même, a mis obstacle à ce projet, quoique je persiste à croire que ce serait le seul moyen de réduire les séditieux. Mon projet a été unanimement rejeté, et l'on m'a donné de si bonnes raisons, que je n'ai pu y résister. J'ai autant de caractère qu'un autre; mais j'ai de la prudence, et étant placé si près des représentans de la colonie, j'ai cru devoir leur communiquer mes projets, afin de couvrir ma responsabilité. J'ai demandé au gouvernement espagnol six mille fusils, mille pistolets et mille selles. Notre arsenal est vide dans toute l'étendue du terme, à l'exception d'une petite quantité de poudre et de balles qui s'y trouvent. Je vous prie donc de m'envoyer des secours; je ne puis pas encore faire positivement l'état de mes besoins; mais ils sont immenses en tout genre. Je vous prie de m'envoyer quinze mille fusils munis de baïonnettes pour armer les troupes patriotiques, six mille pistolets, six mille sabres, six mille hommes de troupes de ligne, deux vaisseaux de ligne, deux frégates, et un nombre proportionné de corvettes, et en même temps six mille selles pour la cavalerie volontaire.

» Je vous fais passer ma dépêche par le gouverneur de la Jamaïque: le style en est détestable; mais les distractions continuelles que j'éprouve par les courses que j'ai à faire, et par le nombre des personnes qui viennent à chaque instant s'adresser à moi, ne me permettent pas d'employer le temps nécessaire pour écrire avec éloquence. »

Les troubles de Saint-Domingue furent attribués, par les planteurs, au décret du 15 mai 1791, à l'influence de la société des Amis des noirs, et à de prétendus émissaires de cette société. Une grande quantité de brochures, d'articles de journaux, de discours dans les clubs et à l'assemblée législative, furent publiés pour ou contre cette opinion. Nous n'avons rien à extraire de cette polémique. Le fait historique, dégagé de tout ce dont l'égoïsme des uns et l'aveugle irritation des autres le surchargea à cette époque, doit s'apprécier par les données suivantes:

Les mauvais traitemens des colons envers leurs esclaves nègres avaient engendré un marronage déjà redoutable dès 1703. On vit, on effet, cette année-là, le nègre Polydor organiser une forte bande d'esclaves marrons, avec lesquels il attaquait et massacrait impunément les blancs jusque dans leurs maisons. Trois ans après, il eut pour successeur le nègre *Chocolat*, qui se noya en traversant une rivière, et fut remplacé par *François Maucandal.* Ce dernier, regardé par les esclaves comme un envoyé de Dieu, prépara une conspiration dans laquelle tous les blancs devaient être empoisonnés. Il fut trahi par une négresse créole, et brûlé vif; des milliers de ses complices périrent dans les cachots et sur les bûchers. Le marronage continua toujours. En 1789, la bande la plus considérable se forma sous la direction de Jean-François, nègre très-intelligent, et capable également par son courage des plus grandes entreprises. Il prit pour lieutenant Toussaint-Louverture.

Ce n'était qu'à l'aide de compagnies de mulâtres que les colons avaient pu combattre les nègres marrons. Cette guerre nécessitait des courses dans les montagnes auxquelles les blancs étaient incapables de résister. Le mépris des colons pour les hommes de couleur empêcha que jamais ceux-ci déployassent dans ces luttes l'ardeur et la persévérance qui pouvaient y mettre un terme. Lorsqu'en 1789, la révolution française apporta à Saint-Domingue des paroles d'émancipation et d'égalité, les colons ne diminuèrent rien de leur mépris pour les mulâtres, et ils y ajoutèrent le sentiment d'une profonde méfiance. Alors commença entre les hommes libres de couleur et les blancs, une querelle politique dont nos volumes précédens ont fait connaître les principaux résultats. Il arriva de là que les nègres marrons et leurs chefs purent fomenter sans obstacle l'insurrection des ateliers, et profiter à jeu sûr de la division de leurs maîtres, convaincus que les mulâtres se décideraient en leur faveur aussitôt qu'un triomphe décisif aurait été obtenu. Telle est la marche d'un événement que les passions contemporaines dénaturèrent par une foule de récriminations sur lesquelles nous ne devons pas autrement insister.

A la première rumeur de ces désastres, les villes maritimes

de France se signalèrent par des offres d'armes, d'hommes et de vaisseaux avec un empressement qu'elles n'avaient jamais manifesté à l'égard de la patrie. On vit alors des armateurs, des négocians, de riches planteurs, dont on chercherait vainement les noms sur la liste des dons patriotiques, proposer spontanément des sacrifices immenses. Ce zèle, si évidemment intéressé, fut méprisé par les patriotes. Au reste, les hommes politiques, ceux que Marat appela plus tard les hommes d'état, attachèrent seuls une grande importance à la question des colonies. Le sentiment révolutionnaire, manifesté par le peuple et par les meneurs Jacobins, était français d'abord, et puis continental.

A la suite de la discussion ouverte par la législative sur la position de Saint-Domingue, à la fin de 1791, fut porté un décret pour régler et définir l'action de la force armée (3,500 hommes) que le pouvoir exécutif allait y envoyer. Ce décret prit pour base le concordat suivant, qui prouve que les colons avaient compris, en face du danger, la nécessité de s'unir aux hommes de couleur.

Concordat entre les citoyens blancs et les citoyens de couleur du Port-au-Prince.

« L'an 1791, le 11 septembre, les commissaires de la garde nationale des citoyens blancs du Port-au-Prince d'une part, et les commissaires des citoyens de couleur d'autre part, assemblés à l'effet de délibérer sur les moyens d'opérer la réunion des citoyens blancs avec les citoyens de couleur, et d'arrêter les suites de l'insurrection ; il a été dit, de la part des citoyens de couleur, que, par les suites d'un préjugé ridicule, ils n'ont jamais joui qu'imparfaitement du bénéfice de la loi que l'ancien régime avait portée en leur faveur ; qu'ils ont vu avec douleur que les citoyens blancs les sacrifiaient à leur injustice ; que, ne pouvant plus supporter leur malheureuse existence, ils se sont réunis sur les montagnes, où ils ont pris les armes pour se préparer à une juste défense ; qu'ils voient avec satisfaction le retour des citoyens blancs aux vrais principes de la justice et de l'égalité, et que le moyen de ne plus rompre l'alliance qu'ils se jurent, c'est de n'établir entre eux d'autre différence que celle du mérite. En conséquence, ils proposent les articles suivans aux citoyens blancs :

» Les citoyens blancs feront cause commune avec les citoyens de couleur, ils observeront sans restriction les lois rendues par l'assemblée nationale. *Accepté.*

» 2° Ils demandent la convocation des assemblées aux termes des décrets, et qu'il soit nommé parmi eux des députés qui auront voix délibérative et consultative. *Accepté.*

» 3° Que leur réunion et organisation présentes n'ayant eu pour objet que leur sûreté, ils demandent qu'on ne puisse accuser en aucun cas pour raison de cette réunion et organisation aucun des citoyens de couleur, et que les prisonniers, s'il y en a, soient mis en liberté. *Accepté.*

» 4° Que toute proscription cesse, que tout proscrit soit rappelé, qu'il soit pourvu à la réparation des dommages qu'ils ont pu éprouver ; se réservant, les citoyens de couleur, de faire toute protestation contre les jugemens prononcés par le conseil supérieur du Cap. *Accepté.*

» 5° La liberté de la presse sous la responsabilité établie par les décrets de l'assemblée nationale. *Accepté.* — Après quoi l'assemblée a accordé aux femmes des citoyens de couleur les mêmes droits qu'aux femmes des citoyens blancs, et a arrêté que copies de ce concordat seront envoyées à l'assemblée nationale, au roi et aux quatre-vingt-trois départemens ; qu'en mémoire de cette heureuse réunion il sera chanté un *Te Deum* où les habitans de la paroisse de la Croix-des-Bouquets seront invités. Fait entre nous de bonne foi, les jour et an que dessus. »

Voici maintenant le décret proposé par Brissot et amendé par Gensonné :

« L'assemblée nationale considérant que l'union entre les blancs et les hommes de couleur libres a contribué principalement à arrêter la révolte des nègres à Saint-Domingue ;

» Que cette union a donné lieu à divers accords entre les blancs et les hommes de couleur, et à divers arrêtés pris à l'égard des hommes de couleur, les 20 et 25 septembre dernier, par l'assemblée coloniale séante au Cap,

» Décrète que le roi sera invité à donner des ordres, afin que les forces nationales destinées pour Saint-Domingue, ne puissent être employées que pour réprimer la révolte des noirs, sans qu'elles puissent agir directement ni indirectement pour protéger ou favoriser les atteintes qui pourraient être portées à l'état des hommes de couleur libres, tel qu'il a été fixé à Saint-Domingue, à l'époque du mois de septembre dernier. »

HISTOIRE DE PARIS PENDANT LES MOIS D'OCTOBRE, NOVEMBRE ET DÉCEMBRE 1791.

Nous ferons précéder l'exposé des faits de la classification selon laquelle ils se présentent, et que nous prenons pour plan. Elle consiste :

1° Dans la sortie de fonctions du général la Fayette, et dans la fin de l'administration de Bailly; celle-ci fut signalée par de vives querelles sur les subsistances; celle-là par des démonstrations enthousiastes, à côté desquelles nous placerons les correctifs de la presse;

2° Dans les élections de la municipalité nouvelle;

3° Dans la réouverture du club des Feuillans;

4° Dans l'analyse des séances du club des Amis de la constitution, dont le principal ordre du jour sera la guerre. Les Girondins la demanderont et la soutiendront, parce qu'ils n'envisageront la question que du point de vue des relations extérieures. Les Jacobins, préoccupés avant tout des obstacles et des ennemis de l'intérieur, la repousseront parce qu'elle est proposée par la cour et confiée à la Fayette.

Sortie de fonctions du général la Fayette. — Le samedi 8 octobre, le conseil-général de la commune étant assemblé, vers les neuf heures du soir, la Fayette vint lui annoncer la cessation absolue de ses fonctions de commandant-général de l'armée parisienne, conformément à l'art. X du décret porté le 12 septembre 1791. Après son discours et la réponse du maire, « la salle, dit le *Moniteur*, a retenti d'applaudissemens, à travers lesquels quelques membres de la municipalité et les citoyens présens à la séance, faisaient entendre les expressions de leurs regrets. M. de la Fayette étant sorti de la salle, il a été arrêté à l'unanimité que le conseil-général serait convoqué pour jeudi prochain, à l'effet d'aviser de quelle manière digne de ce citoyen respectable on pourrait reconnaître les importans services qu'il a rendus à la capitale et à la France entière. »

L'arrêté suivant fut pris immédiatement.

« Le conseil-général, délibérant sur la déclaration faite par M. la Fayette, qu'il dépose aujourd'hui le commandement de la garde nationale parisienne;

» Le premier substitut-adjoint du procureur de la commune entendu,

» Arrête qu'en exécution de l'art. X de la loi du 23 septembre dernier (1), chacun des six chefs de division exercera provisoi-

---

(1) Cette date est fausse. Elle a été répétée par Prudhomme, n° CXVIII, et même par le *Moniteur* du 12 octobre. Le décret dont il s'agit fut voté sans discussion dans la séance du 12 septembre, comme l'atteste le *Moniteur* du 13 du même mois. Il est littéralement imprimé dans le *Moniteur* du 15 septembre. Nous le donnons ici en entier.

Art. Ier. La garde nationale de Paris sera composée, comme elle l'est aujourd'hui, de soixante bataillons, formant six divisions de dix bataillons chacune; chaque division portera désormais le nom de légion.

II. Les quartiers affectés jusqu'ici à chaque bataillon continueront de l'être au même bataillon : tous conserveront leurs drapeaux, en y ajoutant ces mots : *le peuple français*, et ces autres mots : *la liberté ou la mort*.

III. Il y aura quatre compagnies par bataillon, non compris celle des grenadiers, qui sera tirée des quatre autres.

IV. Tous les citoyens actifs et fils de citoyens actifs qui doivent être inscrits pour le service de la garde nationale, et qui demeurent dans les quartiers affectés au même bataillon, seront répartis dans les quatre compagnies, de manière à les rendre à peu près d'égale force.

V. Chaque compagnie sera composée d'un capitaine, un lieutenant, deux

rement, et jusqu'à ce que la garde nationale soit définitivement organisée, les fonctions de commandant-général pendant un mois, à tour de rôle ; en conséquence, qu'à compter de demain, 9 du présent mois, M. Charton, chef de la première division, prendra le commandement de la garde nationale parisienne ;

» Le conseil-général ordonne que le présent arrêté sera notifié à l'instant à M. Charton, imprimé, affiché, mis à l'ordre, envoyé aux comités des quarante-huit sections, aux soixante bataillons, et au commandant de la cavalerie.

» *Signés*, BAILLY, maire ; ROYER, secrétaire-greffier-adjoint. »

Le même jour, la Fayette adressa la lettre suivante à la garde nationale parisienne.

« Messieurs, au moment où l'assemblée nationale constituante vient de déposer ses pouvoirs, où les fonctions de ses membres ont cessé, j'atteins également le terme des engagemens que je con-

---

sous-lieutenans, quatre sergens, huit caporaux, et d'un nombre déterminé de gardes nationales, qui pourront y être attachées en raison de la plus ou moins grande population.

VI. Chaque compagnie formera deux divisions commandées, l'une par le capitaine et le second sous-lieutenant, et l'autre par le lieutenant et le premier sous-lieutenant. La division sera partagée en deux pelotons, commandés chacun par un sergent ; le peloton sera formé de deux escouades commandées chacune par un caporal ; les gardes nationales attachées à la compagnie seront également réparties dans chaque escouade.

VII. La compagnie de grenadiers de chaque bataillon sera composée d'un capitaine, un lieutenant, deux sous-lieutenans, quatre sergens, huit caporaux et de quatre-vingts grenadiers ; le tout formant deux divisions, quatre pelotons et huit escouades de dix grenadiers chacune, sans compter le caporal.

VIII. L'état-major de chaque bataillon sera composé d'un commandant en chef, d'un commandant en second, d'un adjudant, d'un porte-drapeau et d'un maître armurier.

IX. L'état-major de chaque légion sera composé d'un chef de légion, d'un adjudant-général et d'un sous-adjudant-général.

X. Il n'y aura pas de commandant-général de la garde nationale parisienne ; chaque chef de légion en fera les fonctions, et exercera le commandement pendant un mois à tour de rôle.

XI. Le commandant et les capitaines actuels de chaque bataillon se réuniront immédiatement au lieu qui leur sera indiqué par la municipalité, avec un commissaire nommé par elle, pour constater, d'après les registres d'inscription et les autres renseignemens qu'ils pourront se procurer sur la population de leurs quartiers, le nombre des citoyens actifs et fils de citoyens actifs qui appartiennent à leur bataillon ; ils les distribueront en quatre compagnies de force à peu près égale, en observant de réunir dans la même com-

tractai lorsque, placé par le vœu du peuple à la tête des citoyens qui les premiers se dévouèrent à la conquête et au maintien de la liberté, je promis à la capitale, qui en donnait l'heureux signal, d'y tenir élevé l'étendard sacré de la révolution, que la confiance publique m'avait remis.

» Aujourd'hui, Messieurs, la constitution a été terminée par ceux qui avaient droit de la faire; et après avoir été jurée par tous les citoyens, par toutes les sections de l'empire, elle vient d'être légalement adoptée par le peuple tout entier, et solennellement reconnue par la première assemblée législative de ses représentans, comme elle l'avait été, avec autant de réflexion que de loyauté, par le représentant héréditaire qu'elle a chargé de l'exécution des lois. Ainsi les jours de la révolution font place à ceux d'une organisation régulière, à ceux de la liberté, de la

pagnie les citoyens qui demeurent dans la même rue ou dans les rues les plus voisines; ils dresseront ensuite le contrôle exact de chaque compagnie.

XII. Cela fait, la compagnie de grenadiers de chaque bataillon appellera sur les quatre compagnies les hommes de bonne volonté dont elle aura besoin pour se compléter, et il sera fait mention sur le contrôle de chacune des quatre compagnies, des hommes qu'elle aura fournis aux grenadiers.

XIII. Les citoyens destinés à former chacune des cinq compagnies dont le bataillon sera composé alors, en y comprenant celle des grenadiers, s'assembleront en particulier, sans uniforme et sans armes, sous la présidence d'un commissaire de la municipalité, et nommeront d'abord les officiers de la compagnie, au scrutin individuel et à la pluralité absolue des suffrages; ils nommeront ensuite leurs sous-officiers au scrutin individuel, à la simple pluralité relative des suffrages.

XIV. Les officiers et les sergens des cinq compagnies se réuniront, sous la présidence du plus âgé des capitaines, et nommeront les officiers de l'état-major du bataillon, au scrutin individuel et à la pluralité absolue des suffrages.

XV. Les commandans en chef et en second, les adjudans, les capitaines et les lieutenans des dix bataillons formant chaque légion, se réuniront, sous la présidence d'un commissaire du département, et nommeront les officiers de l'état-major de la légion, au scrutin individuel et à la pluralité absolue des suffrages.

XVI. La ville de Paris pourvoiera à l'entretien d'un tambour par compagnie.

XVII. Les dispositions du décret des 27 et 28 juillet 1791, qui ne sont point contraires à celles du présent décret, seront exécutées à Paris comme dans les autres villes et lieux du royaume, sauf ce qui sera réglé sur la manière dont se fera, dans la capitale, le service de la force armée, d'après le rapport qui doit être fait sur cet objet par les comités militaires et de constitution, chargés de ce travail par l'article IX du titre VI du décret des 3, 4 et 5 août dernier.

prospérité qu'elle garantit ; ainsi, lorsque tout concourt à la pacification des troubles intérieurs, les menaces des ennemis de la patrie devront, à la vue du bonheur public, leur paraître à eux-mêmes d'autant plus insensées, que, quelque combinaison qu'on parvînt jamais à former contre les droits du peuple, il n'est aucune ame libre qui pût concevoir la lâche pensée de transiger sur aucun de ces droits, et que la liberté et l'égalité une fois établies dans les deux hémisphères, ne rétrograderont pas.

» Vous servir jusqu'à ce jour, Messieurs, fut le devoir que m'imposèrent et les sentimens qui ont animé ma vie entière, et le juste retour de dévoûment qu'exigeait votre confiance. Remettre actuellement sans réserve à ma patrie tout ce qu'elle m'avait donné de force et d'influence pour la défendre pendant les convulsions qui l'ont agitée, voilà ce que je dois à mes résolutions connues, et ce qui satisfait au seul genre d'ambition dont je sois possédé.

» Après cette exposition de ma conduite et de mes motifs, je ferai, Messieurs, quelques réflexions sur la situation nouvelle où nous place l'ordre constitutionnel qui va commencer. La liberté naissait entourée de signes de paix, lorsque ses ennemis, provoquant les défenseurs du peuple, nécessitèrent la naissance inattendue des gardes nationales, leur organisation spontanée, leur alliance universelle, enfin ce développement de forces civiques qui rappelait l'usage des armes à sa véritable destination, et justifiait cette vérité qu'il m'est doux de répéter aujourd'hui : *Que pour qu'une nation soit libre, il suffit qu'elle le veuille.* Mais il est temps de donner d'autres exemples, et ceux-là seront encore plus imposans : ce sont ceux d'une force irrésistible, qui ne s'exerce que pour le maintien des lois.

» J'aime à rappeler ici, Messieurs, comment, au milieu de tant de complots hostiles, d'intrigues ambitieuses, d'égaremens licencieux, vous avez opposé à toutes les combinaisons perverses une infatigable fermeté, aux fureurs des partis, aux séductions de tous genres, le pur amour de la patrie; comment enfin, au milieu des orages de vingt-sept mois de révolution, vous n'avez calculé les dangers que pour multiplier votre vigilance et leur importance qu'autant qu'ils pouvaient compromettre ou servir la liberté. Sans doute nous avons eu trop de désordres à déplorer, et vous savez quelle impression douloureuse et profonde ils ont toujours faite sur moi; sans doute nous-même avons eu des erreurs à réparer; mais quel est celui qui, en se rappelant non-seulement les grandes époques de la révolution, où la chose publique vous doit tant, mais encore ce dévoûment de tous les instans, ces sacrifices sans bornes d'une portion de citoyens pour la liberté, le salut, la propriété et le repos de tous, en réfléchissant surtout à cet état provisoire qui ne fait que cesser pour vous, et où la confiance devait sans cesse suppléer à la loi; quel est, dis-je, parmi ceux même qui vous provoquaient et que vous protégiez, celui qui oserait blâmer les hommages que vous doit aujourd'hui un ami sincère, un général juste et reconnaissant.

» Gardez-vous cependant de croire, Messieurs, que tous les genres de despotisme soient détruits, et que la liberté, parce qu'elle est constituée et chérie parmi nous, y soit déjà suffisamment établie; elle ne le serait point, si d'un bout de l'empire à l'autre tout ce que la loi ne défend pas n'était pas permis, si la circulation des personnes, des subsistances, du numéraire, éprouvaient quelque résistance; si ceux qui sont appelés en jugement pouvaient être protégés contre la loi; si le peuple, négligeant son plus précieux devoir et sa dette la plus sacrée, n'était ni empressé de concourir aux élections, ni exact à payer les contributions publiques; si des oppositions arbitraires, fruits du désordre ou de la méfiance, paralysaient l'action légale des autorités légitimes; si des opinions politiques ou des sentimens personnels, si surtout l'usage sacré de la liberté de la presse pouvait jamais servir de prétexte à des violences; si l'intolérance des opinions religieuses, se couvrant du manteau de je ne sais quel patriotisme, osait admettre l'idée d'un culte dominant ou d'un culte proscrit; si le domicile de chaque citoyen ne devenait pas pour lui un asile plus inviolable que la plus inexpugnable forteresse; si enfin tous les Français ne se croyaient pas solidaires pour le maintien de leur liberté civile comme de leur liberté politique, et pour la religieuse exécution de la loi ; et s'il n'y avait pas dans la voix du magistrat qui parle en son nom une force toujours supérieure à celle des millions de bras armés pour la défendre.

» Puissent tous les caractères, tous les bienfaits de la liberté, en consolidant de plus en plus le bonheur de notre patrie, récompenser dignement le zèle de toutes les gardes nationales de l'empire, armées pour la même cause, réunies par un même sentiment, et qu'il me soit permis de leur exprimer ici une reconnaissance, un dévoûment sans bornes, comme le furent, pendant cette révolution, les témoignages de confiance et d'amitié dont elles m'ont fait jouir !

» Messieurs, en cessant de vous commander, à cet instant pénible de notre séparation, mon cœur, pénétré de la plus profonde sensibilité, reconnaît plus que jamais les immenses obligations qui l'attachent à vous. Recevez les vœux de l'ami le plus tendre pour la prospérité commune, pour le bonheur particulier de chacun de vous, et que son souvenir, souvent présent à votre pensée, se mêle surtout au serment qui nous unit tous, de *vivre libres ou de mourir.*

» LA FAYETTE. »

Le 10, toutes les compagnies de l'armée parisienne députèrent un membre à l'Hôtel-de-Ville, pour s'y occuper des moyens de témoigner à la Fayette la reconnaissance de la garde nationale ; il fut arrêté dans cette assemblée : « 1° qu'il serait fait une réponse dans laquelle l'armée témoignerait au général son affection et ses regrets ; 2° qu'en reconnaissance de son bon et loyal commandement depuis la révolution, on lui ferait présent d'une épée à garde d'or, sur laquelle serait gravée cette inscription :

A LA FAYETTE,

L'ARMÉE PARISIENNE RECONNAISSANTE,

L'AN IVe DE LA LIBERTÉ ;

3° qu'il serait fait une pétition à l'assemblée nationale, pour la supplier de prendre en considération, les sacrifices de tous genres, faits par M. la Fayette, et de lui accorder en conséquence une indemnité ; 4° il a été arrêté enfin que chaque chef de division nommerait un commissaire pour la rédaction de la réponse à faire à M. la Fayette, et de la pétition à l'assemblée nationale. »

Le 11, le renouvellement des officiers eut lieu. « Ceux qui avaient mérité l'estime de leurs concitoyens, ont presque tous été réélus. » Telle est l'opinion exprimée par les *Annales patriotiques* du 14 octobre, qui rapportent également les détails précédens sur la Fayette. On y annonce « qu'il a refusé le commandement militaire des départemens de Meurthe et de Moselle, ce qui prouve qu'il ne croit pas à la probabilité d'une attaque prochaine sur cette frontière ; qu'il se retire en Auvergne, dans sa terre, pour y vivre en simple citoyen, jusqu'à ce que les dangers de la patrie le rappellent à la tête de la garde nationale. C'est une opinion assez générale, continue le journaliste, qu'il a généreusement sacrifié une partie de sa fortune, pendant les révolutions américaines et françaises. »

La *Gazette universelle*, la *Chronique de Paris* et les autres journaux feuillans, se répandent en éloges et en regrets beaucoup plus explicites. Nous avons cru devoir citer le court passage du journal de Carra, qui n'eut pas, en cette affaire, la prudence de Brissot. Ce dernier, sans dire un mot ni pour ni contre la Fayette, assure que l'état-major est le seul auteur de l'éclat qu'on vient de faire, et que « c'est en lisant les journaux, que la garde nationale parisienne s'est instruite, *qu'elle avait arrêté*, pour ses députés, de faire une réponse à M. la Fayette, de lui offrir une épée à garde d'or, etc., etc. » (*P. F. du 27 octobre.*)

Le 12 octobre, le conseil-général de la commune arrêta « qu'il serait frappé une médaille d'or en l'honneur de M. de la Fayette, dont l'académie des inscriptions serait priée de donner les emblèmes et les inscriptions françaises ; qu'une de ces médailles serait envoyée à M. de la Fayette, au nom de la commune de Paris ; que la statue de Washington, en marbre, faite par *Houdon*, serait donnée à M. de la Fayette, pour être placée dans celui de ses domaines qu'il habite le plus, afin qu'il ait toujours devant les yeux son ami, et celui qui lui a appris à servir si glorieusement la liberté de sa patrie; enfin que l'arrêté contenant ces dispositions, serait inscrit sur un marbre placé sous le buste de M. de la Fayette, donné il y a douze ans à la municipalité de Paris par les Etats-Unis d'Amérique. »

La Fayette quitta Paris le 9 octobre; le 16, son voyage fut marqué par la destitution du commandant de la garde nationale de Saint-Pourcain, lequel n'avait pas voulu prendre les armes pour célébrer le passage du général.

Marat qui publie encore de loin en loin son *Ami du peuple* (1), s'exprime ainsi dans son numéro du 14 octobre, sur ces divers actes :

« Les insensés (la garde nationale)! qu'ils attendent pour lui parler de reconnaissance, de le voir avec son ami Bouillé à la tête des ennemis qui combattront pour nous remettre aux fers. Le sieur Mottié, selon toutes les apparences, se mettra à la tête des gardes nationaux de la frontière d'Allemagne, pour les empêcher d'agir, pour faire passer des intelligences aux ennemis, et pour concerter avec Bouillé les opérations les plus désastreuses. Dans quelque passe qu'il se trouve, il ne peut jouer que le rôle d'un valet de la cour, d'un traître à la patrie; qu'on juge du mal que ce lâche conspirateur, né pour le malheur de la France, fera encore à la patrie, enchaînant nos défenseurs par ses artifices, et en machinant avec un Bouillé, un Maillebois, un Condé, qui connaissent parfaitement l'état de nos frontières et de nos places de guerre. Pour triompher de leurs efforts, il faudra tout l'enthousiasme de la liberté, encore la victoire coûtera-t-elle des torrens de sang. »

Les révolutions de Paris, n°⁸ 118 et 121, renferment deux articles sur la Fayette. Nous en extrairons les passages suivans : le

---

(1) L'*Ami du Peuple* cesse de paraître le 15 décembre. Marat le reprend le 12 avril 1792, sur une invitation du club des cordeliers, avec adhésion du club électoral et des sociétés fraternelles. Il transcrit cet arrêté en tête de ses numéros, jusqu'à celui du 19 avril inclusivement. (*Note des auteurs.*)

1ᵉʳ article est un commentaire de sa lettre, et de l'arrêté de la garde nationale cité plus haut. Sur le paragraphe de ces arrêtés qui parle d'indemniser le général, le journaliste s'écrie : « Pourquoi voter des indemnités à l'ex-général? Ingrats, vous répondrat-on, avez-vous oublié que M. de la Fayette a constamment refusé le traitement qui lui était alloué par le corps de ville? — Cette manière d'agir du général Mottié n'est point naturelle, ni de bon exemple : bien loin de lui en savoir gré, qu'il sache que nous n'en sommes pas dupes. Cette grandeur d'ame, si l'on veut, est déplacée pour ne pas dire plus; c'est une insulte à la nation et une injure aux autres fonctionnaires publics. Si le marquis de la Fayette est né plus opulent que l'avocat Duport-Dutertre et l'académicien Bailly, tant mieux pour lui ; mais il ne devrait pas tirer avantage de sa position, pour se permettre un procédé, auquel ses collègues peu fortunés, ne peuvent atteindre ; il y a peu de générosité dans ces actes de désintéressement. L'assemblée constituante a bien senti tout le danger d'une telle conduite, en forçant l'un de ses huissiers à recevoir ses gages, auxquels il se refusait par patriotisme. »

Il critique l'obstination de la Fayette, à retenir son nom de terre proscrit par les décrets : « En supposant que le héros des deux mondes méritât une exception en sa faveur, ce serait à nous de la faire, et non à M. Mottié. A sa place nous goûterions un sensible plaisir, à chaque méprise qu'occasionnerait son nom un peu roturier, il faut en convenir; nous aimerions à entendre dire sur notre passage : il a beau se dérober à la renommée, nous savons bien que M. Mottié est le même que M. de la Fayette ».

Il termine son article de la sorte : « A présent que le héros des deux mondes a fini son rôle à Paris, il serait curieux de savoir si l'ex-général a fait plus de bien que de mal à la révolution. C'est une grande question qui mériterait bien d'être mise au concours. Pour la résoudre, il suffirait peut-être de parcourir la suite de nos numéros des révolutions de Paris, et d'en extraire tout ce qui a rapport à lui.

« On y verrait le fondateur de la liberté américaine, n'oser, en Europe, se rendre au vœu du peuple, sans l'approbation du monarque. (La Fayette demanda au roi la permission d'accepter le généralat dont le peuple l'avait revêtu.)

« On le verrait s'empresser de faire prendre l'uniforme aux parisiens, et métamorphoser les soldats de la patrie en satellites du despotisme.

« On le verrait pâlir le 5 octobre 1789, à la vue des gardes nationaux en route pour Versailles ; et voulant se ménager à la fois et la cour et la ville, dire au roi : Je ne vous amène pas l'armée parisienne, c'est elle qui m'amène à vous.

« On le verrait, par une sécurité impardonnable, livrer sa troupe au repos, au milieu de tous les dangers qui l'assiégeaient, et ne pas prévoir la scène du 8 octobre, que l'événement a justifié en dépit du général novice.

« On le verrait se concerter avec Mirabeau pour faire passer le décret de la loi martiale, et celui du droit de paix et de guerre, et aussi celui de l'initiative accordée au roi, et bien d'autres encore auxquels nous n'obéirons qu'en rougissant.

« On le verrait dans l'assemblée nationale, s'opposer de tout son pouvoir à ce qu'on lût les dépêches des Brabançons réclamant l'appui de la France devenue libre, contre Joseph II, qui rivait leurs chaînes.

« On le verrait dans la même tribune, voter des remerciemens, et s'il l'eût osé, les honneurs du triomphe pour son cousin, le massacreur de Nancy.

« On le verrait solliciter et obtenir de Bailly l'ordre de jeter dans les prisons les vingt-quatre soldats députés à Paris pour justifier leurs camarades de Nancy, calomniés par leurs officiers d'une manière atroce.

« On le verrait composer son état-major d'officiers, tous ramassés dans les îles, et se choisir pour aides-de-camp de bas flatteurs, dont il pût faire, au besoin, ses mouchards et ses recors.

« On le verrait rentrer dans Paris, traînant à sa suite, les mains liées, de braves citoyens dont tout le crime était d'avoir voulu faire du donjon de Vincennes, ce qu'on avait fait de la Bastille (28 février 1791).

« On le verrait le lendemain de la journée des poignards, toucher cordialement la main de ceux-là qu'il avait feint de dénoncer la veille à l'indignation publique.

« On le verrait allant au devant d'un décret contre la liberté de la presse, ordonner, de son autorité privée, de faire main basse sur les imprimés et les imprimeries, violer l'asile des écrivains et des typographes, imposer silence aux colporteurs et aux missionnaires, et transformant des citoyens soldats en janissaires ou en sbires, ôter au peuple tout moyen de manifester son vœu, et l'empêcher de soutenir au moins par sa présence, ses représentans patriotes, dont une infernale majorité étouffait la voix généreuse dans la salle du manège.

« On le verrait, par une négligence concertée avec l'assemblée nationale, qui avait ses vues, favoriser l'évasion instantanée du roi, après avoir tenté de la protéger à force ouverte en provoquant la loi martiale.

« On le verrait profiter de la nécessité de garder à vue Louis XVI, pour fermer les Tuileries au public, lui interdire toutes les approches de la salle du manège, afin de laisser les Barnave, les Dandré, les Chapelier, consommer tout à leur aise la dégradation de la constitution, et la réhabilitation d'un monarque qui, sans elle, ne se serait jamais rétabli dans l'esprit de la nation.

« On le verrait, depuis l'instant de son inauguration à la place de commandant général, mettre adroitement tout en œuvre, sans se compromettre, pour dénigrer, avilir, harceler, décourager les ci-devant gardes françaises, et les punir d'avoir servi la révolution. De là tous les passedroits qu'il leur fit essuyer ; le traitement infligé aux grenadiers de l'Oratoire, et enfin le décret, monument honteux de l'ingratitude la plus insigne, qui incorpore les vainqueurs de la Bastille à la queue de toutes les troupes de ligne, après en avoir tiré huit cents au sort pour remplir à Paris les nobles fonctions de la robe courte.

« Enfin, pour couronner sa vie publique par un dernier trait qui ne la démente point, on le voit, après avoir contribué à l'élévation de Duportail au ministère, se brouiller avec ce ministre, dont il n'a pu obtenir les brevets de grades supérieurs dans l'armée, en faveur de ses aides-de-camp trop connus pour ce qu'ils sont. On voit le héros parisien quitter la partie, tout de bon cette fois, en vertu d'un décret sollicité par lui sous main, et s'éclipser un moment en Auvergne, pour reparaître sur nos frontières, quand le roi ira les visiter, et nous rendre Bouillé que nous nous félicitions d'avoir perdu pour toujours.

« Voilà une partie des services que Mottié la Fayette a rendus à la révolution française. Nous déclinerons avec la même impartialité toutes nos obligations envers lui : c'est lui qui a dressé les gardes nationales parisiennes aux cérémonies religieuses et civiques; c'est lui qui les a familiarisées au bruit du canon, et aux fatigues des évolutions du matin au Champ-de-Mars, et aux Champs-Élysées; c'est lui qui a mis les sermens militaires à la mode, ainsi que les repas des bataillons, dont un seul coûta dix-mille livres à défunt Mirabeau. C'est lui....

« Mais il serait trop long d'énumérer tout ce dont nous lui sommes redevables, faisons-lui donc nos adieux, et disons-lui en toute sincérité, mais en reprenant le ton qui sied à la gravité du sujet :

« La Fayette! jamais peuple ne donna à la terre un plus grand exemple que la nation française au mois de juillet 1789. Pour consommer la plus belle révolution du globe, il nous fallait un chef dont le caractère fût au niveau de l'événement. Plusieurs voix perfides et concertées te nommèrent, et nous t'acceptâmes... Les muscles souples de ta physionomie, ton maintien maniéré, tes allures équivoques, tes discours étudiés, tes apophtegmes long-temps médités, tous ces produits de l'art, désavoués par la nature, parurent suspects aux patriotes clairvoyants, les plus courageux s'attachèrent à tes pas, et crièrent à la multitude idolâtre : Citoyens! ce héros n'est qu'un courtisan; ce législateur n'est qu'un charlatan. Vains efforts! le prestige l'emporta sur la vérité, et tu respiras sans pudeur l'encens qui n'était dû qu'à la patrie et à la liberté. Grâce à tes soins et à ceux de tes dignes collègues, la révolution ne peut plus faire de mal au despotisme, tu as limé les dents du lion ; le peuple n'est plus à craindre pour ses conducteurs ; ils ont repris la verge et l'éperon, et tu pars!

« Les applaudissemens, les couronnes civiques, vont te suivre dans ta retraite.

« Et nous, dans notre solitude, nous nous féliciterons du départ de Marc Antoine : mais où trouverons-nous un Brutus? »

Le second article est un commentaire satyrique sur les inscriptions de l'*épée à garde d'or*, votée à la Fayette par l'*état-major* de l'armée parisienne, il finit par ces mots : « Mais c'est assez s'occuper d'une épée digne de figurer dans les aventures de don Quichotte, plutôt que dans les annales du peuple français. »

Fin de l'administration de Bailly. —Vers la fin de septembre, les sections s'occupèrent très-activement de l'affaire des subsistances. On venait de découvrir que la plupart des farines composant le magasin de la halle, étaient complétement avariées. La section des Lombards fit les premières démarches. Elle envisagea principalement la question du point de vue de la responsabilité de Bailly, et dirigea son enquête de manière à ce que le comité des subsistances de la ville et le maire fussent reconnus et saisis en flagrante prévarication. L'*Orateur du peuple* a enregistré l'accusation à mesure qu'elle se produisait. Il nous apprend que les autres sections entrèrent sur-le-champ en correspondance avec celle des Lombards, et suivirent ses opérations avec un grand empressement. Les seules conclusions qui soient prouvées dans ces procès-verbaux, que Fréron amplifie de diatribes étourdissantes sur *Coco* Bailly, etc., etc., c'est la négligence des officiers municipaux, et l'avarie des farines. Le 9 septembre, les commissaires surveillans de la section des Lombards « se sont portés à la municipalité, où ils ont attendu trois heures. Enfin le maire et le corps municipal ont paru. Nos commissaires ont adressé la parole au sieur Huchon, boulanger ; ils l'ont prié de vouloir bien dire la vérité sur son ame et conscience, et le sieur Huchon a démontré que toutes ces farines n'avaient jamais été bises, et que, conséquemment, elles n'avaient pu être destinées à faire du pain bis, comme l'avait supposé la municipalité, mais que par leur vieillesse, et faute de soin, elles s'étaient pestiférées. Après avoir essayé les quatre sortes de farines soumises à notre examen, le sieur Huchon a dit que celle de 26 et 28 livres ne valait absolument rien, et qu'il se garderait bien d'en donner à son chien, vu qu'il était certain qu'il creverait au même instant; quant à celle de 38 et de 43 livres, qu'il était persuadé que son chien n'en mourrait pas, mais qu'il aurait de cruelles coliques. On a fait du pain de chacune de ces farines séparément : le pain et le four empoisonnaient. Déposé en preuve sur le bureau, ce pain empoisonneur a forcé le maire et la municipalité à convenir, devant nos commissaires, qu'il fallait renfermer les farines qui avaient servi à le fabriquer, pour qu'il n'en soit plus vendu aux boulangers. » (*Rapport de la section des Lombards*; l'*Orateur du peuple*, t. 8, n° CXI.) Plus bas, Fréron ajoute que les commissaires des Lombards ont été, le lendemain samedi, dans toutes les sections. « On les a reçus, dit-il, de la manière la plus flatteuse, et parfaitement au club des Jacobins. » (Il n'y eut de séance aux Jacobins, ni le 9, ni le 10 de septembre; il y a plus, aucun des samedis de ce mois ne fut jour de séance : on peut donc regarder cette circonstance comme inventée par Fréron.) Le même poursuit en disant que les commissaires chargés d'une mission pour l'assemblée électorale, arrivèrent au moment du scrutin, et que Pastoret les pria d'entrer dans une pièce voisine, en attendant que le scrutin fût dépouillé, ce qui ne serait pas long. Pastoret les y laissa. « Les commissaires, voyant que chacun s'en allait, sont entrés pour faire part de leur mission. M. le président de l'assemblée électorale leur a répondu tout net que la séance était levée. Quelques électeurs ont demandé à M. Pastoret pourquoi il n'avait point annoncé cette députation. M. Pastoret, se tenant les côtes à force de rire, a répondu qu'il l'avait totalement oublié. Et plusieurs de ces Messieurs ont imité M. Pastoret. — Je suis bien fâché de vous dire que vous êtes un polisson, M. Pastoret; c'est l'*Orateur* qui vous parle, et qui vous défie de lui prouver le contraire. La cabale vous a nommé député; mais, en vérité, la conduite que vous tenez devant des hommes respectables n'annonce rien de bon pour l'avenir. Au surplus, je ne suis point surpris de votre procédé; on sait que vous êtes le factotum du maire, et vous m'étonneriez bien si vous n'étiez pas un fripon initié dans le mystère des farines. » (L'*Orateur du peuple*, loc. cit.)

Fréron avance sans preuves que la municipalité mêlait les farines avariées à d'autres, et qu'elle les vendait ainsi aux boulangers. Son numéro XI du tome 8 renferme des détails que nous recueillons, parce qu'ils viennent de la section des Lombards. Le membre correspondant de Fréron s'exprime ainsi : « Un bon citoyen, dont j'ai oublié le nom, nous a fait part, dans la dernière séance, qu'il se tenait toutes les nuits, place Vendôme, à l'hôtel de l'Intendance, des assemblées secrètes, composées de plusieurs grands personnages dont voici les noms : MM. Bailly, Fieule (Filleul), administrateur au comité des subsistances pour les grains et farines; Leguiliers, administrateur au même comité pour les viandes; De Joly, secrétaire-greffier de la municipalité, et autres. Plusieurs commissaires se sont chargés d'épier ce conciliabule; ils nous ont rapporté que, toutes les nuits, ces Messieurs, depuis dix heures du soir jusqu'à quatre heures du matin, se concertaient ensemble pour affamer les habitans de la capitale. La section des Lombards a arrêté que le rapport en serait fait au département et à l'assemblée nationale. — Je joins ici, M. l'*orateur*, la liste des endroits où la municipalité cache une grande partie de ses larcins. *Magasins à blé*. Hôtel de Soubise; à la Place-aux-Veaux; rue de Seine-Saint-Victor; à Saint-Victor; à la Salpêtrière; à la caserne de l'Oursine; aux Chartreux; à Sainte-Geneviève; à Popincourt; à Trenette; à la caserne de la Pépinière; à celles de la rue Verte et de Babylone; à la Halle au vin et sur le quai de la Tournelle. — *Magasins à farines*. A l'École-Militaire; à Saint-Martin; à l'arsenal; à la caserne de Popincourt; rue du Pont-aux-Biches; à l'abbaye des Bénédictins ; à la caserne de Saint-Denis ; au Port-là-Briche ; à Saint-Denis.

» J'observe ici, M. l'*orateur*, que tous ces magasins se vident avec une rapidité incroyable. On les charge sur des voitures qui vont les unes à Rouen, pour être embarquées dans des vaisseaux, et les autres à Orléans, de là à Nantes et de Nantes à Jersey et Guernesey. J'ai vu cette manœuvre de mes propres yeux, et personne ne m'ôtera de la tête que les projets de la cour et de ses perfides agens, ne soient d'affamer Paris au moment où ils l'incendieront. »

L'article suivant des *Révolutions de Paris* nous montre la partie grave et vraiment sociale de la question qui s'agitait. « La rareté du numéraire, la défiance des agriculteurs, un monopole scandaleux, une mauvaise administrations : voilà les causes de l'embarras de la ville de Paris, sur l'objet des subsistances. Les sections se sont assemblées pour discuter sur les moyens de parer à ces inconvéniens ; mais si elles veulent obtenir un heureux résultat, elles doivent attaquer les causes du mal sans s'arrêter aux accessoires. Rappelez la confiance, faites reparaître le numéraire, opposez-vous au monopole, soumettez les approvisionnemens à une administration sage, éclairée, dont les opérations se fassent au grand jour, et vous profiterez de tous les avantages de l'abondance.

» De toutes les causes qui s'opposent à nos approvisionnemens, la défiance est celle qu'il est le plus difficile de combattre. Les précautions que l'on prend pour la faire cesser, la crainte que l'on témoigne sur le déficit des magasins, sont de sûrs moyens pour rendre les agriculteurs défians, et donner l'éveil à la cupidité. La peur, une fois manifestée, se propage de proche en proche, et gagne insensiblement tous les cœurs ; chacun craint pour soi ; les départemens ferment leurs greniers. Vous avez crié famine ; l'accapareur profite de cette terreur panique, il double ses magasins ; et ne les ouvre qu'au moment où la disette est à son comble. En vain fera-t-on des recherches, ira-t-on à la découverte, ces démarches ne servent qu'à augmenter l'épouvante ; les précautions bruyantes sont dangereuses, puisqu'en avertissant du danger elles produisent un effet contraire à celui qu'on en attend ; cependant il en faut prendre, il faut s'approvisionner : par qui et comment se fera cet approvisionnement ?

» Jusqu'ici le gouvernement, les compagnies, les corps administratifs, ont été chargés d'approvisionner Paris. Seront-ce les mêmes agens à qui on confiera ce soin? Sera-ce le gouvernement? Maître du peu de numéraire qui nous reste, il le serait bientôt de nos subsistances. On n'a pas encore oublié la longue série des années de famine produite par les complots du ministère, sous Louis XV et Louis XVI. Seront-ce des compagnies ? Elles ne peuvent être que des corps d'accapareurs, qui ne spéculent jamais que sur la misère du peuple. Une conduite modérée dans leurs premières opérations leur gagne insensiblement une confiance dont ils ne tardent pas à abuser. On les a vus enlever tous les blés des campagnes, les faire voyager sur les côtes de l'Océan, affamer par ce moyen la capitale, ne les faire rentrer qu'au moment où la disette était à son comble, profiter de ces instans de crise, pour les vendre à très-haut prix, et se faire encore un mérite de leurs manœuvres criminelles.

» Seront-ce les corps administratifs, la municipalité ? En général, l'intervention des corps dans les approvisionnemens des subsistances est dangereuse; ils ne peuvent tout au plus que les surveiller, venir au secours des approvisionnemens, et jamais s'intéresser dans les actions. C'est à l'administration municipale des blés et farines que nous devons aujourd'hui l'embarras où nous sommes : nos marchés déserts, l'état pitoyable de nos magasins qui ne recèlent plus que des farines avariées, tout nous atteste l'impéritie ou la mauvaise foi de ceux qui se sont arrogé le droit d'administrer cette partie.

« Qui pourra donc se charger des approvisionnemens ? Qui ? Ceux que leur état y appelle naturellement : les agriculteurs et les boulangers. Qu'aux boulangers seuls il soit permis d'avoir des magasins ; que les magasins soient limités et surveillés, de peur que les approvisionnemens ne dégénèrent en accaparemens, et qu'on exerce à leur égard une police sévère et éclairée. Les boulangers sont très-nombreux à Paris ; il est donc moralement impossible qu'ils s'entendent pour opérer le mal. La manipulation des farines ainsi divisée en rend l'accaparement presque impossible et la circulation plus aisée. Si, dans le nombre, il se trouve des malveillans, ils seront dénoncés par leurs confrères, ne fût-ce que par ceux qui ont intérêt de se ménager la confiance du public : leur rivalité nous préservera du monopole, et, pour cette fois, nous aurons fait servir les passions des hommes à leur intérêt commun. Mais, dira-t-on, la plupart des boulangers ne possèdent ni numéraire, ni petit papier, et, supposé que l'approvisionnement leur fût confié, ils ne pourraient pas y travailler ; ceux qui possèdent les premières ressources achèteront toujours des blés, ils voudront faire valoir leur capital, et nous serons toujours en proie aux deux fléaux du peuple : le monopole et l'accaparement. On peut encore remédier à cet inconvénient : que les fonds destinés par les corps administratifs pour les approvisionnemens soient prêtés à ceux des boulangers qui manquent de crédit et d'argent : par exemple, qu'il soit confié à chacun d'eux mille livres ; qu'ils soient tenus à en rendre la moitié tous les huit jours : cette somme rentrant à des époques fixes, pourra servir à aider d'autres boulangers. Munis de ces secours, ils iront acheter des blés de meilleure qualité ; soumettez vos débiteurs à une comptabilité rigoureuse, et que, dans ce cas seulement, le prix de leur pain soit fixé de manière à ce qu'ils puissent y gagner, sans qu'il leur soit possible de faire tourner ce bienfait au détriment du peuple : alors nous jouirons du bénéfice de l'administration papale sur les grains. C'est avec ce moyen que les préfets de Rouen sont venus à bout de s'opposer à la progression du prix du pain. Le peuple s'en épouvante, la terreur double les fantômes ; de là des troubles, des séditions, qui arrêtent toute communication ; alors il faut avoir recours aux moyens extrêmes ; il faut faire des incursions, et rappelons-nous que ces démarches, coûteuses en elles-mêmes, ont contribué beaucoup, en 1789, à nous faire payer le blé une fois au double de sa valeur. » (*Révolutions de Paris*, n 116.)

L'*Orateur du Peuple* consacre la majeure partie de ses numéros de septembre, d'octobre et de novembre à exciter les sections, et à harceler Bailly. Il le peint au désespoir, réduit à se pendre avec son écharpe, afin d'éviter une reddition de compte dont il sera sommé chaque jour plus catégoriquement jusqu'à ce qu'il y ait fait droit, ou jusqu'à ce qu'il se soit pendu. Dans le n° XXI de son huitième volume, il prétend que « effrayée des suites funestes des délibérations des sections, la municipalité se prépare à rassembler dans une chambre de la ville, tous les papiers relatifs à la comptabilité; et, au moyen d'une insurrection, qui aura lieu à point nommé, elle se propose, aidée de cinq à six cents mouchards qui prendront les devans du peuple, et qui grimperont à la maison commune, de brûler tous nos papiers, après avoir repoussé ces mouchards qui auront l'air de fuir et d'effrayer le peuple. Ensuite, la réserve donnera et achèvera de le disperser. — Voilà les comptes rendus et toutes les sections de la capitale jouées. Alors Bailly dira : *Comment voulez-vous que nous rendions nos comptes ? le peuple, injustement irrité, a brûlé tous nos papiers.* »

Au moment où Bailly donna sa démission, il fut nommé par les électeurs, membre du directoire du département. Fréron n'avait pas prévu ce moyen d'échapper à une reddition de comptes, car c'était au département à vérifier et à épurer les comptes de la municipalité. Aussi il se déchaîna alors avec une véritable colère contre *Sylvain Bailly*, *maire*, qui rendra ses comptes à *Sylvain Bailly*, *membre du directoire*. Prudhomme lui-même, dans le n° 122 des *Révolutions de Paris*, commente ce texte, et y trouve une cause de nullité décisive pour l'élection de Bailly. On verra à quoi s'en tenir à l'égard de ces querelles, par un article de Peuchet que nous allons transcrire.

Cet article est une analyse du discours que Bailly prononça devant le corps municipal, en donnant sa démission. L'apologie qu'il y fit de l'*espionnage* donna lieu dans ce temps à des réflexions pleines d'amertume, et à des soupçons sur les sommes considérables qu'avaient dû absorber les dépenses secrètes, soupçons que de tels aveux semblaient justifier. « Aller à la recherche de tous les vols qu'ils ont commis! s'écrie Fréron, t. 8, n° 37, il faudrait savoir apprécier ce que peuvent coûter des hommes qui se vendent au gouvernement; il faudrait savoir ce que peuvent coûter les trames odieuses de la Chapelle, de Vincennes, du Champ-de-Mars; l'article des libelles qu'ils ont fait faire contre les plus zélés patriotes de la capitale. — On m'a assuré que pour éloigner le brave et vigoureux Danton du sénat, il en a coûté à la nation trois cent mille livres. Les autres bons citoyens ont été éconduits à proportion de leur mérite personnel. »

Article de Peuchet. (*Moniteur du 25 novembre.*)

« Une santé délicate, que de grands travaux littéraires et l'agitation des affaires publiques ont encore affaiblie, avait déterminé M. le maire à présenter sa démission au conseil de la commune dans le cours du mois de septembre dernier; des considérations que le bien public et l'état des conjonctures faisaient naître ont pu seules le déterminer à continuer les fonctions de sa place jusqu'à ces derniers jours, que M. Pétion lui a succédé par les suffrages de six mille six cents citoyens, sur dix mille trois cents qui se sont présentés pour voter.

» Par ce remplacement, M. Bailly n'est point entièrement soustrait aux soins de la chose publique : membre du conseil-général du département de Paris, il pourra l'éclairer de ses lumières, le fortifier de son expérience, et y entretenir cet esprit de douceur et de modération qui, dans les temps difficiles, est souvent préférable à tout autre moyen.

» Mais avant de quitter l'administration de Paris, M. Bailly a voulu laisser à ses concitoyens un compte de sa conduite, et le résultat des connaissances politiques que sa place l'a mis à portée d'acquérir pendant les momens les plus orageux de la révolution.

» Le 12 de ce mois, le conseil-général de la commune étant assemblé, il a pris la parole et a lu un excellent discours, dont l'impression a été ordonnée, ainsi que l'envoi aux sections de la capitale et aux personnes chargées de quelques fonctions dans le gouvernement de la police. C'est une véritable instruction sommaire sur les ressources actuelles de Paris, et les défauts de son administration municipale, que l'on pourrait facilement corriger sans altérer, ou plutôt en perfectionnant la représentation populaire qui en fait la base.

» D'abord M. le maire observe que le compte qu'il a à rendre n'est qu'un *compte de conduite personnelle*; qu'il n'en a point à rendre *en finance*, puisqu'il n'a rien touché, rien ordonné, et que quant au *compte de gestion*, sa responsabilité se confond, aux termes de la loi, avec celle du corps municipal, sans l'attache duquel il n'a jamais rien fait, et qui doit lui-même présenter incessamment l'état de sa gestion au public.

» Après quoi il présente ainsi la situation actuelle de l'état d'approvisionnement de Paris : « Il résulte des états qui ont été fournis à cet égard, qu'il y avait au mois d'août dernier dans les chantiers, les ports et en rivière, pour le service de la ville de Paris, six cent cinquante mille voies de bois, ce qui excède de cinquante mille et plus la consommation commune d'une année. Nous avons dans ce moment l'assurance à peu près de la moitié de l'approvisionnement de 1792; il n'y a pas de doute que les coupes qui seront bientôt en adjudication ne fournissent le reste : de sorte qu'on peut dès à présent regarder la provision de 1792 à 1793 comme complète. Nous avions également à la même époque, à Paris et en rivière, un million de voies de charbon, qui, à raison de la consommation, font un approvisionnement de dix-huit à vingt mois. Quant aux blés et farines, le corps municipal a fait imprimer l'état sommaire qui lui a été présenté par les administrateurs des subsistances. Il offre une masse de cinquante-quatre mille sacs de farine, qui nous conduiront au commencement du printemps, où pourront arriver quarante mille autres sacs commandés en Amérique, pour atteindre la récolte nouvelle, si la dernière a peine à suffire. »

» Après ces détails tranquillisans sur l'état de l'approvisionnement de Paris, M. Bailly passe aux observations qu'il croit devoir soumettre à l'assemblée sur les vices de l'organisation municipale actuelle; il les trouve dans le nombre des administrateurs, le défaut de concentration dans l'exercice des pouvoirs, et l'enchevêtrement des fonctions municipales.

« La loi a besoin d'être rectifiée, dit-il, parce qu'elle nous a donné une municipalité trop nombreuse. C'est le choix et non le nombre des hommes qui fait la sagesse des mesures ; en multipliant les membres d'une assemblée, il y a plus de confusion et plus de facilité pour cet enthousiasme rapide qui fait prendre des résolutions précipitées. Les pouvoirs sont mal définis; car les fonctions du maire et du procureur de la commune ne sont pas encore bien connues.

» M. Bailly proposerait en conséquence de réduire à quatre le nombre des départemens de la municipalité, et à huit celui des administrateurs, qui, avec le maire, composeraient le bureau; le corps municipal serait, dans ce cas, de vingt-quatre membres, et le conseil de la commune de soixante-douze notables. Ce nombre, ajoute-t-il, serait suffisant, si d'un côté on avait soin d'élire des citoyens qui eussent la possibilité de donner une grande partie de leur temps à la chose publique, et que de l'autre on ne leur enlevât pas tous leurs momens par de trop fréquentes assemblées.

» Mais le vice capital de la municipalité, continue M. Bailly, c'est le défaut d'unité. Il y a à la maison commune autant de municipalités qu'il y a de départemens, et même de sous-divisions de département; il en résulte un esprit différent, et quelquefois une opposition de conduite qui énerve tous les ressorts de l'administration.

» L'autorité illimitée des *sections*, leur intervention dans l'administration, leurs nombreuses convocations, l'esprit de fermentation qu'elles entretiennent, ne sont point oubliées dans les observations présentées au conseil de la commune. L'expérience a appris à M. Bailly, comme à tous ceux qui ont été dans l'administration, que cette turbulence populaire est inutile et dangereuse, quand le peuple a pour administrateurs des hommes librement élus par lui.

» Mais si nous regardons comme des vérités pratiques les réflexions du maire de Paris sur l'organisation publique, nous ne pensons pas comme lui sur ce qu'il dit de *l'espionnage individuel.* Ce qu'on objecte contre cette institution de ténèbres est parfaitement juste. Si le magistrat politique a qualité pour se faire rendre compte de ce qui se passe dans un *lieu public* contre le respect des lois et des personnes, il n'a point droit de surveiller la conduite privée ou domestique des individus. Une dénonciation secrète contre moi n'est point une raison de me faire espionner, puisque l'espionnage suppose le soupçon ; et le soupçon de la part de la puissance publique ou de celui qui la représente, est une peine que l'on ne peut infliger à personne sur une simple allégation particulière. De quelque manière que l'espionnage individuel soit envisagé, il présente également le mépris des lois et de la liberté des personnes, sans laquelle la liberté politique n'est qu'une chimère ou une dérision.

» Ce discours au reste est simple, bien écrit ; on y reconnaît le philosophe ; et l'on s'étonne qu'au milieu des orages où s'est trouvé M. Bailly, il ait pu conserver ce caractère mesuré, cette propriété d'expressions, que l'exagération de principes a fait disparaître de presque tous les écrits d'aujourd'hui. »

Élections départementales et municipales. Le journal de Brissot est celui qui contient le plus de renseignemens sur les élections : nous allons en extraire, sans nous interrompre, tout ce qu'ils offrent d'intéressant.

Avant tout, nous placerons sous les yeux de nos lecteurs une pièce qui montre l'importance que Brissot avait acquise, ou du moins qu'il affectait de se donner, depuis sa nomination à la législature. Il inséra l'avis suivant dans le *P. F.* du 2 novembre.

— « *Avis aux patriotes.* Je suis accablé de lettres de personnes qui me demandent soit des places, soit des recommandations, soit des consultations. Je me crois obligé de leur faire réponse à toutes à la fois. Les places sont à la disposition du pouvoir exécutif ou de ses agens, et ma résolution inébranlable de conserver l'indépendance de mes opinions, m'ôte toute communication avec eux; ma recommandation souvent nuirait plus qu'elle ne servirait. Enfin, tout mon temps est aux affaires publiques, c'est-à-dire à l'examen des questions générales et à la surveillance du ministère et de ses opérations, et je ne puis en distraire un seul moment pour des affaires particulières. Je lis avec la plus grande attention les lettres qui ont trait aux affaires publiques, j'en profite, et c'est la meilleure réponse que je puisse y faire. »

Signé Brissot, député.

Nous citerons un seul article sur les élections au département. Elles venaient remplacer les membres qui avaient été appelés à la législature. — « M. Gobet, évêque métropolitain, a été nommé administrateur du département. Ce choix a lieu d'étonner après celui des Mounier, des Beaumetz, etc.; on a nommé aussi M. Gerdret (officier de la garde nationale dont il a été déjà question dans l'*Histoire parlementaire*). C'est aujourd'hui qu'on élit le procureur-général syndic. Les ministériels de la Sainte-Chapelle porteront M. Dandré; les patriotes de l'évêché sont pour M. Rœderer. On assure qu'un grand nombre de membres de la Sainte-Chapelle, indignés du choix scandaleux de leurs confrères, et des moyens plus scandaleux encore qu'on emploie pour réussir, voteront pour M. Rœderer. — Nous apprenons qu'ils l'ont emporté, que M. Rœderer a été nommé au *premier tour de scrutin*, et que la cabale Dandré s'est retirée couverte de confusion. » (*P. F. du 11 novembre.*)

Elections municipales. « On assure qu'une grande et très-grande dame porte à la mairie de Paris M. Desmeuniers. Il est à espérer que le peuple, qu'il a dépouillé de tant de droits, ne l'y portera pas. » (*P. F. du 8 novembre.*)

Dans sa feuille du 14 novembre, Brissot cite un article de l'*Ami des citoyens* (journal de Tallien), sur les divers candidats. L'élection avait commencé le 13. — Il fait précéder cette citation d'une nouvelle relative à Pétion. — « M. Pétion a reçu à Londres l'accueil le plus favorable de tous les patriotes anglais. Il a assisté à une fête civique que la société de la révolution célébrait pour l'anniversaire de la révolution anglaise. Celle de France n'y fut pas oubliée. On a couronné le repas par un très-grand nombre de *toasts* dont voici les principaux : *Les droits de l'homme ; la révolution de 1688 ; la révolution de France ; puissent les révolutions n'avoir de terme que celui de la tyrannie ; puisse Edmond Burke continuer long-temps de servir la cause de la liberté... en écrivant contre elle.* On a accueilli avec transport un *toast* porté par M. Pétion : c'est *l'éternelle union du peuple anglais et du peuple français fondée sur les principes inaltérables de la justice et de la liberté...* La fête a été terminée par l'air célèbre *Ça ira* ; cet air qui fait pâlir les tyrans, et qui donne au monde le signal de la liberté. »

Brissot transcrit en suite de l'article de Tallien :

« *M. la Fayette.* Un parti nombreux réunira, dit-on, ses suffrages sur le ci-devant général. S'il suffisait pour être maire de Paris d'avoir de l'aménité, de savoir parler au peuple, et le flatter au besoin, nous croyons que M. la Fayette remplirait bien cette place ; mais il faut un homme versé dans l'administration, un homme habitué au travail, et nous croyons que M. la Fayette est loin d'avoir ces qualités. Il a contre lui d'être né noble, et d'être allié à la maison de Noailles, qui, comme l'on sait, jouit d'un grand nombre des bienfaits de la cour. Examinons d'ailleurs la conduite de M. la Fayette depuis l'époque de la révolution. Nommé le 15 juillet 1789, commandant de la garde nationale par une acclamation populaire, il n'accepta qu'après s'être assuré de l'assentiment du roi. Les principes que l'on croyait que M. la Fayette avait puisés à l'école de Washington, faisaient espérer aux amis de l'égalité qu'il en serait un des plus ardens défenseurs ; ils espéraient enfin qu'il se servirait de l'influence que lui donnait sa place, pour hâter le succès de la révolution. Mais ils furent trompés dans leur attente ; on le vit toujours flottant entre tous les partis : voulant les ménager tous, il n'en servit aucun ; aussi n'eût-il qu'un moment de triomphe, qu'il dut encore au caractère léger et inconstant du Français. M. la Fayette étant très-peu susceptible de se livrer à un travail assidu, est obligé d'employer beaucoup de subalternes, par lesquels il est mené. C'est à cette confiance aveugle et mal entendue que sont dues en partie les fautes qu'il a commises pendant le temps de sa *dictature*. Nous sommes loin de croire que M. la Fayette ait les talens nécessaires pour être maire de Paris. Nous croyons même qu'il serait dangereux de le nommer : ses liaisons avec l'infâme coalition qui nous a fait tant de mal dans ces derniers temps, sa conduite ambiguë à l'assemblée nationale, et son expédition du Champ-de-Mars, doivent le rendre suspect aux amis de la liberté. »

M. Dandré. « Il devrait suffire de prononcer ce nom pour le faire rejeter. On dit cependant qu'il a beaucoup de partisans, de l'esprit, un jugement quelquefois sain ; une grande facilité pour saisir, embrouiller et dénaturer une question ; beaucoup d'adresse, une grande ambition, un sincère attachement pour la liste civile, un dévoûment sans bornes aux volontés du pouvoir exécutif et de ses agens : telles sont les bonnes qualités du sieur Dandré. »

M. Fréteau. « Y eût-il à Paris cent maires semblables, nous pouvons garantir qu'ils ne suffiraient pas encore pour expédier les affaires. Nous rendons d'ailleurs justice aux vertus publiques et privées de M. Fréteau, mais il est impossible d'être plus lent et moins expéditif. »

M. Desmeuniers. « Beaucoup parler de sa vertu et de son patriotisme, n'est pas une chose que Desmeuniers ait oubliée : personne cependant ne peut y croire. On se rappelle les atteintes qu'il a portées à la liberté, comme membre du comité de constitution ; il pourrait peut-être encore lui en porter davantage étant maire : c'est bien assez qu'il soit membre du département. »

M. Camus. « Pourquoi, lorsqu'un homme est à sa place, ne pas l'y laisser ? La place d'archiviste exige beaucoup de soin ;

M. Camus s'y livre tout entier avec le plus grand zèle : ne le déplaçons pas. *Tel brille au second rang, qui s'éclipse au premier.* »

M. Pétion. « S'il n'y avait dans les sections, ni aristocrates, ni ministériels, ni amis de la liste civile, ni endormeurs, M. Pétion serait, à coup sûr, nommé ; mais il a contre lui de s'être constamment montré patriote, zélé défenseur des droits du peuple, de n'avoir jamais intrigué, ni cabalé ; il a d'ailleurs de la probité, des mœurs pures ; il est bon fils, bon époux, bon père, bon ami et bon citoyen. Avec tout cela, on doit être rejeté..... Mais n'importe, je lui donne ma voix. »

« *Du mardi 15 novembre.* — La majorité paraît être, jusqu'à présent, en faveur de M. Pétion. Il n'est point, en conséquence, de calomnies que n'inventent les hommes corrompus qui veulent l'en écarter. Ils répètent, et font répéter par les journalistes qu'ils payent, que ce sont ceux qui veulent le républicanisme qui portent M. Pétion. Il faut croire, dans ce cas, que la majorité des sections veut ce républicanisme, qu'ils ne croyaient soutenu que par trois ou quatre individus. Mais en couvrant de tout le mépris ce rabâchage des intrigans, nous leur dirons que la ville de Paris récompense dans M. Pétion le patriotisme et l'intégrité incorruptibles ; et cette victoire de la vertu sur l'intrigue et sur la corruption ministérielle doit honorer les Parisiens, et prouver qu'ils n'ont pas dégénéré de leur amour pour la liberté. — On désigne M. Alquier, excellent patriote, pour la place de procureur de la commune. » (*Patriote français* du 16 novembre.)

Mercredi 16. — Honneur aux citoyens patriotes de Paris ! M. Pétion est maire : il a eu plus de six mille voix. M. la Fayette, qui en a eu le plus après lui, n'en a eu que trois mille. Voilà encore les calculs de M. Dandré dérangés. Le pauvre homme ! » (*Patriote français* du 17 novembre.)

Jeudi 17. — « Il y a eu 10,632 votans pour la nomination du maire. M. Pétion a réuni 6,708 voix ; M. la Fayette en a eu 3,123, et M. Dandré 77. Le reste a été partagé entre MM. Robespierre, Fréteau, Camus, Tronchet, et plusieurs autres.

M. la Fayette avait quitté son humble retraite d'Auvergne; il était à Paris : il s'en ira comme il était venu.

» Aujourd'hui on a commencé le scrutin pour l'élection du procureur de la commune. Il paraît que les patriotes se réunissent en faveur de M. Manuel : de la probité, des talens, des lumières, beaucoup de philosophie, voilà les titres de M. Manuel. » (*Patriote français* du 18 novembre.)

Dimanche 25. — « M. Cahier (de Gerville), qui devait être ballotté avec M. Manuel pour la place de procureur de la commune, est nommé ministre de l'intérieur. C'est tant pis et tant mieux. » (*Patriote français* du 27 novembre.)

Vendredi 2 décembre. — « Sur 5,311 votans pour l'élection du procureur de la commune, M. Pierre Manuel a obtenu 3,770 suffrages, et M. Cahier de Gerville 1,541. » (*Patriote français* du 1er décembre.)

Jeudi 8 décembre. — « M. Danton est nommé substitut-adjoint du procureur de la commune. Ce choix fait le plus grand honneur au bon esprit des citoyens de Paris : il prouve qu'ils ne se laissent pas égarer par les calomnies, quelque soutenues qu'elles soient. Il prouvera au parti ministériel que, s'il est possible de corrompre ou de tromper la majorité d'une assemblée électorale, il est impossible de corrompre les assemblées primaires, ou de les tromper long-temps. — Voici le résultat du scrutin : M. Danton, 1,162 ; M. Collot-d'Herbois, 654 ; M. Gérard de Buzy, 599 ; M. Hardy, 279 ; M. Thouret et plusieurs autres citoyens ont eu cent voix et au-dessous.

» M. Bosquillon, l'un des coryphées du club aristocratique ministériel des électeurs de la Sainte-Chapelle, vient de faire assigner Pierre Manuel, nouveau procureur de la commune, pour prouver tous ses titres, de domicile, de garde national et de contribution. Pierre Manuel a répondu avec la dignité d'un homme libre, à cette démarche dictée par la plus basse jalousie: « Si c'est par respect pour la constitution, a-t-il dit à l'huissier, que M. Bosquillon m'assigne, je souhaite qu'il ait ma place pour récompense ; si c'est par intrigue, je souhaite qu'il l'ait encore pour punition : je répondrai à la loi. » (*Patriote français du 9 décembre.*)—Dans sa feuille du 31 décembre, Brissot nous apprend que « Véto-Bosquillon a perdu l'inconcevable procès qu'il avait intenté au patriote Manuel sur son éligibilité. Il a de plus été condamné à 50 livres d'amende au profit des pauvres. » La cause fut plaidée devant le sixième arrondissement.

L'installation de Pétion eut lieu le 18 novembre. Nous la trouvons ainsi racontée dans le journal des *Débats des Jacobins*, n°96 : « N... Messieurs, je viens d'assister à l'installation de M. Pétion. Le peuple l'a reçu avec les plus vifs applaudissemens. Le conseil-général de la commune l'a reçu avec une indifférence extrême. (On applaudit.) Avant qu'on l'installât, un membre du conseil-général a demandé la parole et a interpellé M. Pétion de déclarer comment il avait acquis le droit de citoyen actif depuis un an. M. Bailly a répondu que puisque les sections avaient jugé M. Pétion digne d'être maire de Paris, sans doute elles savaient bien ce qu'elles faisaient, et reconnaissaient qu'il avait les qualités requises. (Les tribunes applaudissent.) M. Bailly a prononcé un très-petit discours auquel M. Pétion a répondu avec cette fermeté et ce ton mâle que vous lui connaissez tous. M. Bailly est ensuite sorti et on ne lui a pas prodigué les applaudissemens. M. le curé de Chaillot a demandé que l'on fît hommage à M. Bailly de la constitution bien ornée ; un autre a crié aux voix sur la motion, et M. le maire actuel a dit qu'il pouvait émettre son vœu individuellement, mais non pas forcer le vœu général ; qu'en outre il avait un second tort, celui d'avoir parlé sans avoir la parole. »

Nous donnerons maintenant le discours de Bailly et le rapport de Pétion.

Discours prononcé par M. Bailly, en présentant M. Pétion, son successeur, au conseil-général de la commune, le 18 novembre 1791.

« Messieurs, voici mon successeur. Je présente au conseil-général M. Pétion, qui a réuni la grande pluralité des suffrages des citoyens assemblés dans les sections, et qu'ils ont élu maire de Paris. Ils l'ont pris dans une source illustre ; ils l'ont choisi parmi les premiers représentans de la nation ; M. Pétion est un de ceux que l'opinion publique y a distingués. Ce n'est point à moi à le faire connaître aux citoyens qui ont voulu le récompenser, qui l'ont jugé digne que l'on payât ses services, en lui imposant de nouveaux devoirs et en exigeant de nouveaux services. Il est loué d'avance par leur suffrage ; il le sera par le bien qu'il va faire. Ce que nous désirons tous, ce que dans les circonstances présentes nous avons besoin d'espérer de la sagesse de son administration, c'est qu'il fasse respecter et exécuter la loi, qu'il maintienne la paix, et qu'il opère enfin le rétablissement de l'ordre, auquel nous avons constamment travaillé. Voilà ce qui lui promet les bénédictions publiques, et ce qui sera en même temps sa récompense. M. Pétion, Messieurs, va prêter son serment devant vous. En lui transmettant l'honneur de vous présider, je vais déposer entre ses mains les fonctions importantes qui m'avaient été confiées ; et dans le moment où il me remplace, je forme un vœu sincère, c'est qu'il fasse mieux que moi, et que par lui ma patrie soit heureuse. »

Réponse de M. Pétion.

« Messieurs, honoré du suffrage des citoyens de Paris, je viens avec les sentimens d'une douce et fraternelle confiance prendre séance au milieu de vous. Ma reconnaissance est sans bornes, et les termes me manquent pour l'exprimer : je vous l'avouerai néanmoins avec franchise, si j'eusse écouté des considérations particulières, si j'eusse suivi mes goûts personnels, je me serais éloigné de la place à laquelle je me trouve élevé. J'ai surtout eu à combattre pour me détacher des fonctions importantes qui m'appelaient au soutien et au développement de cette belle institution qui ne soumet le citoyen qu'au jugement de ses pairs, et qui est le plus sûr rempart de la liberté individuelle. Je me suis demandé quel était le poste où je pouvais le plus utilement servir la chose publique ; j'ai vu que les circonstances présentes étaient difficiles, que les orages n'étaient pas encore dissipés, que le calme n'était pas rétabli ; que cette ville, le berceau et le centre de la révolution, pouvait imprimer au reste de l'empire des mouve-

« mens heureux ou funestes : alors tous mes doutes ont disparu, et il ne m'est resté d'autre désir que celui de me sacrifier tout entier pour répondre à la confiance d'une grande cité. Je ne me dissimule pas que la tâche que j'ai à remplir est immense, et je sens combien il serait nécessaire que mes forces égalassent mon zèle ; mais je trouverai dans mes collègues de fermes appuis, de dignes collaborateurs. Animés tous du même esprit, nous concourrons au même but...... le bonheur commun. Nous ne perdrons jamais de vue que nous sommes les magistrats du peuple, que nous devons défendre ses intérêts et conserver ses droits ; que nous devons faire régner l'ordre et la tranquillité, faire chérir la constitution, et déconcerter les projets de ses ennemis. Le vrai patriotisme est inséparable du respect pour la loi, et sans ce respect il n'est point de liberté.

» Je ne blesserai pas la modestie de mon prédécesseur par des éloges dont il n'a pas besoin ; je ne parlerai pas des services qu'il a rendus, et des regrets que sa retraite occasionne : c'est à l'opinion, ce juge suprême, à fixer la place qui appartient aux hommes publics, et à distribuer le blâme ou l'estime. »

— La nomination de Pétion fut un triomphe célébré par toutes les feuilles démocratiques. Sa visite aux Jacobins à la fin de la séance du 18 novembre, donna lieu à une véritable ovation. Le vieux Dussault monta à la tribune, et prononça quelques mots entrecoupés qu'il termina en disant : « Je regarde M. Pétion comme mon fils ! c'est bien hardi sans doute. » — « Il descend de la tribune, ajoute le journaliste, et M. Pétion s'élance dans ses bras. Ce triomple du sentiment a fait éprouver la plus douce sensation à tous les cœurs. »

Cependant Pétion ne tarda pas à essuyer une assez étrange accusation. « On a répandu avec affectation (c'est Brissot qui parle, *P. F. du* 7 *décembre*) que M. le maire avait des conférences secrètes avec le château des Tuileries. Certes, il a d'autres occupations que celles de courtisan ! Les faiseurs de nouvelles, quel que soit leur dessein, feront bien de les imaginer plus vraisemblables, et de les faire circuler avec moins d'affectation, s'ils veulent qu'on y croie. »

C'est par une proclamation contre les tripots que le nouveau maire de Paris commença sa magistrature. Il les poursuivit avec beaucoup d'activité. « On a encore porté la hache dans l'antre de Radziwill. L'expédition a été fort bien conduite; elle a duré presque toute la nuit, et plusieurs de ces infâmes repaires ont été saisis à la fois. Les souteneurs ont voulu faire quelque résistance; mais la fermeté du commissaire de police, et la contenance de la garde nationale, en ont imposé à ces brigands : vingt-deux ont été arrêtés; les banques et tous les ustensiles des tripots ont été saisis. » (*P. F. du 19 décembre.*)

Le 9 décembre, Pétion publia la brochure suivante par laquelle nous fermerons le sujet qui nous occupe : nous passerons ensuite au club des Feuillans.

Coup-d'œil rapide sur l'état dans lequel je trouve la place de maire de Paris.

« J'entre en fonctions, et j'entrevois à peine les objets qui m'environnent; mon premier aperçu je le dois au public, je le lui présente :

» Le maire, pour être aidé dans les fonctions importantes et nombreuses de sa place, est environné de trois bureaux particuliers : 1° Bureau de correspondance; 2° Bureau des renvois; 3° Bureau de comptabilité.

» J'ai trouvé le plus grand ordre dans le bureau de correspondance; aucune affaire n'était en arrière.

» Il n'en était pas de même du bureau des renvois; un grand nombre de pièces étaient restées sans enregistrement, et beaucoup d'autres étaient amoncelées, pêle-mêle, sans être enliassées et serrées dans les cartons.

» Ces petites négligences se réparent de jour en jour, et le moment arrive où tout va être au courant.

» Le bureau de comptabilité est chargé d'un léger travail; je l'ai réuni au bureau des renvois. J'évite un sous-chef, ce qui donne une économie de 2,400 liv.; j'ai aussi supprimé un des deux chefs... Les appointemens étaient pour chacun de 4,800 liv.

» Les travaux de la municipalité sont divisés en cinq départemens : 1° subsistances ; 2° police ; 3° domaine et finances : 4° établissemens publics ; 5° travaux publics.

» Il existe en outre plusieurs commissions : pour les impositions ; pour les biens nationaux ; pour la garde nationale ; pour les actes de bienfaisance, etc.

» Ces établissemens sont disséminés dans Paris, ce qui est très-incommode pour les citoyens. Qu'un particulier se trompe sur le bureau où il doit s'adresser (ce qui n'est pas rare, les compétences n'étant pas encore clairement déterminées), il est obligé de faire une lieue pour se rendre au bureau qui est saisi de son affaire.

» Un autre inconvénient, non moins grave, c'est que ces distances rompent l'unité de l'administration, qu'elles occasionnent des lenteurs très-préjudiciables pour le service. Le maire, qui devrait être au centre de tous les travaux, pour tout voir, tout surveiller, ne peut pas remplir ses devoirs avec exactitude, quels que soient son zèle et son activité. S'il est nécessaire, s'il est pressant qu'il confère avec un administrateur, vingt-quatre heures s'écoulent sans qu'il puisse lui parler.

» Mon premier désir en entrant en place, était que les comptes fussent rendus ; je n'ai cessé de le manifester, et mes collègues, je dois le dire, m'ont témoigné le même empressement.

» Dans les comptes à rendre, on doit distinguer ceux de l'administration provisoire de ceux de l'administration définitive.

Comptes de l'administration provisoire.

» 1° Celui de la garde nationale est définitivement arrêté par le corps municipal et le conseil général.

» 2° Celui des subsistances a paru étranger à la municipalité, et il a été soumis à l'inspection du département.

» 3° Celui des travaux publics est entre les mains des commissaires.

» 4° Celui du domaine, *idem.*

» 5° Celui des hôpitaux ; *idem.*

» 6° Celui des établissemens publics n'est pas rendu en totalité ; il reste la partie de l'Opéra.

» 7° Celui de la police reste à rendre.

» Il reste aussi entre les mains de MM. les commissaires du corps municipal, un compte d'un administrateur provisoire des biens nationaux.

Comptes de l'administration définitive.

» Tous les départemens ont remis leurs comptes à MM. les commissaires.

» Deux comptes sont en retard :

» 1° Celui de la garde nationale;

» 2° Celui de l'administration des grains, farines, riz, qui exige des détails immenses.

» On promet de rendre ces comptes incessamment. Malgré tout le zèle des rendans compte, malgré mes instances que je ne cesserai de réitérer, je crains bien que l'apurement de ces comptes ne soit pas encore prochain, et que l'examen et les débats ne soient trop longs.

» Les subsistances et la police sont les deux objets qui occupent et qui inquiètent le plus le public : ils intéressent son existence, sa tranquillité et son bonheur.

» Les subsistances sont dans un état qui ne doit laisser aucune alarme : les farines en magasin, celles que l'on attend d'Irlande, les blés distribués dans différens moulins, et ceux qui arrivent d'Amsterdam, forment un bon approvisionnement.

» D'après le relevé que j'ai fait des états qui m'ont été remis, il en résulte que, dans l'hypothèse où la ville rendrait, sur le carreau de la halle, trois cents sacs de farine par jour, elle pourrait continuer cette vente pendant quatre mois.

» Elle vend tantôt plus, tantôt moins : cela dépend des ventes que fait le commerce libre.

» On attend en outre d'Amérique en mars et en avril, et peut-être plus tôt, quarante mille sacs de farine.

» J'ai cru apercevoir que l'opinion la plus générale des membres qui composent la municipalité était d'abandonner désormais

T. XII. 22

le commerce à lui-même, ou du moins de ne pas s'en mêler. Quant à moi, j'avoue que je crois que la liberté vaut mieux que tous les réglemens, et que Paris sera plus abondamment approvisionné avec ce régime qu'avec tout autre. Le passage de ce nouvel ordre à l'ancien n'est peut-être pas sans difficultés; mais si on peut le rendre praticable et facile, on ne verra plus ces troubles, ces émeutes que la crainte de manquer de pain fait renaître sans cesse.

» La municipalité a, dans ses magasins de l'École-Militaire, une assez grande quantité de riz.

» La provision de bois et de charbon est suffisante; mais elle pourra devenir très-difficile à faire par la suite, la ville n'ayant plus la police sur les rivières qui conduisent les combustibles à Paris.

» La police ne se présente pas sous un aspect aussi favorable; toutes les parties qui la composent, sont dans un état de relâchement absolu.

» 1° Les rues sont sales et pleines de décombres.

» 2° Les vols et les délits de toute espèce se multiplient d'une manière effrayante.

» *Propreté.* J'ai recherché avec empressement et avec soin les causes de ces désordres, et j'ai vu que les anciens réglemens de police n'étaient pas exécutés; que chaque citoyen se plaignait de son voisin, en éludant lui-même la loi; que plusieurs commissaires de police usaient d'une indulgence répréhensible; que nommés à temps, ils craignaient d'inquiéter ceux dont ils recherchaient les suffrages; qu'il serait préférable de confier à chaque commissaire la surveillance d'une section qui ne serait pas la sienne; que les entrepreneurs des boues n'avaient pas un nombre suffisant de tombereaux pour les enlever; que, depuis leur traité fait, Paris s'était considérablement accru; qu'ils se plaignaient de ce que leurs bénéfices n'avaient pas suivi la même progression, et qu'il fallait un nouvel engagement.

» Un travail vient d'être préparé pour faire revivre et mettre en vigueur les lois relatives à la propreté des rues. Ce travail a été approuvé par le corps municipal.

» Il existe aussi un rapport sur les moyens les plus sûrs et les plus économiques pour relever promptement et avec exactitude toutes les boues et immondices qui obstruent les rues, incommodent les gens de pied, et infectent les citoyens.

» *Sûreté.* La plupart des fiacres sont aujourd'hui sans numéro, sans place fixe. Un particulier oublie un effet dans ces voitures, il ne sait à qui s'adresser pour se le faire rendre. Plusieurs faits récens attestent même que des cochers de fiacre se sont rendus, les uns coupables, les autres complices de délits graves.

» On est sur le point d'établir une meilleure police pour les fiacres; le rapport est prêt.

» L'illumination est plus calculée d'après un système d'économie, que d'après des principes de sûreté. Le public est tenté d'imputer comme défaut de surveillance, ce qui ne dépend pas du magistrat. Il existe un bail par lequel l'entrepreneur n'est tenu, les jours d'illumination entière, que d'éclairer depuis la chute du jour *jusqu'à trois heures du matin*, et les jours de cessation, de n'allumer que de deux réverbères un; encore, ces jours-là, les réverbères des quais et des places publiques ne sont pas allumés.

» Par un arrêté du 31 octobre dernier, le bureau municipal a décidé que les rues de Paris, jusqu'au 1er mars prochain, seraient éclairées par une demi-illumination, depuis les trois heures du matin *jusqu'au jour*. Cette dépense extraordinaire monte à 20,000 liv.

» La municipalité se propose de procéder à une adjudication nouvelle, et il faut espérer qu'on ne mettra pas un esprit de mesquinerie dans une dépense publique aussi utile, aussi indispensable.

» Les patrouilles sont rares, peu nombreuses; le service de la garde citoyenne se fait avec tiédeur, et ce grand moyen de surveillance s'est considérablement affaibli. Le public s'en plaint :

les citoyens-soldats dont l'ardeur ne s'est pas ralentie, s'en plaignent eux-mêmes, et je reçois des réclamations sans nombre.

» Ce refroidissement n'est que momentané, il tient à une cause fort simple : les officiers qui doivent composer la nouvelle garde nationale sont nommés, et cependant ils ne sont pas en activité, et cependant l'organisation n'est pas encore faite : ce sont les anciens officiers qui continuent à commander. Ceux d'entre eux qui ne sont pas réélus dans la nouvelle organisation, et dont les fonctions vont expirer, plusieurs, du moins, ne remplissent plus leur devoir avec le même zèle.

» Ajoutez à cela toutes les intrigues dont on n'a cessé, dont on ne cesse de faire usage pour dissoudre et anéantir la garde nationale.

» On va incessamment établir les rapports qui doivent exister entre les gardes nationales et les régimens de ligne qu'on a placés dans Paris. Je crains bien qu'on ait à se repentir d'avoir arraché du sein des gardes nationales, pour composer ces régimens, ces citoyens soldés qui en étaient l'âme et la force, sans cependant pouvoir devenir nuisibles, ni alarmer la liberté.

» Faire que ces deux corps, aujourd'hui très-distincts, se meuvent sur le même point sans se choquer, qu'ils ne rivalisent que pour le bien du service, qu'ils concourent au même but : le maintien de l'ordre et de la tranquillité ; qu'ils agissent avec unité dans l'exercice habituel et journalier de leurs devoirs, est un problème difficile à résoudre. Puisse-t-il l'être avantageusement ! Puisse ce nouvel ordre de choses ne pas troubler le repos du magistrat, ne pas lui causer des embarras !

» Il n'existe plus de feuilles qui indiquent, dans chaque poste, le nombre des patrouilles, l'heure à laquelle elles sortent, l'heure à laquelle elles rentrent, ce qu'elles ont vu, ce qu'elles ont fait dans leurs rondes.

» Autrefois ces feuilles se tenaient avec exactitude : chaque jour on en faisait le relevé, et chaque jour le résultat était mis sous les yeux du maire et du commandant-général de la garde nationale ; de sorte que le magistrat civil savait, tous les matins, ce qui s'était passé dans Paris, et il pouvait concerter avec le commandant-général, les mesures de prudence ou de précaution à prendre pour maintenir l'ordre et la tranquillité.

Dans ces derniers temps, cet ordre de choses, si utile, je dirai même si indispensable, a été tellement négligé, que le maire de Paris ne connaît les événemens que long-temps après qu'ils sont arrivés, qu'il ne les connaît que d'une manière partielle, que l'officier militaire ne lui fait plus de rapport, qu'il ne lui donne plus aucune communication des dispositions qu'il fait.

» Dans les beaux jours de la liberté naissante, M. la Fayette se rendait, lui-même, tous les jours, chez M. Bailly ; ensuite il y envoyait un aide-de-camp; puis ces démarches sont devenues plus rares; et enfin on s'est abstenu de les faire.

» Je me suis vu forcé d'écrire et de me plaindre de ce manque de service, de cette indépendance dans laquelle la force armée se mettait insensiblement de l'autorité civile. J'ai demandé qu'on rétablît l'usage et la règle des feuilles dans chaque poste : j'ai reçu de M. Charton une réponse satisfaisante ; mais je pense que, jusqu'à ce que l'organisation de la garde nationale ait un mouvement régulier, j'obtiendrai difficilement ce que je désire, et ce qui est d'une utilité si grande, d'une nécessité si absolue.

» Je ne parle pas des autres départemens, qui n'ont pas fixé autant ma première attention, et sur lesquels le temps ne m'a pas encore permis de prendre des renseignemens assez certains. Je ne pourrais pas donner l'état de leurs travaux. Tout ce que je sais, c'est que des circonstances impérieuses ont tellement embarrassé et ralenti la marche des affaires ordinaires, qu'elles se sont accumulées; qu'on ne peut pas suffire à leur expédition; que, malgré trois assemblées de bureau par semaine, et trois assemblées du corps municipal, on ne sera, de quelque temps, au courant.

» La position actuelle de la municipalité, sous le rapport de ses finances, lui donne des embarras de toute espèce, et la met dans la dure nécessité de ne pas pouvoir faire tout le bien qu'elle voudrait opérer.

» L'anéantissement de tous ses revenus, et la nouvelle manière de pourvoir à ses dépenses, va devenir une source d'inquiétudes, de tourmens et de dégoûts.

» Un article très-important et qui exigera des soins, des peines et du travail, est celui de la compétence à régler entre le département et la municipalité : il faut bien prendre garde que ces deux corps, qui se touchent, ne se heurtent et ne s'embarrassent dans leur marche. Le département de Paris ne ressemble pas aux autres départemens du royaume; il est le seul où il n'existe point de district. Il faut bien cependant que les fonctions de ces administrations intermédiaires soient remplies. Des entreprises ont pu se commettre; des confusions ont pu s'opérer, faute de s'entendre, et parce que la ligne de démarcation entre ces deux corps n'est pas assez clairement tracée.

» Mais la municipalité et le département, également animés des vues du bien public, pénétrés de la nécessité de vivre dans la meilleure intelligence, d'éviter toute espèce de rivalité, parviendront, j'espère, à s'entendre, et à convenir d'un réglement sage, qui établira entre eux une paix solide et durable.

» C'est dans cette position, et au milieu d'agitations de plus d'un genre, que j'entre dans la place à laquelle les citoyens de Paris m'ont élevé.

» Cet exposé, quelque incomplet qu'il soit, suffit pour donner une idée de ce que j'ai à faire, de la tâche immense que j'ai à remplir.

» Si l'on joint à cela une correspondance considérable, des signatures sans fin, des mémoires, des projets nombreux à examiner, des conférences particulières, des visites perpétuelles, on sentira qu'un maire de Paris n'a pas un moment à lui pour penser, et qu'il est indispensable qu'il ordonne bien ses heures de travail, à peine de ne pas pouvoir remplir sa place. Voici le plan que je me suis fait relativement aux lettres, rendez-vous et audiences.

» Aucune lettre signée ne restera sans réponse, si l'adresse de celui qui l'a écrite y est jointe.

» Celles qui porteront sur la première enveloppe : *A M. le maire, seul*, ne passeront point par l'intermédiaire des bureaux.

» Je ne refuserai jamais de rendez-vous; mais j'en déterminerai l'heure.

» Je donnerai des audiences publiques, toutes les fois qu'elles seront nécessaires.

» Après avoir satisfait à ces devoirs, j'espère que mes concitoyens trouveront bon que je consacre le surplus de mon temps à mes nombreuses occupations, sans être interrompu.

» Je trace cette esquisse tellement à la hâte, que je n'ai le temps, ni de la revoir, ni de la retoucher. Il y a sans doute des lacunes, des omissions : dans un autre moment je les remplirai, je les réparerai. J'espère que le public voudra bien avoir de l'indulgence, en faveur de l'intention. *Signé* PÉTION. »

Club des Feuillans. — Ce fut vers la fin de décembre seulement que cette société rendit ses séances publiques. Les bruits qui commençaient à s'accréditer sur les doctrines professées dans ce club, sur les discussions secrètes où l'on s'occupait, disait-on, des moyens de réaliser les plans de Mounier, et les autres vues inconstitutionnelles tant de fois manifestées par la coterie Barnave, Lameth, Duport, etc., mirent les Feuillans dans la nécessité d'ouvrir leur salle au contrôle municipal et public; la loi d'ailleurs les y obligeait. Tout le temps qu'ils se réunirent sans admettre d'étrangers, la presse se contenta de témoigner des suspicions et d'attribuer au feuillantisme ce qui se faisait de contraire aux intérêts de la révolution. La pétition du directoire et les *veto* furent imputés à cette source; la promotion de Narbonne, d'abord aux fonctions de maréchal-de-camp employé dans la division de Paris, ensuite au ministère de la guerre, fut généralement regardée comme le résultat d'un concert entre la cour et les hommes que nous venons de nommer. La *Gazette universelle*, le *Journal de Paris*, et même la *Chronique* étaient ostensiblement les feuilles de ce système. « Le patriotisme, le zèle et le talent qu'il a montrés (Narbonne) dans le commandement des gardes nationales de Besançon, doivent faire approuver ce choix à tous les bons citoyens. » (*Journal de Paris*, 10 octobre.)

Brissot s'exprime bien différemment à l'égard de Narbonne. « M. Duportail a donné sa démission de ministre de la guerre; c'est, dit-on, M. Louis Narbonne qui va le remplacer. On sait ce que la chronique scandaleuse a débité sur lui; on sait qu'il passe pour fils de son grand-père, et pour frère de sa mère, c'est-à-dire pour fils de Louis XV et de madame Adélaïde, de laquelle il était en même temps chevalier d'honneur. Au reste, cela ne l'empêcherait pas d'être bon ministre, s'il avait du patriotisme et des talens; mais...... » (*Patriote français* du 3 décembre.)

Brissot passe de temps en temps en revue les meneurs Feuillans, et donne des anecdotes sur leur compte. « Plusieurs journaux ont dénoncé que M. Dandré venait d'accaparer cent cinquante millions pesant de sucre, d'eaux-de-vie et d'huile; qu'il était de compte à demi avec les rois de la quatrième race, et leur fidèle ami et caution Laborde. Ils ont enfin dénoncé une caisse patriotique qui accapare les sucres, les cafés et les cotons de nos principaux ports. — M. Édouard ne serait-il pas leur correspondant? » (*Patriote français* du 4 novembre.)

« On assure que M. Barnave est à Paris, et qu'il assiste tous les soirs au coucher du roi. — Il se forme des clubs monarchiques dans plusieurs quartiers. Celui des Feuillans vient de ressusciter. » (*Patriote français* du 30 novembre.)

Les *Annales patriotiques* du 15 décembre expliquent ainsi cette résurrection. « Les Feuillans ont été enfin forcés de se soumettre au vœu du peuple: leurs séances seront publiques et leurs intentions seront connues; ils ont inspiré de la méfiance, parce qu'on les croit beaucoup plus amis de la cour et des ci-devant grands, que de la déclaration des droits et de l'égalité, bases de la constitution. Si leurs opinions et leur conduite surtout viennent à démentir ces justes soupçons, tant mieux; les patriotes se réjouiront d'avoir trouvé des frères là où ils craignaient de trouver l'intrigue et les chefs d'une faction accusée de vouloir ressusciter la noblesse, et de profiter de la guerre pour établir *par une médiation armée* une seconde chambre législative, une chambre de nobles, un sénat *à la Mounier.* »

Le *Patriote français* du même jour renferme l'article suivant : *Sur la tactique des Feuillans.* « Les ennemis de la liberté sont parvenus à ressusciter la société des Feuillans, et à y attirer un grand nombre de membres de l'assemblée nationale. Cette société n'a pour objet que d'assurer au château des Tuileries un corps d'armée aux ordres des comités corrompus qui les dirigent. Quelques intrigans bien connus sont à la tête de ces Feuillans ; ils trompent les pauvres d'esprit qu'ils y rassemblent, en leur faisant entendre que les Jacobins veulent renverser la constitution, qu'ils veulent brûler tout, détruire tout. Le but de ces honnêtes gens est d'avoir l'air de commander un parti, pour se vendre plus sûrement au ministère, et en obtenir argent ou places. Ils disposent des élections aux assemblées nationales ; ils donnent le mot du guet, et voilà pourquoi on a vu et on verra tant de Feuillans présidens ou vice-présidens. Parmi eux il n'y a pas un homme de génie ni même de talent : c'est que le génie et le talent n'habitent point avec l'intrigue. Il faut blâmer le zèle maladroit de quelques Jacobins ; mais il faut exécrer la perversité des intrigans feuillantins. »

Les séances des Feuillans ne tardèrent pas à être troublées au dehors par de bruyans attroupemens, et au dedans par les tribunes où le public était reçu. Il en résulta des scènes dont nous emprunterons l'exposé et les motifs aux différens journaux.

L'*Ami du roi* du 29 décembre.— « La meute des Jacobins semble avoir quitté la piste des aristocrates pour se jeter à la poursuite d'un autre gibier : elle donne maintenant la chasse aux *Feuillans.* On a remarqué que la haine des sectes rivales s'augmente en raison de l'efficacité et de la liaison qui devrait les réunir. Les partisans d'*Abubeker* et les sectateurs d'*Ali*, quoique tous musulmans et adorateurs de Mahomet, se détestent cependant beaucoup plus entre eux qu'ils ne haïssent les chrétiens. Les Jacobins et les

Feuillans militent sous les mêmes étendards de la liberté; ils se disent tous également amis de la constitution; ils ont tous à peu près la même dévotion pour le grand Mirabeau, qui est le Mahomet de ce nouvel Alcoran politique; ils affichent la même haine contre la noblesse et le clergé, la même horreur du despotisme; et cependant ils sont encore plus acharnés les uns contre les autres que Brissot contre les blancs et Fauchet contre les ministres. Les Jacobins ne veulent pas même le nom et l'ombre d'un roi; les Feuillans voudraient au moins conserver un fantôme de royauté, pour être peloté par les orateurs démagogues, et servir de plastron à l'assemblée nationale. Quoique les désordres qui affligent le royaume naissent évidemment d'un vice radical dans la constitution; quoique l'expérience démontre chaque jour combien cette forme de gouvernement est absurde, impraticable, contraire à l'esprit et au caractère de tous les hommes, et surtout des Français; ils demandent l'observation stricte et rigoureuse de cette extravagante politique; ils veulent réaliser une chimère; ce sont les puritains de la constitution, n'en déplaise aux grands hommes, aux ex-rois, aux héros de la révolution qui composent le nouveau club des Feuillans: ils me paraissent moins raisonnables, moins conséquens que les Jacobins, en faveur desquels on ne m'accusera pas d'être trop prévenu. C'est du moins ouvertement et franchement que les Jacobins veulent abolir la royauté et détruire la monarchie. En affectant d'en respecter les titres, les Feuillans en dégradent en effet et en anéantissent la nature; ils gardent un roi pour s'en moquer: il vaut mieux n'en point avoir. Du reste, les principes des deux clubs tendent également à la licence et à l'anarchie; ils sont également destructifs de toute saine politique, de tout bon gouvernement; ils sont également ennemis de la société et de l'humanité; et les Feuillans ne se distinguent de leurs adversaires que par les contradictions grossières de leur système. Les Jacobins, dont l'établissement a déjà une antiquité de trois ans, les Jacobins qui, depuis le commencement de la révolution, ont joui du privilège exclusif des insurrections, des pillages, des massacres et des incendies, qui sont en possession de vexer, de tyranniser, d'opprimer les honnêtes gens dans toute l'étendue du royaume, enorgueillis d'ailleurs par des intelligences qu'ils entretiennent dans le sein de l'assemblée et par l'influence qu'ils ont sur les décrets, n'ont pu voir sans indignation se former dans le voisinage un nouvel ordre de patriotes, qui n'ont ni le même nom, ni la même règle, ni la même observance; ils ont pressenti les suites funestes que pourrait avoir pour leur crédit et pour leur autorité cette communauté naissante, qui menaçait de renverser toutes les jacobinières du royaume. De même que Rome, dès les premiers momens de sa fondation, parut annoncer la reine de toutes les républiques de l'Italie, le dessein a été pris dans le club dominateur d'étouffer dès le berceau cette puissance ennemie. Ils se souvenaient avec quelle facilité ils avaient expulsé de son asile et entièrement exterminé la malheureuse société *des Amis de la constitution monarchique*, et persuadés que le même bonheur couronnerait leur expédition contre les Feuillans, ils sont venus fondre sur ces rebelles, qui, étourdis de ce choc imprévu, se sont dispersés, abandonnant aux Jacobins le champ de bataille. Mais revenus d'une alarme si chaude, les vaincus se sont ralliés, ils ont repris courage, et implorant contre leurs ennemis la protection de la loi, ils ont placé à l'entrée de leur salle une garde capable de faire fuir tous les Jacobins du royaume, lesquels ne sont pas à beaucoup près aussi braves que séditieux, et n'attaquent jamais que ceux qui ne se défendent pas. Le maire de Paris s'est fait beaucoup d'honneur en cette occasion. Nouveau Brutus, il a fait taire ses entrailles paternelles qui lui parlaient en faveur des Jacobins, ses enfans, pour n'écouter que la justice et la loi; quant à la garde nationale, elle n'a eu aucune violence à se faire pour réprimer l'audace des Jacobins, qui sont sérieusement brouillés avec elle depuis la fameuse journée du Champ-de-Mars. »

A la suite des premiers tumultes, le député Chéron, président des Feuillans, écrivit en effet au maire, pour lui demander l'autorisation de requérir un commissaire civil d'assister aux séances de la société. Cette lettre, datée du 21 décembre, porte que quelques

brouillons *payés très-vraisemblablement*, viennent les troubler.
« Deux cent soixante-quatre députés, continue Chéron, et environ huit cent quatre-vingts autres citoyens qui ont prêté le serment civique, et payé leurs impositions, composent, pour le présent, cette société dont tous les membres sont prêts à mourir pour la constitution. »

Pétion lui répondit le même jour : il espérait que les troubles ne se renouvelleraient pas, si tous les membres des Feuillans étaient amis de la constitution, en prêchaient les maximes et en propageaient les principes. Il disait qu'il était impossible d'obliger un commissaire à assister aux séances de la société ; qu'il y en avait à peine un assez grand nombre pour le service des spectacles ; que s'il y avait du tumulte, la garde et le commissaire de la section s'empresseraient d'aller rétablir l'ordre. Telle est la substance de sa lettre.

Le 22, le commandant-général de la garde parisienne, De Belair, prévint le maire qu'il y avait eu la veille, du tumulte chez les Feuillans, et lui demanda des ordres en cas qu'il se renouvelât.

Le 23 au matin, Pétion répondit à De Belair qu'il valait mieux prévenir que réprimer. En conséquence, il l'autorisait à tenir à proximité des forces nécessaires. En outre, Pétion écrivit au commissaire de la section qu'il serait prudent que le soir il assistât à la séance des Feuillans.

Le lendemain 24, le commissaire de police envoya au maire le procès-verbal de ce qui s'était passé le 23 aux Feuillans. Il résulte de cette pièce que les citoyens des tribunes s'étaient plaints d'avoir été provoqués par un membre de la société, et de ce que plusieurs membres étaient armés, et affectaient de provoquer en duel ; qu'ils ont accusé les sociétaires de professer des principes anti-constitutionnels.

Le 25, le commissaire écrivit à Pétion pour relever une circonstance qu'il avait oubliée dans le procès-verbal. « M'étant annoncé au nom de la loi, tous les citoyens rassemblés, soit dans les tribunes, soit dans l'intérieur de la salle, où ils s'étaient introduits, quoique non sociétaires, ont manifesté leur respect pour la loi, en disant presque d'une voix unanime : *Messieurs, chapeau bas.* Signé, PRESTAT. »

Pétion écrivit le 24 au commandant-général et au commissaire de police pour inviter l'un à prendre des mesures de prudence, afin d'éviter de nouveaux désordres, et l'autre à assister encore à la séance des Feuillans.—Il n'y en eut cependant ni le 24, ni le 25.

Le 26, Chéron informa le maire que rien ne pourrait lasser le patriotisme et le courage de ses co-sociétaires; qu'ils se rassembleraient le soir à 6 heures et que les séances continueraient d'être publiques tant que leur publicité serait jugée utile.

Réponse de Pétion (le 26, 9 heures du matin). « Monsieur, aussitôt la réception de votre lettre, j'ai donné des ordres pour prévenir les troubles que vous craignez. J'ai appris hier que beaucoup de membres de la société que vous présidez, doivent se rendre *armés* au lieu des séances; que le public, instruit de ces dispositions, devait également se rendre en armes tant dans les tribunes qu'à l'extérieur de la salle. Je crois l'un et l'autre bruit également faux ; mais s'ils étaient vrais, voyez combien cette position serait cruelle! je frémis d'y penser. Il paraît qu'à la dernière séance le tumulte a recommencé par la provocation d'un lieutenant des canonniers, qui, de l'intérieur de la salle, a nargué le public. Il paraît que plusieurs sociétaires étaient armés, et que cela a beaucoup déplu ; je vois bien qu'ensuite les spectateurs se sont portés *a des excès répréhensibles*. En grâce! qu'on évite jusqu'au moindre prétexte d'agitation, et je ne négligerai rien pour vous procurer paix et tranquillité. Secondez mes efforts. Je vais vous parler avec toute franchise : il est parmi vous un grand nombre d'amis de l'ordre et de la constitution ; il en est aussi, je puis me tromper, mais je le pense, qui sont ennemis de cette constitution, qui ne veulent que du bruit, pour avoir occasion de se plaindre, qui ne désirent que du scandale, de l'éclat, pour paraître persécutés. »

Chéron lui répondit aussitôt : « Monsieur, j'ai frémi, en lisant votre réponse, du danger auquel des citoyens seraient exposés, si l'on ajoute foi aux bruits qui vous sont parvenus. Je puis répondre du patriotisme de mes collègues ; je répondrais de tous, si l'expérience n'apprenait trop malheureusement qu'il est des parjures, comme il est des parricides, et qu'il se glisse des faux frères dans les sociétés tant soit peu nombreuses, quelles que soient d'ailleurs leur intimité et la pureté de leurs intentions. Mais, monsieur, je ne répondrais pas que, si la loi se montrait encore une fois insuffisante à protéger notre liberté constitutionnelle, il n'arrivât quelque malheur. Ma conscience est pure, mes vues droites, mon patriotisme ardent, mon courage inaltérable. S'il ne s'agissait que de moi, je m'immolerais à la constitution. *Oportet unum mori pro populo*, serait ma dernière devise ; mais, ici j'exposerais mes collègues, que je ne puis prévenir assez à temps, quoique rien ne me donne le droit de mettre leur prudence en doute ; j'exposerais mes concitoyens et j'en frémis. Je prends donc sur moi, d'après l'avis de quelques-uns de mes collègues qui m'entourent en ce moment, de vous prier de vouloir bien donner des ordres pour que personne ne soit admis ce soir à notre société, qu'en justifiant de sa carte de député ou de celle d'affilié : il suffirait que vous nous permissiez de faire placer une sentinelle à la porte du couloir qui conduit à notre salle, et de lui en faire donner la consigne la plus expresse. Je vous prie aussi de faire donner des ordres pour qu'aucun attroupement ne puisse obstruer l'entrée de la salle.

» Il est à désirer que vos ordres soient donnés avant quatre heures.

» C'est sous la protection de la loi que je remets, monsieur, la liberté de mes collègues et la mienne.

» Comme nous ne voulons pas échapper à la publicité, toutes personnes adressées par vous, monsieur, seront admises. »

Il reçut de Pétion le billet suivant :

« A l'instant M. le commandant de la garde nationale se rend chez vous ; il va conférer sur les mesures prises pour prévenir toute espèce de trouble et de désordre.»

Ces pièces sont extraites par nous de la *mairie* de Pétion, p. 31—44.

La séance de l'assemblée nationale, du lundi soir 26 décembre, va maintenant nous apprendre ce qui se passa aux Feuillans.]

ASSEMBLÉE NATIONALE. — *Séance du 26 au soir.*

N... J'annonce à l'assemblée qu'il y a du trouble aux Feuillans. Je demande qu'on y envoie des commissaires de la salle pour savoir ce qui s'y passe. (On murmure.)

M. Chéron. Je demande, moi, qu'on passe à l'ordre du jour.

M. Monteau. Je prends la parole pour dénoncer un fait qui vient de m'arriver. En passant près des Feuillans, la sentinelle m'a demandé ma carte. J'ai montré celle de député. La sentinelle m'a dit que sa consigne ne lui permettait pas de laisser entrer avec cette carte, et qu'il fallait avoir celle de la société des Feuillans. (On murmure.) Je demande si nous avons la police de notre enceinte ou si nous ne l'avons pas. Si nous l'avons, il est bien extraordinaire qu'on donne de telles consignes aux sentinelles.

N... Il me semble que le membre qui a été arrêté aurait dû se faire conduire par la sentinelle à l'officier qui a donné cette consigne. (On murmure.)

On demande qu'il soit passé à l'ordre du jour.

N... Je fais la motion que le commandant du poste soit à l'instant appelé à la barre, pour déclarer les raisons qui l'ont engagé à donner cette consigne.

Il s'élève des débats tumultueux, au milieu desquels on entend plusieurs voix réclamer l'ordre du jour.

M. Ducos. Il est indécent de faire perdre dans une pareille scène une séance destinée à des objets très-importans.

M. Cambon. Je réclame l'ordre du jour.

M. Maillot. Je demande que l'assemblée interdise à tous ses membres la faculté de s'assembler dans aucune société particulière. (On murmure.)

M. Daverhoult. Je suis étonné qu'on fasse une motion qui ne peut en aucune manière regarder l'assemblée, car l'assemblée n'a rien à connaître dans la vie privée de chacun de ses membres.

M. Lacroix. Je m'étonne avec le préopinant qu'un membre ait pu proposer à l'assemblée de prononcer sur ce qui se passe hors de son sein. Je demande non-seulement que sur cette motion on passe à l'ordre du jour, mais que celui qui l'a faite soit rappelé à l'ordre. Cette proposition a été faite pour donner le change sur un délit commis par un membre de cette assemblée, président de la société des Feuillans (*les tribunes applaudissent avec transport*) : c'est lui qui a donné cette consigne. Je demande que l'officier de garde soit mandé à la barre pour nous en rendre raison. (*Les applaudissemens des tribunes recommencent.*)

N.... Je demande que M. Lacroix soit rappelé à l'ordre. (*On murmure.*)

M. Chéron. Pour répondre à M. Lacroix, j'insiste sur la proposition de faire venir l'officier de garde à la barre. Quant aux injures de M. Lacroix, je me réserve d'y répondre. (*On murmure.*)

M. Cambon. Allons donc, l'ordre du jour.

M. Robécourt. La consigne regarde les commissaires-inspecteurs de la salle, et je vous proteste qu'ils n'ont point donné la consigne dont un membre s'est plaint.

M. Roulhiés. L'assemblée s'occupe depuis trop long-temps d'un fait qui écarte l'objet de la délibération. Je demande que l'on passe tout de suite à l'ordre du jour. (*On murmure.*)

— Après une assez longue agitation, l'assemblée décrète que l'officier de garde sera mandé pour savoir qui lui a donné la consigne.

On introduit successivement deux officiers de la garde nationale, qui déclarent que le poste où était la sentinelle dont on dénonce la consigne ne les regardait pas.

On en amène un troisième.

M. le président lui demande s'il est vrai qu'il ait donné la consigne dont on se plaint.

L'officier. Il est vrai qu'à l'entrée des Feuillans, j'ai donné la consigne de ne laisser entrer qu'avec des cartes rondes et triangulaires ; parce que je connais l'une pour être la carte de député, et l'autre celle de la société des Feuillans. Si j'ai donné cet ordre, c'était pour interdire l'entrée aux malveillans, (On murmure.) mais je n'ai pas donné d'ordre qui regardât l'assemblée en aucune manière.

M. Merlin. Je demande la parole pour une motion d'ordre. (On réclame l'ordre du jour.) Personne n'a le droit de m'empêcher de parler, quand je veux faire une motion d'ordre. (On murmure.) Je demande qu'il soit décrété qu'aucune force publique n'approchera de l'assemblée et des établissemens qui la concernent, qu'à une distance d'au moins cinquante toises. (On murmure.)

M. Bazire. M. Merlin a la parole, je demande qu'elle lui soit continuée.

M. Merlin. Je sortais avec M. Grangeneuve pour me rendre au comité de surveillance, lorsqu'au passage qu'on appelle le chœur des Feuillans, j'ai trouvé, je ne sais si ce sont des sbires ou des janissaires.... (On murmure. — Plusieurs voix : *Au fait! au fait!*) J'y suis. Si vous ne voulez pas m'entendre à la tribune, je descends à la barre. (On murmure.)

Il s'élève une longue et violente agitation.

M. Merlin. Je dis donc qu'en allant au comité de surveillance, j'ai été arrêté par des sbires qui m'ont déchiré mon habit. (On murmure.) C'est la garde nationale qui m'a sauvé des mauvais traitemens dont j'aurais été peut-être la victime. (On murmure.)

M. Lacroix. Je demande que ce délit soit dénoncé. (Les tribunes applaudissent.)

L'agitation redouble.

M. Merlin. J'ai demandé si j'étais dans le sanctuaire des droits de l'homme et du citoyen, et, tandis qu'on m'assurait que oui, une multitude effrénée tombait sur moi, et m'arrachait du chœur des Feuillans.

Quelques voix. Il faut prouver tout ce que vous dites.

On demande, d'un côté, que M. Grangeneuve soit entendu; d'un autre, que l'affaire soit renvoyée aux commissaires de la salle pour en présenter le rapport.

M. Girardin. Je demande que MM. les commissaires de la salle se retirent à l'instant pour s'assurer des faits. M. le président, la constitution vous charge de la police intérieure et extérieure de la salle, vous devez donner des ordres pour qu'aucune force publique ne s'approche de cette enceinte sans votre aveu. Il est temps de terminer des scènes qui déshonorent l'assemblée; il est temps de prendre des précautions pour qu'elles ne soient plus reproduites.

M. Lacroix. Je vais plus loin que M. Girardin. Je reconnais comme lui que la police de la salle et de ce qui l'environne n'appartient qu'au corps-législatif; mais je demande en outre que l'assemblée décrète qu'aucun club, aucune société particulière ne pourra se réunir dans cette enceinte. (On applaudit.)

M. Jaucourt. Je demande que les commissaires de la salle prennent connaissance des faits. Le public a été témoin de ces détails, j'ose dire indignes de l'assemblée nationale; il doit aussi connaître les mesures que vous prendrez pour faire cesser ce scandale. Je dis que le club des Feuillans a sans doute la prétention d'être dévoué à la constitution. (On murmure.) Mais enfin il s'élève dans Paris une rivalité dangereuse de patriotisme, qui ne peut être qu'un ferment de discorde et de trouble pour tout le royaume. Tant que les députés se pareront d'autres couleurs que des couleurs nationales, tant qu'ils se livreront au dehors à l'esprit de parti, jamais il n'y aura de tranquillité dans l'assemblée. Je demande donc, non pas comme décret, non pas comme règlement, mais comme un gage de la fraternité qui doit nous unir, comme un témoignage de la confiance qui doit nous animer; je demande, au nom de la paix, au nom de la patrie, que tous les députés se soumettent à ne jamais paraître dans aucune société particulière. (L'assemblée et les tribunes applaudissent.)

M. Grangeneuve. Un député à l'assemblée nationale se rendait à son comité, il a été arrêté par des hommes armés...

N.... Je demande la permission d'interrompre ici l'opinant, parce que cela est faux. (On murmure.)

L'agitation recommence et devient tumultueuse.

M. le président. Je prie l'assemblée de garder le silence, sans quoi je ne pourrai pas continuer de présider.

M. Girardin. Je demande qu'on lève la séance, et qu'il n'y en ait plus le soir.

M. Grangeneuve. Un député, allant à son comité, a été arrêté par des hommes armés. Un membre m'a dit que cela était faux : je demande qu'il soit rappelé à l'ordre. (On murmure.) Est-il possible, est-il tolérable que, dans l'enceinte où sont placés les bureaux de l'assemblée, un membre ne soit pas en sûreté? Est-il tolérable que ce membre soit conduit devant une société ?

Une voix: Cela n'est pas vrai : il a demandé à y entrer. (On murmure.)

M. Grangeneuve. Est-il possible qu'un représentant de la nation.... (on murmure) qu'un représentant de la nation.... (on murmure.)—L'orateur, se tournant à la droite du président : Si vous ne me laissez pas achever, je vous dénoncerai tous; oui, vous tous. (Les tribunes applaudissent à plusieurs reprises.) Les véritables bornes de l'assemblée sont celles de l'empire français. Je demande la vengeance d'un outrage fait à un membre qui se rendait à son devoir, dans l'enceinte de l'assemblée. Il s'agit de savoir si l'assemblée aura moins d'égards pour les députés que pour le club des Feuillans. (Les applaudissemens des tribunes recommencent.) L'officier de garde extérieure a présenté la baïonnette sur la poitrine d'un député : je demande qu'il soit à l'instant amené à la barre. (Les applaudissemens des tribunes redoublent.)

Le tumulte recommence.

M. Lacretelle. Je viens d'apprendre qu'un commissaire de police, qui assistait à la séance des Feuillans, a dressé un procès-verbal. Je demande que ce commissaire soit mandé pour nous en donner connaissance. (On murmure.)

L'assemblée décrète que l'officier de garde sera amené à la barre. (On applaudit.)

M. le président. On m'annonce que la garde était uniquement commandée pour les Feuillans, et qu'il n'y a plus à la société ni membres, ni gardes.

On demande le renvoi de l'affaire aux commissaires de la salle. Ce renvoi est décrété.

Séance du 27. — Un de messieurs les secrétaires fait lecture d'une lettre de M. Pétion; elle est ainsi conçue :

Paris, 27 décembre.

« M. le président, il m'était difficile de prévoir que des mesures sollicitées avec instance par des membres de l'assemblée nationale, exigées pour le maintien de l'ordre, deviendraient un sujet de plainte. Depuis plusieurs jours, placé entre le peuple et les Feuillans, entre la loi et l'opinion (1), je remplis un devoir bien pénible. Le décret sur la police municipale porte que ceux qui voudront former des sociétés, seront tenus, sous peine d'une amende de 200 liv., de déclarer à la municipalité le lieu et les jours de leurs séances. Il résulte que les sociétés sont sous la surveillance du corps municipal. Est-il de la convenance, est-il de la dignité des représentans du peuple, d'exercer la police ailleurs que dans le sein de l'assemblée ? Mais si la société des Feuillans se trouve réunie dans l'enceinte de l'assemblée nationale, c'est à elle à exercer cette police. Je vous prie, M. le président, d'engager l'assemblée à décider promptement si elle regarde le lieu où se réunit la société des Feuillans comme renfermé dans son enceinte. »

N.... Je répète aujourd'hui la motion que j'ai faite hier soir,

---

(1) · La lettre de Pétion, telle qu'elle est imprimée dans *sa mairie*, porte à la place de cette phrase : *Placé entre le peuple et la société des feuillans, opposant sans cesse la loi à l'opinion.* Les journaux royalistes et les feuillans usèrent de la même version que le *Moniteur*, et firent là-dessus des réflexions plus ou moins sévères. On en verra un exemple dans un article du *Journal de Paris* cité plus bas par nous. *(Note des auteurs.)*

qu'aucun club, aucune société ne pourra se réunir dans l'enceinte de l'assemblée nationale. (On applaudit.)

M. Goupilleau. J'appuie avec d'autant plus de raison, que la porte du club des Feuillans est contiguë à celle du comité de surveillance. Hier la porte du comité était obstruée par une foule de gens armés. De deux choses l'une : ou il faut chasser le club des Feuillans, ou il faut chasser le comité de surveillance.

M. Lacroix. Je propose de décréter qu'aucune société ne pourra désormais se former ni se réunir dans les bâtimens dépendans des maisons des ci-devant Feuillans et Capucins. (On applaudit.)

N.... Et des ci-devant Jacobins.... (On murmure.)

M. Léopold. Je demande qu'on ajourne au moins jusqu'après le rapport des commissaires de la salle. (On murmure.)

M. Haussi-Robécourt fait, au nom du comité des inspecteurs de la salle, un rapport dans lequel il notifie les ordres du maire et du général, d'après lesquels des gardes ont été placés dans le local des Feuillans; il ajoute que la partie de ce local qui ne sert pas au comité de l'assemblée nationale, a été remise par les commissaires inspecteurs aux administrateurs des domaines nationaux. Il propose un projet de décret qui est adopté en ces termes :

« L'assemblée nationale, après avoir entendu le rapport de ses commissaires-inspecteurs, les charge de prendre les mesures convenables pour que dans l'enceinte des bâtimens des ci-devant Feuillans et Capucins il ne soit établi aucune société particulière, et que les parties laissées à la disposition des administrateurs des domaines nationaux, ne soient louées qu'à des citoyens dont le genre de commerce ou le métier ne puisse incommoder l'assemblée ni les travaux des comités. »]

Le *Journal de Paris* du 28 décembre raconte ainsi la séance des Feuillans. « La société des Amis de la constitution, séante aux Feuillans, composée de beaucoup de membres de l'assemblée législative, de presque tous ceux de la majorité de l'assemblée constituante, qui sont à Paris, et d'un grand nombre de citoyens, a été troublée plus d'une fois dans ses séances publiques par un tumulte qui semblait l'effet de quelque cause extraordinaire. La garde nationale, infatigable, et dont le zèle semble se ranimer en chaque circonstance qui menace la tranquillité publique, a concouru au rétablissement du calme. Lundi soir, 26 décembre, l'agitation est devenue plus vive par un événement particulier. M. Merlin, membre de l'assemblée nationale a voulu passer par l'issue qui conduisait à la société des Feuillans; la nécessité de prévenir le désordre avait fait donner à une garde, envoyée par le maire et commandée par un commissaire de police, la consigne de ne laisser entrer que les personnes munies de *cartes de membres de la société, ou de l'assemblée nationale.* M. Merlin n'a voulu en montrer aucune : la sentinelle lui a refusé le passage ; il a insisté avec violence, et, suivant la déclaration du caporal, reçue par le commissaire de police, il a forcé la consigne et pénétré malgré l'homme de la loi. Arrêté par la garde, il a été conduit devant l'officier public, qui l'a relâché et laissé aller à ses fonctions. » —Royou (29 décembre) dit que les procès-verbaux relatifs à l'aventure de *l'inquisiteur* Merlin, lus à la séance du 27, constataient que l'honorable membre était fort échauffé de *son dîner de la Râpée.*

Le *Journal de Paris* du 31 décembre commente ainsi la lettre de Pétion à l'assemblée nationale. (Voir la note de la page 356.) « M. le maire de Paris, dans sa lettre sur le tumulte des Feuillans, dit que sa position le plaçait entre l'opinion du peuple et la loi. Est-il possible que M. Pétion, qui doit connaître et estimer le peuple de Paris, le reconnaisse dans une vingtaine d'hommes grossiers et de jeunes écervelés, évidemment ameutés pour venir troubler et insulter une société qui déplaît à une autre? Et si M. Pétion se trouvait jamais placé entre le peuple et la loi, balancerait-il un moment à se ranger du côté de la loi?

» L'auteur d'une feuille où l'on trouve souvent beaucoup de traits ingénieux et piquans, s'élève contre la partialité que montra par cette phrase *un magistrat dont le premier caractère doit être l'impartialité la plus sévère.* « Les Cordeliers importunaient souvent Sixte-Quint par des sollicitations intéressées; il leur répondit un jour : *Mes pères, que vos demandes soient justes, et je me souviendrai que j'ai été Cordelier.* » — De grâce, M. le maire, traitez les Jacobins comme Sixte-Quint traitait les Cordeliers, et tout ira bien. »

Club des Jacobins. — La société fut successivement présidée en octobre, novembre et décembre, par MM. Brissot, Fauchet, Condorcet, Couthon, Isnard, Grangeneuve.

Nous dirons un mot sur ces hommes :

Brissot était devenu une puissance. Nos lecteurs se rappellent la lettre qu'il adressa à la foule de ceux qui le sollicitaient, et que nous avons citée plus haut. A l'assemblée nationale, il conduisait le parti d'où était venue la proposition d'instituer un comité de surveillance : aussi consacre-t-il plusieurs articles de son journal à l'apologie de cette mesure. Tous les membres de ce comité partageaient ses vues politiques; la plupart étaient dévoués à sa personne. L'éloge de ceux-ci revient à chaque instant sous la plume de Brissot. Fauchet est particulièrement gratifié par le *Patriote français* de génie, de talent et de vertu. Après lui, Condorcet est le patriote par excellence, le publiciste consommé dont Brissot s'occupe le plus. — Aux Jacobins, ses partisans sont encore plus chauds et plus nombreux. Lanthenas, Bois-Guyon, Girey-Dupré, Louvet et beaucoup d'autres opinent avec lui. Lorsque la question de la guerre est posée dans le club, il s'y fait une séparation dans laquelle Brissot apparaît alors bien évidemment, comme l'un des principaux chefs : autour de lui se rangent à divers degrés d'influence les autres meneurs girondins.

Fauchet distribue son zèle avec une profusion bruyante. Il étend sa sollicitude à un nombre d'objets entièrement disproportionné aux forces d'un seul homme; on le trouve le même jour, au comité de surveillance, à la tribune de l'assemblée, à celle des Jacobins et enfin dans la chaire de l'Église Notre-Dame, prêchant l'avent. Les journaux qui lui reprochent, les uns de se laisser dériver avec une inconcevable facilité à toutes les occasions de parler, les autres d'être dominé par l'envie de paraître, quelques-uns comme *les Révolutions de Paris*, ces deux choses à la fois, remarquent que Fauchet *prend, sur l'affiche, le titre de prédicateur du Roi*. Ce prêtre philosophe dont nous avons déjà exposé le système, ne touche jamais le christianisme sans le défigurer. Dans son discours sur la question des prêtres non-assermentés, il donne pour une maxime évangélique cette apophtegme des panthéistes : « qui n'est pas contre moi est avec moi. » L'évangile dit justement le contraire : qui ne connaît cette proposition fameuse : *qui non pro me est, contrà me est*.

Condorcet est un savant dont les actes ne paraissent pas offrir l'ombre d'une conviction assurée, ni dans l'ordre moral, ni dans l'ordre de la chair et des sympathies. Il croit à la révolution comme à un problème de géométrie que la formule du droit naturel est appelée à résoudre. Du reste, ses propres solutions n'influent pas plus sur sa conduite personnelle, qu'une mathématique morte qu'on n'est obligé de sanctionner par des sacrifices d'aucun genre. Ami des Feuillans et de Brissot, il est de la société de 1789, et il arbore ouvertement le républicanisme. Au commencement de la Législative, il se fait recevoir Jacobin, et il prend la rédaction des séances de l'assemblée nationale dans le *Journal de Paris*. Il en demeura chargé, du 22 octobre au 10 novembre, époque où il fut remplacé par Regnault-de-Saint-Jean-d'Angély. Les propriétaires de ce journal avaient été choqués, nous apprend Brissot dans sa feuille du 14 novembre, « de la sévérité que M. Condorcet avait mise dans une réflexion sur le pouvoir exécutif. » Cette réflexion ouvre le compte rendu de la séance du 4 novembre. La voici : « On a entendu diverses observations du ministre de la guerre relative aux gardes nationales. *L'organisation de ces troupes, demeurée imparfaite a dû nécessairement laisser beaucoup de détails à l'arbitraire du pouvoir exécutif.* » Cette singulière sévérité qui fit congédier Condorcet du journal de Paris, et qui lui fit interdire la porte de madame Danville, n'empêcha pas les rédacteurs de la *Chronique de Paris*, tout aussi Feuillans que les précédens, de lui offrir une collobaration aussitôt acceptée. Lorsque la *Chronique* approuva le *veto* lancé sur la loi contre les émigrés, et fit l'éloge de la pétition du directoire, au lieu de blâmer Condorcet de rester parmi ces gens-là, Brissot trouva moyen de le louer. « Il ne reste plus, s'écria-t-il, qu'une surprise, c'est que les réflexions du philosophe patriote Condorcet ornent les premières pages d'une feuille dont la fin est empoisonnée par le modérantisme. Mais quoi! Les palais qui présentent le frontiscipe le plus noble et le plus hardi, n'ont-ils pas aussi des latrines ? » (P. F. du 10 décembre.) Nous livrons ces faits au jugement de nos lecteurs; un trait seul y manque : c'est de voir Condorcet fraternisant aux Jacobins avec Danton, et à la *Chronique de Paris* avec Noël et Millin qui traitaient d'anarchiste et de factieux le nouveau substitut-adjoint du procureur de la commune.

Brissot, Condorcet et avec eux Mercier, Athanase Auger, N. Bonneville, John Oswald, Makintosh, Payne, Williams et Horne Tooke, J. Bidermann, A. Broussonnet, A. Guy-Kersaint, J.-Ph. Garran de Coulon, Clavières, Lanthenas, Dussaulx et Collot d'Herbois, venaient de fonder un recueil périodique intitulé *La Chronique du mois ou les cahiers patriotiques*. Ce journal imité des revues anglaises, fut imprimé avec un luxe typographique inusité dans ces temps, où presque toutes les feuilles publiques étaient tirées sur du papier inférieur à celui dont on se sert aujourd'hui pour les épreuves. De plus, chaque numéro était orné du portrait de l'un des rédacteurs : Condorcet, dessiné par J.-B. Lemort, et gravé par Auguste de Saint-Aubin, ouvre la série. Le portrait de Fauchet entra dans cette collection. Nous le trouvons ainsi annoncé dans le *Patriote Français* du 28 novembre : « *Portrait de Claude Fauchet, né à Dorn, département de la Nièvre, le 22 décembre 1744, évêque du département du Calvados, et député à l'assemblée nationale en 1791, l'an troisième de la liberté*; peint par F. Bonneville, et gravé par Girardet.— 11 pouces de hauteur sur 7, superbe papier colombier. — Prix : 3 livres, à Paris, au bureau du Cercle-Social, rue du Théâtre Français, n° 4.

« Ce portrait, sur tous ceux qui ont paru jusqu'à ce jour, a, non-seulement le mérite de la ressemblance la plus frappante, mais aussi celui d'être exécuté dans la dernière perfection. Il est orné des attributs qui conviennent au caractère de cet homme célèbre » — Cette manie du portrait qui se témoignait chez les célébrités nouvelles, ne fut pas encouragée par les Jacobins, si nous devons en juger par l'extrait suivant du journal de leurs séances (22 novembre). » Un membre du comité de correspondance fait hommage à la société du portrait de M. Fauchet, peint par M. Bonneville, parent d'un membre de la société; il demande l'insertion de cette offre au procès-verbal, et que le portrait soit suspendu dans la salle de la société. Cette seconde partie de sa motion excite les plus grands murmures, et elle allait être rejettée, lorsque le motionnaire l'a retirée : il a été couvert d'applaudissemens. »

Couthon s'était fait connaître dès le commencement de la révolution par quelques écrits pleins de sentiment et de convictions patriotiques : ils sont adressés aux habitans de la campagne, au sujet des prêtres séditieux. Envoyé à la législative par les Jacobins du Puy-de-Dôme, ses premiers actes furent ceux d'un homme droit. Les journaux révolutionnaires louaient sa fermeté, et les journaux feuillans sa bonne foi.

Isnard (*Maximilien*) débuta dans la renommée à titre d'orateur. Ses deux discours, l'un contre les émigrés, l'autre contre les prêtres, décidèrent sa fortune parlementaire. Il y déploya la fougue désordonnée qui distingue les colères méridionales; la verve qui procède du sentiment moral était étrangère à ces exagérations. La rhétorique y entra pour beaucoup. Lorsqu'à la séance du 31 octobre, il s'écria, en parlant des émigrés : *S'il est quelqu'un qui ose penser autrement, qu'il se lève;* le président Vergniaud ayant blâmé cette apostrophe, Isnard lui répondit que c'était *une figure.* Royou (n° du 2 novembre) donne des variantes sur le mot, *qu'il se lève!*
« On lit dans un journal du soir, de C.-F. Beaulieu, Urbain Domergue et autres gens de lettres : *Qu'il se dresse!* On a été si ef-

frayé, ajoute Royou, de cette tournure oratoire et de l'air martial de ce législateur, que personne ne s'est levé. Un membre a seulement pris la licence de traiter l'orateur de charlatan, et celui-ci a mérité de son mieux la qualification. » Nous empruntons au journal des *Débats des Jacobins* du 18 décembre, un autre exemple des mouvemens oratoires d'Isnard; il eut lieu pendant sa présidence. — M. le secrétaire fait lecture d'une lettre écrite à la société par M. Virchaux, en lui adressant une lame d'épée de Damas qu'il le prie de destiner au premier général français qui terrassera un ennemi de la révolution.

« M. *Isnard, brandissant cette épée.* La voilà, messieurs, cette épée : elle sera toujours victorieuse. Le peuple français poussera un grand cri, et tous les autres peuples répondront à sa voix ; la terre se couvrira de combattans, et tous les ennemis de la liberté seront effacés de la liste des hommes. »

« M. Robespierre supplie l'assemblée de supprimer tous les mouvemens d'éloquence matérielle qui peuvent entraîner l'opinion dans un moment où elle doit être dirigée par la discussion la plus tranquille. Sur la motion de M. Couthon, on a passé à l'ordre du jour. »

M. *Grangeneuve* avait appuyé dans l'assemblée législative les mesures énergiques, pris parti dans quelques dénonciations, et il y avait mérité d'être nommé membre du comité de surveillance.

— Ici nous aborderons l'analyse des séances de la société des Jacobins, d'octobre en décembre inclusivement. Nous avons déjà dit qu'elle suivait régulièrement l'ordre du jour de l'assemblée législative, jetant quelquefois dans celle-ci des motions incidentes plus révolutionnaires dans la forme que dans le fond. Elle débattit long-temps la question de savoir si la seconde législature serait divisée en comités comme la première. Les opinions pour et contre ne nous fourniraient que des dissertations oiseuses, nous devons entièrement les omettre. Il en sera de même pour tout ce qui fut dit sur les prêtres et sur les émigrés ; à cet égard la tribune de la législative laissa bien loin derrière elle la tribune des Jacobins.

Il nous faut aller jusqu'à la séance du 21 octobre, pour trouver la matière d'un premier extrait. Desmoulins y prononça un discours qui fit alors beaucoup de bruit. Il ne le destinait pas à l'impression ; mais les attaques que lui en attira la simple lecture, le détermina à le publier ; en cela, il envoyait à ses adversaires le double défi, et de justifier leurs inculpations et de lui répondre. Le *Journal des Débats* des amis de la constitution dit que le discours de C. Desmoulins fut interrompu par les applaudissemens réitérés des tribunes, d'une partie de l'assemblée, et par les signes les moins équivoques de désapprobation d'une autre portion de la société. Nous donnons la citation textuelle qu'en fait ce même journal, n° 81.

M. Desmoulins. « En même temps que comme citoyen j'adhère à cette constitution, comme citoyen libre de manifester mon opinion et qui n'ai point renoncé à l'usage du sens commun, à la faculté de comparer les objets, je dis que cette constitution est inconstitutionnelle, et je me moque du secrétaire Cerutti, ce législateur *Pangloss*, qui propose gravement de la déclarer par arrêt ou par un décret *la meilleure constitution possible*; enfin comme politique, je ne crains point d'en assigner le terme prochain. Je pense qu'elle est composée d'élémens si destructeurs l'un de l'autre, qu'on peut la comparer à une montagne de glace qui serait assise sur le cratère d'un volcan. C'est une nécessité que le brasier fasse fondre et se dissiper en fumée les glaces, ou que les glaces éteignent le brasier. Ce n'est point là protester contre la constitution, je me soumets à m'embarquer sur le fameux vaisseau construit par les Chapelier, Dandré et compagnie ; mais quelle liberté reste-t-il aux passagers s'ils ne peuvent vous faire remarquer à vous, messieurs, qui en êtes aujourd'hui les pilotes, qu'il fait eau de toutes parts, afin que s'il vous est défendu de le calfeutrer, vous puissiez du moins tenir prête la chaloupe pour le moment du naufrage. »

Le journal que nous transcrivons annonce deux morceaux détachés de ce discours; il passe brusquement et sans explication de celui que l'on vient de lire, au subséquent, lequel ne s'y rapporte en rien. — Desmoulins se suppose conspirateur, et il dit :

« Jusques-là, nous n'avons encore que la minorité ; mais voyez ici, je ne dis pas la profondeur de mon génie qui invente, mais la stupidité de cette nation qui me laisse faire. Les nobles ont encore tous les commandemens, toutes les grandes places, et je n'élève que d'autres nobles à celles qui ont été abandonnées. Au lieu de mettre la royauté en séquestre, jusqu'à l'achèvement de la constitution, je laisse le roi disposer encore du trésor ; j'accorde au ministre tous les mois 20 et 30 millions, et je décrète une contribution patriotique qui s'élève à des sommes immenses. Le pouvoir exécutif ne perd point de temps, car avec son or il corrompra, et avec la corruption il aura de l'or; il sème de tous les côtés l'argent, surtout les promesses. Bientôt pour le mettre en état de tenir ses promesses infinies, c'est une émulation dans le corps législatif à qui fera du roi la source de toutes les grâces. Bientôt je proclame Louis XVI le pouvoir exécutif suprême le législateur suprême, qui a le *veto* ; le juge suprême au nom de qui se rendront tous les jugemens ; le chef suprême de l'armée et des gardes nationales, et jusqu'à l'archiviste suprême ; et pour soutenir le rang de toutes ces suprématies je lui donne 30 à 40 millions de revenus, tandis que l'entretien du corps législatif tout entier ne va pas à sept millions. Par cette seule mesure j'efface le corps législatif devant le pouvoir exécutif, car aux yeux du vulgaire celui-là vaut un million à qui on donne un million. Puisqu'on donne au roi huit fois plus de revenus qu'à l'assemblée nationale entière, il pèse donc, lui seul, dans la balance politique huit fois plus que la nation et ses représentans. La femme du roi avec ses quatre millions de douaire ; les deux frères du roi avec leurs quatre millions, ces trois individus, entretenus plus richement que le pouvoir législatif tout entier, ne peuvent que le regarder en pitié ; et le ministre des affaires étrangères, par exemple, avec ses cinquante mille écus de rente, lorsque l'argent est le représentatif de toutes les valeurs, doit s'estimer vingt-cinq fois plus que le président de l'assemblée nationale avec deux mille écus de traitement. Bientôt le président de l'assemblée nationale lui-même, le président Pastoret dira naïvement au roi : « Sire, et nous aussi nous éprouvons le besoin d'aimer un roi. » Vraiment, comment la plupart des hommes qui ne se meuvent que par l'intérêt, n'éprouveraient-ils pas le besoin d'aimer un homme qui donne à ses amis cent mille écus à dépenser, comment ne pas mieux aimer être le subdélégué de la nation avec cinquante mille écus de rentes, que le premier délégué de cette nation avec six à sept mille livres pendant deux ans. Et dès-lors ne voyez-vous pas que tous les ambitieux, tous les intrigans, tous ceux qui ne suivent d'autre parti que celui qui enrichit, désertent les Jacobins pour courir à 89, aux Feuillans, chez les ministres, et partout où j'établis les nouveaux robinets de la liste civile. Tous ces gens-là sont saisis, comme Pastoret, du même besoin d'aimer le roi. Pour qu'il puisse acheter tant de monde, je ne cesse de garnir ses mains de places et de dignités à conférer, de remplir ses poches d'or, de billets rouges, noirs; comme Louis XIV, je fais ressource des croix de Saint-Louis; j'abandonne à la nomination du roi toutes les ganses d'or, tout le ministère, toute la diplomatie, tous les bureaux, toutes les places de l'armée, c'est-à-dire, cent mille récompenses pour les traîtres à la nation, cent mille moyens de corruption et de triomphe sur la fragilité humaine. Et de peur que tant de récompenses ne suffisent pas encore au grand nombre de toutes les bouches béantes et de toutes les consciences sur la place, je déclare que c'est au roi qu'appartiendra de nommer le ministre du trésor national, et de dire à celui-ci : je vous donne la clé du coffre-fort, mais vous sentez bien que vous ne pouvez reconnaître d'autre maître du coffre que celui qui vous en remet la clé.

» Toute nation peut se diviser en deux sortes de gens; l'une que vous appellerez comme il vous plaira, mais que moi j'appelle *les imbéciles*; l'autre, que le pouvoir exécutif appelle *les gens qui ont des moyens*. Quant aux premiers, quoique incomparablement en plus grand nombre, ce sont ceux dont on aura le meilleur marché.

Vous avez vu avec quelle facilité j'en ai paralysé douze à quinze millions, sans qu'il m'en ait coûté d'autres frais que d'inventer un mot vraiment *magique*; je les ai appelés *citoyens passifs*, et ils se sont crus morts. Je vous expliquerai tout à l'heure comment, dans les dix millions de citoyens actifs, il ne me sera guère plus difficile de vous débarrasser de ceux qui appartiennent à cette première classe.

» Quant à ceux qui ont des moyens; la plupart, loin de s'opposer à mon plan, mettront tout en œuvre et se disputeront l'infamie pour le faire réussir. Les uns, à qui il faut des distinctions et des honneurs, voudront comme les Mounier, les Lally, les Bergasse, les Lameth, les Clermont-Tonnerre, les la Fayette, la cour des pairs et une chambre haute; les autres à qui il faut de l'argent, comme les Chapelier, les Beaumetz, les Dandré, les Desmeuniers, les Barnave, éprouveront le même besoin que Pastoret d'aimer un roi qui donne cent mille livres de rentes, et ne voyez-vous pas que dans mon système le coup de l'art, c'est de faire de ma royauté un coffre pour tous les gens qui ont quelque influence, c'est de n'avoir fait du roi avec ses quarante millions que leur receveur, à qui ils afferment la nation; ne voyez-vous pas qu'avec la trésorerie dont il a la clé, et la liste civile qui n'est que la bourse commune de tous les traîtres, de tous les mauvais citoyens, nous ne pouvons jamais en manquer?

» Bientôt Louis XVI dira comme le roi George dans son voyage à Chebtenham. « Le grand nombre d'amis du roi me ruine, le parlement est un gouffre, un abîme sans fond; je ne dîne plus en public, je me suis mis en pension avec la reine, et, pour tout dire, en un mot, Mirabeau, si tu as le bonheur de vivre encore quelque temps, je veux que Louis XVI aille te demander à dîner, telle est la royauté constitutionnelle. »

A la séance du 25 octobre, la commission, chargée d'examiner les ouvrages envoyés au concours ouvert par la société pour le meilleur almanach, annonça qu'elle avait terminé son travail. Dussaulx, chargé du rapport, s'exprima ainsi :

« Parmi les auteurs, il en est un, Messieurs, et c'est celui que vous allez bientôt couronner, il en est un qui a frappé le but avec plus de précision que tous les autres, et qui nous a ravis par un morceau vraiment dramatique. Ce bon, digne et ingénieux citoyen, vous l'aimez tous, vous chérissez son zèle, ses talens et son éloquence, son éloquence mâle, libre et toujours prête à défendre le droit de ses semblables. Sa présence dans cette séance solennelle, et sa modestie, me défendent d'en dire davantage. Pardon, Messieurs, pardon si je diffère de le nommer ; vous voudriez l'entendre sur-le-champ, et j'ai besoin, pendant quelques minutes encore, de votre indulgence et de votre attention pour payer du moins un tribut d'éloges à ses dignes concurrens, qui, si nous avions assez de couronnes, en recevraient chacun une.

» Le premier accessit a pour devise :

Les hommes sont égaux : ce n'est point la naissance,
C'est la seule vertu qui fait leur différence.

VOLT.

» Le second accessit a été donné au mémoire, portant pour devise :

Que le bonheur de tous soit la suprême loi!

» Indépendamment de ces deux accessits, six autres ouvrages ont paru mériter des éloges et une mention particulière. — La devise du premier est : *Non surrexit major.* — Celle du second : *Pour aimer il faut connaître.* — La troisième : *Le texte de la loi doit suffire : elle est imparfaite si elle a besoin de commentaire.* — La quatrième : *Vivre libre ou mourir.* — La cinquième : *Nous ne saurions trop méditer et chérir la liberté.* — La sixième : *La nation, la loi et le roi.* »

Après des remarques sur beaucoup de ces ouvrages, M. Dussaulx a annoncé que le prix de l'almanach pour l'an troisième de la liberté française a été adjugé, par les commissaires, à M. Collot-d'Herbois.

Toute la salle retentit des plus vifs applaudissemens.

M. le président, en prononçant le jugement de MM. les commissaires, ratifié par l'assemblée, embrasse M. Collot-d'Herbois, qui monte à la tribune.

M. Collot-d'Herbois. « Messieurs, je n'affecterai point une modestie qui serait en moi aussi fausse qu'elle serait humiliante pour mes concurrens, puisque les juges du concours ont décidé que j'étais arrivé plus près du but que les autres, il faut que mon ouvrage ne soit pas sans mérite. Il en a un sans doute, c'est d'avoir choisi, pour parler aux gens de la campagne, un organe qui doit avoir sur eux beaucoup d'autorité, celui d'un homme vertueux qui a siégé parmi nous, et dont l'absence excite nos regrets : celui du père Gérard. Mon almanach est intitulé : *l'Almanach du père Gérard.* C'est sans doute cette sorte de prestige qui m'a procuré la faveur et le titre glorieux, qui m'est si cher que je n'en obtiendrai jamais de plus doux à mon cœur. »

» M. Collot-d'Herbois annonce que son intention est d'appliquer cent livres sur la valeur du prix à la fondation d'une caisse de bienfaisance pour la société, deux cents livres aux malheureux soldats de Château-Vieux détenus sur les galères de Brest, et de consacrer les trois autres cents livres à une édition soignée de cet ouvrage, qui sera vendue au profit de ces mêmes victimes de l'oppression ministérielle.

» Ces dispositions généreuses, où la sensibilité et le patriotisme de l'auteur se disputent le mérite de les lui avoir inspirées, sont couvertes d'applaudissemens de toutes les parties de la salle. » (*Journal des débats des Jacobins*, n° LXXXII.)

Nous allons placer ici l'analyse, que nous nous étions proposé de faire, de l'almanach du père Gérard. Cet ouvrage est divisé en douze entretiens, qui ont pour titre :

De la constitution.—De la nation.—De la loi.—Du roi.—De la propriété.—De la religion.—Des contributions publiques.—Des tribunaux.—De la force armée.—Des droits de chaque citoyen et de ses devoirs.—De la prospérité publique.—Du bonheur domestique.

Le livre de Collot-d'Herbois est tout-à-fait de circonstance ; il est purement constitutionnel. On y trouve, élémentairement formulée, la science sociale des droits naturels, science dont nous avons bien des fois exposé et discuté les vices. Seulement il y règne, d'un bout à l'autre, un ton de probité et de morale, très-honorable assurément pour l'auteur. Cette qualité, à laquelle toutes les feuilles du temps rendirent une égale justice, et la forme dramatique sous laquelle l'enseignement était présenté, attirèrent, à l'*Almanach du père Gérard*, un succès de vogue. Les *Révolutions de Paris* lui reprochèrent de traiter la question du marc d'argent avec trop de timidité.

Voici la donnée dramatique choisie par Collot-d'Herbois : *Introduction*. « Vous connaissez tous le père Gérard, ce vieillard vénérable, ce paysan bas-breton, député à l'assemblée nationale en 1789. C'est un homme d'un bon sens exquis : il a la droiture de cœur des anciens patriarches. A la fin de la session, il est retourné dans ses foyers, au milieu de sa famille ; dans un village du *département d'Ille-et-Vilaine*. Vous pensez bien qu'il y fut accueilli avec joie ; chacun le bénissait : car on bénit toujours ceux qui ont rempli loyalement les fonctions qui leur ont été confiées par le peuple. Figurez-vous donc le voir entouré de ses frères, de ses amis, pressé, caressé, et surtout bien questionné, bien interrogé. Je vous dirai ce qu'il a pu leur répondre. Peut-être ne trouverai-je pas toujours ses naïves expressions ; mais à coup sûr vous reconnaîtrez continuellement les intentions, l'esprit et les principes de ce bon vieillard. »

Nous parcourrons successivement les douze entretiens.

De la constitution. — L'auteur définit ce mot physiologiquement. Le pouvoir législatif est comme la tête dans le corps humain ; le pouvoir exécutif est comme les bras ; et le peuple français, circulant partout, est comme le sang qui porte dans toutes les veines de l'État la chaleur qui anime et fait vivre la constitution.

— Il est digne de remarque, combien naturellement l'organisation de l'homme s'offre comme modèle aux yeux de ceux qui parlent d'organisation sociale. Il est vrai que la physiologie que fait ici Collot d'Herbois est une abstraction incomplète qui ne convient d'abord nullement à la constitution fédéraliste qu'il cherche à faire comprendre, et qui, en outre, ne servirait pas à expliquer la structure animale la plus grossière. Car, il y a autre chose qu'un mécanisme, même chez les animaux; il y a des forces instinctives qui le meuvent, et des buts spéciaux vers lesquels chacune de ces forces le dirigent. En sorte que la conception physiologique de l'ordre purement animal place l'appareil entre un principe et une fin, et généralise ces trois élémens constitutifs de la moindre créature de Dieu sous le nom de fonction.

Lorsque l'on veut faire de ce point de vue la théorie de l'homme, la théorie d'une nation, la théorie de l'humanité, il faut bien faire attention qu'émettre simplement une abstraction mécanique, c'est ne rien dire du tout. La plupart des écrivains de nos jours qui ont touché, sans y voir, la question sociale, sont tous tombés dans ce défaut. Combien d'éclectiques injuriant d'autres éclectiques, prennent par tout les mots, laissent les choses, et ne conservent soigneusement d'autre réalité que celle de leur moi! Vous entendez autour de vous une clameur générale de progrès social, de but social, de principe social, même de physiologie sociale, poussée par des gens qui n'ont compris et ne comprendront jamais que Condillac, l'élève de Locke, l'élève inférieur de Descartes, vérifiant sur l'homme l'hypothèse mécanique, sans l'intelligence du principe qui l'avait créé, c'est-à-dire, Dieu et l'ame immortelle posés par l'inventeur comme dogmes absolus. A cause de cela les mots dont se sert leur postérité, et en particulier le mot *société* ne renferment aucun sens. La société a un but, répètent-ils après vous; mais quelle société, et quel but? Ces expressions abstraites n'ont de valeur que par définition et absolument prises, elles sont aussi vides et aussi vaines que l'éléphant abstrait des réalistes, que les formules de Condorcet sur les progrès de l'*esprit humain*; car l'esprit humain n'est, en ce sens, un être réel, pas plus que la fable qu'il a écrite sous ce titre, n'est une histoire. La philosophie dogmatique, contrairement à celle du libre examen, place toujours la définition avant l'abstraction.

Par exemple elle dit : le mariage est la *société* de l'homme et de la femme, ayant pour principe un devoir fondé sur l'instinct de la reproduction, et pour but la création, la conservation et l'éducation des enfans. Le progrès dans une telle société consiste en ce que le principe qui n'est d'abord un devoir que pour l'homme, et un instinct pour la femme, devienne un devoir pour tous les deux, et en ce que l'éducation des enfans qui est le devoir du but, prédomine incessamment. — Elle dit : la chrétienté est la *société* des fidèles qui admettent dogmatiquement la loi de Jésus-Christ, la fraternité des hommes comme principe, le dévouement comme moyen, sa réalisation comme but. — Elle dit : la nation française est une *société* chrétienne. Voilà des fonctions et par conséquent de vrais thèmes physiologiques. Prenez maintenant les droits naturels des hommes comme principes, la société comme moyen, et les satisfactions de ces droits comme buts, et voyez s'il est possible de construire un appareil organique là où, si évidemment, il n'y a ni unité de principe ni unité de but. — Telle est cependant la doctrine que les continuateurs de Locke, de Condillac, de Condorcet, professent encore parmi nous, l'augmentant de tout l'éclectisme que leur permettent de faire les travaux modernes de toute espèce, y compris ceux des doctrinaires eux-mêmes. Comment la France pourrait-elle confier ses destinées à des hommes qui renient et blasphèment son passé, et dont les théories sociales sont incapables de produire une seule conséquence soit européenne, soit française. — Nous avons fait ces réflexions au sujet de la physiologie émise par Collot-d'Herbois, parce que nous regardons comme une obligation, toutes les fois que l'occasion le permet, de signaler à nos lecteurs la nullité et les misères de l'enseignement que distribuent aujourd'hui les matérialistes, de quelque nom qu'ils s'appellent.

De la nation. — « La nation, dit le père Gérard, est la totalité des citoyens ; c'est dans cette totalité que réside le pouvoir souverain. » Telle est à cette heure, et telle doit être la définition des matérialistes. Nous ne connaissons au monde de totalité de ce genre que les États-Unis d'Amérique. Mais qui s'est jamais avisé de donner le nom de nation à ce fédéralisme totalitaire? une somme d'individus et une unité nationale sont deux choses contradictoires.

De la loi. — Le père Gérard ne définit pas la loi ; il se contente de dire : « Les meilleures (lois) sont les plus conformes à la déclaration des droits de l'homme ; c'est le principe sacré de toutes les lois. » Voyez par quel vice de logique Collot-d'Herbois, partant des droits, a l'air d'aboutir à l'unité de principe. C'est tout simplement parce qu'il donne ce nom à la déclaration, comme si une déclaration était un principe. Il aurait donc dû dire : *les principes*; et alors le plus ignorant de ses interlocuteurs, sachant le petit Catéchisme, lui aurait fait à coup sûr ces demandes : « Les lois ont donc plusieurs principes? Y a-t-il plusieurs lois? »

Du roi. — Tout ce chapitre a pour but de justifier l'expression *roi des Français*. L'auteur applaudit au sentiment fédéraliste qui a fait ici rejeter le mot France, parce que ce mot « semblait dire que toute la France était la propriété du roi. » Renoncer à l'unité pour échapper à l'usurpation, c'est vaincre le mal par le suicide. La France est la fille aînée de la parole de Jésus-Christ, voilà sa raison d'être, sa souveraineté, sa nationalité; qu'importent des pouvoirs prévaricateurs? ils passent, et la France reste.

De la propriété. — Dans cet entretien, qui roule sur le respect des propriétés, Collot-d'Herbois sort du terrain de la constitution par cette réflexion, très-avancée pour l'époque : « Eh! qui sont ceux qui violent les propriétés? Ce sont ceux qui n'en ont aucune, qui dédaignent celle du travail; ce sont les oisifs dont il faut se défier, et sur lesquels il faut avoir les yeux. L'oisiveté conduit le riche à tous les vices, et le pauvre à tous les crimes. »

De la religion. — En supposant, ce qui est permis, que Collot-d'Herbois ait traité cette matière du point de vue purement politique, il y a ceci de positif : c'est qu'il a accepté la définition théologique; car il a dit : « La vraie religion, celle que Dieu nous

a révélée, et qui nous enseigne de quelle manière il veut être honoré, a la Foi pour principe, et la Charité pour fondement. » De plus, il enseigne que la religion catholique est la seule nationale, et il ne prêche l'union avec les protestans qu'afin de les ramener par la Charité. En supposant qu'il ait placé sa propre opinion dans la bouche du ministre protestant, il le fait parler de manière à donner toute prise à l'orthodoxie : « Dieu et la conscience, mon frère, et voilà tout. Celui qui n'est pas de bonne foi, quelque soit son culte, n'est jamais qu'un hypocrite; la fraternité, l'amour de la patrie, voilà les premiers liens de toutes les religions. »
Affirmer pour l'homme, Dieu, la conscience, c'est-à-dire la connaissance de sa loi, laquelle a pour formule morale la fraternité et l'amour de la patrie, c'est poser et déterminer la certitude d'où procède logiquement tout ce qui est vrai aujourd'hui sur terre.

Des contributions publiques. — Cet entretien démontre seulement que les contributions actuelles sont moins lourdes que les impôts d'autrefois. Il distingue entre ces deux mots, dont l'un (contribution) indique un acte volontaire, et dont l'autre (impôt) marque l'esclavage et la passivité.

Des tribunaux. — Le père Gérard oppose ici les formes de l'ancienne justice avec la procédure par jurés; il ajoute à cette comparaison un enseignement moral qu'il termine ainsi : « Rappelez-vous ce qui s'est passé le 14 juillet 1789, cette joie inconnue jusqu'alors qui nous a transportés quand nous avons secoué, brisé nos fers, quand nous nous sommes tous redressés, après avoir été courbés si long-temps; chacun de vous s'embrassait, serrait la main de son plus proche. On se rappellerait cela.... on en ferait la fête.... et l'on plaiderait le lendemain l'un contre l'autre. Cela ne se peut pas,... non.... le 14 juillet chaque année, tous les procès doivent finir; les procédures doivent être finies de bon accord devant le bonnet de la liberté, et tout bon citoyen ne doit plus voir autour de lui que des frères et des amis. »

De la force armée. — Il n'y a dans tout ce chapitre, entièrement de circonstance, qu'une seule phrase à extraire sur l'obéissance.

Marat, qui s'était trouvé, une fois, seul à défendre la thèse de *l'obéissance active* contre celle de *l'obéissance passive*, disait plus tard, à mesure des accessions : « Prudhomme, Audoin et autres acceptent enfin ma doctrine. » Collot-d'Herbois s'y rangeait aussi. « L'obéissance du soldat, dit le père Gérard, autrefois machinale, est aujourd'hui le fruit de son attachement à ses devoirs et à sa patrie. »

Des droits de chaque citoyen, et de ses devoirs. — Les droits énumérés par Collot-d'Herbois sont ceux de la déclaration ; quant aux devoirs, nous les transcrivons sans commentaire. « Le devoir des bons citoyens est de veiller sur toutes les atteintes que l'on pourrait porter à la constitution ; car c'est chaque fois qu'on y porte atteinte qu'il y a du désordre. Leur devoir est de dire la vérité, de la dire avec courage, de la dire sans animosité, et pour le bien public, lorsqu'on découvre quelque chose qui peut lui être nuisible ; leur devoir est d'entretenir l'union et l'harmonie, d'accélérer et de faciliter le paiement des contributions ; leur devoir est de rejeter loin d'eux toute affection contraire à l'amour de la patrie, à cet amour sacré, universel qui anime tout, qui rallie tout, qui fortifie tout ; c'est lui qui a tracé sur nos drapeaux cette devise sacrée, qu'il faut prononcer avec force toutes les fois que la constitution sera attaquée : *Vivre libres ou mourir.* »

De la prospérité publique. — La prospérité publique, selon le père Gérard, a pour source la confiance générale, et pour signe la bonne conservation et l'accroissement de la population.

Du bonheur domestique. — Tout ce chapitre se résume dans ces axiomes : « Une bonne action fait la joie du cœur, et la joie du cœur fait le bonheur. — Sans les mœurs, point de vertu, point de probité ; sans probité, point de patriotisme. »

— Avant d'entamer la question de la guerre, nous avons à extraire du *Journal des débats des Jacobins* deux faits intéressans.

Le premier est renfermé dans le N. B. du numéro CIII. — « M. Machenaud a fait lecture à la société de la liste des membres qui entreprennent la noble fonction d'instruire les enfans, et de leur faire le catéchisme de la constitution. Ce sont MM. Pétion,

Robespierre, Lanthenas, Rœderer, Collot-d'Herbois et Bourdon. »

Le second, relatif à l'inauguration des drapeaux des États-Unis, d'Angleterre et de France dans la salle des Jacobins, se trouve dans la séance suivante, que nous transcrivons tout entière.

Séance des Jacobins du 18 décembre. — « Après la lecture du procès-verbal de la dernière séance, M. de la Source, faisant les fonctions de président en l'absence de M. Isnard, propose à la société les demandes de différentes personnes qui sollicitent l'entrée de la séance.

» L'affluence du public était si grande, qu'outre une des nouvelles tribunes qui était remplie, la portion de la salle qu'on lui avait destinée, l'était encore, ainsi que le partie opposée ; et néanmoins une multitude de citoyens n'a pu parvenir à se placer dans la salle.

» La lecture des annonces et l'extrait de la correspondance était à peine commencée, que la salle retentit d'applaudissemens à l'entrée des drapeaux des nations anglaise, américaine et française, qui devaient être placés dans la salle, à l'imitation de la société des amis de la révolution de Londres.

» Les cris de *vive la liberté, vive la nation, vivent les trois peuples libres de l'univers,* répétés avec enthousiasme par les tribunes et tous les assistans, sont l'expression aussi vive que vraie de l'ardeur, de l'amour pour l'égalité et la fraternité, que la nature a gravé dans les cœurs de tous les hommes, et que les efforts seuls des despotes de toutes les classes sont parvenus à effacer plus ou moins.

» On introduit une députation des dames habituées aux tribunes qui avaient demandé à présenter un gage de leur enthousiasme pour la liberté ; au Whig constitutionnel qui avait apporté à l'assemblée nationale l'expression des sentimens de cette classe d'Anglais libres.

» La députation entre, au milieu des applaudissemens de l'assemblée ; une jeune citoyenne porte sur le bureau le présent de ces dames, tandis que les députées montent à la tribune pour y prononcer le discours suivant :

» *L'orateur.* Nous ne sommes point des dames romaines; nous n'apportons pas des bijoux, mais un tribut de reconnaissance, pour les sentimens que vous nous avez inspirés.

» Un Whigh constitutionnel, un frère, un Anglais a fait, il y a peu de jours, l'objet d'une de vos plus douces étreintes. Que ce tableau avait de charmes! Les ames sensibles en ont été frappées, nos cœurs en sont encore émus. (On applaudit.)

» Aujourd'hui, vous donnez à ce frère (à vous-mêmes) une nouvelle jouissance; vous suspendez à la voûte du temple trois drapeaux, *Américain, Anglais, Français.*

De toutes parts. (Vivent les trois nations! vive la liberté!)

» L'union des trois peuples libres va être cimentée; qu'il nous soit permis, messieurs, d'y contribuer par quelque chose. Vos sentimens purs nous en font un devoir.

» Agréez une couronne.

» Vous, frère anglais, acceptez-en une autre des mains de l'innocence ; c'est l'ouvrage de la fraternité ; l'amitié vous la donne.

» Recevez, bon patriote, au nom des citoyennes françaises qui sont ici, l'arche d'alliance que nous apportons pour nos frères Wighs constitutionnels ; là sont enfermés la carte de France, divisée en quatre-vingt-trois départemens, le bonnet de la liberté, (applaudissemens) l'acte constitutionnel des Français, une couronne civique, des épis de blé, (applaudi) trois drapeaux, une cocarde nationale, et ces mots dans deux langues, *vivre libre ou mourir.*

(Toute la salle. *Vivre libre ou mourir!*)

» Que cet immortel hommage fait à la liberté soit pour les Anglais et les Français le gage sacré de leur union. N'oubliez pas de dire à nos frères comment vous l'avez reçu. Qu'il soit déposé au milieu de la cérémonie la plus fraternelle. Invitez tous les Anglais à participer à cet acte de famille. Qu'il leur soit précieux comme la nature.

» Dites à vos femmes, répétez à vos enfans, que des filles sages, des épouses fideles, des mères tendres, après avoir rempli leurs devoirs domestiques, après avoir contribué au bonheur de leurs familles et de leurs époux, sont venues faire cette offrande à la patrie.

» Qu'un cri d'allégresse se répande sur l'Europe, et vole en Amérique. — Écoutons. Au milieu de tous les échos, Philadelphie et ses contrées répètent comme nous, *vive la liberté*.

(*Toute la salle.* Vive la liberté!)

» Tyrans! vos ennemis sont connus ; les peuples ne se feront plus la guerre ; intimement unis, ils posséderont toutes les langues ; elles n'en feront plus qu'une ; et, forts de leur liberté, ils seront à jamais inséparables. »

» Applaudissemens universels; la salle retentit long-temps des cris, répétés par les tribunes et la société, de vive la nation, vive la liberté, vivent les trois nations, vivent les femmes patriotes.

M. de la Source faisant les fonctions de président. « Puisque la nature a voulu que la société vous dût le plus beau de ses instans, il ne sera point perdu dans les siècles, cet enthousiasme dont vous remplissez tous les cœurs ; il y est gravé en caractères indélébiles. » Puis se tournant vers les députés des Wighs : « Pour vous, frères, dites à vos compatriotes ce que nous sommes, dites-leur que dans l'empire français, les femmes savent aussi aimer la patrie et se montrer dignes de la liberté; dites que l'union dont vous voyez les emblêmes sera aussi impérissable que les peuples libres; dites-leur que nous n'ayons qu'un genre de fers : ceux qui nous unissent aux peuples libres, et ceux-là seront éternels comme la vertu. »

M. le député Wigh. « Mesdames et M. le président, je ne suis pas réellement préparé à faire une oration, car réellement je ne m'attendais pas à une pareille réception, mais j'espère que vous m'excuserez. J'ai écrit en Angleterre, j'ai déjà fait le détail de l'accueil que j'ai reçu ici ; j'ai eu des réponses, mais non de la société auquel j'appartiens, parce qu'il faut du temps pour qu'elle se réunisse et qu'elle réponde. Je voudrais qu'il fût dans mon pouvoir de m'exprimer comme mon cœur sent. Ce sentiment pour vous n'est pas l'ouvrage d'un jour, mais bien celui d'une année, puisque dès le mois d'août ma société avait écrit à M. Pétion, votre président, mais qui m'a assuré ne l'avoir pas reçu ; c'est ce qui a engagé la société à me charger moi-même de sa commission, je lui rendrai compte de votre bonne réception, et je me charge de vous exprimer ses sentimens. »

M. Bourdon. « Citoyens français, amis de la constitution, vous recueillez aujourd'hui le fruit de vos peines et de vos travaux. C'est par l'invariabilité de vos principes, c'est par la sagesse et la maturité de vos discussions, c'est par l'amour pur et désintéressé que vous avez juré à la liberté, par ce mur d'airain que vous avez toujours mis entre la corruption et vous, c'est enfin par votre philantropie, qui embrasse tout le genre humain, que vous avez acquis une affiliée au-delà des mers, que vous avez créé les circonstances qui ont donné lieu à la cérémonie qui nous rassemble aujourd'hui.

» Pétion, que la France entière a surnommé l'incorruptible ; Pétion, le digne élève de la société, conduit chez un peuple qui a déjà les anciennes habitudes de la liberté ; par le désir d'y faire commerce de lumières, et d'y puiser de nouveaux moyens de prospérité publique pour la France, y a conclu le traité solennel d'alliance qui doit unir et confondre à jamais les intérêts de tous les enfans de la liberté ; c'est ce traité que nous ratifions aujourd'hui.

» Peuples de la terre, contemplez ces étendards, jadis les signaux du meurtre et du carnage, aujourd'hui les emblêmes de l'amitié et de la paix.

» Ils précédaient autrefois ces armées innombrables d'esclaves, de vils automates, qui allaient se massacrer de sang froid à la voix et pour la vanité des despotes ; placés aujourd'hui dans le sanctuaire de la liberté et de l'égalité, ils n'en seront déplacés que pour guider le fer des hommes libres dans le cœur des tyrans.

» Le bandeau qui couvrait les yeux des nations est prêt à tomber. L'Angleterre, l'Amérique et la France ont oublié leurs querelles antiques. Ces trois sœurs, divisées par les ennemis communs de l'humanité, réunies aujourd'hui par leurs intérêts de famille, se reconnaissent, s'embrassent et se jurent une amitié sincère. Les nœuds qu'elles forment aujourd'hui, ni la faulx du temps, ni les poignards des tyrans, ne les trancheront jamais.

» Price, Franklin, Mirabeau, ô vous évangélistes de la paix, apôtres de la liberté, pourquoi n'êtes-vous plus parmi nous ? pourquoi vos yeux, fermés à la lumière, ne peuvent-ils jouir du spectacle imposant et délicieux que ce grand jour nous présente, que vous cherchiez à accélérer par vos vœux ardens, par vos généreux efforts, par vos sublimes veilles. Si le ciel, ô génies bienfaisans, vous a ravis prématurément à la terre; si vous avez vu votre dernière heure avant que la liberté française, complément de la liberté anglaise et américaine, fût assise sur des bases solides; aujourd'hui que l'Angleterre, l'Amérique et la France réunies présentent le gage de la paix universelle; aujourd'hui que ces trois peuples libres, faits pour décider entr'eux de la destinée de l'univers, ont juré ensemble le serment redoutable aux tyrans, de vivre libres ou de mourir; que vos mânes sacrées partagent le bonheur que cette union présage, qu'elles viennent habiter ensemble parmi nous, qu'elles nous échauffent sans cesse du feu sacré qui brûlait dans vos cœurs, et que les amis de l'humanité réunis reçoivent, de la gratitude des hommes libres, ces hommages, que de vils esclaves ont si souvent prostitués à des tyrans.

» Je fais la motion, messieurs, que les bustes du docteur Price et du docteur Franklin soient placés auprès de celui de Mirabeau, et qu'il soit ouvert à cet effet une souscription volontaire. »

N..... » Je crois que M. le préopinant a oublié de demander place pour le buste du père de la liberté, de l'écrivain philosophe qui, le premier, a écrit pour faire connaître aux peuples les droits imprescriptibles qu'ils ont à la souveraineté, à la liberté : Jean-Jacques Rousseau. »

N... » Si cette séance est consacrée à rendre hommage aux fondateurs de la liberté, je demande que cet honneur soit accordé à celui qui le premier a fait trembler les tyrans, et qui, après avoir consacré ses travaux à la défense de la liberté, y a encore sacrifié sa vie sur un échafaud : Algermond Sydney. Je demande qu'on fasse venir son buste d'Angleterre pour le placer avec les trois autres. »

M. *Dufourny.* « Par vénération pour la mémoire du docteur Francklin, je demande à la société la permission de lui offrir un buste de ce grand homme que j'ai fait d'après lui, ce sera pour moi une occasion de lui rendre hommage pour l'amitié dont il a bien voulu m'honorer pendant sa vie. »

Cette proposition a été agréée avec applaudissemens, et on arrête qu'il en sera fait mention honorable au procès-verbal. M. le président veut à cette occasion faire une réponse à M. Dufourny, dans laquelle il le loue de ce qu'il a fait pour la révolution.

M. Dufourny rejette ces louanges en disant qu'il n'a fait que ce que tout bon citoyen eût fait à sa place.

Les différentes motions sur les bustes, mises aux voix, on arrête que ceux de Jean-Jacques, de l'abbé de Mably et de Sydney seront joints à ceux de Price, de Francklin et de Mirabeau. (*Journ. des Jac.* n° 113.)

QUESTION DE LA GUERRE.

Nous commencerons par transcrire les actes parlementaires relatifs à cette question : nous passerons ensuite aux débats du club des Jacobins à l'occasion de ces actes.

SÉANCE DU 22 NOVEMBRE.

[M. *Koch.* Vous avez chargé votre comité diplomatique, par l'article XIV de votre décret sur les émigrés, de vous proposer, sous trois jours, les mesures à prendre vis-à-vis des puissances étrangères qui souffrent sur leur territoire des rassemblemens suspects. Votre comité a répondu avec zèle aux ordres que vous lui avez donnés. C'est à sa réquisition que vous avez fixé définitivement au 17 de ce mois le rapport qu'il doit vous faire. Il n'est pas nécessaire de vous dire que la sûreté des frontières et le salut de l'empire dépendent de la justesse et de la célérité des mesures que vous prendrez à cet égard. Depuis huit jours, je fais de vains efforts pour obtenir la parole. Je prie l'assemblée de décider quand elle voudra m'entendre.

L'assemblée décide que M. Koch sera à l'instant entendu.

M. Koch. Le comité diplomatique a cru devoir remplir vos intentions en vous rendant compte, par le même rapport, des renvois qui lui ont été faits, par des décrets antérieurs, de l'adresse de la municipalité de Strasbourg, de celles de plusieurs citoyens, membres de la société des Amis de la constitution, de celle du directoire du département du Haut-Rhin, toutes relatives aux rassemblemens faits au-delà du Rhin, et aux violences exercées contre des citoyens français. Il résulte de ces adresses, ainsi que des procès-verbaux et pièces justificatives sur lesquelles elles sont appuyées, qu'il existe toujours un foyer de contre-révolution soutenu par quelques princes étrangers, et par les contre-révolutionnaires du dedans; il en résulte que, sur les terres de l'évêché de Strasbourg, situées au-delà du Rhin, il existe un petit corps de troupes de 500 hommes, commandés par Mirabeau ; qu'à Worms, et sur les terres de l'électeur de Mayence, il existe un corps considérable de transfuges, sous les ordres immédiats de Louis-Philippe-Joseph Condé ; que les mêmes rassemblemens armés sont formés à Coblentz et dans l'électorat de Trèves, où les princes français ont fixé leur siége ; que la rage de ces ennemis les porte à toutes sortes de vexations contre les citoyens français ; que c'est principalement sur les terres de l'évêché de Strasbourg, et contre des citoyens de cette ville ; que s'exerce leur courroux avec le plus de scandale et d'audace ; que, dès le mois de mai dernier, des plaintes ont été portées, par le directoire du Haut-Rhin, à M. Montmorin, qui n'a répondu qu'en termes vagues, et que les citoyens de Strasbourg n'ont jamais pu obtenir aucune réparation des injures qu'ils ont reçues, et des vexations qu'ils ont éprouvées. Il est digne de la nation française de déployer un grand caractère pour faire cesser ces outrages. Le comité diplomatique, en délibérant sur ces objets, s'est proposé les questions suivantes :

1° Les attroupemens, les enrôlemens et les violences qui se

commettent sur le territoire de l'empire ne doivent-ils pas être regardés comme une violation manifeste du droit des gens et de l'empire germanique?

2°. Quels moyens convient-il d'employer pour faire cesser ces enrôlemens, pour réprimer ces violences?

Je dois vous avertir que votre comité se bornera à vous présenter des mesures contre les puissances germaniques. Il se propose de vous faire un rapport particulier à l'égard des autres. C'est en vain que l'on chercherait à concilier avec le droit des gens les enrôlemens et les violences que tolèrent ces petits princes. En effet, les Français transfuges n'affichent-ils pas, du fond de leur retraite, et à la face de l'Europe, la haine la plus implacable contre vous? Est-ce à leur modération ou à leur impuissance que l'on doit attribuer leur inaction? Ne vous ont-ils pas mis dans la nécessité de faire de grands et de puissans efforts pour mettre vos frontières en état de défense? Mais quelles sont donc les puissances dont la protection nous fait craindre des invasions prochaines? Sont-ce des princes, dépositaires d'un pouvoir indépendant, qui ne connaissent d'autre raison d'État que celle de la force, et d'autre intérêt que celui des conquêtes? Ce sont trois petits princes du corps germanique : les archevêques de Mayence et de Trèves, et le ci-devant évêque de Strasbourg, tous trois connus par leur aversion pour la constitution française, et n'ayant d'autre prétexte pour colorer leurs tentatives hostiles que la perte de quelques droits hiérarchiques et féodaux. Mais peuvent-ils permettre ces attroupemens et ces enrôlemens? Non, la constitution de l'empire leur refuse cette triste prérogative : elle a fixé d'une manière positive le droit de guerre et de paix dont jouissent les membres de l'association germanique. Tout traité, toute alliance, qui pourraient entraîner l'empire dans une guerre étrangère, leur sont absolument interdits, et ce n'est qu'à des princes souverains qu'ils peuvent permettre de faire des enrôlemens sur leur territoire. Il y a plus, par la capitulation de l'empereur actuel, et par les capitulations précédentes, ils ne peuvent permettre les enrôlemens qu'à des puissances qui possèdent immédiatement dans l'empire.

Voici l'article de la capitulation :

« Vous ne permettrez nullement aux puissances qui n'ont pas elles-mêmes de grandes possessions dans l'empire, de faire des levées de troupes sans notre concession, et sans le consentement des électeurs et des autres princes de la confédération germanique. »

Au mépris de ces lois, des princes de l'empire souffrent que des Français transfuges recrutent sur leur territoire avec une audace inouïe dans les villes impériales d'Offenbourg et d'Etteinheim, de Spire, de Worms et de Coblentz ; et, chose inconcevable, ils obtiennent pour ces enrôlemens des facilités que la France elle-même n'oserait pas prétendre. Quant aux violences que plusieurs de ces princes tolèrent sur leur territoire contre les citoyens français patriotes, il n'est pas nécessaire de prouver que leur conduite à cet égard est diamétralement opposée aux lois de paix publique, qui font la base principale de l'association germanique. Les lois de l'empire se réunissent aux lois éternelles du droit des gens pour condamner ces violences. Quels sont donc les moyens qu'il convient d'employer ? Ne serait-il pas de la dignité de la France de faire faire, par le ministre des affaires étrangères, des réquisitions vigoureuses à ces princes, à l'effet de faire cesser ces rassemblemens et ces enrôlemens scandaleux, et d'obtenir une réparation convenable des violences exercées contre nos concitoyens ? Faut-il donc désespérer de leur faire comprendre qu'il est de leur intérêt et de leur gloire de ne pas préférer leurs liaisons avec quelques fugitifs, aux justes égards dus à une grande nation, et au devoir que leur imposent les lois de l'empire dont ils sont membres ? Ne pourrait-on pas soutenir les réclamations par une réquisition officielle auprès des princes qui composent les cercles du Haut et Bas-Rhin et de Souabe, par les ministres qui y sont accrédités, afin d'obtenir, par l'autorité des cercles de l'empire, ce que ne pourrait obtenir la justice des premières réclamations, et de prévenir ainsi toute violation du territoire de l'empire.

Les princes de l'empire ne sont-ils pas sujets à la police générale des cercles ? Et le plus grand nombre des cercles de l'empire n'est-il pas intéressé à maintenir la paix? Enfin, ne pourrait-on pas faire une déclaration à l'empereur et à la diète de Ratisbonne, par laquelle on les assurerait du désir qu'a la nation française d'entretenir la paix, et de voir cesser des hostilités qui pourraient compromettre même la tranquillité de l'empire? et, pourrait-on douter de la sincérité de vos promesses, lorsque la constitution elle-même vous impose l'obligation de n'entreprendre aucune guerre dans la vue de conquêtes.

On nous objectera une infraction au traité, faite à l'égard des princes qui, par une suite indispensable de la révolution, se trouvent, ou plutôt se croient lésés dans leurs droits. Mais la nation française, en faisant valoir les droits imprescriptibles de sa souveraineté, n'a-t-elle pas manifesté un respect profond pour les droits des étrangers en leur offrant des indemnités? Sont-ils autorisés à susciter une guerre contre tous les principes de l'empire, et qui même ne pourrait que tourner à leur préjudice? La déclaration que nous avons faite de ne plus entreprendre de conquêtes, ne leur serait-elle pas une compensation plus que suffisante de la perte de quelques droits féodaux? et les princes eux-mêmes, éclairés sur leurs vrais intérêts, ne verront-ils pas avec plaisir une constitution qui ne peut que cimenter l'union entre les deux nations, en leur assurant la paix et les avantages réciproques du commerce et de la bonne intelligence.

Déjà les principales puissances rejettent loin d'elles ces projets insensés de contre-révolution, et préfèrent, à la liaison de quelques révoltés, l'amitié d'une puissance qui a toujours été le soutien de leur liberté, et le garant de leur honneur. Votre comité diplomatique vous propose le projet de décret suivant:

« L'assemblée nationale, après avoir entendu le rapport de son comité diplomatique, considérant que les rassemblemens, les attroupemens, les enrôlemens des fugitifs français que favorisent les princes de l'empire dans les cercles du Haut et Bas-Rhin, de même que les violences exercées en différens temps contre des citoyens français, sont un attentat au droit des gens, et une contravention manifeste aux lois de l'empire qui ne saurait se concilier avec l'amitié et le bon voisinage que la nation française désirerait entretenir avec les puissances germaniques, décrète que le pouvoir exécutif sera chargé de prendre les mesures les plus efficaces et les plus promptes pour forcer les princes de l'empire à dissoudre les rassemblemens suspects formés sur leur territoire, et à défendre les enrôlemens qui s'y font. » (Impression et ajournement.)] (1)

(1) Dans la même séance, M. Bruat communiqua à l'assemblée une lettre des administrateurs du département du Haut-Rhin, dans laquelle, entre autres circonstances relatives à la situation des frontières, on lisait le passage suivant :

« Pour surcroît d'inquiétude, M. Wimpfen, général, nous a dit hier en
» plein directoire qu'on lui avait fait de la part des princes français émi-
» grés la proposition de livrer New-Brisack par trahison, et qu'il avait fait
» part de cette proposition et de sa réponse à M. le général Luckner. »

Après une explosion bien naturelle des sentimens que devait faire naître une telle révélation, l'assemblée décida que le ministre de la guerre serait invité à donner des renseignemens sur cette affaire. Le 25, M. Duportail fit remettre à l'assemblée la lettre que le général Wimpfen avait écrite au général Luckner, et que ce dernier lui avait envoyée. Voici le passage de cette lettre qui justifie l'assertion des administrateurs du Haut-Rhin :

Colmar, ce 13 novembre 1791.

« .... La lettre de l'émigrant porte sur mon premier serment d'être fidèle au roi ; et, croyant sans doute ou se plaisant à supposer que sa majesté n'a pas accepté de bonne foi la constitution, il essaie de me disposer à livrer dans l'occasion New-Brisack aux princes, au nom desquels il me parle ; et pour me déterminer à cette horrible trahison, il me dit qu'en suivant la route de l'honneur par ma fidélité à mon premier serment, je travaillerai efficacement au bien-être de ma famille.

» Cet homme sait que j'ai douze enfans, et nulle autre fortune que les bienfaits de la nation ; mais il ignore qu'ayant inspiré mes sentimens à mes enfans, ils aimeraient mieux se voir dans l'abandon et dans le malheur que de devoir leur bien-être à l'infamie de leur père. J'ai répondu avec franchise que je tenais à mon serment plus qu'à la vie, et que je suis prêt à mourir à chaque instant pour la patrie ; que les princes, au nom desquels il m'écrit, auraient abandonné il y a long-temps leurs espérances si tous ceux dont le devoir est de combattre pour le maintien d'une constitution que le roi vient d'accepter étaient pénétrés des mêmes principes que moi, principes d'honneur et de fidélité qui, ne m'ayant jamais abandonné dans le cours de la carrière la plus traversée par des vicissitudes sans nombre, m'animeront jusqu'à mon dernier soupir ; et, afin d'ôter à cet aventurier tout espoir que l'invasion dont il semble me menacer puisse jamais s'effectuer impunément, et lui montrer que son projet est un projet purement romanesque, je lui fais entendre qu'il y a prêts à marcher et à agir en masse, partout où les circonstances l'exigeraient, plus de dix mille hommes à qui j'ai inspiré les mêmes sentimens que je manifeste, et que je consens qu'il fasse connaître aux princes, s'il est vrai, comme il l'avance, qu'il me parle en leur nom. »

L'assemblée applaudit à l'exemple de fidélité donnée par le général François Wimpfen, et décréta qu'il en serait fait mention honorable au procès-verbal. La lettre fut renvoyée au *comité de surveillance*.

(Note des auteurs.)

SÉANCE DU 29 NOVEMBRE.

[M. Isnard. Je ne viens pas vous apporter un discours digne du grand objet qui vous occupe. (Quelques personnes applaudissent. — On entend plusieurs voix : *Au fait! au fait.*) L'intérêt et la dignité de la nation, voilà le fait, exigent qu'on adopte les mesures proposées par les préopinans. Il faut faire cesser l'état d'indécision où nous sommes, les dépenses énormes qui nous écrasent, le discrédit qui mine la France, et tout ce qui afflige les citoyens ; il faut ramener la tranquillité publique, non cette tranquillité qui, dans le drame de notre révolution, ressemblerait au repos de l'entr'acte, mais celle qui commence là où finissent les événemens. Quand même les émigrés ne songeraient pas à attaquer, il importerait au salut du peuple de les dissiper par les armes, et d'en venir à un dénouement. Le projet de décret conduit à ce dénouement ; il est donc utile, il est donc réclamé par l'intérêt du peuple.

Or, tout cela ne peut s'obtenir qu'en combattant au plus tôt les ennemis qui nous tourmentent. Quand même les émigrés ne songeraient pas à nous attaquer, il suffit qu'ils soient rassemblés d'une manière hostile, et que ce rassemblement nous constitue dans des dépenses énormes, et nous retienne dans l'état que j'ai dépeint, pour qu'il nous importe de les dissiper par les armes et d'en venir, comme je l'ai déjà dit, à un dénouement. Le projet de décret qui vous est proposé tend à hâter ce dénouement ; il est donc utile sous ce rapport.

Ce n'est pas assez que d'en venir aux prises avec l'ennemi, il faut que toutes nos démarches tendent à assurer nos succès, et le projet de décret se rapporte encore à ce but.

En effet, puisqu'il est démontré qu'il nous faut combattre, n'est-il pas de notre intérêt, quels que soient nos ennemis, quelles que soient leurs alliances secrètes, d'entrer dans la lice avec une fierté courageuse ? Tout combattant qui montre de la crainte rehausse le courage de son adversaire et s'avoue presque vaincu ; mais celui qui le provoque avec fermeté, impose à l'ennemi, et la victoire, compagne du courage, se plaît à le favoriser.

Il s'agit dans ce projet de décret de demander au roi de parler d'une manière impérieuse à ces petits princes d'outre-Rhin, qui ont la hardiesse téméraire de favoriser des rebelles. Ou les émigrés ne sont soutenus que par les petits princes, où ils le sont par d'autres puissances. Dans le premier cas, ils sont si faibles, qu'il faut faire cesser bien vite des préparatifs dispendieux; dans le second, notre fermeté obligera enfin nos ennemis à paraître. Il sera plus avantageux de les forcer à se déclarer, que de les laisser paisiblement exécuter le plan qu'ils méditent, et faire jouer leur mine dans le moment fatal marqué par leur politique. Et qu'on ne me dise pas qu'en réclamant avec fermeté des princes étrangers ce qu'exige le droit des gens, nous pouvons, par cette conduite, indisposer tout le corps germanique, et provoquer l'agression des puissances redoutables. Non, ce que nous demandons étant juste, ne changera rien aux résolutions des autres gouvernemens : les résolutions sont indépendantes du décret que vous allez porter ; c'est l'intérêt et la politique qui les a inspirés, parce que ce sont eux qui règlent tout dans les cours.

C'est ainsi que, sous tous les rapports, les mesures proposées me paraissent utiles ; mais si elles sont approuvées par l'intérêt public, elles sont commandées par la majesté nationale. Le Français va devenir le peuple le plus marquant de l'univers : esclave, il fut intrépide et fier; libre, serait-il timide et faible? Traiter tous les peuples en frères; ne faire aucune insulte, mais n'en souffrir aucune; ne tirer le glaive que pour la justice, ne le remettre dans le fourreau qu'après la victoire ; enfin, toujours prêts à combattre pour la liberté, toujours prêts à mourir pour elle, et à disparaître tout entier de dessus le globe plutôt que de se laisser réenchaîner, voilà le caractère du peuple français. (On applaudit à plusieurs reprises.)

Ne croyez pas que notre position du moment s'oppose à ce qu'on frappe de ces grands coups; un peuple en état de révolution est invincible; l'étendard de la liberté est celui de la victoire; le moment où le peuple s'enflamme pour elle est celui des sacrifices de toutes les espèces, de l'abandon de tous les intérêts, et de l'explosion redoutable de l'enthousiasme guerrier. Ne craignez donc rien, sinon que le peuple se plaigne que vos décrets ne correspondent pas à tout son courage.

La voie des armes est la seule qui vous reste contre des rebelles qui ne veulent pas rentrer dans le devoir. En effet, toute idée de capitulation serait un crime de lèse-patrie. Eh! quelle infâme capitulation! Nos adversaires sont les ennemis de la constitution; ils veulent, par le fer et la famine, ramener les parlemens et la noblesse, et augmenter les prérogatives du roi, d'un homme dont la volonté peut paralyser la volonté de toute une nation, d'un homme qui dévore 30 millions, quand des millions de citoyens sont dans la détresse. (Les tribunes applaudissent. — Il s'élève des murmures dans l'assemblée.) Ils veulent ramener les parlemens, qui vendaient la justice; ils veulent ramener la noblesse, qui, dans son orgueil, insolente et barbare, croit que des citoyens ne sont pas des hommes. Ils veulent ramener la noblesse! Ah! du haut de cette tribune, nous électriserions tous les Français; tous, versant d'une main leur or et tenant le fer de l'autre, combattraient cette race orgueilleuse, et la forceraient d'endurer le supplice de l'égalité. (On applaudit.)

Élevons-nous dans cette circonstance à toute la hauteur de notre mission; parlons aux ministres, au roi, à l'Europe, avec la fermeté qui nous convient. Disons à nos ministres que jusqu'ici la nation n'est pas très-satisfaite de la conduite de chacun d'eux. (On applaudit à plusieurs reprises.) Que désormais ils n'ont à choisir qu'entre la reconnaissance publique et la vengeance des lois, et que par le mot *responsabilité* nous entendons *la mort*. (Les applaudissemens recommencent.) Disons au roi que son intérêt est de défendre la constitution; que sa couronne tient à ce palladium sacré; qu'il ne règne que par le peuple et pour le peuple; que la nation est son souverain, et qu'il est sujet de la loi. Disons à l'Europe que le peuple français, s'il tire l'épée, en jettera le fourreau; qu'il n'ira le chercher que couronné des lauriers de la victoire; et que si, malgré sa puissance et son courage, il succombait en défendant la liberté, ses ennemis ne régneraient que sur des cadavres. (On applaudit.) Disons à l'Europe que si les cabinets engagent les rois dans une guerre contre les peuples, nous engagerons les peuples dans une guerre contre les rois. (On applaudit.) Disons-lui que tous les combats que se livreront les peuples par ordre des despotes,... (Les applaudissemens continuent.) N'applaudissez pas, n'applaudissez pas; respectez mon enthousiasme, c'est celui de la liberté.

Disons-lui que tous les combats que se livrent les peuples par ordre des despotes, ressemblent aux coups que deux amis, excités par un instigateur perfide, se portent dans l'obscurité; si la clarté du jour vient à paraître, ils jettent leurs armes, s'embrassent et châtient celui qui les trompait. De même, si au moment que les armées ennemies lutteront avec les nôtres, le jour de la philosophie frappe leurs yeux, les peuples s'embrasseront à la face des tyrans détrônés, de la terre consolée et du ciel satisfait.

Disons-lui enfin que dix millions de Français, embrasés du feu de la liberté, armés du glaive, de la plume, de la raison, de l'éloquence, pourraient seuls, si on les irrite, changer la face du monde et faire trembler tous les tyrans sur leurs trônes d'argile.

Je demande que le décret proposé soit adopté à l'unanimité, pour montrer que cette auguste enceinte ne renferme que de bons Français, amis de la liberté et ennemis des despotes. (Les applaudissemens des tribunes et de l'assemblée recommencent, et se prolongent pendant quelques minutes.)

L'assemblée ordonne l'impression de ce discours, et l'envoi aux départemens.]

A la séance du 27, Duverault avait proposé un projet de décret qui fut de nouveau présenté par Koock après le discours qu'on vient de lire. Le comité diplomatique y avait fait quelques amendemens; il fut adopté dans les termes suivans :

« L'assemblée nationale, ayant entendu le rapport de son comité diplomatique, décrète qu'une députation de vingt-quatre de ses membres se rendra près du roi pour lui communiquer, au nom de l'assemblée, sa sollicitude sur les dangers dont menacent la patrie les combinaisons perfides des Français armés et attroupés au-dehors du royaume, et de ceux qui trament des complots au dedans, ou excitent les citoyens à la révolte contre la loi ; et pour déclarer au roi que l'assemblée nationale regarde comme essentiellement convenable aux intérêts et à la dignité de la nation toutes les mesures que le roi pourra prendre afin de requérir les électeurs de Trèves, Mayence et autres princes de l'empire qui accueillent des Français fugitifs, de mettre fin aux attroupemens et aux enrôlemens qu'ils tolèrent sur la frontière ; et d'accorder réparation à tous les citoyens français, et notamment à ceux de Strasbourg, des outrages qui leur ont été faits dans leurs territoires respectifs ; que ce sera avec la même confiance dans la sagesse de ces mesures que les représentans de la nation verront rassembler les forces nécessaires pour contraindre, par la voie des armes, ces princes à respecter le droit des gens, au cas qu'ils persistent à protéger ces attroupemens, et à assurer la justice qu'on réclame.

» Et enfin que l'assemblée nationale a cru devoir faire cette déclaration solennelle pour que le roi fût à même de prouver, tant à la cour impériale qu'à la diète de Ratisbonne, et à toutes les cours de l'Europe, que ses intentions et celles de la nation française ne font qu'une.

» Décrète en outre que la même députation exprimera au roi que l'assemblée nationale regarde comme une des mesures les plus propres à concilier ce qu'exige la dignité de la nation et ce que commande sa justice, la prompte terminaison des négociations d'indemnités entamées avec les princes allemands possessionnés en France, en vertu des décrets de l'assemblée nationale constituante ; et que les représentans de la nation, convaincus que les retards apportés aux négociations qui doivent assurer le repos de l'empire, pouvaient être attribués en grande partie aux intentions douteuses d'agens peu disposés à seconder les intentions loyales du roi, lui dénoncent le besoin urgent de faire dans le corps diplomatique les changemens propres à assurer l'exécution fidèle et prompte de ses ordres.

[*Séance du 29 au soir.*—*M. Vaublanc.* Messieurs, je me suis rendu chez le roi à la tête de la députation que vous m'avez déféré l'honneur de présider. Introduit sur-le-champ chez le roi, je lui ai lu le discours que vous avez approuvé ce matin, tel que le voici :

« Sire,

» A peine l'assemblée nationale a-t-elle porté ses regards sur la situation du royaume, qu'elle s'est aperçue que les troubles qui l'agitent encore, ont leur source dans les préparatifs criminels des français émigrés.

» Leur audace est soutenue par des princes allemands qui méconnaissent les traités signés entre eux et la France, et qui affectent d'oublier qu'ils doivent à cet empire le traité de Westphalie qui garantit leurs droits et leur sûreté.

» Ces préparatifs hostiles, ces menaces d'invasion commandent des armemens qui absorbent des sommes immenses que la nation aurait versées avec joie dans les mains de ses créanciers.

» C'est à vous, sire, de les faire cesser ; c'est à vous de tenir aux puissances étrangères le langage qui convient au roi des Français. Dites-leur que partout où l'on souffre des préparatifs contre la France, la France ne peut voir que des ennemis ; que nous garderons religieusement le serment de ne faire aucune conquête ; que nous leur offrons le bon voisinage, l'amitié inviolable d'un peuple libre et puissant ; que nous respecterons leurs lois, leurs usages, leurs constitutions ; mais que nous voulons que la nôtre soit respectée. Dites-leur enfin que si des princes d'Allemagne continuent de favoriser des préparatifs dirigés contre les Français, nous porterons chez eux, non pas le fer et la flamme, mais la liberté. C'est à eux à calculer quelles peuvent être les suites du réveil des nations.

» Depuis deux ans que les Français patriotes sont persécutés près des frontières, et que les rebelles y trouvent des secours, quel ambassadeur a parlé, comme il le devait, en votre nom ?... aucun.

» Si les Français, chassés de leur patrie par la révocation de l'édit de Nantes, s'étaient rassemblés en armes sur les frontières, s'ils avaient été protégés par des princes d'Allemagne : Sire, nous vous le demandons, quelle eût été la conduite de Louis XIV? Eût-il souffert ces rassemblemens? eût-il souffert les secours donnés par des princes qui, sous le nom d'alliés, se conduisent en ennemis? Ce qu'il eût fait pour son autorité, que votre majesté le fasse pour le salut de l'empire, pour le maintien de la constitution.

» Sire, votre intérêt, votre dignité, la grandeur de la nation outragée, tout vous prescrit un langage différent de celui de la diplomatie. La nation attend de vous des déclarations énergiques auprès des cercles du Haut et du Bas-Rhin, des électeurs de Trèves, Mayence et de l'évêque de Spire.

» Qu'elles soient telles que les hordes des émigrés soient à l'instant dissipées. Prescrivez un terme prochain, au delà duquel nulle réponse dilatoire ne sera reçue; que votre déclaration soit appuyée par les mouvemens des forces qui vous sont confiées; et que la nation sache quels sont ses amis et ses ennemis. Nous reconnaîtrons à cette éclatante démarche le défenseur de la constitution.

» Vous assurerez ainsi la tranquillité de l'empire, inséparable de la vôtre; et vous hâterez ces jours de la prospérité nationale, où la paix fera renaître l'ordre et le règne des lois, où votre bonheur se confondra dans celui de tous les Français. »

Le roi nous a répondu :

» Je prendrai en très-grande considération le message de l'assemblée nationale. Vous savez que je n'ai rien négligé pour assurer la tranquillité publique au-dedans, pour maintenir la constitution, et pour la faire respecter au-dehors. »

J'observerai, a ajouté M. Vaublanc, qu'il m'a paru, quand nous sommes entrés, que le roi s'est incliné le premier; je me suis incliné ensuite vers lui : le reste s'est passé ainsi qu'il est d'usage. (On a vivement applaudi.)]

SÉANCE DU 14 DÉCEMBRE, 5 HEURES DU SOIR.

[On annonce l'arrivée du roi.

Un grand silence règne dans la salle. — Tous les membres se lèvent et restent découverts.

Le roi entre accompagné de ses ministres. — Il se place à la gauche du président, et prononce le discours suivant :

« Messieurs, j'ai pris en grande considération votre message du 29 du mois dernier. Dans cette circonstance où il s'agit de l'honneur du peuple français et de la sûreté de l'empire, j'ai cru devoir vous porter moi-même ma réponse; la nation ne peut qu'applaudir à ces communications entre ses représentans élus et son représentant héréditaire.

» Vous m'avez invité à prendre des mesures décisives pour faire cesser enfin ces rassemblemens extérieurs qui entretiennent au sein de la France une inquiétude, une fermentation funestes, nécessitent une augmentation de dépenses qui nous épuise, et compromettent plus dangereusement la liberté qu'une guerre ouverte et déclarée.

» Vous désirez que je fasse connaître aux princes voisins qui protégent ces rassemblemens contraires aux règles du bon voisinage et aux principes du droit des gens, que la nation française ne peut tolérer plus long-temps ce manque d'égards et ces sourdes hostilités.

» Enfin, vous m'avez fait entendre qu'un mouvement général entraînait la nation, et que le cri de tous les Français était : Plutôt la guerre qu'une patience ruineuse et avilissante.

» Messieurs, j'ai pensé long-temps que les circonstances exigeaient une grande circonspection dans les mesures; qu'à peine sortis des agitations et des orages d'une révolution, et au milieu des premiers essais d'une constitution naissante, il ne fallait négliger aucuns des moyens qui pouvaient préserver la France des maux incalculables de la guerre. Ces moyens, je les ai tous employés. D'un côté, j'ai tout fait pour rappeler les Français émigrans dans le sein de leur patrie, et les porter à se soumettre aux nouvelles lois que la grande majorité de la nation avait adoptées :

de l'autre, j'ai employé les insinuations amicales, j'ai fait faire des réquisitions formelles et précises pour détourner les princes voisins de leur prêter un appui propre à flatter leurs espérances, et à les enhardir dans leurs téméraires projets.

» L'empereur a rempli ce qu'on devait attendre d'un allié fidèle, en défendant et dispersant tout rassemblement dans ses états. Mes démarches n'ont pas eu le même succès auprès de quelques autres princes : des réponses peu mesurées ont été faites à mes réquisitions. Ces injustes refus provoquent des déterminations d'un autre genre. La nation a manifesté son vœu ; vous l'avez recueilli ; vous en avez pesé les conséquences ; vous me l'avez exprimé par votre message : Messieurs, vous ne m'avez pas prévenu : représentant du peuple, j'ai senti son injure, et je vais vous faire connaître la résolution que j'ai prise pour en poursuivre la réparation.

» Je fais déclarer à l'électeur de Trèves, que si avant le 15 de janvier, il ne fait pas cesser dans ses États tout attroupement et toutes dispositions hostiles de la part des Français qui s'y sont réfugiés, je ne verrai plus en lui qu'un ennemi de la France. (Il s'élève des applaudissemens réitérés, accompagnés des cris de *Vive le roi.*) Je ferai faire une semblable déclaration à tous ceux qui favoriseraient de même des rassemblemens contraires à la tranquillité du royaume ; et en garantissant aux étrangers toute la protection qu'ils doivent attendre de nos lois, j'aurai bien le droit de demander que les outrages que des Français peuvent avoir reçus, soient promptement et complétement réparés. (On applaudit.)

» J'écris à l'empereur pour l'engager à continuer ses bons offices, et, s'il le faut, à déployer son autorité, comme chef de l'empire, pour éloigner les malheurs que ne manquerait pas d'entraîner une plus longue obstination de quelques membres du corps germanique. Sans doute, on peut beaucoup attendre de son intervention, appuyée du poids imposant de son exemple ; mais je prends en même temps les mesures militaires les plus propres à faire respecter ces déclarations. (On applaudit.)

» Et si elles ne sont point écoutées, alors, Messieurs, il ne me restera plus qu'à proposer la guerre ; la guerre, qu'un peuple qui a solennellement renoncé aux conquêtes, ne fait jamais sans nécessité ; mais qu'une nation généreuse et libre sait entreprendre, lorsque sa propre sûreté, lorsque l'honneur, le commandent. (Nouveaux applaudissemens.)

» Mais en nous abandonnant courageusement à cette résolution, hâtons-nous d'employer les moyens qui seuls peuvent en assurer le succès. Portez votre attention, Messieurs, sur l'état des finances ; affermissez le crédit national ; veillez sur la fortune publique ; que vos délibérations, toujours soumises aux principes constitutionnels, prennent une marche grave, fière, imposante, la seule qui convienne aux législateurs d'un grand empire (une partie de l'assemblée et les tribunes applaudissent) : que les pouvoirs constitués se respectent pour se rendre respectables ; qu'ils se prêtent un secours mutuel, au lieu de se donner des entraves, et qu'enfin on reconnaisse qu'ils sont distincts et non ennemis. Il est temps de montrer aux nations étrangères que le peuple français, ses représentans et son roi, ne font qu'un. (Applaudissemens unanimes.) C'est à cette union, c'est encore, ne l'oublions jamais, au respect que nous porterons aux gouvernemens des autres États, que sont attachées la sûreté, la considération et la gloire de l'empire.

» Pour moi, Messieurs, c'est vainement qu'on chercherait à environner de dégoûts l'exercice de l'autorité qui m'est confiée. Je le déclare devant la France entière, rien ne pourra lasser ma persévérance, ni ralentir mes efforts. Il ne tiendra pas à moi que la loi ne devienne l'appui des citoyens et l'effroi des perturbateurs. (Vives acclamations.) Je conserverai fidèlement le dépôt de la constitution, et aucune considération ne pourra me déterminer à souffrir qu'il y soit porté atteinte ; et si des hommes qui ne veulent que le désordre et le trouble, prennent occasion de cette fermeté pour calomnier mes intentions, je ne m'abaisserai pas à repousser par des paroles les injurieuses défiances qu'ils se plairaient à répandre. Ceux qui observent la marche du gouvernement avec un œil attentif, mais sans malveillance, doivent reconnaître que jamais je ne m'écarte de la ligne constitutionnelle, et que je sens profondément qu'il est beau d'être roi d'un peuple libre. » (Les applaudissemens se prolongent pendant plusieurs minutes. — Plusieurs voix font entendre dans l'assemblée et dans les tribunes le cri de : *Vive le roi des Français!*)

M. le président au roi. Sire, l'assemblée nationale délibérera sur les propositions que vous venez de lui faire ; elle vous instruira par un message de ses résolutions.

Le roi se retire au milieu des applaudissemens de l'assemblée.

N.... Je demande l'impression du discours du roi, et l'envoi aux 83 départemens.

Cette proposition est adoptée à l'unanimité.

N.... Je demande qu'on n'ajoute pas au discours du roi la réponse du président, elle déshonorerait l'assemblée.

M. Bazire. Je demande que la réponse du président soit imprimée, pour apprendre à la France que dans une circohstance la plus propre à exciter son enthousiasme, l'assemblée nationale a su s'en défendre.

L'assemblée passe à l'ordre du jour.

M. le ministre de la guerre. Le roi veut la paix ; tel a été le but de ses négociations, il ne négligera aucun moyen de la donner au royaume. Le roi a juré de maintenir la constitution, et il ne peut refuser aucun moyen de la maintenir. Sa majesté m'a chargé de donner les ordres nécessaires pour que cent cinquante mille hommes soient réunis aux frontières dans un mois. Je me suis assuré qu'une réunion de forces aussi imposante n'est pas impossible pour cette époque ; je crois donc qu'il m'est permis d'avoir une confiance bien fondée dans l'issue de cette entreprise. Il faut donc détruire cet esprit de découragement qui voudrait regarder la France comme abattue, lorsqu'elle a à défendre sa liberté contre la coalition de quelques despotes ; tandis qu'elle a été victorieuse, lorsqu'elle combattait pour un seul homme contre une coalition bien plus redoutable.

Je sais qu'on voudra encore exciter des méfiances, que parmi les hommes qui ont proposé les mesures que le roi vient de prendre, il en est qui se disposent à les combattre ; mais vous résisterez à ce système dangereux, et la liberté ne sera pas un vain mot chez une nation courageuse qui doit la défendre. Je partirai dans peu de jours, d'après les ordres du roi, pour vérifier l'état de l'armée, et visiter les frontières, non que je croie à toutes les défiances du soldat contre les officiers ; mais j'espère les dissiper, en parlant aux uns et aux autres au nom de la patrie et du roi. Je dirai aux officiers que d'anciens préjugés, qu'un amour trop peu raisonné de leur roi a pu quelque temps excuser leur conduite, mais que le mot trahison n'est d'aucune langue. Je dirai aux soldats : les officiers qui restent à la tête de l'armée sont liés à la révolution et par leur serment et par l'honneur ; le salut de l'État va dépendre de la discipline de son armée ; enfin, les gardes nationales, à qui la France doit sa liberté, sauront sans doute la défendre, et l'on n'aura à leur apprendre que ce que l'expérience peut ajouter au courage. Je remettrai mon portefeuille au ministre des affaires étrangères, et telle est ma confiance, telle doit être celle de la nation dans son patriotisme, que je me rends responsable de tous les ordres qu'il donnera dans mon département.

Trois armées ont paru nécessaires, et MM. Rochambeau, Luckner et la Fayette sont désignés par la patrie pour les commander, et le roi et la patrie ne font plus qu'un. (On applaudit.) Le roi leur en a déféré le commandement. Sa majesté eût désiré que l'organisation militaire lui eût permis de donner le grade de maréchal de France à MM. Rochambeau et Luckner. L'assemblée croira sans doute qu'aujourd'hui le salut de la patrie est la loi suprême, et peut-être se déterminera-t-elle à déclarer au roi qu'elle le verra avec plaisir déférer ce grade à ces généraux (1).

Une augmentation de dépenses sera indispensable ; la France ne marchandera pas pour sa liberté. D'ailleurs cette augmenta-

---

(1) Sur un rapport du comité militaire, et par un décret des 27 et 28 décembre, l'assemblée autorisa la nomination de ces deux officiers au grade de maréchal : elle dérogeait pour cette fois seulement (vu l'urgence) au décret du 4 mars 1791, qui fixa à six le nombre des maréchaux.

(*Note des auteurs.*)

tion de dépenses doit moins effrayer les créanciers que les longs malheurs d'une continuation d'inquiétudes qui perpétueraient l'anarchie; cette crainte doit disparaître par la certitude que le cri de la guerre, s'il se fait entendre, sera le signal de l'ordre (1).

Dans l'entreprise immense, et peut-être hardie, dont j'ose me charger, s'il m'échappait quelques détails, j'espère au moins qu'on ne pourra me reprocher d'avoir négligé aucunes grandes mesures, et le roi, par le sacrifice qu'il vient de faire de ses affections personnelles, va sans doute redoubler envers sa personne l'attachement de tous ceux qui, comme moi, ont uni indissolublement leurs destinées à la liberté de la France. (On applaudit.)

M. Brissot. Je suis loin de m'opposer à l'impression du compte que vient de rendre le ministre de la guerre; mais j'observe que parmi les nombreuses vérités qu'il contient, on y a joint d'injustes préventions. (Il s'élève des murmures.) Je demande que la discussion soit ajournée à samedi prochain, et l'on verra si les patriotes méritent les reproches qu'on leur fait.

L'assemblée ordonne l'impression et l'insertion au procès-verbal du discours du ministre.]

SÉANCE DU 15 DÉCEMBRE

Le lendemain M. Lémontey, cédant le fauteuil à M. Ducastel, donna lecture à l'assemblée d'un projet de réponse au roi qui provoqua une discussion dont nous conserverons les principaux traits.

[*M. Lémontey.* Voici le projet de réponse au roi que l'assemblée m'a chargé de rédiger :

« Sire, l'assemblée nationale vient se soulager du silence auquel l'avait condamnée le désir de rendre l'expression de ses sentimens plus imposante et plus profonde. Au langage, etc. »

M. Couthon. Vient se soulager !... Ah ! ah, ah !

---

(1) Le supplément dont parle ici le ministre, fut porté par lui à vingt millions, à la séance du 18 ; le 29, l'assemblée vota ces fonds extraordinaires.   (*Note des auteurs.*)

M. Lémontey. J'ai employé le mot *soulager* parce qu'hier le silence m'avait paru pénible.

M. Grangeneuve. C'est faux.

Plusieurs voix. Il faut supprimer cette phrase. (*Oui, oui, — Non, non.*)

M. Couthon. Le discours de M. Lémontey est très-éloquent ; mais cette éloquence est une éloquence de mots, et non pas l'éloquence de la dignité nationale. Dans la première phrase M. Lémontey, président de l'assemblée nationale, semble exprimer au roi sa douleur de l'avoir reçu hier avec dignité et avec majesté! (*Murmures.*) M. Lémontey s'est conduit hier comme un président pénétré de la grandeur de ses fonctions et de la dignité du peuple dont il était l'organe ; aujourd'hui vous allez en quelque sorte vous repentir humblement d'avoir manifesté cette grandeur et cette dignité. (*Applaudissemens et murmures.*) Je demande que cette première phrase, qui n'est qu'une flagornerie indigne de l'assemblée, soit effacée. (*Appuyé.*)

M. Lémontey. On paraît désirer la suppression de la première phrase... (*Oui, oui. — Non, non.*) Elle n'est point nécessaire à l'adresse; elle exprime le sentiment que j'ai éprouvé, et non celui de l'assemblée.

M. Lacroix. Cette réponse n'est pas faite au nom de M. Lémontey : elle est faite au nom de l'assemblée. Le roi des Français est l'ennemi du despotisme; il doit être l'ami des vérités et l'ennemi des flagorneries. Il ne faut pas faire une réponse au roi pour lui dire des choses obligeantes seulement; il faut encore lui dire de grandes vérités, qu'il est nécessaire qu'il apprenne. (*La suppression de la phrase est adoptée.*)

M. Couthon. M. Lémontey dans son discours promet au roi, au nom de l'assemblée nationale *plus de gloire qu'aucun de ses aïeux n'en a obtenu.* Nous n'avons rien à promettre ; le roi doit tout acquérir par sa conduite. Sans doute il le fera, puisqu'il l'a promis, puisqu'il a juré de maintenir la constitution, puisqu'il a juré de la faire respecter au dehors comme au dedans. Ainsi je demande que cette seconde phrase soit également effacée. (Murmures et applaudissemens.) En un mot, comme ces changemens peuvent déranger l'ordre des idées de M. Lémontey, je demande le renvoi......

Plusieurs voix : A M. Couthon! — Aux Jacobins! — Non, aux Feuillans!

M. Couthon. Je la ferais peut-être moins bien, mais avec plus de dignité.

M. Grangeneuve. J'ai remarqué que M. Lémontey fait dire au peuple français qu'il combattra *ses ennemis et ceux du roi....* Il n'est pas possible que le peuple français s'arme pour combattre les ennemis particuliers du roi.... (Murmures.)

M. Lémontey. J'adopte l'opinion de M. Grangeneuve, qu'un excès de scrupule porte à trouver ici une équivoque; elle sera levée en mettant : *Ses ennemis qui sont aussi les vôtres*. (Adopté.)

M. Grangeneuve. Je relève encore cette expression : *Sire, voilà votre famille....* Il est très-dangereux de rappeler les anciennes idées qui faisaient considérer les peuples comme la famille des rois, et les rois comme les pères des peuples.... (Murmures.) Le roi est un représentant de la nation française; il est contradictoire de dire que la nation française est sa famille. Il appartient à la nation, et la nation ne lui appartient pas. (Applaudissemens.)

M. Lémontey. On mettra : *La famille à laquelle vous êtes attaché*. (Adopté.)

Le projet de message de M. Lémontey, ainsi réduit et modifié, fut adopté et remis le lendemain au roi par une députation. Voici ce message :

« Sire, au langage que votre majesté lui a fait entendre, l'assemblée nationale a reconnu avec transport le roi des Français, elle a senti plus que jamais le prix de l'harmonie des pouvoirs, de ces communications franches et mutuelles qui sont le vœu, qui feront le salut de l'empire.

» L'assemblée nationale attachera toutes les forces de son attention sur les mesures décisives que vous lui avez annoncées; et si tel est l'ordre des événemens qu'elles doivent enfin s'effectuer, l'assemblée nationale, sire, promet à votre majesté plus de gloire qu'aucun de ses aïeux n'en a obtenu; elle promet à l'Europe étonnée le spectacle nouveau de ce que peut un grand peuple outragé, dont tous les bras seront mus par tous les cœurs, et qui, voulant fortement la justice et la paix, combattra pour lui-même ses ennemis, qui sont aussi les vôtres.

» De puissans intérêts, de douces jouissances, vous sont préparés; du Rhin aux Pyrénées, des Alpes à l'Océan, tout sera couvert des regards d'un bon roi, et protégé par un rempart d'hommes libres et fidèles. Voilà, sire, la famille à laquelle vous êtes attaché; voilà vos amis ! Ceux-là ne vous ont pas abandonné !....

» Tous les représentans du peuple, tous les vrais Français ont dévoué leur tête pour soutenir la dignité nationale, pour défendre la constitution jurée, et le roi chéri dont elle a affermi le trône. »

Réponse du roi.

« Messieurs, je connais le langage et le cœur des Français dans les remerciemens que vous m'adressez. Oui, messieurs, ils sont ma famille, et elle se réunira, j'espère, tout entière sous la protection et l'empire des lois. »]

La discussion sur la guerre ne divisa pas brusquement les Jacobins. Le 28 novembre, le jour même où Robespierre, de retour d'Arras, paraissait pour la première fois au club depuis la clôture de la constituante, on s'occupa du décret par lequel il convenait à l'assemblée de terminer ses délibérations diplomatiques. Robespierre repoussa toute idée de message au roi, toute députation au pouvoir exécutif. Il fallait, selon lui, que l'assemblée nationale agît directement, et sommât Léopold de disperser les émigrés dans un délai fixé par elle, sans quoi « nous vous déclarons la guerre au nom de la nation française, et au nom de toutes les nations ennemies des tyrans. Ou mieux, il faut imiter ce Romain qui, chargé au nom du sénat de demander la décision d'un ennemi de la république, ne lui laissa aucun délai. Il faut tracer autour de Léopold le cercle que Popilius traça autour de Mithridate; voilà le décret qui convient à la nation française et à ses représentans. »

La conduite de l'assemblée, qui, par son message du 29 novembre, laissait au roi l'initiative de la guerre, sema les premières défiances. Bientôt une lettre de Léopold à Louis XVI, datée de Vienne, le 3 décembre, et communiquée officiellement par Delessart, le 24 seulement, donna à la division un caractère plus grave. On connaissait cette lettre à Paris avant la réponse du roi au message du 29; car, à la séance des Jacobins du 11 décembre, Carra et Réal s'en autorisèrent pour faire la première proposition de la guerre d'attaque. L'un et l'autre pensaient que le plus sûr moyen de résister aux efforts des ennemis, était d'aller les attaquer dans leurs propres foyers. Robespierre s'éleva avec force contre cette opinion. Nous trouverons ailleurs ses argumens.

Mais les motifs qui décidèrent Robespierre et plusieurs autres Jacobins, tels que Billaud-Varennes, Collot-d'Herbois, Couthon, Doppet, Desmoulins, Danton et beaucoup d'autres, à se méfier des partisans de la guerre d'attaque, étaient des soupçons que nous verrons s'éclaircir et se justifier de plus en plus en 1792, et dont nous pouvons donner dès aujourd'hui une preuve irrécusable. Nous la puisons dans les Mémoires du prince Hardemberg. Il résulte du passage que nous allons transcrire, 1° que l'office de l'empereur fut annoncé aux ministériels avant d'être expédié; 2° que les propositions et les projets de guerre partirent des salons de l'ambassade de Suède; 3° que Louis de Narbonne, le nouveau ministre, avait été nommé à l'instigation de cette coterie, dirigée par madame de Staël, l'ambassadrice de Gustave III. Voici ce passage.

L'auteur commence par analyser l'office de l'empereur, daté de Vienne, le 3 décembre. Nous nous contenterons nous-mêmes de l'extrait qu'il en donne, parce qu'il renferme la partie essentielle des pièces.

Il cite cette phrase de la lettre où Léopold annonçait « la résolution formelle de porter aux princes possessionnés en Alsace et en Lorraine, tous les secours qu'exigeaient la dignité de la couronne impériale et le maintien des constitutions publiques de l'empire, s'ils n'obtenaient pas réintégration plénière et conforme aux dispositions des traités. »

Il cite des décrets de commission et de ratification du dernier *conclusum* de la diète sur cet objet, les clauses suivantes :

1° Que l'empereur et l'empire n'auront aucun égard aux soumissions qu'auraient pu faire quelques Etats aux indemnités proposées par la France, attendu que l'exécution illimitée des décrets de l'assemblée nationale, rendus depuis le 4 août 1789, est une usurpation arbitraire, une infraction, une violation de la souveraineté territoriale de l'empire et de l'empereur; 2° que sa majesté impériale a vu avec peine que la lettre du roi très-chrétien n'avait, ni quant à la forme, ni quant à son contenu, répondu à l'attente générale sur son caractère reconnu de justice et de loyauté, et qu'y ayant remarqué la prétention erronée de croire les terres des princes lésés tellement soumises à la souveraineté du roi, que sauf une indemnité il puisse en disposer librement; sa majesté impériale proteste solennellement en son nom et au nom de l'empire contre toutes mesures prises depuis le mois d'août 1789, qui seraient contraires aux traités; qu'elle se serait déjà empressée de donner aux princes lésés tous les secours qui dépendent d'elle, conformément à la dignité impériale et aux lois de l'empire, si elle n'avait pas espéré terminer amiablement cette affaire. A cette pièce est encore joint un monitoire adressé au directoire des cercles, pour les inviter à empêcher la circulation des écrits séditieux, à prévenir toute perturbation de l'ordre public, en forçant chacun de se soumettre à l'autorité des magistrats, et même de se prêter de mutuels secours en cas d'émeute, le tout conformément aux ordonnances de police de l'empire, et aux recès de Spire et d'Augsbourg. »

L'auteur poursuit ainsi: «Cet office, si important avant même d'être expédié pour sa destination, fut signalé et annoncé par l'ambassadeur de France, soit au ministre des affaires étrangères, soit à ses correspondans intimes de Paris, où il donna lieu, par la connaissance anticipée de son contenu, à des comités particuliers. Les informations secrètes du temps ne seront pas ici démenties par l'histoire. Dans ces comités préparatoires figuraient, d'une part, le ministre des affaires étrangères, et le nouveau ministre de la guerre Narbonne; et de l'autre, un certain nombre de personnages en très-haut crédit dans l'assemblée, dans les clubs, et dans les conseils privés de Louis XVI. Déjà la pensée d'en venir au terrible moyen de la guerre dominait tous les hommes avides de popularité, de pouvoir et de renommée, et déjà cette pensée avait acquis une sorte de consistance politique dans les salons d'une femme célèbre, où se réunissaient les zélateurs les plus marquans de l'indépendance nationale et de la liberté. Ici encore le voile le plus épais serait inutile : on voit qu'il s'agit de madame de Staël, ambassadrice de Suède, femme étonnante, et que l'amour de la célébrité contemporaine mêla dans presque toutes les grandes intrigues de l'époque. C'était elle qui, en dépit du roi de France, et par ses puissans manèges, venait de porter au ministère M. de Narbonne, qu'elle aimait à cause des grâces de son esprit, de son assurance, et de cet élan d'honneur militaire et de bravoure française qui l'animait. On prétendait que le mobile le plus actif de ce ministre remuant, était l'espoir de se faire une haute réputation, et de répondre à tous les sentimens exaltés d'une femme extraordinaire. S'il désirait avec ardeur d'allumer la guerre au dehors, c'était pour signaler son ministère constitutionnel. Son élocution facile lui donnant une certaine vogue dans l'assemblée, diriger la révolution ne lui paraissait pas au-dessus de ses forces, unies à celles de la femme célèbre qui le subjuguait. Ce qui d'abord exerça leurs actives combinaisons, ce fut d'entraîner le roi et son conseil dans les voies de la guerre. Non-seulement le roi en repoussait l'effrayante initiative; mais les ministres Delessart et Cahier de Gerville eux-mêmes y répugnaient : ils travaillaient plutôt à éluder les hostilités qu'à les provoquer. Mais déjà par l'impression des conciliabules provocateurs, un message venait d'être fait au roi, le 29 novembre, de la part de l'assemblée.—Ainsi, les premiers cris de guerre véhémens contre les rois seraient partis de l'hôtel de l'ambassadeur d'un roi qu'on savait le plus disposé à tourner contre la révolution française toute la puissance de ses armes ! » (*Mémoires d'un homme d'État*, t. 1, p. 168-173.)

Le lecteur comprendra maintenant pourquoi les patriotes, soupçonnant une partie de ces détails, comme la suite le démontrera, voyant d'ailleurs Louis XVI proposer la guerre, Narbonne la préparer, la Fayette la diriger, conçurent de vives inquiétudes.

Voici les discours importans prononcés pour ou contre la guerre d'attaque, au club des Jacobins. Nous les empruntons textuellement au journal des débats des Amis de la constitution.

Séance des Jacobins du 12 décembre. — Carra était revenu de sa première détermination ; il monta ce jour-là à la tribune «pour appuyer, par de nouveaux motifs, les opinions de MM. Robespierre et Dubois de Crancé, qui pensent qu'il n'y a pas lieu à attaquer les émigrés. »

« *N....* soutient l'avis contraire, et propose d'investir l'assemblée législative du pouvoir dictatorial ; il s'appuie, pour prouver la possibilité de ce changement, sur les autorités de Jean-Jacques et de Montesquieu.

» Cet opinant, accueilli avec beaucoup de murmures et d'applaudissemens, réunit toute l'attention à l'annonce d'un projet de décret relatif à cette mesure. Mais M. Isnard, président, l'interrompt, en lui faisant observer que cette matière est trop délicate pour être agitée dans le moment, et qu'on n'y doit toucher qu'avec la précaution avec laquelle on s'approche du feu. » (On applaudit.)

M. Robespierre. « Il semble que ceux qui désirent de provoquer la guerre n'ont adopté cette opinion que parce qu'ils n'ont pas fait assez d'attention sur la nature de la guerre que nous entreprendrions, et sur les circonstances où nous sommes. On se livre à un mouvement d'attaquer les ennemis de la constitution, parce qu'on croit avoir en main les moyens de diriger les forces, parce qu'on pense que le courage de la nation sera dirigé par des mains pures, et la force conduite d'une manière franche et loyale : si cela était ainsi, il faudrait déclarer la guerre à ceux qui voudraient soutenir nos émigrés, et leurs protecteurs n'existeraient plus. Mais attendu la difficulté de vous fier aux agens du pouvoir exécutif, il vaut mieux attendre qu'ils l'aient provoquée. Je ne me fixe point ici à la dictature; je porte seulement mon attention sur le gouvernement tel qu'il est, et je laisse aux circonstances à amener les moyens extraordinaires que le salut du peuple peut exiger. Jusque-là, je m'impose silence, et je ne préviens point les événemens. Je dis donc que pour savoir quel est le parti le plus utile, il faut examiner de quelle espèce de guerre nous pouvons être menacés : est-ce la guerre d'une nation contre d'autres nations? Est-ce la guerre d'un roi contre d'autres rois? Non, c'est la guerre de tous les ennemis de la constitution française contre la révolution française. Ces ennemis, qui sont-ils? Il y en a de deux espèces; les ennemis du dedans et les ennemis du dehors. Peut-on raisonnablement trouver au nombre des ennemis du dedans, la cour et les agens du pouvoir exécutif? Je ne puis point résoudre cette question; mais j'observerai que les ennemis du dehors, les rebelles français, et ceux qui pourraient être comptés parmi ceux qui veulent les soutenir, prétendent qu'ils ne sont les défenseurs que de la cour de France et de la noblesse française.

» Je voudrais examiner un peu ce qui s'est passé jusqu'ici, depuis le ministre qui a voulu anéantir l'assemblée nationale, jusqu'au dernier de ses successeurs. Voyez ce tissu de prévarications et de perfidie; voyez la violence, la ruse et la sédition employées tour à tour. Des actes de trahison formelle suivis de proclamations mensongères destinées à la déguiser mieux. Voyez la conduite de la cour et du ministère.... et quand bien même vous pardonneriez à ceux qui ont goûté du despotisme, de ne pouvoir s'accommoder de l'égalité, parce qu'ils se croient au-dessus de la nature humaine; quand même vous croiriez à la conversion des ministres; examinez ce qui s'est passé jusqu'ici, et décidez cette question : Peut-on craindre de trouver les ennemis du dedans contre la révolution française, et de trouver parmi ces ennemis la cour et les agens du pouvoir exécutif? Si vous me répondez affirmativement, je vous dirai : A qui confierez-vous la conduite de cette guerre? aux agens du pouvoir exécutif? Vous abandonnerez donc la sûreté de l'empire à ceux qui veulent vous perdre. De là résulte que ce que nous avons le plus à craindre, c'est la guerre. La guerre est le plus grand fléau qui puisse menacer la liberté dans les circonstances où nous nous trouvons. Je sais qu'il y a des inconvéniens dans les deux systèmes, soit que nous attaquions ou non, dans le cas où nous aurions la guerre; mais si nous considérons quels sont les véritables motifs de la guerre, si nous nous approchons des véritables intentions de nos ennemis, nous verrons que le seul parti à prendre est d'attendre. Dans le cas où elle aurait lieu d'abord, je ne me persuade pas que nous puissions présumer dans aucune hypothèse que les puissances de l'Europe s'uniront pour nous faire une guerre sanglante. Ce n'est point une guerre allumée par l'inimitié des peuples, c'est une guerre concertée avec les ennemis de notre révolution, et c'est sous ce point de vue qu'il faut examiner quels sont leurs desseins probables. Quel usage veut-on faire de ces puissances, de ces forces étrangères dont on nous menace? On veut nous amener à une transaction qui procure à la cour une plus grande extension de pouvoir : on veut surtout rétablir la noblesse, et dès qu'on aura obtenu ces points, quand ils seront arrivés à leur but, la guerre arrivera. Pour obtenir cette capitulation, il ne sera peut-être pas même nécessaire de faire la guerre. On croit qu'en nous intimidant, qu'en tentant une attaque on nous décidera, et on ne déploiera de puissance réelle contre nous, qu'autant que cela sera nécessaire pour nous amener à capituler. Rapprochez ces idées que j'ai entendu prononcer dans le cours malheureux de l'assemblée constituante, par ces coupables intrigans, qui en ont été le fardeau ; rapprochez cette idée de la conduite actuelle. Il y a des rebelles à punir ; les représentans de la nation les ont frappés ; le *veto* est apposé à leurs décrets : et au lieu de la punition qu'ils ont lancée contre les rebelles, que vient-on leur proposer? une déclaration de guerre ; au lieu d'un décret sage, on veut engager une guerre simulée, qui puisse donner lieu à une capitulation. Si les rebelles dissipés sont anéantis dans l'oubli, tous les complots sont avortés. Mais une guerre donne lieu à des terreurs, à des dangers, à des efforts réciproques, à des trahisons, enfin à des pertes. Le peuple se lasse. Est-il nécessaire, dira-t-on alors, d'exposer les trésors publics pour de vains titres? En serons-nous plus malheureux parce qu'il y aura des comtes, des marquis, etc.? On se rapproche; on calomnie l'assemblée nationale, si elle est sévère; on lui attribue les malheurs de la guerre. On capitule enfin.

» Voilà, si je ne me trompe, les vues de l'intrigue ministérielle. Voilà le véritable nœud de cette intrigue, qui nous perdra, si nous nous environnons de ces terreurs; si nous donnons une consistance aussi funeste que ridicule à ces factieux, qui ne méritent que le mépris de la nation, et qui n'auraient pas dû fixer deux jours son attention. Je suis si convaincu par les plus simples réflexions que le bon sens suggère à ceux qui sont instruits des intrigues de la cour, que je crois être aussi sûr de ne pas me tromper que si j'étais membre du club de Richelieu, de l'hôtel Marsillac et de tous les cabinets conspirateurs. (Ici ce discours est interrompu, le journal en promet la suite, et ne la donne pas.)

Séance du 16 décembre.— *M. Brissot.* «La question soumise à l'examen est de savoir si on doit attaquer les princes allemands qui soutiennent les émigrans, ou s'il faut attendre leur invasion. Cette question ne paraissait pas devoir d'abord entraîner parmi les patriotes une diversité d'opinion, et cependant il en existe une: les esprits sont armés de préventions, de préjugés. Nous voulons arriver à la vérité; nous devons les bannir; nous devons examiner dans la cohue les opinions de l'un et de l'autre parti; nous avons à nous défendre de tout système et à ouvrir les yeux, car autrement on n'agit qu'en aveugle. Défiez-vous de la vue des hommes dont le zèle vacillant a tantôt soutenu, tantôt abandonné la cause du patriotisme. Mais gardez-vous d'inculper par des soupçons les ennemis du despotisme. J'ai reproché au ministre de la guerre d'avoir élevé d'injustes préventions contre les patriotes qui voulaient combattre la proposition de la guerre, et je viens ici défendre non toutes les propositions du ministre, je les crois trop étendues; mais je viens défendre la proposition de la guerre contre les petits princes allemands.

» J'ai médité depuis six mois et même depuis la révolution, le parti que je vais soutenir. Une magie bien adroite de nos adversaires ne me la verra point abandonner. C'est par la force des raisonnemens et des faits que je me suis persuadé qu'un peuple qui a conquis le liberté après dix siècles d'esclavage, avait besoin de la guerre. Il faut la guerre pour la consolider, il la faut pour la purger des vices du despotisme, il la faut pour faire disparaître de son sein les hommes qui pourraient la corrompre. Bénissez le ciel des soins qu'il en a pris, et de ce qu'il vous a donné le temps d'asseoir votre constitution. Vous avez à châtier des rebelles, vous en avez la force ; prenez-en donc la résolution. J'aime à rendre hommage aux intentions droites et patriotiques de ceux qui soutiennent ici un système contraire ; mais je les conjure d'examiner mes argumens et de les réfuter. Si je me suis trompé, je défendrai leur opinion, je la défendrai à l'assemblée nationale; mais s'ils se sont égarés, je prends l'engagement de détruire jusqu'à la dernière de leurs objections. Tous les députés qui sont ici doivent avoir un même sentiment; quel malheur si nous étions divisés d'opinion sur cet objet qui doit décider du bonheur de la France. Depuis deux ans, la France a épuisé tous les moyens pacifiques pour ramener les rebelles dans son sein ; toutes les tentatives, toutes les réquisitions ont été infructueuses; ils persistent dans leur révolte; les princes étrangers persistent à les soutenir ; peut-on balancer de les attaquer ? notre honneur, notre crédit public, la nécessité de moraliser et de consolider notre révolution, tout nous en fait la loi; car la France ne serait-elle pas déshonorée si, la constitution étant achevée, elle tolérait une poignée de factieux qui insultât à ses autorités constituées ; ne serait-elle pas déshonorée si elle souffrait des outrages qu'un despote n'aurait pu souffrir pendant quinze jours. Un Louis XIV déclara la guerre à l'Espagne, parce que son ambassadeur avait été insulté par celui d'Espagne ; et nous qui sommes libres, nous balancerions un instant !

» Que voulez-vous qu'ils en pensent ? Que nous sommes dans l'impuissance d'agir envers les puissances étrangères, ou que les rebelles nous en imposent ; ce qu'ils regarderont comme le résultat de notre anarchie. Maintenant quel doit être l'effet de cette guerre : il faut nous venger ou nous résoudre à être l'opprobre de toutes les nations ; il faut nous venger en détruisant cette horde de brigands, ou consentir à voir perpétuer les factions, les conjurations, les incendies, et devenir plus audacieuse que jamais l'insolence de nos aristocrates. Ils croient à l'armée de Coblentz ; c'est de là que vient l'opiniâtreté de nos fanatiques. Voulez-vous détruire d'un seul coup l'aristocratie, les réfractaires, les mécontens : détruisez Coblentz; le chef de la nation sera forcé de régner par la constitution, de ne voir son salut que dans l'attachement à la constitution, de ne diriger sa marche que d'après elle. »

On demande l'impression du discours de M. Brissot. M. Robespierre propose l'ajournement de l'impression jusqu'à la fin de la discussion, enfin après une assez longue discussion l'impression est ordonnée.

M. Danton. « Vous avez ordonné l'impression de l'excellent discours de M. Brissot, de cet athlète vigoureux de la liberté, de cet homme de qui nous attendons de si grands services et qui ne trompera pas nos espérances. Si la question était de savoir si en définitif nous aurons la guerre, je dirais, oui les clairons de la guerre sonneront ; oui, l'ange exterminateur de la liberté fera tomber les satellites du despotisme. Ce n'est point contre l'énergie que je viens parler. Mais, Messieurs, quand devons-nous avoir la guerre ? N'est-ce pas après avoir bien jugé notre situation, après avoir tout pesé ; n'est-ce pas surtout après avoir bien scruté les intentions du pouvoir exécutif qui vient nous proposer la guerre. Mais qu'il me soit permis, avant d'entrer en discussion, de dire que je soutiendrai mes principes. Le peuple m'a nommé pour défendre la constitution, et quelles qu'aient pu être mes opinions contre ceux qui en ont empêché l'étendue, je déclare maintenant que je ne défendrai le peuple, que je ne terrasserai ses ennemis qu'avec la massue de la raison, et le glaive de la loi.

»Qu'il me soit permis d'examiner la situation dans laquelle se trouve l'empire. M. Brissot paraît penser que toutes les puissances de l'Europe veulent se conduire d'après la combinaison sage qu'il leur prête, il croit que les rois et leurs agens peuvent être philosophes. Si on eût dit avant la révolution, que le ministère français en allant toujours d'absurdités en absurdités forcerait la liberté, vous auriez pu croire d'autres combinaisons à des hommes qui paraissaient exercés dans l'art du gouvernement. Par cela seul que la combinaison défend la guerre aux rois, leur orgueil l'ordonne. Oui, nous l'aurons cette guerre, mais nous avons le droit de scruter la conduite des agens qui seront employés. Il existe deux factions, l'une qui tient à tous les préjugés de l'ancienne barbarie, ce sont ces mêmes hommes qui en voulant figurer au commencement de la révolution ont fait confédération entre les St.-Priest, les Breteuil, les aristocrates de l'Europe. Ceux-là veulent la contre-révolution absolue.

»Examinons maintenant quel est l'autre parti à redouter. Cette faction est la plus dangereuse, c'est celle de ces hommes qui n'ont pas déguisé leur opinion, que j'ai accusés dans cette assemblée face à face, qui ont dit que l'on pouvait faire rétrograder la révolution, que l'on pouvait reproduire un système équivalent à celui de M. Mounier.

»Nous avons à nous prémunir contre cette faction d'hommes qui veulent mettre à profit une guerre générale, qui voudraient, comme je l'ai déjà dit, nous donner la constitution anglaise, dans l'espérance de nous donner bientôt le gouvernement de Constantinople. Je veux que nous ayons la guerre, elle est indispensable; nous devons avoir la guerre; mais il fallait avant tout épuiser les moyens qui peuvent nous l'épargner. Comment se fait-il que ces mêmes ministres n'aient pas senti qu'ils sont plus que suspects quand ils viennent nous dire que le moyen de rendre à la France sa prépondérance dans l'Europe, c'est une déclaration de guerre. Et que pourrait dire ce pouvoir exécutif qui reproche à l'assemblée nationale de ne pas seconder ses intentions, quand il aurait dû faire lui-même disperser les forces des émigrans. Quand j'ai dit que je m'opposais à la guerre, j'ai voulu dire que l'assemblée nationale, avant de s'engager par cette démarche, doit faire connaître au roi qu'il doit déployer tout le pouvoir que la nation lui a confié, contre ces mêmes individus, dont il a disculpé les projets, et qu'il dit n'avoir été entraînés hors du royame que par les divisions d'opinion. »

Séance du 18 *décembre.*—Robespierre fit un nouveau discours, sur lequel nous trouvons seulement la note suivante dans le numéro CXII du journal que nous transcrivons :

« M. Robespierre a donné de nouveaux développemens aux motifs qu'il avait déjà exposés pour ne pas déclarer la guerre. Son discours, plein de cet amour de la patrie qui entraîne tous les cœurs, a été souvent interrompu par des applaudissemens universels. Lorsqu'il parlait de la défiance qu'on devait avoir du ministère, il était facile de s'apercevoir qu'il en parlait en homme pénétré de cette maxime qui se trouve dans son discours, que la défiance est au sentiment intime de la liberté ce que la jalousie est à l'amour. »

Séance du 19 *décembre.* — *M. Billaud de Varennes.* « Ce n'est pas contre la nécessité cruelle d'une guerre inévitable que je viens m'élever. Quand on s'applaudissait, en 1789, en disant que jamais une révolution n'avait coûté aussi peu de sang, j'ai toujours répondu qu'un peuple qui brisait le joug de la tyrannie, ne pouvait sceller irrévocablement sa liberté qu'en traçant l'acte qui la consacre avec la pointe des baïonnettes. Mais au moins c'est dans le sein de ses ennemis qu'il faut les plonger : c'est pour s'en débarrasser à jamais, qu'on doit se décider à les rechercher pour les combattre. C'est donc en prenant toutes les précautions propres à assurer la victoire, que l'honneur national, que la sûreté du peuple, veulent qu'on embouche la trompette martiale ; car il n'est de triomphe à espérer, qu'autant que le soldat, plein de confiance, marche fièrement à l'ennemi, tandis que ce dernier, frappé de terreur à son approche imposante, devient à moitié vaincu avant la première décharge.

» Cependant, Messieurs, il serait difficile sans doute, en portant un cœur embrasé du feu sacré de la liberté et de la patrie, de se défendre d'un violent mouvement de suspicion, lorsqu'on voit le pouvoir exécutif venir brusquement proposer à l'assemblée nationale une déclaration de guerre aux princes d'Allemagne pour le 15 janvier prochain, à une époque où le pays, qui en doit être le théâtre, est impraticable, et dans un temps où notre armée est sans officiers, les régimens incomplets, les gardes nationales sans équipement pour la plupart, nos villes frontières sans munitions de guerre, et nos places fortes ouvertes à l'ennemi, par un défaut de garnison, ou suffisante, ou sûre. A-t-on jamais plus formellement mis en évidence un plan de contre-révolution, dont assurément l'exécution deviendrait aussi facile que le succès en serait certain?

» C'est pourtant, Messieurs, dans une position si pénible, si inquiétante, si dangereuse, qu'il se trouve des hommes, se disant patriotes, et qui prêchent, à mon grand étonnement, une circonspection trompeuse et apathique; des hommes qui veulent nous inspirer une confiance sans bornes, une sécurité qui n'a déjà que trop nui à la cause du peuple; des hommes qui prétendent que des vaines considérations doivent l'emporter sur la prudence, et qui, pour nous le persuader, substituent des saillies brillantes à des raisonnemens solides, et des espérances vagues à des preuves.

» Non, Messieurs, ce n'est pas le moment de s'abaisser à de lâches condescendances, de garder de perfides ménagemens, quand la liberté est menacée, quand la patrie est en danger, quand le salut de la nation, qui est la loi suprême, se trouve imminemment exposé; car vous y touchez à la fin, après tant d'oscillations et d'incertitudes, à cet instant redoutable où la détermination que l'assemblée nationale doit prendre va décider si nous serons définitivement libres, ou s'il faut redevenir esclaves pour toujours; si, en un mot, oubliant le serment que nous avons fait d'employer tous les efforts moraux et physiques à la défense de notre liberté, nous n'opposerons à nos ennemis qu'une armée dénuée de tout, et commandée par des chefs non moins indignes de la confiance du soldat, que de l'estime de la nation ; qu'une armée qui, pareille à ces légions innombrables de Péruviens, ne sachant suivre aucune tactique, et n'ayant que des flèches contre la foudre de l'artillerie espagnole, a permis à une poignée d'hommes d'en égorger des millions ! Je le demande, Messieurs, est-ce là le moment où l'on doit hésiter de dire la vérité quelle qu'elle soit, de mettre au grand jour les manœuvres des malveillans, de les montrer aussi fourbes, aussi odieux qu'ils peuvent l'être ? Si tout le monde se tait, si le vrai patriote marchande avec le zèle, si un excès de pusillanimité peut, dans cette circonstance critique, étouffer sa conscience, qui réveillera le corps de la nation, languissamment endormi dans les bras de l'inertie quand sa tête paraît sommeiller ? Que toute la France soit avertie dans un temps utile, qu'elle soit frappée de terreur, en apprenant, en constatant les dangers qui l'environnent ! qu'elle recule d'effroi à l'aspect de l'abîme qu'on veut entr'ouvrir sous ses pas ! qu'enfin elle reconnaisse que, pour s'y soustraire, il n'est pas un instant à perdre, et que le seul moyen d'en réchapper est de s'occuper sans délai à se mettre sur la défensive, et à se pourvoir elle-même d'armes et de munitions nécessaires, puisque depuis deux ans entiers que des ministres, notoirement ennemis de son salut, sont chargés de lui en fournir, elle est encore sans en avoir.

» Certes, Messieurs, Cicéron ne passa jamais, ni parmi ses contemporains, ni aux yeux de la postérité, pour ce que les ministériels contre-révolutionnaires et les modérés hermaphrodites appellent *une tête chaude*. On sait même que Brutus et Cassius ne lui crurent pas assez d'énergie pour l'inscrire sur la liste des vengeurs de la liberté. Cependant la mâle éloquence de ce philosophe tonna contre la conspiration encore méconnue du traître Catilina ; et si le consul n'eût pas éclaté dans ce moment décisif, Rome eût été mise aux fers dix-huit ans plus tôt.

» Dès le jour même que le roi est allé à l'assemblée nationale, on s'est empressé de venir vous persuader que son discours exprimait les sentimens les plus dignes de la confiance publique. Mais depuis le commencement de la révolution, Louis XVI n'a fait en ce genre que des chefs-d'œuvre d'admiration. Rappelez-vous seulement celui dont les phrases les plus saillantes furent exposées, par l'académicien Bailly, qui s'y connaît sans doute, dans une belle illumination en couleur sur la façade de l'hôtel-de-ville? Cependant, à peu près à la même époque, on essayait le commencement d'une contre-révolution, sous les ordres du ministre Latour-du-Pin, en égorgeant à Nanci les meilleurs patriotes, et en opposant avec tant de scélératesse les citoyens armés aux troupes de ligne. Cependant, depuis ce beau discours, la loi martiale a été réclamée au nom du pouvoir exécutif, pour lui faciliter, disait-on, une promenade à Saint-Cloud; cependant ce discours a été suivi, et de la fuite du mois de juin, et de la protestation explicative, qui fort heureusement n'a pas permis de faire prendre le change au peuple sur cet événement.

» On nous invite à la confiance pour donner, dit-on, plus de force aux moyens d'exécution. Mais que ceux qui veulent obtenir cette confiance sachent donc au moins la mériter. Le ministre de la guerre a dit à l'assemblée nationale qu'on ne défendait pas la liberté avec de simples discours. Eh! à qui doit-on s'en prendre, si nous ne sommes pas aujourd'hui à l'abri de toute atteinte? quand ses prédécesseurs ont constamment laissé nos frontières dégarnies de forces suffisantes; quand, dans les villes les plus exposées, ils n'ont placé que des troupes étrangères, où dont le civisme était le plus suspect; quand ils ont fait fabriquer hors du royaume des fusils qui n'arrivent point, pour que, sans doute, il nous soit impossible d'en trouver sous notre main dans l'occasion; quand ils ont négligé d'armer et d'équiper un si grand nombre de gardes nationales dévouées à la défense de la liberté; de quel front, l'agent qui remplace de pareils traîtres, ose-t-il rappeler à l'assemblée nationale qu'on ne maintient pas cette liberté avec des mots? et c'est encore après des faits aussi positifs, après une succession de perfidies aussi évidentes, que ces gens-là se plaignent qu'on entoure toutes leurs démarches de défiances! qu'ils ont l'impudence d'élever la voix pour accuser ceux qui réclameraient contre une déclaration de guerre faite, lorsque, loin d'être en état d'attaquer, c'est tout au plus si le courage invincible qu'inspire l'amour de la liberté, nous permettrait de repousser une provocation de nos ennemis!

» Au rapport de ce ministre, cent cinquante mille hommes doivent être assemblés avant un mois sur les frontières. Il est bien temps, lorsqu'il s'est déjà écoulé près d'une année depuis que l'assemblée constituante a ordonné la formation de cette armée. Quoi qu'il en soit, que feront ces cent cinquante mille hommes, si la plupart sont sans armes, si les munitions de guerre manquent, si les canons, si les boulets qu'on aura ne sont pas de calibre? Et cependant, quand tel est l'état actuel des choses, sera-ce dans un mois, et surtout au cœur de l'hiver, où les transports deviennent plus difficiles, que le ministère pourra réparer une négligence de deux ans consécutifs?

» Le ministre de la guerre nous apprend, j'ignore, Messieurs, si c'est dans l'intention de nous mieux rassurer, qu'il part pour aller parler aux officiers et aux soldats de l'armée, et pour inspirer l'amour de la discipline aux braves gardes nationaux. Eh! si nos frères d'armes ont un tort aux yeux de ses pareils, n'est-ce pas d'avoir constamment persévéré dans leur noble résolution, en dépit des dégoûts et des fatigues dont on les a harcelés, afin de les révolter et de les faire déserter, s'il eût été possible? Et puis quel besoin des Français, qui veulent être libres, ont-ils de la présence et des discours d'un ministre pour être enflammés de la gloire, et pour savoir vaincre ou mourir? Au reste, supposerait-on même cet encouragement nécessaire, est-ce par la bouche d'un ministre, d'un de ces hommes qui, fussent-ils vertueux avant d'arriver à ce poste, paraissent pervertis huit jours après, que les peuples seront jamais instruits à repousser les efforts du despotisme, dont tout agent du pouvoir est naturellement le

Cyclope? Les tours de la Bastille seraient-elles renversées, si l'on eût attendu, pour les bombarder, les conseils Barantin, de ce teneur de lits de justice, en présence d'une assemblée nationale, ou d'un Breteuil, qui prétendait soumettre Paris en y employant pour quinze francs de corde.

» Au surplus, Messieurs, quel langage le ministre de la guerre doit-il tenir à notre armée? Il nous prévient lui-même qu'il lui dira *que le mot de trahison n'est d'aucun langage.* En ce cas, pourquoi, comment sait-il l'articuler? Mais, fût-il vrai qu'aucun idiome n'eût admis cette expression, il est certain que la conduite de ses collègues, dès le commencement de la révolution, nous eût forcés de créer ce mot, pour peindre d'un seul trait leur caractère. Au surplus, j'interpellerai ici ce ministre, pour lui demander à quel propos il ira parler de trahison à nos frères d'armes, quand surtout il prétend avoir besoin de forger cette expression exprès pour la circonstance. Est-ce avec des termes inconnus et insignifians qu'on éclaire les hommes sur leurs devoirs? Mais que dis-je! le mot est très-énergique; et si le ministre feint de ne le pas connaître, c'est vraisemblablement pour qu'il paraisse autorisé à rendre plus frappante, par un commentaire, l'idée qu'il trace à l'imagination ; car je vous l'avoue, Messieurs, l'intention du ministre de la guerre me paraît parfaitement prononcée dans le passage du discours que j'analyse, et je désire que tout le monde puisse l'entendre aussi clairement que moi.

» Ce ministre nous prévient également qu'il doit parler aux officiers et aux soldats au nom de leur intérêt. Mais l'intérêt des officiers particulièrement n'est-il pas une contre-révolution complète, alors que ces ennemis, nés de l'égalité et de la liberté, sont encore, malgré leurs menaces et leurs parjures, les commandans de nos cohortes? Mais ne peut-on pas chercher à tenter le soldat par l'intérêt de quelques gratifications, ainsi que le pouvoir exécutif vient de l'essayer auprès du régiment de la Reine dragons, à qui la liste civile a fait distribuer de beaux surtouts neufs, pour engager ce corps à obéir aveuglément aux ordres de son digne colonel, M. Gouy-d'Arcy? »

Séance du 30 décembre. — « M. Brissot lit un très-long discours, et qui est fréquemment interrompu par des applaudissemens, sur la nécessité de la guerre d'attaque; il le termine par une exhortation aux vrais patriotes de se soumettre à la loi, et de ne jamais se permettre d'attaquer en rien la constitution.

» Cette exhortation paraît à MM. Robespierre et Danton une critique et une inculpation faite aux orateurs et écrivains de la société, à cause de l'espèce d'affectation qui leur paraît y être. Ils s'élèvent pour demander le changement de ce passage dans l'impression que l'on arrête du discours. La plus vive chaleur se répand dans toute la société pendant cette discussion, au milieu de laquelle M. Brissot, rendant le plus éclatant témoignage à l'attachement de la société et de M. Robespierre pour la constitution, il s'engage à rédiger la fin de son discours de manière à ce qu'elle ne laisse aucun doute sur ses intentions. »

PROVINCES.

Avignon. — La réunion du comtat à la France par le décret de la constituante (septembre 1791), n'arrêta point la guerre civile dans ce malheureux pays. Les médiateurs français, l'abbé Mulot surtout, furent accusés d'avoir toujours toléré, souvent provoqué et même ordonné les meurtres qui avaient été commis à Avignon depuis leur venue. Pour connaître et exposer la vérité dans la discussion ouverte là-dessus, il faudrait dépouiller un immense dossier, et en extraire plusieurs volumes. Les faits se présentent ainsi : Sous la constituante, l'abbé Maury attaque l'abbé Mulot, et les patriotes le défendent; sous la législative, Royou continue cette attaque, et les Jacobins la commencent. Robespierre et l'*Ami du roi* sont du même avis sur le compte du médiateur. Ajoutez à cette contradiction que les deux partis avignonnais entre lesquels ont lieu tant de sanglantes représailles se disent patriotes l'un et l'autre. Nous donnerons en son temps (9 février 1792) le rapport fait sur les dénonciations de Rovère contre Mulot; et lorsque Jourdan *coupe-tête*, l'auteur des plus effrayans massacres, sera traduit devant le tribunal révolutionnaire, nous trouverons dans la procédure l'histoire de ses crimes. Aujourd'hui nous nous contenterons de transcrire le procès-verbal de la journée du 16 octobre, fameuse par la mort de l'Escuyer. Cette pièce fut transmise à l'assemblée législative par Rovère et Tissot, députés d'Avignon.

Procès-verbal de la commune d'Avignon, du dimanche 16 octobre.

« Des propos séditieux avaient été tenus assez publiquement depuis quelques jours par des personnes connues pour être des ennemis de la constitution. Ce matin on a vu en divers endroits des affiches dont l'objet était directement d'exciter le peuple à se révolter contre l'administration provisoire de la commune. On répandait dans le public que la statue de la Sainte-Vierge qui existe dans l'église des Cordeliers, était devenue rouge depuis quelques jours, et qu'elle avait versé des larmes. Un attroupement s'est formé dans l'église des Cordeliers; une partie des attroupés s'est emparée des portes de la ville, dont ils avaient saisi les clés, et a retourné les canons sur la ville, et nous avons appris que M. Lescuyer, notaire, secrétaire-greffier de la commune et électeur, venait d'être conduit dans l'église des Cordeliers par des gens armés. Une proclamation de nous signée, dont l'objet était de rappeler les citoyens attroupés à l'observation de la loi, qui permet seulement la voie des pétitions, et d'inviter les citoyens attroupés, s'ils en avaient quelqu'une à nous adresser, de le faire paisiblement et sans troubler l'ordre public, n'a pas pu être entendue au milieu de ce désordre. M. le colonel de la garde nationale avait rassemblé sa troupe; un détachement nombreux était sorti du fort, précédé de deux pièces de canon, avec ordre de dissiper cet attroupement et de ramener la tranquillité dans la ville, en employant les moyens les plus doux qu'il serait possible; de fortifier la garde des portes de la ville; de pourvoir à la sûreté des citoyens, et sauver, s'il était temps, M. Lescuyer. Des patrouilles fréquentes et nombreuses ont été répandues dans les différens quartiers de la ville. Le détachement, à son retour, nous a rapporté que l'infortuné Lescuyer était, à l'arrivée de la troupe dans l'église des Cordeliers, étendu par terre au bas du maître-autel; qu'il avait encore un souffle de vie; mais qu'il était couvert de blessures faites principalement à la tête par des coups de sabre; que la poitrine et le bas-ventre étaient écrasés de coups de bâton et de coups de pieds; qu'après l'avoir assassiné, on lui a volé ses boucles, sa montre et l'argent qu'il avait sur lui; que le détachement l'a lui-même transporté à l'hôpital, l'a placé dans une chambre particulière, et a fait appeler M. Paunard fils, maître en chirurgie, pour lui administrer les secours de son art.

» M. François-Marie-Camille de Rosilly, de la ville d'Auray, département du Morbihan, passant aujourd'hui en cette ville pour se rendre à Marseille, s'est trouvé par hasard auprès de l'église des Cordeliers dans le temps de ce mouvement. Se livrant aux impulsions de la loyauté et de la générosité, si naturelles aux Français, il a voulu parler le langage de la loi, et a osé élever la voix au milieu du tumulte; mais il a failli être la victime de son courage et de l'humanité qui l'inspirait. Il a été arrêté, traduit dans le chœur, gardé à vue, menacé de coups de sabre et de la lanterne; il a été couché en joue. Enfin, il a été résolu qu'il serait détenu jusqu'à ce qu'on eût pris à son égard de plus amples informations, et qu'on eût puni de mort M. Lescuyer, dont il a entendu plusieurs fois demander la tête. Ensuite on a annoncé à ce Français voyageur que le malheureux Lescuyer venait de périr, et que son tour allait venir. Enfin il a été laissé en liberté, et il est venu faire sa déposition devant le juge.

» Nous avons cru devoir instruire M. l'abbé Mulot, l'un des médiateurs de la France, et M. Ferrière, commandant des troupes de ligne, de ce qui venait de se passer. Nous avons écrit à l'un et à l'autre, que nous avions dissipé l'attroupement, et que nous avions fait des dispositions qui nous assurent que la tranquillité publique ne sera plus troublée, que les amis de la constitution ne seront plus assassinés; et que, dans ce moment, tout était dans l'ordre.

» M. Paunard, maître en chirurgie, nous a fait passer, sur les six heures du soir, son rapport sur l'état dangereux où se trouvait M. Lescuyer; et peu de temps après, sa mort nous a été annoncée. Nous n'avons cessé, pendant toute la journée, de veiller avec soin au maintien de la tranquillité, et nous avons donné des ordres pour l'assurer durant la nuit, que nous nous proposons de passer dans la maison commune.

» Le 17, à trois heures du matin, nous avons été avertis que les séditieux venaient de forcer les prisons, et en avaient fait sortir quelques prisonniers. Nous avons pris de nouvelles mesures pour assurer la tranquillité publique et la sûreté des accusés. »

N. B. Comme nous n'avons pas dû commencer le volume par la liste des députés à la constituante, nous la donnons ici avec celle des députés à la législative.

LISTE ALPHABÉTIQUE

DES DÉPUTÉS AUX ÉTATS-GÉNÉRAUX DE 1789,

CONVOQUÉS PAR LE ROI LOUIS XVI.

CLERGÉ.

ALLAIN, recteur de Josselin, Evêché de St.-Malo.

ANDLAU (d'), prince-abbé de Murbach. Baill. de Colmar et Schelestat.

ANTROCHE (César d'), évêque de Condom. Sén. de Nérac.

ARGENTRÉ (Duplessis d'), évêque de Limoges, abbé de Waux-de-Cernay, diocèse de Paris, et de Saint-Jean-d'Angely, diocèse de Saintes, premier aumônier de *Monsieur*, frère du roi, en survivance. Sén. de Limoges.

AUBERT, curé de Couvignon. Baill. de Chaumont en Bassigny.

AUBRY, curé de Véel. Baill. de Bar-le-Duc.

AURY, curé d'Hérisson. Sén. de Moulins.

AYROLES, curé de Reirevigne. Sén. du Quercy.

BALLARD, curé du Poiré. Sén. du Poitou.

BALORE (Cortois de), évêque de Nîmes. Sén. de Nîmes et Beaucaire.

BANASSAT, curé de St.-Fiel. Sén. de Guéret.

BARBOTIN, curé de Prouvy. Hainault.

BARBOU, curé d'Ile-lès-Villenoy. Baill. de Meaux.

BARGEMONT (de Villeneuve), chantre, comte, chanoine de St.-Victor-lès-Marseille. Sén. de Marseille.

BARMOND (Perrotin de), abbé, conseiller-clerc au parlement de Paris. Ville de Paris.

BASTIEN, curé de Xeuilley. Baill. de Toul.

Beaufort (Malateste de), curé de Montastruc. Sén. d'Agen.

Beaupoil de Saint-Aulaire, évêque de Poitiers, abbé de Saint-Taurin, diocèse d'Evreux, et de Coulombs, diocèse de Chartres. Sén. de Poitou.

Beauvais (de), ancien évêque de Senez. Prévôté et vicomté de Paris.

Bécherel, curé de St.-Loup. Baill. de Coutances.

Béhin, curé d'Hersin-Coupigny. Prov. d'Artois.

Benoît, curé du St.-Esprit. Sén. de Nîmes et Beaucaire.

Bernis (François-Pierre de), archevêque de Damas, coadjuteur d'Alby. Sén. de Carcassonne.

Bertereau, curé de Teiller, Sén. du Maine.

Besse, curé de St.-Aubin. Baill. d'Avesnes.

Béthisy de Mézières, évêque d'Uzès, abbé de Barzelles, diocèse de Bourges. Sén. de Nîmes et Beaucaire

Bigot de Vernière, curé de St.-Flour. Baill. de St.-Flour.

Binot, principal du collége d'Ancénis. Sén. de Nantes et Guérande.

Blandin, curé de St.-Pierre-le-Puellier. Baill. d'Orléans.

Bluget, doyen-curé des Riceys. Baill. de Bar-sur-Seine.

Bodineau, curé de Saint-Bienheuré de Vendôme, Baill. de Vendôme.

Boisgelin (de), archevêque d'Aix, abbé de Chablis, diocèse de Senlis, de St.-Gilles, diocèse de Nîmes et de St.-Maixant, diocèse de Poitiers. Sén. d'Aix.

Bonnac (Dusson de), évêque d'Agen, abbé de Theulley, diocèse de Dijon. Sén. d'Agen.

Bonnal, évêque de Clermont, abbé de Bonport, diocèse d'Evreux, Baill. de Clermont.

Bonnefoy, chanoine de Thiers. Sén. de Riom.

Bonnet, curé de Villefort. Sén. de Nîmes et Beaucaire.

Bonneval, Chanoine de l'église de Paris. Ville de Paris.

Bottex, curé de Neuville-sur-Ains. Baill. de Bourg-en-Bresse.

Boudart, curé de la Couture. Prov. d'Artois.

Bouillotte, curé d'Arnay-le-Duc. Baill. d'Auxois.

Bourdet, curé de Bouère. Sén. du Maine.

Boyer, curé de Néchères. Sén. de Riom.

Bracq, curé de Ribecourt. Cambresis.

Breteuil (le Tonnelier de), évêque de Montauban, abbé de Belleperche, diocèse de Montauban. Pays et jugerie de Rivière-Verdun.

Breuvard, curé de Saint-Pierre de Douai, Baill. de Douai et Orchies.

Brignon, curé de Dore-l'Eglise. Sén. de Riom.

Brouillet, curé d'Avise. Baill. de Vitry-le-Français.

Brousse, curé de Volcrange. Baill. de Metz.

Bruet, curé d'Arbois. Baill. d'Aval.

Brun, curé de St.-Chély. Sén. de Mende.

Bucaille, curé de Frétun. Baill. de Calais et Ardres.

Burnequez, curé de Mouthe. Baill. d'Aval.

Cartier, curé de la Ville-aux-Dames. Baill. de Touraine.

Castaing (Rémond du), curé de la Nux. Sén. d'Armagnac, Lectoure et Ile-Jourdain.

Castellas, doyen de l'église, comte de Lyon. Sénéchaussée de Lyon.

Castelnau (d'Albignac de), évêque d'Angoulême. Baill. d'Angoulême.

Cauneille, curé de Belvis. Sén. de Limoux.

Chabannettes, curé de Saint-Michel de Toulouse. Première sén. de Languedoc.

Chabaut, curé de la Chaussée-St.-Victor. Baill. de Blois.

Champeaux, curé de Montigny. Baill. de Montfort-l'Amaury.

Charrier de la Roche, prévôt du chapitre d'Ainay, etc. Sén. de Lyon.

Chatizel, curé de Soulaine. Sén. d'Anjou.

Chevalier, recteur de Sainte-Lumine de Coutais. Sén. de Nantes.

Chevreuil, chancelier de l'église de Paris. Ville de Paris.

Chevreux (dom), général de la congrégation de St.-Maur. Ville de Paris.

Choppier, curé de Flins. Baill. de Mantes et Meulan.

Chouvet, curé de Chauméras. Sén. de Villeneuve-de-Berg, en Vivarais.

Cicé (Champion de), archevêque de Bordeaux, abbé de la Grasse, diocèse de Carcassonne, et d'Ourcamp, diocèse de Noyon. Sén. de Bordeaux.

Cicé (Champion de), évêque d'Auxerre, abbé de Molesme, diocèse de Langres. Baill. d'Auxerre.

Clerget, curé d'Onans. Baill. d'Amont.

Clermont-Tonnerre (Jules de), évêque, comte de Châlons-sur-Marne, pair de France, abbé de Moustier-en-Der, diocèse de Châlons. Baill. de Châlons-sur-Marne.

Colaud de la Salcette, chanoine de Die. Dauphiné.

Colbert (Seignelay de Gast le Hill), évêque de Rhodez, abbé de Sorèze, diocèse de Lavaur. Sén. de Rhodez.

Collinet, curé de Ville-sur-Iron. Baill. de Bar-le-Duc.

Colson, curé de Nitting. Baill. de Sarguemines.

Conzié (François de), archevêque de Tours. Baill. de Touraine.

Cornus, curé de Muret. Comminges et Nébouzan.

Costel, curé de Foissy. Baill. de Sens.

Coster, chanoine, vicaire-général de Verdun. Baill. de Verdun.

Cousin, curé de Cucuron. Sén. d'Aix.

Couturier, curé de Salives. Baill. de Châtillon-sur-Seine.

David, curé de Lormaison. Baill. de Beauvais.

Davin, chanoine de St.-Martin. Sén. de Marseille.

Davoust (dom), prieur-claustral de l'abbaye de St.-Ouen de Rouen. Baill. de Rouen.

Decoulmiers, abbé régulier de Notre-Dame d'Abbecourt, ordre de Prémontré. Prévôté et vicomté de Paris.

Defaye (J.-B.-A. de Villeloutreix), évêque d'Oléron. Pays de Soules.

Degrieu, prieur-commandataire de Saint-Himer. Baill. de Rouen.

D'héral, vicaire-général. Sén. de Bordeaux.

Delage, curé de St.-Christoly, en Blayois. Sén. de Bordeaux.

Delaplace, curé de.... Baill. de Péronne.

Delaunay, chanoine Prémontré, prieur-recteur de Plouagat-Châtelaudren. Evêché de Tréguier.

Delettre, curé de Berny-Rivierre. Baill. de Soissons.

Delfaut, archiprêtre d'Aglan. Sén. du Périgord.

Demandre, curé de St.-Pierre. Baill. de Besançon.

Depradt, grand-vicaire de Rouen. Baill. de Caux.

Desmontiers de Mérinville, évêque de Dijon. Baill. de Dijon.

Desvernay, curé de Villefranche. Sén. du Beaujolais.

D'Eymar, abbé-prévôt de Neuviller, en Alsace. Baill. de Haguenau et Wissembourg.

Dillon, curé du Vieux-Pouzange. Sén. du Poitou.

Diot, curé de Ligny-sur-Canche. Prov. d'Artois.

Dodde, curé de Saint-Péray, official et archiprêtre. Sén. d'Annonay.

Dolomieu, chanoine, comte du chapitre de Saint-Pierre. Dauphiné.

Dubois, curé de Sainte-Magdeleine de Troyes. Baill. de Troyes.

Ducret, curé de Saint-André de Tournus. Baill. de Mâcon.

Dufrêne, curé de Ménil-Durand. Baill. d'Alençon.

Dulau, archevêque d'Arles, abbé d'Ivry, diocèse d'Evreux. Sén. d'Arles.

Dumouchel, recteur de l'Université de Paris. Ville de Paris.

Dumont, curé de Villers-devant-le-Thours. Baill. de Vitry-le-Français.

Dupont, curé de Turcoing. Baill. de Lille.

Dupuis, curé d'Ailly-le-Haut-Clocher. Sén. du Ponthieu.

Dutillet, évêque d'Orange. Principauté d'Orange.

Estaing (dom), prieur de Marmoutier. Baill. de Touraine.

Eudes, curé d'Angerville-l'Orcher. Baill. de Caux.

Expilly, recteur de Saint-Martin de Morlaix. Evêché de Saint-Pol-de-Léon.

Farochon, curé d'Ormoy. Baill. de Crépy, en Valois.

Favre, curé d'Hotonne. Sén. de Bugey et Valromey.

Flachat, curé de Notre-Dame de Saint-Chamont. Sén. de Lyon.

Fleury, curé d'Ige, Glaire et Villette. Baill. de Sedan.

Font, chanoine-curé de l'église collégiale de Pamiers. Sén. de Pamiers.

Fontanges (François de), archevêque de Toulouse, abbé de Saint-Victor de Paris. 1re sén. de Languedoc.

Forest de Marmoucy, curé d'Ussel. Sén. de Tulle.

Fougère, curé de Saint-Laurent de Nevers. Baill. du Nivernais.

Fournetz, curé de Pui-Miélan. Sén. d'Agen.

Fournier, curé d'Heilly. Baill. d'Amiens et Ham.

Gabriel, recteur de Questembert. Sén. de Vannes.
Gagnières, curé de St.-Cyr-lès-Vignes. Baill. du Forez.
Galland, curé de Charmes. Baill. de Mirecourt.
Gardiol, curé de Callian. Sén. de Draguignan.
Garnier, recteur de Notre-Dame-de-Dol. Évêché de Dol.
Gassendi, prieur-curé de Barras. Sén. de Forcalquier.
Gausserand, curé de Rivière en Albigeois. 1re sén. de Languedoc.
Gennetet, curé d'Etrigny. Baill. de Châlons-sur-Saône.
Gibert, curé de Saint-Martin-de-Noyon. Baill. de Vermandois.
Girard, doyen-curé de Lorris. Baill. de Montargis.
Gobel, évêque de Lydda. Baill. de Béfort et Huningue.
Godefroy, curé de Nonville. Baill. de Mirecourt.
Goubert, curé de Saint-Silvain-Bellegarde. Sén. de Guéret.
Goullard, curé de Roanne. Baill. du Forez.
Gouttes, curé d'Argellier. Sén. de Béziers.
Goze, curé de Gaas. Sén. de Dax, Saint-Séver et Bayonne.
Grandin, curé d'Ernée. Sén. du Maine.
Grégoire, curé d'Emberménil. Baill. de Nancy.
Gros, curé de Saint-Nicolas-du-Chardonnet. Ville de Paris.
Guédant, curé de Saint-Trivier. Baill. de Bourg-en-Bresse.
Guégan, recteur de Pontivy. Sén. de Vannes.
Guépin, curé de Saint-Pierre-des-Corps de Tours. Baill. de Touraine.
Guillon, recteur de Martigné-Fer-Chaud. Sén. de Rennes.
Guillot, curé d'Orchamps en Venne. Baill. de Dôle en Franche-Comté.
Guingan de Saint-Mathieu, curé de Saint-Pierre. Sén. de Limoges.
Guino, recteur d'Elliant. Sén. de Quimper et Concarneau.
Guiraudez de Saint-Mezard, docteur en théologie, archiprêtre de Laverdans. Sén. d'Auch.
Guyon, curé de Bazièges. Sén. de Castelnaudary.

Hingant, curé d'Andel. Sén. de Saint-Brieuc.
Hunault, recteur-doyen de Billé. Sén. de Rennes.
Hurault, curé de Broyes. Baill. de Sezanne.

Jallet, curé de Chérigné. Sén. de Poitou.
Joubert, curé de Saint-Martin. Baill. d'Angoulême.

Jouffroy de Goussans, évêque du Mans. Sén. du Maine.

Joyeux, curé de Saint-Jean de Châtellerault. Sén. de Châtellerault.

Juigné (le Clerc de), archevêque de Paris, duc de Saint-Cloud, pair de France. Ville de Paris.

Julien, curé d'Arrosez. Béarn.

La Bastide, curé de Paulhiaguet. Sén. de Riom.

Laboissière, vicaire-général de Perpignan. Viguerie de Perpignan.

Laborde, curé de Corneillan. Sén. de Condom.

Labrousse de Beauregard, prieur-curé de Champagnole. Sén. de Saintes.

Lafare (de), évêque de Nancy, abbé de Moreilles, diocèse de La Rochelle. Baill. de Nancy.

Lafont de Savines, évêque de Viviers. Sén. de Villeneuve-de-Berg, en Vivarais. (S'est retiré).

Lagoille de Lochefontaine, chanoine et sénéchal de l'église métropolitaine de Reims. Baill. de Reims.

Lalande, curé d'Iliers-l'Evêque. Baill. d'Evreux.

La Luzerne, évêque-duc de Langres, pair de France, abbé de Bourgueil, diocèse d'Angers. Baill. de Langres.

Landreau, curé de Moragne. Sén. de Saint-Jean-d'Angely.

Landrin, curé de Garancières. Baill. de Monfort-l'Amaury.

Lanusse, curé de Saint-Etienne, près Bayonne. Sén. de Tartas.

Laporte, curé de Saint-Martial d'Hautefort. Sén. du Périgord.

Laporterie, curé de Linconac. Sén. de Mont-de-Marsan.

Larenne, curé de Saint-Martin de Nevers. Baill. du Nivernais.

Larochefoucauld, cardinal, archevêque de Rouen, commandeur des ordres du roi, abbé de Cluny, diocèse de Mâcon, et de Fécamp, diocèse de Rouen. Baill. de Rouen.

Larochefoucauld, évêque-comte de Beauvais, pair de France. Baill. de Clermont-en-Beauvoisis.

Larochefoucauld-Bayers, évêque de Saintes, abbé de Vauluisint, diocèse de Sens. Sén. de Saintes.

Larochefoucauld, abbé de Preuilly. Baill. de Provins.

Larochenegly, prieur de Saint-Honoré de Blois. Baill. de Blois.

Lasmartres, curé de Lille-en-Dodone. Comminges et Nebouzan.

Lastic (de), évêque de Couserans. Vicomté de Couserans.

Latyl, prêtre de l'Oratoire, supérieur du collége de Nantes. Sénéch. de Nantes et Guérande.
Laurent, curé d'Huilaux. Sénéch. de Moulins.
Leborlhe de Grandpré, curé d'Oradoux-Sannois. Sénéch. de la Basse-Marche.
Lebrun, curé de Lyons-la-Forêt. Bailliage de Rouen.
Lecève, curé de Sainte-Triaize. Sénéchaussée du Poitou.
Le Clerc, curé de la Cambe. Baill. d'Alençon.
Le François, curé du Mage. Baill. du Perche.
Le François, curé de Mutrecy. Bailliage de Caen.
Legros, prévôt de Saint-Louis-du-Louvre. Ville de Paris.
Leguin, curé d'Argenteuil. Prévôté et vicomté de Paris.
Leissegues de Rosaven, recteur de Plogonnec. Sénéch. de Quimper et Concarneau.
Lelubois, curé de Fontenay. Baill. de Coutances.
Le Pelletier de Feumusson, prieur-curé de Domfront. Sénéch. du Maine.
Leroux, curé de Saint-Pol. Province d'Artois.
Leroux-Villois, curé de Carantilly. Baill. de Coutances.
Lespinasse, prieur de Saint-Pierre-le-Moustier. Baill. de Saint-Pierre-le-Moustier.
Letellier, curé de Boncœil. Baill. de Caen.
Lévèque, curé de Tracy. Baill. de Caen.
Leymarye, curé de Saint-Privat. Sénéch. du Quercy.
Leyris-Desponchez, évêque de Perpignan. Viguerie de Perpignan.
Lindet (Robert-Thomas), curé de Sainte-Croix de Bernay. Baill. d'Evreux.
Loaisel, recteur de Rhédon. Sénéchaussée de Vannes.
Loedon de Keromen, recteur de Gourin. Sénéchaussée de Quimper et Concarneau.
Lolier, curé d'Aurillac. Baill. de Saint-Flour.
Longpré, chanoine de Champlitte. Baill. d'Amont.
Lousmeau-Dupont, curé de Saint-Didier de Chalaronne. Sénéch. de Trévoux.
Lubersac, évêques de Chartres, abbé de la Grenetière, diocèse de Luçon, et de Noirlac, diocèse de Bourges. Baill. de Chartres.
Lucas, recteur du Minihy-Ploulan-Tréguier. Evêché de Tréguier.

MACHAULT (de), évêque d'Amiens, abbé de Valloires. Baill. d'Amiens et Ham.

MAISONNEUVE, recteur de Saint-Etienne de Montluc. Sén. de Nantes.

MALARTIC, curé de St.-Denis-de-Pile. Sén. de Castel-Moron d'Albret.

MALIDE (de), évêque de Montpellier, abbé de Belval, diocèse de Reims. Sén. de Montpellier.

MALRIEU, prieur-curé de Loubous. Sén. de Villefranche de Rouergue.

MAROLLES, curé de St.-Jean de St.-Quentin. Baill. de St.-Quentin.

MARSAY, curé de Neuil-sur-Dive. Baill. de Loudun.

MARTIN, curé de Sainte-Aphrodise. Sén. de Béziers.

MARTINET, chanoine régulier, prieur-curé de Daon. Sén. d'Anjou.

MASSIEU, curé de Sergy. Baill. de Senlis.

MATHIAS, curé de l'Église-Neuve. Sén. de Riom.

MAURY, prieur de Lions, abbé de la Frénade. Baill. de Péronne.

MAYET, curé de Rochetaillée. Sén. de Lyon.

MELON DE PRADOUX, prieur-curé de St.-Germain-en-Laye. Prévoté et vicomté de Paris.

MERCERET, curé de Fontaine-les Dijon. Baill. de Dijon.

MERCY (de), évêque de Luçon, abbé de Lieu-Dieu en Jard, diocèse de Luçon. Sén. de Poitou.

MERIC DE MONTGAZIN, vicaire-général du diocèse de Boulogne. Sén. de Boulogne-sur-Mer.

MESNARD, prieur-curé d'Aubigné. Sén. de Saumur.

MILLET, curé de St.-Pierre de Dourdan. Baill. de Dourdan.

MONNEL, curé de Valdelancourt. Baill. de Chaumont en Bassigny.

MONTESQUIOU (l'abbé de), agent-général du clergé de France, abbé de Beaulieu, diocèse du Mans; abbé de Beaulieu, diocèse de Langres. Ville de Paris.

MONTJALLARD, curé de Barjols. Sén. de Toulon.

MOUGINS DE ROQUEFORT, curé de Grasse. Sén. de Draguignan.

MOUTIER, grand-chantre et chanoine d'Orléans. Baill. d'Orléans.

MOYON, recteur de St.-André-des-Eaux. Sén. de Nantes.

NICOLAÏ (Louis-Marie de), évêque de Cahors. Sén. du Quercy.

NOLF, curé de St.-Pierre de Lille. Baill. de Lille.

Ogé, curé de St.-Pierremont. Baill. de Vermandois.
Oudot, curé de Savigny. Baill. de Châlons-sur-Saône.

Pampelone, archidiacre de la cathédrale de Viviers. Sén. de Villeneuve de Berg, en Vivarais.
Panat, grand-vicaire de Pontoise. Baill. de Chaumont en Vexin.
Papin, prieur-curé de Marly-la-Ville. Prévoté et vicomté de Paris.
Peretti della Rocca, grand-vicaire d'Aleiria. Isle de Corse.
Périer, curé de Saint-Pierre d'Etampes, Baill. d'Etampes.
Piffon, curé de Valeyrac. Sén. de Bordeaux.
Pinelle, curé de Hilsheim. Baill. de Colmar et Schelestat.
Pinelière, curé de Saint-Martin, île de Rhé. Sén de la Rochelle.
Pocheront, curé de Champvert. Baill. de Charolles.
Pompignan (Jean-Georges-le-Franc de), archevêque de Vienne, abbé de Buzay, diocèse de Nantes, et de Sainte-Chaffre, diocèse du Puy. Dauphiné.
Poupart, curé de Sancerre. Baill. du Berry.
Pons, curé de Mazamet. Première sén. de Languedoc.
Privat, prieur-curé de Craponne. Sén. du Puy en Velay.
Puységur (Chastenay de), évêque de Bourges, abbé de Saint-Vincent, diocèse de Metz. Baill. du Berry.

Rabin, curé de Notre-Dame de Cholet. Sén. d'Anjou.
Rangeard, archiprêtre d'Angers, curé d'Andard. Sén. d'Anjou.
Rastignac (de Chapt de), abbé de Saint-Mesmin. Baill. d'Orléans.
Ratier, recteur de Bross. Evêché de Saint-Mâlo.
Renault, curé de Preux-aux-Bois. Hainault.
Richard de Lavergne, recteur de la Trinité de Clisson. Marche commune du Poitou et de Bretagne.
Rigouard, curé de Solliés-la-Fallède. Sén. de Toulon.
Rivière, curé de Vic. Sén. de Bigorre.
Robien, doyen de la cathédrale d'Auxerre. Baill. d'Auxerre.
Rohan-Guémenée, cardinal, évêque-prince de Strasbourg; abbé de Saint-Vaast, diocèse d'Arras, et de la Chaise-Dieu, diocèse de Clermont. Baill. de Haguenau et Wissembourg.
Rollin, curé de Verton. Baill. de Montreuil-sur-Mer.
Rolland, curé du Caire. Sén. de Forcalquier.
Rosé, curé d'Obersteinbronn. Baill. de Béfort et Huningue.

Roussel, curé de Blarenghem. Baill. de Bailleul.
Rousselot, curé de Thienans. Baill. d'Amont.
Royer, conseiller-d'état, abbé de la Noe, diocèse d'Evreux. Ville d'Arles.
Royère (de), évêque de Castres. Sén. de Castres.
Rozé, curé d'Emalville. Baill. de Caux.
Rualem, abbé d'Ile-les-Villenoy, abbé de Saint-Allyre, diocèse de Clermont, et de Saint-Faron, diocèse de Meaux; chef du conseil et intendant-général des finances de mesdames Adélaïde et Victoire, conseiller de grand'chambre du parlement de Rouen. Beaill. de Maux.
Ruello, curé de Loudeac. Sén. de Saint-Brieuc.
Ruffo (Claude-Marie des comtes de Laric), évêque de Saint-Flour. Baill. de Saint-Flour.

Sabran (Louis-Hector-Honoré-Maxime de) évêque-duc de Laon, pair de France, grand aumônier de la reine, abbé de Saint-Nicolas-des-Bois, diocèse de Laon. Baill. de Vermandois.
Saint-Albin, doyen de Vienne. Dauphiné.
Saint-Esteven, curé de Ciboure. Baill. du Labour.
Saint-Sauveur (de), évêque de Bazas, abbé de l'Ile de Médoc, diocèse de Bordeaux. Sén. de Bazas.
Samary, curé de Carcassonne. Sén. de Carcassonne.
Saurine (l'abbé). Béarn.
Simon, curé de Woel. Baill. de Bar-le-Duc.
Simon, recteur de la Boussacq. évêché de Dol.
Surade (de), chanoine régulier de Sainte-Geneviève, prieur de Plaisance. Sén. de Poitou.

Talaru de Chalmazel, évêque de Coutances, abbé de Blanchelande, diocèse de Coutances et de Montebourg, même diocèse. Baill. de Coutances.
Talleyrand-Périgord, archevêque-duc de Reims, pair de France, abbé de Saint-Quentin-en-l'Ile, diocèse de Noyon, et de Cercamp, diocèse d'Amiens. Baill. de Reims.
Talleyrand-Périgord, évêque d'Autun, abbé de Celles, diocèse de Poitiers, et de Saint-Denis, diocèse de Reims. Baill. d'Autun.

Texier, chanoine de Chartres. Baill. de Châteauneuf-en-Timerais.
Thibaut, curé de Soupes. Baill. de Nemours.
Thiébault, curé de Saintes-Croix. Baill. de Metz.
Thirial, curé de Saint-Crépin. Baill. de Château-Thierry.
Thomas, curé de Mormant. Baill. de Melun.
Thomas, curé de Meymac. Sén. de Tulle.
Thourin, curé de Vic-le-comte. Sén. de Clermont en Auvergne.
Touzet, curé de Sainte-Terre. Sén. de Libourne.
Tridon, curé de Rongères. Sén. de Moulins.

Vallet, curé de Saint-Louis. Baill. de Gien.
Vaneau, recteur d'Orgères. Sén. de Rennes.
Varelles, curé de Marolles. Baill. de Villers-Cotterets.
Varicourt (Rouph de), official de l'évêché de Genève. Baill. de Gex.
Verdet, curé de Vintrange. Baill. de Sarguemines.
Verguet (dom), prieur de l'abbaye du Relecq. Évêché de Saint-Pol-de-Léon.
Veytard, curé de Saint-Gervais. Ville de Paris.
Villaret, vicaire-général de Rhodez. Sén. de Villefranche de Rouergue.
Villebanois, curé de Saint-Jean-le-Vieux. Baill. du Berry.
Villevieille (Pavée de), évêque de Bayonne. Navarre.
Viochot, curé de Maligny. Baill. de Troyes.
Yvernault, chanoine de Saint-Ursin de Bourges. Baill. du Berry.

NOBLESSE.

Agoult (le comte Antoine d'). Dauphiné.
Aigalliers (Bruéys, baron d'). Sén. de Nîmes.
Aiguillon (le duc d'), pair de France. Sén. d'Agen.
Allarde (le baron d'). Baill. de Saint-Pierre-le-Moustier.
Ambly (le marquis d'), maréchal-de-camp. Baill. de Reims.
Andelau de Hombourg (le baron d'), maréchal-de-camp, grand bailli d'épée. Baill. d'Haguenau.
Angosse (le marquis d'), maréchal-de-camp, gouverneur et grand sénéchal d'Armagnac. Sén. d'Armagnac.

Antraigues (le comte d'). Sén. de Villeneuve de Berg.
Aoust (le marquis d'). Baill. de Douai.
Apchier (le marquis d'). Sén. de Mende.
Arcy (le comte d'). Baill. d'Auxerre.
Argenteuil (le marquis d'), maréchal-de-camp. Baill. d'Auxois.
Aurillac (le baron d'). Baill. de Saint-Flour.
Avaray (le marquis d'), maître de la garderobe de Monsieur, frère du roi. Bail. d'Orléans.
Avessens (le marquis d'). Première sén. de Languedoc.

Badens (le marquis du Pach de). Sén. de Carcassonne.
Ballidard (de). Baill. de Vitry-le-Français.
Barbançon (le vicomte de). Baill. de Villers-Cotterets.
Barbotan (le comte de). Sén. de Dax, etc.
Barville (de), officier aux gardes. Baill. d'Orléans.
Batz (le baron de), grand sénéchal. Sén. de Nérac.
Beauchamp (le marquis de). Sén. de Saint-Jean-d'Angely.
Beaudrap (de). Baill. de Coutances.
Beauharnois (le vicomte de), major en second d'infanterie. Baill. de Blois.
Belboeuf (de), avocat général au parlement de Rouen. Baill. de Rouen.
Bengy de Puy-Vallée. Baill. du Berry.
Biencourt (le marquis de), maréchal de camp. Sén. de Guéret.
Biron (le duc de). Sén. de Quercy.
Blacons (le marquis de). Dauphiné.
Boisse (le chevalier de). Ville et sén. de Lyon.
Bonneville (le comte de). Baill. d'Évreux.
Bonnay (le marquis de). Baill. de Nivernais.
Bonvouloir (Tachard de). Baill. de Coutances.
Boufflers (le chevalier de), chevalier de Malte, noble génois maréchal de camp, etc. Baill. de Nancy.
Bournazel (le comte de). Sén. de Villefranche en Rouergue.
Bourran (le marquis de). Sén. d'Agen.
Bousmard, capitaine au corps royal du génie. Baill. de Bar-le-Duc.
Bouthilier (le marquis de). Baill. de Berry.
Bouville (de). Baill. de Caux.

Briois de Beaumetz, premier président du conseil d'Artois. Province d'Artois.
Broglie (le prince Victor de). Baill. de Colmar et Schélestat.
Broves de Rafélis (le vicomte de). Sén. de Draguignan.
Bureau de Puzy, officier du génie. Bailliage d'Amont.
Burignot de Varennes. Bailliage de Châlons-sur-Saône.
Burle (de), lieutenant-général de Sisteron. Sén. de Forcalquier.
Buttafoco (de), maréchal-de-camp. Ile de Corse.

Cairon (le marquis de). Baill. de Caux.
Castellane (le comte de). Baill. de Châteauneuf en Thimerais.
Castries (le duc de). Prévôté et vicomté de Paris.
Causans (le marquis de). Principauté d'Orange.
Caylus (le duc de), grand d'Espagne. Baill. de Saint-Flour.
Cazalès (de). Pays et jugerie de Rivière-Verdun.
Cernon (le baron de). Baill. de Châlons-sur-Marne.
Chabrol, lieutenant-criminel de la sénéchaussée d'Auvergne.
Chalon (le chevalier de). Sén. de Castel-Moron.
Chaléon (le baron de). Dauphiné.
Chambray (le marquis de), maréchal-de-camp. Baill. d'Évreux.
Champagny (de Nompair de), major de vaisseau. Baill. du Forez.
Chastenay de Lanty (le comte de). Baill. de Châtillon-Sur-Seine.
Chatelet (le duc du), chevalier des ordres du roi, grand d'Espagne, colonel des gardes françaises. Baill. de Bar-le-Duc.
Choiseul d'Aillecourt (le comte de). Baill. de Chaumont en Bassigny.
Choiseul Praslin (le duc de), pair de France. Sén. d'Anjou.
Clapiers (de). Sén. d'Aix.
Clairmont (d'Esclaïbe, comte de). Bailliage de Chaumont en Bassigny.
Clermont-Lodeve (Guilhelm, marquis de). Ville d'Arles.
Clermont-Mont-Saint-Jean (le marquis de). Baill. de Bugey et Val-Romey.
Clermont-Tonnerre (le comte de), pair de France. Ville de Paris.
Coiffier (le baron de). Sén. de Moulins.
Coigny (le duc de), pair de France, chevalier des ordres du roi, lieutenant-général de ses armées, etc. Baill. de Caen.

Comaserra (de). Province de Roussillon.
Crécy (le comte de). Sén. de Ponthieu.
Crillon (comte de). Baill. de Beauvais.
Crillon (le marquis de), maréchal-de-camp. Baill. de Troyes.
Croï (le duc de), chevalier des ordres du roi. Hainault.
Croix (le comte de), major en second d'infanterie. Province d'Artois.
Crussol (le baron de), grand bailly d'épée. Baill. de Bar-sur-Seine.
Crussol (le bailly de), chevalier des ordres du roi, capitaine des gardes de M. le comte d'Artois. Prévôté et vicomté de Paris.
Crussol d'Amboise (le marquis de), lieutenant-général des armées du roi. Sén. du Poitou.
Culant (le comte de). Baill. d'Angoulême.
Custine (le comte de). Baill. de Metz.
Cypierre (le marquis de). Sén. de Marseille.

D'Aguesseau de Fresnes. Baill. de Meaux.
D'André, conseiller au parlement d'Aix. Sén. d'Aix.
Depiis, grand sénéchal. Sén. de Bazas.
Deschamps. Ville et sénéchaussée de Lyon.
Dieuzie (le comte de). Sén. d'Anjou.
Digoine du Palais (le marquis). Baill. d'Autun.
Dionis Duséjour, conseiller au parlement. Ville de Paris.
Dortan (le comte de). Baill. de Dole en Franche-Comté.
Douzon (Dubuisson comte de). Sénéch. de Moulins.
Duport, conseiller au parlement. Ville de Paris.
Duval d'Esprémenil, conseiller au parlement. Prévôté et vicomté de Paris.

Egmont-Pignatelli (le comte d'), grand d'Espagne, chevalier de la Toison d'Or, lieutenant-général des armées du roi. Baill. de Soissons.
Escars (le comte François d'), gentilhomme d'honneur de M. le comte d'Artois. Sén. de Châtellerault.
Esclans (le chevalier d'). Baill. d'Amont.
Escouloubre (le marquis d'). Première sén. de Languedoc.
Esquille (le marquis d'), président au parlement. Béarn.
Estagnolle (le comte d'). Baill. de Sedan.
Estourmel (le marquis d'). Cambresis.

Eymard (d'). Sén. de Forcalquier.

Failly (le comte de). Baill. de Vitry-le-Français.
Férierres (le marquis de). Sén. de Saumur.
Flachslanden (le baron de), maréchal-de-camp. Baill. de Colmar et Schélestat.
Fonchateau (Provençal, marquis de). Sén. d'Arles.
Fossés (le vicomte des). Baill. de Vermandois.
Foucault de Lardimalie (le marquis de). Sénéch. du Périgord.
Fournès (le marquis de), sénéchal. Sén. de Nîmes.
Fresnay (Bailli, marquis de). Sén. du Maine.
Fréteau de Saint-Just, conseiller au parlement de Paris. Baill. de Melun.
Froment (de), ancien lieutenant-colonel du régiment de Rohan. Baill. de Langres.
Frondeville (Lambert de), président au parlement de Rouen. Baill. de Rouen.
Fumel-Monségur (le marquis de), maréchal-de-camp. Sénéch. d'Agen.

Gaillon (le marquis de). Baill. de Mantes.
Garon de la Bévière, chevalier de Saint-Louis. Baill. de Bourg-en-Bresse.
Gauville (le baron de). Baill. de Dourdan.
Gleises de la Blanque, lieutenant-général de Béziers. Sén. de Béziers.
Gomer (le comte de), maréchal-de-camp. Baill. de Sarguemines.
Gonnès (le baron de). Sén. de Bigorre.
Graimberg de Belleau, lieutenant des maréchaux de France. Baill. de Château-Thierry.
Grammont (le comte de), lieutenant-général des armées du roi. Béarn.
Grezolles (le comte de). Baill. du Forez.
Grosbois (de). premier président du parlement de Besançon. Baill. de Besançon.

Harambure (le baron d'). Baill. de Touraine.

Harchies (le marquis de), cap. au régiment de Bresse. Baill. de Bailleul.

Hart (le marquis du). Pays de Soules.

Hautoy (le vicomte du), maréchal-de-camp. Baill. de Bar-le-Duc.

Havré et de Croï (le duc d'), grand d'Espagne. Baill. d'Amiens et Ham.

Helmstatt (le comte d'). Baill. de Sarguemines.

Hercé (le chevalier de). Sén. du Maine.

Hodicq (le comte d'), maréchal-de-camp. Baill. de Montreuil-sur-mer.

Irland de Bazoges, lieutenant du présidial de Poitiers. Sénéch. du Poitou.

Iversay (Jouflard, comte d'). Sén. du Poitou.

Jessé (le baron de). Sén. de Béziers.

Juigné (le marquis de), lieutenant-général des armées du roi. Marches communes de Poitou et Bretagne.

Juigné (le baron de). Baill. de Coutances.

Lablache (le comte de), maréchal de camp. Dauphiné.

Lachatre (le comte de), premier gentilhomme de la chambre de *Monsieur*, frère du roi. Baill. de Berry.

Lachatre (le vicomte de). Sén. du Poitou.

Lacoste (le marquis de). Baill. de Charolles.

Lacoudraye (Deloynes, chevalier de). Sén. du Poitou.

Lafayette (Mottié, marquis de), maréchal-de-camp. Sénéch. de Riom.

Lagalissonnière (le comte de). Sen. d'Anjou.

Laipaud (le comte de) grand sénéchal d'épée. Sén. de la Basse-Marche.

Lally-Tollendal (le comte de). Ville de Paris.

Lamarck (le comte de). Hainault.

Lambertye (le comte de). Sén. du Poitou.

Lamerville (Heurtault, vicomte de). Baill. de Berry.

Lameth (le chevalier Alexandre de), gentilhomme d'honneur de M. le comte d'Artois. Baill. de Péronne.

Lameth (le comte Charles de), colonel des cuirassiers. Province d'Artois.

Lannoy (le comte de), maréchal-de-camp. Baill. de Lille.
Langon (le marquis de). Dauphiné.
Landenberg-Wagenbourg (baron de). Baill. de Béfort.
Laqueille (le marquis de). Sén. de Riom.
Laqueille (le vicomte de). Sén. de Tulle.
La Rouzière (le marquis de), maréchal-de-camp. Sénéch. de Riom.
Lapoype-Vertrieux (le marquis de), chef d'escadre. Sén. de Toulon.
Lassigny de Juigné (le comte de), Sénéch. de Draguignan.
Larochefoucauld (le duc de), pair de France. Ville de Paris.
Laroque de Mons (le comte de). Sén. du Périgord.
Latouche (le Vassor, comte de), capitaine des vaisseaux du roi, inspecteur-général des canonniers auxiliaires de la marine, chancelier de M. le duc d'Orléans. Baill. de Montargis.
Latour-du-Pin (le comte de). Sén. de Saintes. (Remplacé par le comte de Bremont-d'Ars.)
Latour-Maubourg (le marquis de). Sénéch. du Puy-en-Velay.
Lavalette-Parizot (le marquis de). Sén. du Quercy.
Lavie (le président). Sén. de Bordeaux.
Leberthon, premier président du Parlement de Bordeaux. Sén. de Bordeaux.
Lecarpentier de Chailloué, conseiller au parlement. Baill. d'Alençon.
Lemoyne de Belleisle. Baill. de Chaumont-en-Vexin.
Lemulier de Bressay. Baill. de Dijon.
Lencosne (le marquis de). Baill. de Touraine.
Lesergean d'Isbergue, lieutenant des maréchaux de France. Province d'Artois.
Lévi (le duc de). Baill. de Senlis.
Levis (le comte de). Baill. de Dijon.
Lezai de Marnézia (le marquis de), maréchal de camp. Baill. d'Aval.
L'Huillier-Rouvenac (le baron de). Sén. de Limoux.
Liancourt (le duc de), chevalier des ordres du roi, grand-maître de sa garde-robe. Baill. de Clermont en Beauvoisis.
Linière (le comte de la). Sén. de Nîmes.

Lograr (le marquis de), conseiller au parlement de Navarre. Navarre.

Loras (le marquis de). Ville et sén. de Lyon.

Ludres (le comte de), maréchal de camp. Baill. de Nancy.

Lupé (le baron de). Sén. d'Auch.

Lusignan (le marquis de), Sén. de Condom.

Lusignem (le marquis de), lieutenant-général des armées du roi. Ville de Paris.

Luxembourg (Piney, duc de), pair de France, etc. remplacé par M. Irland de Bazoges.

Luynes (le duc de), pair de France. Baill. de Touraine.

Macaye (le vicomte de). Baill. de Labour.

Maquerel de Quémy. Baill. de Vermandois.

Mailly (le duc de). Baill. de Péronne.

Malartic (le vicomte de), lieutenant-colonel de bataillon. Sén. de la Rochelle.

Marguerites (le baron de), maire de Nîmes. Sén. de Nîmes.

Marsanne-Fontjuliane (le comte de). Dauphiné.

Mascon (le comte de). Sén. de Riom.

Maulette (le chevalier de). Baill. de Montfort-l'Amaury.

Maurens (de), président à mortier au parlement de Toulouse. Première sén. de Languedoc.

Menonville (de). Baill. de Mirecourt.

Menou (le baron de). Baill. de Touraine.

Mesgrigny (le marquis de). Baill. de Troyes.

Mirabeau (le vicomte de), colonel du régiment de Touraine. Sén. de Limoges.

Miremont (le comte de). Baill. de Vermandois.

Mirepoix (le comte de). Ville de Paris.

Moncorps Duchénoi (le comte de). Baill. d'Auxerre.

Monjoye Vaufrey (le comte de). Baill. de Béfort.

Monspey (le marquis de). Sén. du Beaujolais.

Montagut-barrau (le baron de). Comminges et Néhouzan.

Montboissier (le comte de), chevalier des ordres du roi, lieutenant-général de ses armées. Sén. de Clermont en Auvergne.

Montboissier (le baron de). Baill. de Chartres.

Montcalm-Gozon (le comte de), maréchal-de-camp. Sén. de Carcassonne.

Montcalm-Gozon (le marquis de). Sén. de Villefranche en Rouergue.

Mont-d'Or (le marquis de). Ville et sén. de Lyon.

Montesquiou-Fezensac (le marquis de), chevalier des ordres du roi, premier écuyer de *Monsieur*, etc. Ville de Paris.

Montferré (le chevalier de). Province de Roussillon.

Montmorency (le comte Mathieu de), grand bailly. Baill. de Montfort-l'Amaury.

Montrevel (le comte de), maréchal de camp. Baill. de Mâcon.

Morge (le comte de). Dauphiné.

Mortemart (le duc de), pair de France. Baill. de Sens.

Mortemart (le marquis de). Baill. de Rouen.

Noailles, prince de Poix, chevalier des ordres du roi et de la toison d'or, capitaine des gardes-du-corps, gouverneur de Versailles, etc. Baill. d'Amiens et de Ham.

Noailles (le vicomte de). Baill. de Nemours.

Noyelles (le baron de). Baill. de Lille.

Orléans (Louis-Philippe-Joseph de Bourbon, duc d'). Baill. de Crépy en Valois.

Ormesson (président d'). Prévoté et vicomté de Paris.

Panat (le marquis de). Première sén. de Languedoc.

Panat (le vicomte de). Sén. de Rhodez.

Panetiers (le comte de). Vicomté de Couserans.

Pannette (Vincent de). Sén. de Trévoux.

Pardieu (le comte Félix de). Baill. de Saint-Quentin.

Paroy (le marquis de), grand bailly. Baill. de Provins.

Phélines (de), capitaine au corps royal du génie. Baill. de Blois.

Plas de Tane (le comte de). Sén. du Quercy.

Pleure (le marquis de), grand bailly. Baill. de Sézanne.

Poissac (le baron de), conseiller au parlement de Bordeaux. Sén. de Tulle.

Pouilly (le baron de). Baill. de Verdun.

Praslin (le comte de), colonel du régiment de Lorraine. Sén. du Maine.

PREZ DE CRASSIER, chevalier de St.-Louis, grand bailly d'épée. Baill. de Gex.

PUCH DE MONTBRETON. Sén. de Libourne.

PUISAYE (le comte de). Baill. du Perche.

RANCOURT DE VILLIERS. Baill. de Gien.

RATHSAMHAUSEN (le baron de), colonel d'infanterie. Baill. d'Haguenau.

RENEL (le comte de) Baill. de Toul.

REUILLEZ (le comte de). Sén. d'Anjou.

RICHIER (de). gentilhomme de Marennes. Sén. de Saintes.

ROBECQ (le prince de), chevalier des ordres du roi, grand d'Espagne, etc. Baill. de Bailleul.

ROCHEBRUNE (le baron de). Baill. de Saint-Flour.

ROCHECHOUART (le comte de), maréchal de camp. Ville de Paris.

ROQUEFORT (la Salle marquis de). Sénéch. de Mont-de-Marsan.

ROYS (le comte de), grand sénéchal de Limoges. Sén. de Limoges.

SAINTE-ALDEGONDE (le comte François de), colonel au régiment de Royal-Champagne. Baill. d'Avesnes.

SAINT-FARGEAU (le Pelletier de), président au Parlement. Ville de Paris.

SAINT-MAIXANT (le marquis de), maréchal de camp. Sén. de Guéret.

SAINT-MARC (le marquis de). Baill. d'Etampe.

SAINT-MAURICE (le marquis de). Sén. de Montpellier.

SAINT-SIMON (le marquis de), Grand-d'Espagne. Baill. d'Angoulême.

SANDRANS. (Cardon, baron de). Baill. de Bourg-en-Bresse.

SANDROUIN (le vicomte de), chevalier de Malte. Baill. de Calais et Ardres.

SARRAZIN (le comte de). Baill. de Vendôme.

SASSENAY (le marquis Bernard de). Baill. de Châlons-sur-Saône.

SATILIEU (le marquis de), capit. au corps royal du génie. Sén. d'Annonay.

SÉGUR (le vicomte de), maréchal de camp. Sén. de Bordeaux.

SÉRENT (le comte de), maréchal de champ. Baill. de Nivernais.

SEURRAT DE LA BOULAYE, conseiller au Châtelet d'Orléans. Baill. d'Orléans.

SILLERY (Brûlart de Genlis, marquis de). Baill. de Reims.

SINÉTI (de), chevalier de Saint-Louis. Sén. de Marseille.

TERNAY (le marquis de). Baill. de Loudun.
TESSÉ (le comte de), Grand-d'Espagne, chevalier des ordres du roi, premier écuyer de la reine, lieutenant-général des armées du roi. Sén. du Maine.
THIBOUTOT (le marquis de), maréchal de camp. Baill. de Caux.
TOULONGEON (le marquis de). Baill. d'Amont.
TOULONGEON (le vicomte de). Baill. d'Aval.
TOULOUSE-LAUTREC (le comte de), maréchal de camp. Sén. de Castres.
TOUSTAIN DE VIRAY (le comte de). Baill. de Mirecourt.
TRACY (Destutt, comte de). Sén. de Moulins.
TRIE (le comte de). Baill. de Rouen.

USSON (le marquis d'), maréchal de camp. Sén. de Pamiers.
USTOU DE SAINT-MICHEL (le vicomte d'). Comminges et Nébouzan.

VASSÉ (le vidame de). Sén. du Maine.
VASSY (le comte Louis de). Baill. de Caen.
VAUDREUIL (le marquis de), lieutenant-général des armées navales. Sén. de Castelnaudary.
VERTHAMONT (le chevalier de). Sén. de Bordeaux.
VIALIS (de), maréchal de camp. Sén. de Toulon.
VILLARMOIS (le comte Arthur de). Baill. de Coutances.
VILLEMORT (le comte de). Sén. du Poitou.
VILLEQUIER (le duc de), chevalier des ordres du roi, premier gentilhomme de sa chambre. Sén. de Boulogne-sur-Mer.
VIRIEU (le comte de). Dauphiné.
VOGUÉ (le comte de). Sén. de Villeneuve-de-Berg.
VRIGNY (le marquis de), grand-bailli, Baill. d'Alençon.

WIMPFEN (le baron de). Baill. de Caen.
WOLTER DE NEUBOURG. Baill. de Metz.

N. B. La noblesse de Bretagne ne s'étant pas rendue aux États-Généraux, ne se trouve point dans cette liste.

TIERS-ÉTAT.

AFFORTY, cultivateur, à Villepinte. Prévôté et vicomté de Paris.

AGIER, lieutenant-général de la sénéchaussée du Poitou.
ALLARD, médecin. Sén. d'Anjou.
ALLARD-DUPLANTIER, propriétaire. Dauphiné.
ALQUIER, maire de la Rochelle. Sén. de la Rochelle.
ANDRIEU, avocat général, etc. du duché de Montpensier, maire d'Aigueperse. Sén. de Riom.
ANDURANT, avocat. Sén. de Villefranche en Rouergue.
ANGO, bailli de Saint-Sauveur le Vicomte. Baill. de Coutances.
ANSON, receveur-général des finances. Ville de Paris.
ANTHOINE, lieutenant-général du bailliage de Boulay. Baill. de Sarguemines.
ARMAND, avocat. Baill. de Saint-Flour.
ARNOULT, avocat. Baill. de Dijon.
ARIVEUR, commissaire-enquêteur en la sénéchaussée de Lyon. Sén. de Trévoux.
AUBRY-DUBOUCHET, commissaire à terrier. Baill. de Villers-Cotterets.
AUCLERC DESCOTTES, médecin. Baill. du Berry.
AUDIER-MASSILLON, lieutenant-général en la sénéchaussée. Sén. d'Aix.
AUGIER, négociant, à Cognac. Baill. d'Angoulême.
AUGIER, négociant, à Charente. Sén. de Saintes.
AUVINET, sénéchal de Montaigu. Marches communes du Poitou et de Bretagne.
AUVRY, procureur-syndic du département. Baill. de Montfort l'Amaury.

BABEY, avocat du roi, à Orgelet. Baill. d'Aval.
BACO DE LA CHAPELLE, procureur du roi, à Nantes. Sén. de Nantes.
BAILLEUL, président de l'élection du Perche. Baill. du Perche.
BAILLOT, avocat. Baill. de Troyes.
BAILLY, des académies françaises, des belles-lettres et des sciences. Ville de Paris.
BAILLY, laboureur. Baill. du Vermandois.
BANDI DELACHAUX, lieutenant de maire de Felletin. Sén. de Guéret.

Barbier, lieutenant-général au bailliage de Vitry. Baill. de Vitry-le-Français.

Barnave, propriétaire. Dauphiné.

Baron, avocat. Baill. de Reims.

Barrere de Vieuzac, avocat, conseiller en la sénéchaussée de Bigorre. Sén. de Bigorre.

Basquiat de Mugriet, lieutenant-général de Saint-Sever. Sen. de St.-Sever, Dax, etc.

Baucheton, avocat à Issoudun. Baill. du Berry.

Bazin, avocat. Baill. de Gien.

Bazoche, avocat du roi à Saint-Mihiel. Baill. de Bar-le-Duc.

Beaudoin de Maisonblanche, avocat. Sén. de Lannion.

Beaulieu, propriétaire. Baill. de Touraine.

Beauperrey, propriétaire à Gâcé. Baill. d'Evreux.

Bégouin, écuyer, négociant au Hâvre. Baill. de Caux.

Bellezais de Courmesnil, procureur du roi à Argentan. Baill. d'Alençon.

Bénazet, bourgeois de Saissac. Sén. de Carcassonne.

Benoist, avocat et notaire à Frolois. Baill. de Châtillon-sur-Seine.

Béranger, procureur du roi à l'élection de Valence. Dauphiné.

Bergasse, avocat. Sén. de Lyon.

Bergasse-Laziroule, ancien officier d'artillerie. Sénéch. de Pamiers.

Bernard, syndic du chapitre de Weissembourg. Alsace.

Bernard Valentin, bourgeois. Sén. de Bordeaux.

Bernigaud de Grange, lieutenant au bailliage de Châlons-sur-Saône. Baill. de Châlons-sur-Saône.

Berthereau, procureur au châtelet. Ville de Paris.

Berthier, bailli de Puysceaux. Baill. de Nemours.

Berthomier de Lavillete, procureur du roi. Sénéch. de Moulins.

Bertrand, avocat et procureur du roi. Baill. de St.-Flour.

Bertrand de Monfort, vice-bailli, lieutenant-général des baronnies. Dauphiné.

Besnard-Duchène, lieutenant au bailliage de Valognes. Baill. de Coutances.

Bévière, notaire. Ville de Paris.

Biaille de Germon, procureur du roi aux eaux et forêts. Sén. du Poitou.

Bidault, lieutenant-criminel au balliage de Poligny. Baill. d'Aval.

Bignan, négociant. Dauphiné.

Billette, négociant. Sén. de Quimperlay, etc.

Bion, avocat. Baill. de Loudun.

Biroteau de Burondières, avocat, près les Sables, Sénéch. du Poitou.

Bizard, ancien maire. Sén. de Saumur.

Blanc, avocat. Baill. de Besançon.

Blançard, propriétaire. Dauphiné.

Blanquard des Salines. Baill. de Calais.

Blin, médecin. Sén. de Nantes.

Boery, président en l'élection de Châteauroux. Baill. de Berry.

Boislandry, négociant, à Versailles. Prévôté et vicomté de Paris.

Boissonnot, notaire. Sén. de Bordeaux.

Boissy-d'Anglas. Sén. d'Annonay.

Bonegen, lieutenant à la sénéchaussée de Saint-Jean d'Angély.

Bonet de Treyches, lieutenant de la sénéchaussée du Puy-en-Vélay.

Bonnet, avocat. Sén. de Limoux.

Bordeaux, procureur du roi. Baill. de Chaumont en Vexin.

Bornier (Dutrou de), conseiller, à Montmorillon. Sénéch. du Poitou.

Bouche, avocat. Sén. d'Aix.

Bouche, avocat. Sén. de Forcalquier.

Boucher, négociant. Province d'Artois.

Bouchet, procureur du roi, à Chinon. Baill. de Touraine.

Bouchette, avocat, à Bergues. Baill. de Bailleul.

Bouchotte, procureur du roi au bailliage de Bar-sur-Seine. Baill. de Bar-sur-Seine.

Boullé, avocat, à Pontivy. Sén. de Ploermel.

Boulouvard, négociant, à Arles. Ville d'Arles.

BOURDON, procureur du roi au bailliage d'Arques. Baill. de Caux.
BOURDON, curé d'Evaux. Sén. de Riom.
BOURGEOIS, laboureur. Baill. de Villers-Cotterets.
BOURON, avocat du roi, à Fontenay. Sén. du Poitou.
BOUTARIC, président de l'élection de Figeac. Sén. du Querc.
BOUVET, négociant. Baill. de Chartres.
BOUVEYRON, bourgeois. Baill. de Bourg-en-Bresse.
BOUVIER, procureur du roi. Principauté d'Orange.
BRANCHE, avocat. Sén. de Riom.
BRASSART, avocat. Province d'Artois.
BREVET DE BEAUJOUR, avocat du roi au présidial d'Angers. Sén. d'Anjou.
BRIAUT, sénéchal de la Mothe Sainte-Héraye. Sén. du Poitou.
BRILLAT-SAVARIN, avocat. Baill. de Bugey et Valromey.
BROCHETON, avocat. Baill. de Soissons.
BROSTARET, avocat à Castel-Jaloux. Sén. de Nérac.
BRUNET DE LATUQUE, juge royal de Puch de Gontaut. Sén. de Nérac.
BUFFY, notaire. Baill. de Dourdan.
BURDELOT, maire de Pontorson. Baill. de Coutances.
BUSCHEY DESNOES, conseiller au bailliage de Bernay. Baill. d'Evreux.
BUZOT, avocat, à Evreux. Baill. d'Evreux.

CAMPMAS, médecin. Première sénéchaussée de Languedoc.
CAMUS, avocat, de l'académie des inscriptions et belles-lettres. Ville de Paris.
CAMUSAT DE BELOMBRE, négociant. Baill. de Troyes.
CASTAIGNÈDE, notaire. Sén. de Tartas.
CASTELANET, notaire, admis pour remplacer M. Liquier, mort à Versailles, le 13 juin 1789. Sén. de Marseille.
CHABROUD, avocat. Dauphiné.
CHAILLON, avocat. Sén. de Nantes.
CHAMBON DE LATOUR, maire d'Uzès. Sén. de Nîmes.
CHAMBORS (le comte de). Vicomté de Couserans.
CHANTAIR, conseiller au présidial de Mirecourt. Baill. de Mirecourt.

CHAPELIER, avocat. Sén. de Rennes.

CHARIER, avocat. Sén. de Mende.

CHASSEBOEUF DE VOLNEY, propriétaire, à Angers. Sén. d'Anjou.

CHASSET, avocat. Sén. du Beaujolais.

CHAVOIX, avocat. Sén. de Limoges.

CHENET, maire de Montelimart. Dauphiné.

CHENON DE BEAUMONT, conseiller en l'élection du Mans. Sén. du Maine.

CHER FILS, procureur du roi au bailliage de Cany. Baill. de Caux.

CHERRIER, lieutenant-général de Neufchâteau. Baill. de Mirecourt.

CHESNON DE BAIGNEUX, lieutenant-criminel, à Chinon. Baill. de Touraine.

CHEVALIER, cultivateur. Prévôté et vicomté de Paris.

CHOISY, cultivateur. Baill. de Châlons-sur-Marne.

CHOMBART, propriétaire. Baill. de Lille.

CHRISTIN, avocat, à St.-Claude. Baill. d'Aval.

CIGONGNE, négociant. Sén. de Saumur.

CLAUDE, avocat, à Longwi. Baill. de Metz.

CLAYE, laboureur. Baill. de Châteauneuf-en-Thimerais.

COCHARD, avocat. Baill. d'Amont.

COCHEREL (le chevalier de). Colonie de St.-Domingue.

COCHON DE L'APPARENT, conseiller à Fontenay, suppléant admis en place de M. Thibaudeau, resté à Poitiers. Sén. du Poitou.

COLOMBEL DE BOISSAULARD, négociant. Baill. d'Alençon.

CORENTIN-LE-FLOC, laboureur à Quanquizerne. Sén. d'Hennebond.

COROLLER DUMOUSTOIR, procureur du roi, à Hennebond. Sénéch. d'Hennebond.

COTTIN, propriétaire. Sén. de Nantes.

COUDER, négociant. Ville de Lyon.

COUPARD, avocat. Sén. de Dinan.

COUPPÉ, sénéchal de Lannion. Sén. de Lannion, etc.

CRÉNIÈRE, négociant à Vendôme. Baill. de Vendôme.

CREUZÉ DE LATOUCHE, lieutenant de la sénéchaussée de Châtellerault.

CUSSY (de), directeur de la monnaie de Caen. Baill. de Caen.

T. XII.

DABADIE, capitaine au corps royal du génie. Les Quatre-Vallées.
D'AILLY, conseiller d'Etat. Baill. de Chaumont en Vexin.
DARCHES, maître de forges, à Marienbourg. Baill. d'Avesnes.
D'ARNAUDAT, conseiller au parlement de Navarre. Béarn.
D'ARRAING, propriétaire. Pays de Soules.
DAUBERT, juge royal. Sén. d'Agen.
DAUCHY, cultivateur. Baill. de Clermont en Beauvoisis.
DAUDE, avocat du roi. Baill. de St.-Flour.
DAVOST, greffier au bailliage de Provins. Baill. de Provins.
DEBOURGE, négociant. Ville de Paris.
DECRETOT, négociant à Louviers. Baill. de Rouen.
DEFAY, propriétaire. Baill. d'Orléans.
DEFRANCES, avocat à Privas. Sén. de Villeneuve-de-Berg.
DELABAT, négociant. Sén. de Marseille.
DELACOUR, cultivateur. Baill. de Senlis.
DELACOUR-D'AMBÉSIEUX, avocat. Dauphiné.
DELAHAYE DE LAUNAY, propriétaire. Baill. d'Orléans.
DELALANDE, lieutenant de maire d'Ernée. Sén. du Maine.
DELAMBRE, cultivateur. Cambrésis.
DELANDINE, avocat, bibliothécaire de l'académie de Lyon. Baill. du Forez.
DELATTRE, négociant. Sén. du Ponthieu.
DELATTRE DE BALZAERT, maître particulier des eaux et forêts, à Merville. Baill. de Bailleul.
DELARTIGUE, lieutenant-général de la sénéchaussée de Toulouse. Première sén. de Languedoc.
DELAUNEY, avocat à Bayeux. Baill. de Caen.
DELORT DE PUYMALIE, lieutenant de la sénéchaussée d'Uzerches. Sén. de Tulle.
DELUZE-L'ETANG, notaire. Sén. de Bordeaux.
DESMAZIÈRES, conseiller au siège d'Angers. Sén. d'Anjou.
DESMEUNIERS, homme de lettres. Ville de Paris.
DENEUVILLE, sénéchal de Jugon. Sén. de St.-Brieuc.
DERAZE, lieutenant-général de Vezoul. Baill. d'Amont.
DESECOUTES, propriétaire. Baill. de Meaux.
DESÈSE, médecin. Sén. de Bordeaux.
DESPATYS DE COURTEILLES, lieutenant-général du Châtelet. Baill. de Melun.

Deviefville-des-Essarts, avocat, subdélégué de Guise. Baill. du Vermandois.

Devillas, juge de Pierrefort. Baill. de S.-Flour.

Devisme, avocat. Baill. du Vermandois.

Devoisins, avocat au parlement de Toulouse. Première sén. de Languedoc.

Dinochau, avocat, à Blois. Baill. de Blois.

Dosfand, notaire. Ville de Paris.

Douchet, cultivateur. Baill. d'Amiens.

Dourthe, procureur du roi. Baill. de Sedan.

Druillon, lieutenant-général au bailliage de Blois. Baill. de Blois.

Dubois, maire de Châtellerault. Sén. de Châtellerault.

Dubois de Crancé, écuyer, ancien mousquetaire. Baill. de Vitry-le-Français.

Dubois-Maurin, doyen des conseillers de la sénéchaussée de Villeneuve-de-Berg.

Dubuisson d'Inchy, agriculteur - propriétaire. Province d'Artois.

Ducellier, avocat. Prévôté et vicomté de Paris.

Dufraisse Duchey, lieutenant-général de la sénéchaussée d'Auvergne.

Dumas, avocat. Principauté d'Orange.

Dumas-Gonthier, propriétaire. Sén. de Libourne.

Dumesnil des Planques, maire de Carentan. Baill. de Coutances.

Dumetz, avocat. Baill. de Péronne.

Dumoustier de la Fond, avocat du roi. Baill. de Loudun.

Duplaquet, chapelain conventuel de l'ordre de Malte, censeur royal. Baill. de St.-Quentin.

Dupont, avocat. Sén. de Bigorre.

Dupont, conseiller d'Etat, chevalier de l'ordre de Vasa, propriétaire-cultivateur. Baill. de Nemours.

Dupré, négociant à Carcassonne. Sén. de Carcassonne.

Dupré de Ballay, procureur du roi au bailliage de Clermontois. Baill. de Verdun.

Duquesnoy, avocat. Baill. de Bar-le-Duc.

Durand, avocat. Sén. de Quercy.

Durand, négociant. Sén. de Lyon.

Durand de Maillanne, avocat. Sén. d'Arles.
Durget, avocat. Baill. d'Amont.
Dusers, conseiller au présidial de Vannes. Sén. de Vannes.
Duval de Grandpré, avocat. Sén. du Ponthieu.
Duvivier, cultivateur à Bonneuil-en-France. Prévôté et vicomté de Paris.

Emmery, avocat. Baill. de Metz.
Enjubault de Laroche, juge du comté-pairie de Laval. Sén. du Maine.
Escourre de Péluzat, avocat. Sén. d'Agen.
Espic, avocat à Aubenas. Sén. de Villeneuve-de-Berg.

Faydel, avocat à Cahors. Sén. du Quercy.
Féraud, consul de Brignolles. Sén. de Toulon.
Fermon Deschapelières, commissaire des Etats de Bretagne. Sén. de Rennes.
Ferté, laboureur. Baill. de Soissons.
Filleau, conseiller en la sénéchaussée de Niort. Sén. du Poitou.
Fisson-Jaubert, médecin. Sén. de Bordeaux.
Flachslanden (le bailli de), grand'croix de l'ordre de Malte. Bailliage d'Aguenau.
Flaust, lieutenant-général du bailliage de Vire. Baill. de Caen.
Fleury, fermier. Province d'Artois.
Fleurye, procureur du roi au bailliage de Monthivilliers. Baill. de Caux.
Fontenay, négociant. Ville de Rouen.
Fos Delaborde, maire de Gaillac. Première sénéchaussée de Languedoc.
Fouquier d'Herouelle, seigneur et cultivateur. Baill. de Saint-Quentin.
Fournier de la Charmie, lieutenant-général de Périgueux. Sén. du Périgord.
Fournier de la Pommerais, procureur du roi à Fougères. Sén. de Fougères.
Francheteau de la Glostière, avocat. Marches communes du Poitou et de Bretagne.
Franchistegui, propriétaire. Navarre.

François, agriculteur. Sén. d'Agen.
Francoville, avocat. Baill. de Calais.
Fricaud, avocat. Baill. de Charolles.
Fricot, procureur du roi à Remiremont. Baill. de Mirecourt.
Frochot, avocat, prevôt-royal d'Aignay-le-Duc. Baill. de Châtillon-sur-Seine.

Gagon Duchénay, avocat, ancien maire de Dinan. Sén. de Dinan.
Gallot, médecin. Sén. du Poitou.
Gantheret, cultivateur. Baill. de Dijon.
Garat aîné, avocat au parlement de Bordeaux. Baill. de Labour.
Garat jeune, hommes de lettres. Baill. de Labour.
Garesché, propriétaire. Sén. de Saintes.
Garnier, conseiller au châtelet. Ville de Paris.
Gaschet de Lille, négociant. Sén. de Bordeaux.
Gaultier, avocat du roi. Baill. de Touraine.
Gaulthier de Biauzat, avocat. Baill. de Clermont en Auvergne.
Gautier des Orcières, avocat. Baill. de Bourg-en-Bresse.
Geoffroy, avocat. Baill. de Charolles.
Gérard, laboureur. Sén. de Rennes.
Gérard, propriétaire. Colonie de Saint-Domingue.
Gérard, syndic de Vic. Baill. de Toul.
Germain, négociant. Ville de Paris.
Germiot, agriculteur. Baill. de Mantes.
Gidoin, propriétaire, Baill. d'Étampes.
Gillet de la Jacqueminière, procureur-syndic du département de Joigny. Baill. de Montargis.
Gillon, avocat. Baill. de Verdun.
Giraud Duplessix, avocat du roi à Nantes. Sén. de Nantes.
Girerd, médecin à Tarare. Sén. de Lyon.
Girod de Chévry, bourgeois. Baill. de Gex.
Giron de Toiry, avocat. Baill. de Gex.
Girot-Pouzol, avocat. Sén. de Riom.
Gleizen, avocat. Sén. de Rennes.
Gontier de Biran, lieutenant-général de la sénéchaussee de Bergerac. Sén. du Périgord.
Gossin, lieutenant-général au bailliage de Bar. Baill. de Bar-le-Duc.
Gossuin, lieutenant-général du bailliage du Quesnoy en Hainault.

Goudard, négociant. Ville de Lyon.
Gouges-Carton, négociant à Moissac. Sén. du Quercy.
Gounot, avocat en parlement. Baill. de Nivernais.
Goupil de Préfeln, ancien magistrat. Baill. d'Alençon.
Goupilleau, notaire à Montaigu. Sén. du Poitou.
Gourdan, lieutenant-criminel au bailliage de Gray. Baill. d'Amont.
Gournay, avocat à Mayenne. Sén. du Maine.
Gouy-d'Arcy (le marquis de). Colonie de Saint-Domingue.
Goyard, avocat. Sén. de Moulins.
Graffan, licencié ès-droit. Province de Roussillon.
Grangier, avocat en parlement. Baill. du Berry.
Grellet de Beauregard, avocat du roi au présidial de Guéret. Sén. de Guéret.
Grenier, avocat. Sén. de Riom.
Grenot, avocat. Baill. de Dôle en Franche-Comté.
Griffon de Romagné, lieutenant-général de la Sénéchaussée. Sén. de la Rochelle.
Gros, avocat. Sén. de Boulogne-sur-Mer.
Guérin, maître de forges à Sougé. Sén. du Maine.
Guilhermy, procureur du roi au présidial. Sén. de Castelnaudary.
Guillaume, avocat au conseil. Prevoté et vicomté de Paris.
Guillotin, médecin. Ville de Paris.
Guinebaud de Saint-Mesme, négociant à Nantes. Sén. de Nantes.
Guiot, avocat à Arnay-le-Duc. Baill. d'Auxois.
Guiot de Saint-Florent, avocat à Sémur. Baill. d'Auxois.
Guittard, chevalier de Saint-Louis. Baill. de Béfort et Huningue.

Hanoteau, fermier. Baill. de Crépy en Valois.
Hardy de la Largère, maire de Vitré. Sén. de Rennes.
Harmand, avocat. Baill. de Château-Thierry.
Hauducœur, ancien laboureur. Baill. de Montfort-l'Amaury.
Hébrard, avocat. Baill. de Saint-Flour.
Héliand. Sén. du Maine.
Hell, procureur-syndic provincial d'Alsace. Baill. d'Haguenau.
Hennet, prévôt de Maubeuge. Baill. d'Avesnes.
Henriot, procureur du roi. Baill. de Langres.

Henry de Longueve, avocat du roi au châtelet d'Orléans. Baill. d'Orléans.
Hernoux, négociant à Saint-Jean-de-Losne. Baill. de Dijon.
Hermann, procureur-général du conseil souverain d'Alsace. Baill. deColmar et Schélestat.
Herwyn, conseiller-pensionnaire à Honschoote. Baill. de Bailleul.
Houdet, maire de Meaux. Baill. de Meaux.
Huard, négociant, armateur de Saint-Malo. Sén. de Rennes.
Huguet, maire de Billom. Baill. de Clermont en Auvergne.
Huot de Goncourt, avocat. Baill. de Bar-le-Duc.
Humblot, négociant. Sén. du Beaujolais.
Hutteau, avocat. Ville de Paris.

Jac, propriétaire. Sén. de Montpellier.
Jaillant, lieutenant-criminel du bailliage de Sens. Baill. de Sens.
Jamier, propriétaire à Montbrison, officier du point-d'honneur. Baill. du Forez.
Janny, avocat. Baill. de Chaumont en Bassigny.
Janson, propriétaire. Baill. de Gien.
Jarry, cultivateur. Sén. de Nantes.
Jaume, propriétaire, à Hyères. Sén. de Toulon.
Jeannet, négociant. Baill. de Troyes.
Jeannet, procureur du roi, à Saint-Florentiu. Baill. de Troyes.
Jourdan, avocat, à Trévoux. Sén. de Trévoux.
Joly Desroches, lieutenant au présidial du Mans. Sén. du Maine.

Kauffmann, prévôt de Matzenheim. Baill. de Colmar et Schélestat.
Kispotter, lieutenant criminel. Baill. de Bailleul.

Labeste, propriétaire, à Cumières. Baill. de Reims.
Laborde-Escuret, notaire, à Mauléon. Pays de Soules.
Laborde de Mereville. Baill. d'Etampes.
Laboreys de Chateau Favier, inspecteur des manufactures d'Aubusson. Sén. de Guéret.
Lachèze, lieutenant de la sénéchaussée de Martel. Sén. de Quercy.
Laclaverie de la Chapelle, avocat. Sén. d'Armagnac, etc.
Lafargue, ancien consul. Sén. de Bordeaux.

LAFORGE, conseiller au présidial. Baill. d'Auxerre.
LAFORGE, avocat à Chateaudun. Baill. de Blois.
LAIGNIÈRE, avocat. Baill. de Montfort-l'Amaury.
LALOI, médecin. Baill. de Chaumont en Bassigny.
LAMARQUE, procureur du roi. Sén. de Saint-Séver, Dax, etc.
LAMBEL, avocat. Sén. de Villeneuve en Rouergue.
LAMETHRIE, avocat. Baill. de Mâcon.
LAMY, négociant, à Caen. Baill. de Caen.
LANGLIER, cultivateur. Baill. d'Amiens.
LANJUINAIS, avocat et professeur en droit canon. Sén. de Rennes.
LAPOULE, avocat. Baill. de Besançon.
LASALLE, lieutenant-général à Sarelouis. Baill. de Metz.
LASNIER DE VAUSSENAY, négociant, à Laval. Sén. du Maine.
LASNON, cultivateur. Baill. de Caux.
LATERRADE, juge-mage, lieutenant-général de Lectoure. Sén. d'Armagnac, etc.
LATIL, avocat, maire de Sisteron. Sén. de Forcalquier.
LATOUR, médecin et maire de la ville d'Aspect. Comminges et Nébouzan.
LATTEUX, avocat. Sén. de Boulogne-sur-Mer.
LARÉVELLIÈRE-LEPAUX, bourgeois. Sénéchaussée d'Anjou.
LARREYRE, conseiller du roi en la sénéchaussée. Sén. de Tartas.
LAURENCE, négociant, à Poitiers. Sén. du Poitou.
LAURENDEAU, avocat. Baill. d'Amiens.
LAVENUE, avocat, à Bordeaux. Sén. de Bazas.
LAVIE, cultivateur. Baill. de Béfort et Huningue.
LAVIGUERIE, juge-royal de Muret. Comminges et Nébouzan.
LAVILLE-LEROUX, négociant, à Lorient. Sén. d'Hennebond.
LAZADE, syndic du diocèse d'Aleth. Sén. de Limoux.
LEBIGOT DE BEAUREGARD, maire de Domfromt. Baill. d'Alençon.
LEBLANC, maire de Senlis. Baill. de Senlis.
LEBOIS DESGUAYS, lieutenant particulier du bailliage de Montargis. Baill. de Montargis.
LEBRUN, écuyer. Baill. de Dourdan.
LEBRUN, de la Motte-Vessé et Beliecourt. Sén. de Moulins.
LECARLIER, maire de Laon. Baill. du Vermandois.
LECLERC, libraire, ancien juge consul. Ville de Paris.

Leclerc, laboureur. Baill. de Vermandois.

Lecouteulx de Canteleu, premier échevin. Ville de Rouen.

Ledéan, commissaire des États de Bretagne. Sén. de Quimper.

Lefebvre de Chailli, propriétaire à Gamaches. Baill. de Rouen.

Lefort, propriétaire, à Canteleu. Baill. de Rouen.

Lefort, négociant. Baill. d'Orléans.

Legendre, avocat. Sén. de Brest.

Legoazre de Kervelegan, sénéchal. Sén. de Quimper.

Legolias, avocat à Chateulin. Sén. de Quimperlay, etc.

Legrand, avocat du roi au bailliage de Châteauroux. Baill. de Berry.

Leguen de Kérangal de Landivisiau, propriétaire. Sén. de Lesneven.

Leguiou de Kéringuff, avocat. Sén. de Quimper.

Lejeans, négociant. Sén. de Marseille.

Lelai de Grantugen. Sén. de Lannion.

Leleu de la Ville-aux-Bois, subdélégué, à Laon. Baill. du Vermandois.

Lemaignan, lieutenant criminel de Beaugé. Sén. d'Anjou.

Lemaréchal, négociant à Rugles. Baill. d'Evreux.

Lemercier, lieutenant au présidial. Sén. de Saintes.

Lemoine, orfèvre. Ville de Paris.

Lemoine de la Giraudais, avocat. Sén. de Fougères.

Lenoir de la Roche, avocat. Prévôté et vicomté de Paris.

Lepoutre, fermier. Baill. de Lille.

Lerefait, propriétaire. Baill. de Rouen.

Leroux, ancien maire de ville. Baill. d'Amiens.

Lesacher de la Palière, avocat. Baill. de Coutances.

L'Escurier, lieutenant au bailliage de Salers. Baill. de Saint-Flour.

Lesterpt, avocat, juge sénéchal du Dorat. Sén. de la Basse-Marche.

Lesterpt de Beauvais, avocat au Dorat. Sén. de la Basse-Marche.

Lesure, lieutenant-général de Sainte-Ménéhould. Baill. de Vitry-le-Français.

Lillias de Crose, avocat. Baill. de Buget et Valromey.

Liquier, négociant. Sén. de Marseille.

Livré, échevin de la ville du Mans. Admis pour remplacer M. Héliand, mort à Versailles le 7 mai 1789. Sén. du Maine.

Lofficial, lieutenant-général au bailliage de Vouvant. Sén. du Poitou.

Lombard de Taradeau, lieutenant-général du bailliage. Sén. du Draguignan.

Lomet, avocat. Sén. de Moulins.

Long, procureur du roi, à Beaumont-les-Lomagnes. Pays et jugerie de Rivière-Verdun.

Loslier, marchand. Baill. de Monfort l'Amaury.

Loys, avocat à Sarlat. Sén. du Périgord.

Lucas de Borgerel, avocat à Vannes. Sén. de Vannes.

Lumière, avocat, ancien lieutenant de maire de Tulle. Sén. de Tulle.

Madier de Monjau, avocat, consul et maire de Saint-Andéol. Sén. de Villeneuve-de-Berg.

Maillot, lieutenant au bailliage de Toul. Baill. de Toul.

Malès, avocat. Sén. de Tulle.

Malouet, intendant de la marine, à Toulon. Sén. de Riom.

Maranda d'Oliveau, avocat. Baill. de Nivernais.

Marchais, assesseur du duché de la Rochefoucauld. Baill. d'Angoulême.

Mareux, cultivateur. Baill. de Péronne.

Margonne, négociant. Baill. du Perche.

Marquis, avocat. Baill. de Bar-le-Duc.

Martin, avocat en parlement. Suppléant admis pour remplacer M. Blanc, mort à Versailles. Baill. de Besançon.

Martin d'Auch, licencié ès-lois. Sén. de Castelnaudary.

Martineau, avocat. Ville de Paris.

Mathieu de Rondeville, avocat. Baill. de Metz.

Mauiaval, avocat, propriétaire-cultivateur. Sén. de Villefranche en Rouergue.

Maupetit, procureur du roi, à Mayenne. Sén. du Maine.

Mauriet de Flory, avocat. Sén. de Mont-de-Marsan.

Mayer, avocat et propriétaire. Baill. de Sarguemines.

Mazurier de Penannech. Sén. de Lannion.

Melon, lieutenant de la sénéchaussée de Tulle. Sén. de Tulle.

MÉNARD DE LA CROYE, conseiller au présidial du Mans. Sén. du Maine.

MENU DE CHOMORCEAU, lieutenant au bailliage de Villeneuve-le Roi. Baill. de Sens.

MÉRIGEAUX, avocat. Sén. de Béziers.

MERLE, maire de Mâcon. Bailly. de Mâcon.

MERLIN, avocat au parlement de Flandre, et secrétaire du roi. Baill. de Douay.

MESTRE, propriétaire. Sén. de Libourne.

MEUNIER DU BREUIL, lieutenant du présidial de Mantes. Baill. de Mantes.

MEURINNE, cultivateur. Baill. de Clermont en Beauvoisis.

MÉVOLHON, avocat. Sén. de Forcalquier.

MEYER, médecin. Alsace.

MEYFREND, consul à Toulon. Sén. de Toulon.

MEYNIEL, avocat. Sén de Condom.

MEYNIER DE SALIMELLES, bourgeois. Sén. de Nimes.

MICHELON, procureur du roi à Monmarant. Sén. de Moulins.

MILLANOIS, imprimeur et libraire. Ville de Lyon.

MILLET DE BELLEISLE, avocat. Sén. d'Agen.

MILLET DE LAMAMBRE, lieutenant-général au bailliage de Mohon. Baill. de Sedan.

MILLON DE MONTHERLANT, avocat, syndic de Beauvais. Baill. de Beauvais.

MILSCENT, lieutenant au présidial d'Angers. Sén. d'Anjou.

MIRABEAU (le comte). Sén. d'Aix.

MOLLIEN, propriétaire à Ménil-sur-Blangis. Baill. de Rouen.

MONNERON l'aîné. Sén. d'Annonay.

MONSINAT, avocat au parlement de Toulouse. Première Sén. de Languedoc.

MONTAUDON, avocat. Sén. de Limoges.

MOREAU, avocat. Baill. de Touraine.

MOREL, cultivateur. Baill. de Chaumont en Bassigny.

MORIN, avocat. Sén. de Carcassonne.

MORTIER, cultivateur. Cambresis.

MOUGEOTTE DE VIGNES, procureur du roi. Baill. de Chaumont en Bassigny.

MOUGINS DE ROQUEFORT, maire et premier consul de la ville de

Grasse. Sén. de Draguignan.

Mounier, secrétaire des Etats du Dauphiné. Dauphiné.

Moutier, lieutenant au bailliage de Sezanne. Baill. de Sezanne.

Mourot, avocat. Béarn.

Moyot, négociant. Sén. de Brest.

Muguet de Nanthou, écuyer, lieutenant-général au bailliage de Gray. Baill. d'Amont.

Nairac, négociant. Sén. de Bordeaux.

Nau de Belleisle, maire de Castelmoron. Sén. de Castelmoron.

Naurissart, directeur de la monnaie de Limoges. Sén. de Limoges.

Nicodème, ancien échevin de Valenciennes. Ville de Valenciennes.

Nioche, avocat, à Loches. Baill. de Touraine.

Noussitou, avocat, à Pau. Béarn.

Oudaille, laboureur. Baill. de Beauvais.

Paccard, avocat, à Châlons-sur-Saône. Baill. de Châlons-sur-Saône.

Pain, conseiller-assesseur au bailliage de Thorigny. Baill. de Caen.

Palasne de Champeaux, sén. de Saint-Brieuc. Sén. de Saint-Brieuc.

Parent de Chassi, avocat au conseil. Baill. de Nivernais.

Parisot, avocat, aux Riceis. Baill. de Bar-sur-Seine.

Paulhiac de la Sauvetat, avocat. Sén. du Périgord.

Paultre Desépinettes, bourgeois de Saint-Sauveur. Baill. d'Auxerre.

Payen, cultivateur. Province d'Artois.

Payen-Boisneuf, propriétaire. Baill. de Touraine.

Pégot, négociant. Comminges et Nébouzan.

Pelauque-Béraut, procureur du roi. Sén. de Condom.

Pélerin de la Buxière, propriétaire. Baill. d'Orléans.

Pellerin, avocat. Sén. de Nantes.

Pellegrin, curé de Sommercourt. Baill. de Bar-le-Duc.

Pélissier, médecin. Sén. d'Arles.

Pémartin, avocat, à Oleron. Béarn.

Perdry, ancien échevin de Valenciennes. Ville de Valenciennes.

Pérès, avocat, à Mirande. Sén. d'Auch.

Pérès d'Artassan, conseiller au parlement de Bordeaux. Sén. du Mont-de-Marsan.

Pérès de Lagesse, avocat. Pays et jugerie de Rivière-Verdun.

Perier, notaire. Baill. de Châteauneuf en Thimerais.

Perisse Duluc, libraire, à Lyon. Ville de Lyon.

Pernelle, notaire, à Lure. Baill. d'Amont.

Perre-Duhamel, négociant. Baill. de Coutances.

Perret de Tregadoret, avocat. Sén. de Ploërmel.

Perrigny (le marquis de). Colonie de St.-Domingue.

Perrin de Rozier, avocat. Sén. de Villeneuve en Rouergue.

Pervinquière, avocat, à Fontenay. Sén. du Poitou.

Pétion de Villeneuve, avocat. Baill. de Chartres.

Pétiot, procureur du roi, à Châlons-sur-Saône. Baill. de Chalons-sur-Saône.

Petit, cultivateur. Province d'Artois.

Petit-Mangin, procureur du roi à Saint-Diez. Baill. de Mirecourt.

Pezous, avocat, à Alby. Sén. de Castres.

Peyruchaud, avocat. Sén. de Castelmoron.

Pelieger, procureur syndic d'Huningue. Baill. de Béfort et Huningue.

Picard de Lapointe, lieutenant de la vénerie du roi. Baill. de St.-Pierre-le-Moustier.

Picquet, avocat du roi. Baill. de Bourg-en-Bresse.

Pincepré de Buire, propriétaire. Baill. de Péronne.

Pinterel de Louverny, lieutenant au bailliage de Château-Thierry. Baill. de Château-Thierry.

Pison du Galland, avocat. Dauphiné.

Pochet, avocat. Sén. d'Aix.

Poignot, négociant. Ville de Paris.

Poncet d'Elpech, avocat, à Montauban. Sén. du Quercy.

Poncin, avocat. Baill. du Quesnoy en Hainault.

Pons de Soulages, propriétaire. Sén. de Rhodez.

Populus, avocat. Baill. de Bourg-en-Bresse.

Pothée, échevin de Montoire. Baill. de Vendôme.

Pougeard du Limbert, avocat à Confolens. Baill. d'Angoulême.

Poulain de Beauchesne, ancien lieutenant de la grande louveterie de France. Baill. de Caen.

Poulain de Boutancourt, maître de forges. Baill. de Vitry-le-François.

Poulain de Corbion, maire de Saint-Brieuc. Sén. de Saint-Brieuc.

Poultier, lieutenant-général du bailliage. Baill. de Montreuil-sur-mer.

Pouret-Roquerie, procureur du roi au bailliage de Périers. Baill. de Coutances.

Poya de l'Herbey, lieutenant particulier au bailliage d'Issoudun. Baill. de Berri.

Prévôt, avocat du roi, à Roye. Baill. de Péronne.

Prieur, avocat, à Châlons. Baill. de Châlons-sur-Marne.

Pruche, maire de Dormans. Baill. de Sézanne.

Prudhomme de Kérangon, lieutenant des canonniers gardes-côtes. Sén. de Lesneven.

Prugnon, avocat. Baill. de Nancy.

Quatrefages de la Roquette, bourgeois. Sén. de Nîmes.

Rabaud de Saint-Etienne, homme de lettres. Sén. de Nîmes.

Raby de Saint-Médard, citoyen de Castel-Sarrazin. 1re sén. de Languedoc.

Ramel-Nogaret, avocat du roi à Carcassonne. Sén. de Carcassonne.

Ratier de Montguion, propriétaire. Sén. de Saintes.

Raux, maître de forges. Baill. de Reims.

Rédon, avocat. Sén. de Riom.

Regnauld, avocat. Sén. de Saint-Jean-d'Angely.

Regnauld d'Epercy, procureur du roi à Dôle. Baill. de Dôle en Franche-Comté.

Regneault, avocat du roi à Lunéville. Baill. de Nancy.

Regnier, avocat. Baill. de Nancy.

Renaud, avocat. Sén. d'Agen.

Repoux, avocat, à Autun. Baill. d'Autun.

Reubell, bâtonnier de l'ordre des avocats au conseil souverain d'Alsace. Baill. de Colmar et Schélestat.

Révol, avocat. Dauphiné.

Rey, avocat. Sén. de Béziers.

Reynaud (le comte de), colonie de Saint-Domingue.

Riberolles, négociant. Sén. de Riom.
Ricard, conseiller au sénéchal. Baill. de Castres.
Ricard, lieutenant au présidial de Nîmes. Sén. de Nîmes.
Ricard de Séalt, avocat. Sén. de Toulon.
Richard, propriétaire, à Bourg-Argental. Baill. du Forez.
Riche, négociant, à Angers. Sén. d'Anjou.
Richon, avocat. Sén. du Puy en Vélay.
Riquier, propriétaire. Baill. de Montreuil-sur-mer.
Rivierre, lieutenant-général de la Sénéchaussée. Sén. de Mende.
Robert, avocat, à Saint-Pierre-le-Moustier. Baill. de Nivernais.
Robespierre (Maximilien), avocat, à Arras. Province d'Artois.
Robin de Moréry, négociant. Sén. de Ploermel.
Roca, bourgeois de Prades. Province de Roussillon.
Rocca (le comte Colonna-Cesari de), capitaine au régiment provincial de Corse. Ile de Corse.
Rocque de Saint-Pons, négociant. Sén. de Béziers.
Rodat-Dolemps, cultivateur. Sén. de Rodez.
Roger, juge royal de Simorre. Comminges et Nébouzan.
Rostaing (le marquis de), maréchal-de-camp, chevalier de Saint-Louis et de Cincinnatus, grand-bailli du Forez. Baill. du Forez.
Roulhac, lieutenant-général de la sénéchaussée de Limoges. Sén. de Limoges.
Rousselet, avocat du roi, à Provins. Baill. de Provins.
Roussier, négociant. Sén. de Marseille.
Roussillon, négociant, à Toulouse. 1re sénéchaussée de Languedoc.
Roy, avocat, à Angoulême. Baill. d'Angoulême.

Saige, avocat. Sén. de Bazas.
Sales de Costebelle, avocat. Sén. de Béziers.
Salicetti, avocat au conseil supérieur de Corse. Ile de Corse.
Sallé de Choux, avocat du roi, à Bourges. Baill. du Berry.
Salles, médecin à Vézelise. Baill. de Nancy.
Salomon de la Saugerie, avocat. Baill. d'Orléans.
Sancy, avocat, à Châlons-sur-Saône. Baill. de Châlons-sur-Saône.
Scheppers, négociant, à Lille. Baill. de Lille.
Schmits, avocat, à Chateau-Salins. Baill. de Sarguemine.

Schwendt, syndic de la noblesse de la Basse-Alsace. Ville de Strasbourg.
Sentez, procureur du roi, à Auch. Sén. d'Auch.
Simon, cultivateur. Baill. de Caux.
Simon de Maibelle, docteur et professeur en droit. Baill. de Douay.
Sollier, avocat. Sén. de Forcalquier.
Soustelle, avocat. Sén. de Nimes.
Syeyes, chanoine et grand-vicaire de Chartres. Ville de Paris.
Syeyes de la Baume, propriétaire. Sén. de Draguignan.

Taillardat, de la Maison-Neuve, procureur du roi de la sénéchaussée d'Auvergne.
Target, avocat au parlement, de l'académie française. Prévôté et vicomté de Paris.
Tellier, avocat du roi. Baill. de Melun.
Terme, cultivateur. Sén. d'Agen.
Terrast, juge de la viguerie de Roussillon. Province de Roussillon.
Thébaudière (de), ancien procureur-général, etc. Colonie de Saint-Domingue.
Thévenot de Maroise, lieutenant-général de police. Baill. de Langres.
Thibaudeau, avocat, procureur-syndic de l'administration du Poitou. Sén. du Poitou.
Thoret, médecin. Baill. du Berri.
Thouret, avocat. Ville de Rouen.
Thuault, sénéchal. Sén. de Ploermel.
Tixedor, juge de la viguerie de Conflans. Province de Roussillon.
Tournyol, ancien président de l'élection de Guéret. Sén. de Guéret.
Trébol de Clermont, sénéchal de Pontcroix. Sén. de Quimper.
Treilhard, avocat. Ville de Paris.
Tronchet, avocat. Ville de Paris.
Trouillet, négociant. Sén. de Lyon.
Turckheim, consul de Strasbourg. Ville de Strasbourg.
Turpin, lieutenant-criminel au bailliage de Blois. Baill. de Blois.

Ulry, avocat du roi au bailliage de Bar. Baill. de Bar-le-Duc.

Vadier, conseiller au présidial de Pamiers. Sén. de Pamiers.

Vaillant, ancien garde-des-sceaux à la chancellerie du conseil d'Artois. Province d'Artois.

Valérian Duclos, maire du Saint-Esprit. Sén. de Nîmes.

Vallette, négociant, à Tours. Baill. de Touraine.

Varin, avocat. Sén. de Rennes.

Verchère de Reffye, avocat. Baill. d'Autun.

Verdolin, avocat. Sénéchaussée de Draguignan.

Verdonne (Adam de), lieutenant-général de Crépy. Baill. de Crépy en Valois.

Vernier, avocat. Baill. d'Aval.

Vernin, lieutenant-criminel au siége de Moulins. Sén. de Moulins.

Verny, avocat. Sén. de Montpellier.

Viard, lieutenant de police, à Pont-à-Mousson. Baill. de Bar-le-Duc.

Vieillard fils, avocat. Baill. de Coutances.

Viellard, docteur et professeur en droit. Baill. de Reims.

Vignon, ancien consul. Ville de Paris.

Viguier, avocat au parlement de Toulouse. 1re sén. de Languedoc.

Vimal-Flouvat, négociant. Sén. de Riom.

Vivier, propriétaire. Navarre.

Voidel, avocat, à Morhanges. Baill. de Sarguemine.

Volfius, avocat, à Dijon. Baill. de Dijon.

Voulland, avocat. Sén. de Nîmes.

Vyau de Baudreuille, lieutenant au bailliage de Saint-Pierre-le-Moustier.

Wartel, avocat, à Lille. Baill. de Lille

Ministres du roi, à l'époque de l'ouverture des États-généraux.

M. de Barentin, garde des sceaux.

M. Necker, directeur général des finances.

M. le comte de Montmorin, ministre des affaires étrangères.

M. le comte de Brienne, ministre de la guerre.

M. le comte de la Luzerne, ministre de la marine.

M. Laurent de Villedeuil, ministre de Paris et de la maison du roi.

LISTE DE MM. LES DÉPUTÉS

A L'ASSEMBLÉE NATIONALE LÉGISLATIVE.

DÉPARTEMENT DE L'AIN : 6 DÉPUTÉS.

MM. Rubat, juge au Tribunal de district de Belley ; Régner, homme de loi, procureur-syndic du district de Trévoux; Deydier, notaire, feudiste et géomètre à Pont-de-Vaux ; Riboud, procureur-général-syndic du département ; Jagot, juge de paix à Nantua ; Girod, homme de loi, administrateur du directoire du district de Gex.

AISNE : 12.

MM. Bélin, cultivateur, à Guise; Loysel, vice-président du département, domicilié à St.-Gobain, district de Chauny; Ducreux, administrateur du département, domicilié à Saint-Simon, district de Saint-Quentin ; Fiquet, procureur-syndic du district de Soissons ; Fache, juge de paix de la ville de Château-Thierry ; L'Objoy, maire de Colligis, district de Laon; Debry (Jean), administrateur du département, domicilié à Vervins ; Carlier, président du Tribunal de Coucy ; Jolly (l'aîné), négociant à Saint-Quentin; Quinette, administrateur du département, à Soissons ; Prudhomme, juge de Paix à Rozoy, district de Laon; Bernier, cultivateur à Passy, en Valois, district de Château-Thierry.

ALLIER : 7.

MM. Jouffret, procureur-général-syndic du département; Douyet, administrateur du directoire du département; Hennequin, maire de Ganat ; Ruet, administrateur du département; Gaulmin, médecin et maire de Montmarault ; Boiserot fils, juge au Tribunal du district de Montluçon ; Descrots-Destrée, père, maréchal-de-camp.

HAUTES—ALPES : 5.

MM. Amat, administrateur du département; Ferrus, maire de Briançon; Doonois, procureur-syndic du district d'Embrun; Labastie, homme de loi; Faure, administrateur du département.

BASSES—ALPES : 6.

MM. Raffin, ancien-officier de cavalerie; Chauvet, procureur-général-syndic; Pinchinat, membre du directoire du département; Juglar, homme de loi, membre du directoire du département; Bouche, administrateur du directoire du département; d'Herbez.

ARDÈCHE : 7.

MM. Dalmas, homme de loi à Aubenas, procureur-syndic du département; Bastide, homme de loi, à Gropières, administrateur du directoire du département; Soubeiran-Saint-Prix, homme de loi, à Saint-Peray, administrateur du directoire du département; Vacher, homme de loi à Veissaux, administrateur du directoire du département; Valadier, homme de loi, à Valon; Fressenel, homme de loi, à Annonay; Derebout, homme de loi au bourg Saint-Andéol, vice-président du directoire du département.

ARDENNES : 8.

MM. Golzart, procureur-syndic du district de Grandpré; Pierrot, notaire à Auvilliers-les-forges, membre du directoire du département; D'Averhoult, membre du directoire du département; Déliars, juge au tribunal du district de Sedan; Hureaux, juge de paix du canton de Vouzières; Bournel, homme de loi, administrateur du directoire du district de Rhetel; Damourette, cultivateur à Chalerange, et président de l'administration du département; Baudin, maire de Sedan.

ARRIÉGE : 6.

MM. Font, évêque du département; Gaston, juge de paix à Foix; Ille, administrateur du département; Clauzelle, jeune, maire de Velanet. Caubère, homme de loi; Calvet.

AUBE : 9.

MM. Courtois, receveur du district, à Arcis-sur-Aube; Maizières, juge de paix du canton de Couvignon, à Proverville, près Bar-sur-Aube; Chaponnet, administrateur du directoire du département; Régnault, juge au Tribunal du district, à Ervy; Robin, marchand et cultivateur à Nogent-sur-Seine; Sissons, juge au Tribunal du district, à Troyes; Beugnot, procureur-général-syndic du département; Hugot, juge au tribunal du district, à Bar-sur-Seine; Perrin, maire de Troyes.

AUDE : 8.

MM. Azéma, homme de loi, à Argilliers, administrateur du département; Fabre, président de l'administration du département à Carcassonne; Destrem, négociant à Fanjaux, administrateur du département; Lasale, fabricant de draps à Chalabre; Belot-la-Digne, chevalier de Saint-Louis, ancien lieutenant-colonel de dragons, administrateur du département à Belesta; Causse, négociant à Narbonne, administrateur du département; Ribes, homme de loi à Limoux, administrateur du département; Solomiac, homme de loi à Lagrasse, administrateur du département.

AVEYRON : 9.

MM. Constans-Saint-Estève, homme de loi à Saint-Sernin-de-Vâbre, administrateur du directoire du département; Bosc, homme de loi, juge au tribunal d'Espalion; Bo, médecin à Mur-de-Barrez; Nogaret, fils, homme de loi à Saint-Laurent, membre du directoire du département; Molinier, homme de loi à la Mouline, membre du directoire du département; Lortal, homme de loi à Villefranche, procureur-général-syndic du département; Arsaud, homme de loi, maire de Rhodez; Pomiers, homme de loi à Saint-Antonin; Bourgès, chevalier de Saint-Louis, maire de Milhau.

BOUCHES-DU-RHÔNE : 10.

MM. Martin, négociant, maire de Marseille; Antonelle, maire d'Arles; Pellicot, administrateur du directoire du département; Archier (de Saint-Chamas), administrateur du directoire du département; Granet, administrateur du directoire du département; Espariat, président du tribunal du district d'Aix; Mauche, juge de Tarascon; Blancgilli, administrateur du département; Lauze-de-Perret; Gasparin, capitaine au second régiment d'infanterie ci-devant Picardie.

CALVADOS : 13.

MM. Fauchet, évêque du département; Dubois-du-Bais, administrateur du département; Leroy (de Lisieux), homme de loi, maire de Lisieux; Henry-Larivière, homme de loi à Falaise; Boutry, commissaire du roi à Vire; Lomont, administrateur du département à Caen; Aveline, administrateur du directoire du département; Bonnet-de-Meautry, maire de Caen; Anseaume, administrateur du département; Vardon, administrateur du directoire du département; Castel, procureur-syndic du district à Vire, Brétocq, administrateur du district à Saint-Etienne-Latillaye; Leroy (de Baieux), homme de loi.

CANTAL : 8.

MM. Vayron, prêtre, procureur-syndic du district de Saint-Flour; Benoid, administrateur du directoire du département; Gros, homme de loi, procureur-syndic du district de Mauriac; Guitard, fils, président du département; Henry, administrateur du directoire du département, et vice-procureur-général-syndic; Teillard, vice-president du directoire du département; Salvage, homme de loi, administrateur du district de Mauriac; Perret, homme de loi, officier-municipal d'Aurillac.

CHARENTE : 9.

MM. Dubois-de-Bellegarde, chevalier de Saint-Louis, commandant de la garde nationale d'Angoulême; Lafaye-des-Rabiers, procureur-syndic du district de Barbézieux; L'Echelle, commissaire du roi au tribunal du district de la Rochefoucauld; Blanchon. homme de loi, administrateur du département; Martin, juge au tribunal du district de Cognac; Chédaneau, administrateur de l'hôpital de Ruffec; Dumas-Champvallier, homme de loi, juge de paix de Champagne-Mouton; Guimberteau, juge au tribunal du district d'Angoulême; Chazaud, administrateur du directoire du district de Confolens.

CHARENTE–INFÉRIEURE : 11.

MM. Bréard, propriétaire à Marenne et vice-président du directoire du département; Delacosse, président du tribunal du district de la Rochelle; Bernard, président du tribunal du district de

Saintes; Eschasseriaux aîné, homme de loi à Saintes, administrateur du département; Ruamps, cultivateur à Saint-Saturnin-du-Bois, membre du directoire du département; Jouneau, administrateur du département, et lieutenant de la gendarmerie nationale; Merveilleux, administrateur du département; Niou, ingénieur de la marine, maire de Rochefort; Dumoutier, négociant à la Rochelle; Riquet, membre du directoire du département; Gilbert, homme de loi.

CHER : 6.

MM. Torné, évêque de la métropole du centre; Sabathier, notaire à Léré, district de Sancerre; Foucher, homme de loi, notaire à Aubigny, administrateur du département; Fouquet, procureur-syndic du district de Saint-Amand; Huguet, homme de loi, administrateur du département; Cartier-Saint-Réné, propriétaire à Lury, district de Vierzon, administrateur du directoire du département.

CORRÈZE : 7.

MM. Germiniac, médecin à Germigniac, président du département; Brival, homme de loi, procureur-général-syndic; Borie, homme de loi, administrateur de département; Chassaignac, homme de loi, juge de paix et administrateur du département; Faye-Lachèze, médecin à Brive; Marbot, administrateur du directoire du département; Barbon, juge au tribunal du district de Tulle.

CORSE : 6.

MM. Léonetti; Piétri; Pozzo di Borgo; Boerio; Arena; Peraldi.

CÔTE-D'OR : 10.

MM. Navier, juge au tribunal de cassation; Prieur-Duvernois, officier du génie; Oudot, commissaire du roi au tribunal du district à Beaune; Gélot, membre du directoire du département; Lambert, juge de paix du canton d'Autricourt à Belan; Béguin, administrateur du département et juge au tribunal du district de Sémur; Démartinecourt, membre du directoire du district d'Is-sur-Tille; Batault, président du tribunal du district d'Arnay-sur-Aroux; Guyton Morveau, procureur-général-syndic à Dijon; Basire jeune, membre du directoire du district de Dijon.

A L'ASSEMBLÉE LÉGISLATIVE.

CÔTES-DU-NORD : 8.

MM. Delaizire, directeur des forges du Veaublanc, district de Loudéac; Urvoi, propriétaire à Dinan; Derrien, cultivateur à Trébivan, district de Rosthenen; Digaultray, homme de loi à Quintin, et membre du directoire du district de Saint-Brieuc; Rivollan, homme de loi à Saint-Brieuc; Glais-de-Bizoin, négociant à Saint-Hélo, district de Merléac; Bagot, médecin à Saint-Brieuc; Morand, homme de loi à Lanvignec, district de Pontrieux.

CREUSE : 7.

MM. Voysin-Gartempe, procureur-syndic du district de Guéret; Delafont, membre du directoire du département; Laumond, administrateur du département; Cornudet, procureur-syndic du district de Felletin; Guyes, membre du directoire du district d'Aubusson; Ballet, juge au tribunal du district d'Evaux; Huguet, évêque du département.

DORDOGNE : 10.

MM. Pontard, évêque du département; Taillefer, médecin à Domme, administrateur du district de Sarlat; Pinet l'aîné, administrateur du district de Bergerac; Deverneilh, président du tribunal de Nontron; Roux-Fassillac, chevalier de Saint-Louis à Exideuil; Lacoste, médecin à Montignac, administrateur du département; Limousin, homme de loi à Riberac, administrateur du département; Delfau, fils, cultivateur à Grives, district de Betvez; Lamarque, juge au tribunal du district de Périgueux; Beaupuy, l'aîné, chevalier de Saint-Louis à Mussidan, administrateur du département.

DOUBS : 6.

MM. Bouvenot, homme de loi à Besançon, administrateur du directoire du département; Monnot, homme de loi à Besançon, vice-président du directoire du département; Besson, ancien notaire, administrateur du directoire du département; Michaud, homme de loi à Pontarlier, administrateur du directoire du département; Voisard, fils, administrateur du département; Vernerey, homme de loi à Baume-les-Dames, administrateur du directoire du département.

DRÔME : 7.

MM. Fleury, homme de loi, administrateur du département, et juge du tribunal du district de Romans; Sautayra, administrateur du directoire du district de Montelimart; Ezingéard, notaire, juge de paix de Saint-Jean en Royans; Archinard, négociant, administrateur du directoire du district de Crest; Gaillard, président du tribunal du district de Valence; Lagier-la-Condamine, homme de loi, procureur-syndic du district de Die; Dochier, homme de loi à Romans, administrateur du département.

EURE : 11.

MM. Lindet, homme de loi, procureur-syndic du district de Bernay; Delivet-Saint-Mars, procureur-syndic du district d'Evreux; Deschamps, administrateur du directoire du département; Fossard, administrateur du directoire du département; Rever, curé de Conteville, administrateur du conseil général du département; Legendre, notaire à Heuqueville, administrateur du conseil général du département; Hugau, chevalier de Saint-Louis, juge de paix du canton d'Evreux; Duval, vice-président du département; Hébert, chevalier de Saint-Louis, administrateur du département; Langlois (de Louviers), négociant à Louviers, administrateur du département; Pantin, propriétaire, cultivateur à Gaillard-Bois, district des Andelys.

EURE-ET-LOIR : 9.

MM. Bellier-du-Chesnay, ancien maire de Chartres; Claye, laboureur à Beu, district de Dreux, administrateur du département; Tillionbois-de-Valeuil, homme de loi à Brezolles, membre du conseil du département; Boucher, homme de loi à Bonneval, administrateur du directoire du département; Giroust, juge au tribunal du district de Nogent-le-Rotrou; Amy, président du tribunal du district de Janville; De la Croix, membre de la cour de cassation; Lefebvre, homme de loi, vice-procureur-général-syndic du département; Léopold, homme de loi, vice-président du directoire du département.

FINISTÈRE : 8.

MM. Bouestard, médecin à Morlaix; Inizan, cultivateur à

Sizun, expert et administrateur du district de Landerneau ; Cavellier, chef des bureaux de la marine, et procureur de la commune à Brest; Briand, cultivateur et juge de paix à Briec, district de Quimper; Roujoux, commissaire du roi près le tribunal du district de Landerneau ; Allain-Launaye, procureur-syndic du district de Carhaix, Bohan, juge au tribunal du district de Châteaulin ; Malassis, imprimeur et officier municipal à Brest.

GARD : 8.

MM. Delon, administrateur du district de Saint-Hippolyte; Vincent-Plauchut, vice-président du district de Nîmes; Menard, membre du directoire du département ; Tavernel, juge du tribunal du district de Beaucaire ; Giraudy, administrateur du département, domicilié à Roquemaure, district du Saint-Esprit ; Allut, procureur de la commune d'Uzès; Pieyre, fils, membre du directoire du département à Nismes ; Leyris, vice-président du district d'Alais.

HAUTE-GARONNE : 12.

MM. Cailhasson, président du département; Maïlhe, homme de loi, procureur-général-syndic du département; Dorliac, homme de loi, administrateur du directoire du département; Rouède, homme de loi, administrateur du département, et juge de paix au tribunal du district de Saint-Gaudens ; Pérignon, juge de paix à Montech; Gonyen, administrateur du directoire du district de Muret; Projean, cultivateur, propriétaire, homme de loi à Carbone, district de Rieux; Delmas, ancien officier de milice, aide-major-général de la garde nationale de Toulouse ; Cazès, homme de loi, colonel de la garde nationale de Saint-Béat ; Veirieu, homme de loi, juge du tribunal du district à Toulouse ; Theule, officier municipal de Toulouse ; Girard, ancien négociant, ancien consul à Toulouse.

GERS : 9.

MM. Decamps, procureur-syndic du district de Lectoure. Laplaigne, président du tribunal du district d'Auch; Ichon, prêtre supérieur de l'Oratoire de Condom ; Latané, juge au tribunal de plaisance, administrateur du département ; Tartanac fils, juge au tribunal de Valence; Barris fils, commissaire du roi au tribunal de Mirande; Montaut-Maribon, administrateur du directoire du district de Condom, lieutenant-colonel de la garde nationale; Capin, homme de loi, à Vic-Fesensac; Laguire, juge-de-paix à Manciet.

GIRONDE : 12.

MM. Barrennes, homme de loi, procureur-général-syndic du département; Ducos fils, négociant; Servière, juge au tribunal du district de Bazas; Vergniaud, administrateur du département; Laffon-Ladébat, cultivateur, administrateur du directoire du département; Guadet, homme de loi, président du tribunal criminel; Journu-Auber, négociant, et membre du district de Bordeaux; J.-P. Lacombe, doctrinaire, et curé de Saint-Paul de Bordeaux; P. Sers, négociant, officier-municipal de Bordeaux; Jay, administrateur du département; Grangeneuve, homme de loi, substitut du procureur de la commune de Bordeaux; Gensonné, membre du tribunal de cassation.

HÉRAULT : 9.

MM. Cambon, négociant, officier-municipal à Montpellier; Brun, maire de Pezenas; Rouyer, maire de Beziers; Bonniers, président du district de Montpellier; Curée, membre du directoire du département, domicilié à Saint-André, district de Lodève; Reboul, administrateur du département, domicilié à Pezenas; Seranne, négociant à Cette; Viennet, officier-municipal à Beziers; Bousquet, administrateur du département, à Agde.

ILLE-ET-VILAINE : 10.

MM. Tardiveau, homme de loi, à Rennes; Michel, cadet, homme de loi à St.-Malo; Gohier, homme de loi, à Rennes; Lebreton, procureur-syndic du district de Fougères; Croizé, juge au tribunal à Vitri; Duval (Charles), juge au tribunal de la Guerge; Sébire, cultivateur, à Carfentin, près Dol; Codet, homme de loi, à Rennes; Lecoz, évêque métropolitain du nord-ouest, à Rennes; Dupetitbois, colonel du 16ᵉ régiment de dragons, ci-devant Orléans, à Rennes.

INDRE : 6.

MM. Collet, procureur-général-syndic du département;

Mayerne, procureur-syndic du district du Blanc; Crublier-d'Obterre, lieutenant-colonel au corps royal du génie, à Châteauroux; Dupertuis, administrateur du directoire du département; Rochoux, administrateur du directoire du département; Vivier, administrateur du directoire du département.

INDRE-ET-LOIRE : 8.

MM. Bruley (Prudent), maire de Tours; Adam, procureur-syndic du district de Chinon; Belle, membre du directoire du département, domicilié à Neuvy-le-Roi; Martin, membre du directoire du département, domicilié à Loches; Baignoux, membre du directoire du district de Tours; Jahan, juge du tribunal du district de Chinon; Cartier-Douineau, négociant, commandant de la garde nationale à Tours; Dupont (Jacob-Louis), maire de Pérusson.

NOTA. M. Hardouin, administrateur du conseil du département, a été élu cinquième député, et, ayant remercié, a été remplacé par M. Dupont, maire de Perusson, premier suppléant.

ISÈRE : 9.

MM. Dubayet (Aubert), capitaine au 13ᵉ régiment d'infanterie, ci-devant Bourbonnais; Rognat, membre du directoire du département; Sablière-Lacondamine, médecin à St.-Roman, près St.-Marcellin; Guillioud, homme de loi, aux Albrets, et administrateur du département; Bravet, notaire, à Chapareillan; Danthon, cultivateur et procureur-syndic, à Vienne; Vallier fils, homme de loi, à St.-Marcellin; Michoud, négociant, administrateur du département; Dumolard fils, homme de loi à Grenoble.

JURA : 8.

MM. Champion, curé de Vobles, président du district d'Orgelet; Croichet, directeur des poudres et salpêtres à Poligny, administrateur du directoire du département; Dalloz (Charles), prédent du tribunal du district de Saint-Claude; Morivaux, commissaire du roi près le tribunal du district de Salins; Clermont, maire de Salins; Lameth (Théodore), colonel du septième régiment de cavalerie, président du département; Perrin, procureur-syndic du district de Lons-le-Saunier; Villier, président du bureau de conciliation à Dôle.

LANDES : 6.

MM. Mericamp, homme de loi, procureur-syndic du district de Saint-Sever; Lucat, médecin, maire de Daxe; Dyzez, procureur-général-syndic du département; Turgan, juge au tribunal du district de Tartas; Baffoigne, administrateur du département; Lonné, administrateur du département.

LOIR-ET-CHER : 7.

MM. Brisson, procureur-général-syndic du département, domicilié à Selles, district de Romorantin. Savonneau, cultivateur, à Saint-Firmain-des-Prés, district de Vendôme, membre du conseil du département; Frécine, président du tribunal de Saint-Aignan et Montrichard, membre du conseil du département; Chabot, vicaire épiscopal à Blois; Marchand fils, juge de paix du canton de Marolles et membre du conseil du département; Lemaistre, membre du directoire du département, domicilié à Montoire, district de Vendôme; Duval, aîné, bourgeois, domicilié à Plessis-Dorin, district de Mondoubleau.

HAUTE-LOIRE : 7.

MM. Lagrevol, homme de loi, juge au tribunal du district d'Issingeaux; Delcher, homme de loi à Brioude; Reynaud, maire du Puy; Jamon, homme de loi à Monfaucon et administrateur du directoire du département; Rogier, cultivateur, à Flageac, près Brioude; Laurens, homme de loi au Puy; Hilaire, homme de loi à Monastier, administrateur du directoire du district du Puy.

LOIRE-INFÉRIEURE : 8.

MM. Coustard, commandant de la garde nationale; Benoiston, président du département; Mourain, administrateur du directoire du département; Marie, administrateur du directoire du département; Dufrexon, administrateur du directoire du département; Papin, administrateur du directoire du département; Français, officier municipal à Nantes; Mosneron, aîné, député du commerce de Nantes.

LOIRET : 9.

MM. Gastelier, médecin, maire de Montargis; Genty, procureur-syndic du district d'Orléans; Lejeune, ancien officier de l'élection de Pithiviers; Turpetin, procureur-syndic du district de Baugenci; Gentil, administrateur du directoire du département; Meunier, secrétaire général du département; Lebœuf, administrateur du directoire du département; Chauston, juge de paix à Orléans; Huet-Froberville, administrateur du département.

LOT : 10.

MM. Lassabatie, père, citoyen de Moissac, président du directoire du département; Lachièze, président du tribunal du district de Martel; Calmon, homme de loi à Carlucet, membre du directoire du département; Duphénieux, membre du directoire du département; Ramel, procureur-syndic du département; Lacoste-Monlausur, membre du directoire du département; Laboissière, juge au tribunal du district de Moissac; Dupuy-Montbrun, maréchal-de-camp, commandant-général de la garde nationale du département; Guilhou, homme de loi; Brugoux, membre du directoire du département.

LOT-ET-GARONNE : 9.

MM. Depère, vice-président du département; Lacuée, jeune, capitaine au régiment Dauphin, infanterie, procureur-général-syndic du département; Mouysset, juge au tribunal du district de Villeneuve; Lavigne, négociant à Tonneins, administrateur du directoire du département; Lafont, membre du directoire du département; Paganel, curé de Noaillac et procureur-syndic du district de Villeneuve; Maleprade, président du département; Vidalot, homme de loi, juge au tribunal du district de Valence; Pouget, procureur-syndic du district de Castel-Jaloux.

LOZÈRE : 5.

MM. Monestier, homme de loi, à Banassac; Lozerande-Fressac, administrateur du directoire du département; Chazot, homme de loi à Saint-Chély; Sevène, homme de loi à Marvejols; Domergue-de-Beauregard, chevalier de Saint-Louis, vice-président du directoire du département.

MAINE-ET-LOIRE : 11.

MM. Dehoulières, maire d'Angers; Choudieu, accusateur public à Angers; Merlet, procureur-syndic du district de Saumur; Ferrière, juge au tribunal près le district de Baugé, administrateur du département; Delaunay, commissaire du roi au tribunal d'Angers; Clémenceau, juge au tribunal du district de Saint-Florent; Goffeaux, administrateur du directoire du département; Chouteau, administrateur du directoire du district de Chollet; Quesnay, juge au tribunal du district de Saumur; Menau, juge au tribunal du district de Vihiers; Bonnemère, maire de Saumur.

MANCHE : 13.

MM. Duval, de Greville, proche Cherbourg, administrateur et membre du directoire du département; Poisson, président du tribunal de Saint-Lô, administrateur du département; Euvremer, administrateur et membre du directoire du département; Lemoine-Villeneuve, juge au tribunal de Mortain; Desprez, vice-président du directoire du département; Sauve, négociant, maire de Ducé, district d'Avranches; Tesson, membre du directoire du département; Letourneur, capitaine au corps du génie à Cherbourg; Letellier, procureur-syndic du district de Saint-Lô; Giroult, administrateur et membre du directoire du district d'Avranches; Lerebours de la Pigeonière, juge au tribunal du district de Mortain, administrateur du département; Lepigeon-de-Boisval, maire de Coutances: Questin, homme de loi à Valogne.

MARNE : 10.

MM. Debranges, membre du directoire du département; Morel, procureur-syndic du district d'Epernay; Gobillard, maître de poste à la Chaussée; Deliège, officier municipal à Sainte-Menehould; Brulley, de Sezanne, président du département; Pierret, ancien maire de Reims; Charlier, homme de loi et membre du directoire du district de Châlons; Dorizy, procureur-syndic du district de Vitry; Besanson-Perrier, cultivateur à Reims; Thuriot, juge au tribunal du district de Sézanne et électeur de Paris au 14 juillet 1789.

HAUTE—MARNE : 7.

MM. Becquey, procureur-général-syndic du département; Briolat, procureur-syndic du district de Saint-Dizier ; Valdruche, administrateur du directoire du département; Landrian, président de l'assemblée du département; Laloy, administrateur du directoire du département; Chaudron-Rousseau, procureur-syndic du district de Bourbonne; Devaraigne, ingénieur des ponts et chaussées à Langres.

MAYENNE : 8.

MM. Dalibourg, administrateur du directoire du département, à Laval; Bissy le jeune, juge au tribunal de Mayenne; Paigis, médecin à Chateau-Gontier; Grosse du Rocher, administrateur du département, à Lassay, et cultivateur; Dupont Granjardin, maire de Mayenne; Emue de Lavallée, juge au tribunal de Craon; Chevalier Malibert, administrateur, membre du directoire du département; Richard de Villiers, administrateur, membre du conseil du département, à Ernée.

MEURTHE : 8.

MM. Foissey, premier juge au tribunal du district, à Nancy; Mallarmé, procureur-syndic du district, à Pont-à-Mousson; Drouin, maire à Lunéville; Carez, imprimeur à Toul, membre de l'administration du district; Levasseur, procureur-syndic du district, à Toul; Crousse, cultivateur à Lagarde, district de Chateau-Salins, membre de l'administration du département; Cunin, juge au tribunal du district, à Dieuze, membre de l'administration du département; Bonneval, cultivateur à Orgevilliers, membre de l'administration du département.

MEUSE : 8.

MM. Moreau, procureur-syndic du département; Manéhand, procureur-syndic du district de Clermont; Paillet, juge au tribunal du district de Verdun; Lolivier, administrateur du directoire du département; Tocquot, cultivateur, juge de paix du canton de Donsévrin, district de Saint-Mihiel; Jodin, procureur-syndic du district de Montmédy; Clémont, cultivateur à Billy-sous-Mangienne, district d'Étain; Bernard, cultivateur et maire à Ugny, district de Gondrecourt.

MORBIHAN : 8.

MM. Letutour, administrateur du directoire du département; Lemaillaud, procureur-général-syndic du département; Fabre, juge au tribunal de Ploermel; Élie, vice-président du directoire du district de Josselin; Corbel, juge au tribunal de Pontivy; Lequinio, juge au tribunal de Vannes; Audrein, premier vicaire de M. l'évêque du Morbihan; Guillois, architecte de la marine à Lorient.

MOZELLE : 8.

MM. Couturier, juge du tribunal de Bouzonville; Merlin, homme de loi à Thionville; Marin, juge au tribunal de Bitche; Rolland, président du tribunal de Faulquemont; Pierron, juge au tribunal de Briey; Adam, vice-président du directoire du district de Sarguemines, accusateur public près le tribunal; Pyrot, procureur-syndic du district de Metz; Mangin, homme de loi à Longuion, district de Longwy.

NIÈVRE : 7.

MM. Rameau, homme de loi à Cosne, vice-président du directoire du département; Dameron, président du tribunal du district de la Charité; Sautereau, homme de loi à Saint-Pierre le Moutier, procureur-général-syndic du département; Durin, juge au tribunal du district de Décize; Mathieu, cultivateur à Anlezy, juge de paix et administrateur du département; Dupin, homme de loi et procureur-syndic du district de Clamecy; Frasey, maître de forges à Imphy, et administrateur du département.

NORD : 12.

MM. Emmery, négociant, colonel de la garde nationale à Dunkerque; Cochet, administrateur et membre du directoire du département, à Catillon-sur-Sambre; Gossuin, administrateur, membre du directoire du département du Nord, à Avesne; Lemesre administrateur du département du Nord, à Houplines; Prouveur, juge au tribunal du district de Valenciennes; Carpentier, président du district d'Hazebrouck; Lejosne, administrateur du directoire du district de Douai; Lefebvre, officier municipal au Quesnoy;

Duhem, médecin et juge de paix à Lille; Vanhoenacker, négociant, maire de la ville de Lille; Coppens, président du département, à Dunkerque; Sallengros, homme de loi, officier municipal de Maubeuge.

Nota. M. Lacombe Saint-Michel, élu dans les départemens du Nord et du Tarn, ayant accepté la députation du Tarn, est remplacé dans celle du Nord par M. Sallengros, premier suppléant.

OISE : 12.

MM. Tronchon, cultivateur à Fosse-Martin, membre du conseil du département; Gérardin, président de l'administration du département ; Lecaron-Mazancourt, commandant de la garde nationale de Compiègne; Lucy, membre du directoire du département; Coupé, curé de Sermaise, président du district de Noyon; Calon, officier de l'état-major de l'armée, membre du conseil du département; Thibaut, membre du directoire du département; Dubout, bourgeois à Beauvais; Hainsselin, procureur-syndic du district de Clermont; Viquesnel-Delaunay, propriétaire au Mello, vice-président du district de Senlis; Goujon, procureur-syndic du district de Beauvais; Juery, membre du directoire du département.

ORNE : 10.

MM. Barbotte, administrateur du directoire du département; Lesueur, administrateur du directoire du département; Lefessier, évêque du département; Leconte de Betz, maire d'Alençon; Paignard, négociant, administrateur du district de Bellême; Leboucher-du-Longchamp, procureur-syndic du district d'Argentan; André, administrateur du directoire du département; Térède, docteur en médecine et juge de paix de la ville de Laigle; Demées, administrateur du directoire du département; Lautour-Duchatel, second juge suppléant au tribunal du district d'Argentan.

Nota. M. Leconte, marchand de la paroisse de Authieu, district de Laigle, avait été nommé troisième député; mais il a refusé.

DÉPARTEMENT DE PARIS : 24.

MM. Garan de Coulon, président du tribunal de cassation; Lacépède, administrateur du département; Pastoret, procureur-syndic du département; Cérutti, administrateur du département;

Beauvais, docteur en médecine, juge de paix; Bigot de Préameneu, juge du tribunal du quatrième arrondissement; Gouvion, major-général de la garde nationale; Broussonnet, de l'académie des sciences, secrétaire de la société d'agriculture; Cretté, propriétaire et cultivateur, à Dugny, administrateur du directoire du département; Gorguereau, juge du tribunal du cinquième arrondissement; Thorillon, ancien procureur au Châtelet, administrateur de police, juge de paix de la section des Gobelins; Brissot de Warville; Filassier, procureur-syndic du district du Bourg-la-Reine; Hérault de Séchelles, commissaire du roi; Mulot; Godard, homme de loi; Boscary jeune, négociant; Quatremère-Quincy; Ramon; Robin (Léonard), homme de loi, juge du tribunal du sixième arrondissement; Dehry, administrateur du département; Condorcet; Treilh-Pardailhan, administrateur du département; Monneron, négociant.

PAS-DE-CALAIS : 11.

MM. Carnot-Feuillins, capitaine au corps royal du génie, à Saint-Omer; Hodouart, président du tribunal du district de Bapeaume; Wallart, propriétaire à Auxy-le-Château; Legressier-Bellanoy, homme de loi à Samer, membre du directoire du district de Boulogne; Lefrancq, procureur-syndic du district de Calais; François, cultivateur à Bunéville; Duquesnoy, cultivateur à Boyeffles; Deuzy, homme de loi à Arras; Carnot l'aîné, capitaine au corps royal du génie; Baert; Blanchard, commissaire ordonnateur des guerres et grand-juge militaire à Arras.

PUY-DE-DÔME : 12.

MM. Maignet, administrateur du directoire du département; Gibergues, prêtre à Saint-Floret; Thévenin, procureur-syndic du district de Montaigut; Gaubert, procureur-syndic du district de Thiers; Teallier, administrateur du directoire du département; Moulin, administrateur du district de Besse; Soubrany, maire de Riom; Couthon, président du tribunal du district de Clermont-Ferrand; Col, juge du tribunal du district d'Ambert et administrateur du département; Cuel, président du département; Romme, cultivateur à Gimeaux, ancien professeur de mathématiques et de physique; Rabusson-Lamothe, officier municipal à Clermont-Ferrand.

HAUTES-PYRÉNÉES : 6.

MM. Darneuilh, Fournier, Couget, Gertoux, Mailhp, homme de loi; Dareau, juge du tribunal de Rie.

Nota. Dumoret, procureur-général-syndic du département, a été élu deuxième député, et ayant remercié, a été remplacé par M. Dareau, premier suppléant.

BASSES-PYRÉNÉES : 6.

MM. Casamajor, commissaire du roi près le tribunal du district d'Oléron; Lerembourre, membre du directoire du département; Dithurbide, vice-président du directoire du département; Bergeras, procureur-général-syndic, à Salies; Lostalot, juge au tribunal du district de Pau; Casamajor, à Sauveterre, membre du district du département.

PYRÉNÉES-ORIENTALES : 5.

MM. Lucia, procureur-général-syndic du département; Marie, administrateur du district de Prades; Escanye, homme de loi, membre du directoire du département; Siau aîné, négociant, membre du directoire du département; Ribes, homme de loi, membre du directoire du département.

HAUT-RHIN : 7.

MM. Ritter, juge du tribunal d'Altkirch; Wœlterle, membre du directoire du département; Bruat, administrateur du département; Rudler, membre du directoire du département; Delaporte, avoué au tribunal de Belfort; Schirmer, juge au tribunal de Colmar; Beaumlin, membre du directoire, du district de Belfort.

BAS-RHIN : 9.

MM. Mathieu, procureur-général-syndic du département; Brunck, président du directoire du département; Koch, professeur d'histoire, à Strasbourg; Vilhelm, administrateur du directoire du département; Massenet, cultivateur à Heiligenstein; Ruhl, administrateur du directoire du département; Arbogast, professeur de mathématiques de l'artillerie, professeur de physique, et recteur de l'université nationale, à Strasbourg; Briche, capitaine d'artillerie, à Strasbourg; Lambert, administrateur du directoire du département.

Nota. M. Noblat, commissaire des guerres à Landau, a été élu sixième député, et ayant remercié, a été remplacé par M. Lambert, administrateur du directoire du département.

RHÔNE-ET-LOIRE : 15.

MM. Michon-Dumarais, administrateur; Lamourette, évêque du département; Dupuy fils, homme de loi, juge au tribunal du district de Montbrison; Collomb-de-Gast, juge de paix à Saint-Chamond, administrateur du département; Thévenet, cultivateur, administrateur du directoire du district de la campagne de Lyon; Sanlaville, notaire à Beaujeu; Duvant, homme de loi à Néronde, administrateur du directoire du département; Blanchon, cultivateur à Chazelles; Jovin-Molle, administrateur du département; Sage, administrateur du département; Saulnier, propriétaire, à Lantigné; Caminet, négociant et administrateur du directoire du district de Lyon; Chirat, procureur-général-syndic du département; Larochette, procureur-général-syndic du district de Roanne; Lemontey, homme de loi, substitut du procureur de la commune de Lyon.

HAUTE-SAÔNE : 7:

MM. Crestin, président du tribunal du district de Gray; L'Ecuret, juge au tribunal du district de Champlitte; Courtot, juge au tribunal du district de Vesoul; Siblot, docteur en médecine à Lure; Laborey, homme de loi à Ormoi, district de Jussey; Desgranges cadet, négociant à Luxeuil; Carret, homme de loi, vice-président du district de Gray.

SAÔNE-ET-LOIRE : 11.

MM. Garchery, juge de paix de Montcenis, Bijon, administrateur du district de Bourbon-Lanzy; Journet, maire de Châlons-sur-Saône; Gélin, administrateur du district de Charolles; Masuyer, juge au tribunal du district de Louhans; Rubat fils, juge au tribunal du district de Mâcon; James, juge au tribunal de Sémur; Desplaces, juge de paix du canton de Saint-Prix; Cornet jeune, maire de Chagny; Duroussin, juge au tribunal de Louhans; Reverchon, négociant à Vergisson.

SARTHE : 10.

MM. Rousseau fils, président du département, et président du tribunal du district de Château-du-Loir; Salmon, administrateur du département; Vérité fils, administrateur du district de la Ferté-Bernard; Bardou-Boisquetin, cultivateur, procureur-syndic du district de Fresnay; Guérin, maire de Mamers; Barré, administrateur du directoire du département; Richard procureur de la commune de la Flèche; François, procureur-syndic du district de Sablé; Chappe, procureur de la commune du Mans; Rojou, administrateur du directoire du département.

SEINE-ET-OISE : 14.

MM. Lecointre, administrateur du département, et commandant de la garde nationale de Versailles; Soret, procureur-syndic du directoire de Pontoise; Bassal, curé de Saint-Louis, vice-président du district de Versailles; Colas, maire d'Argenteuil. Boisseau, cultivateur à Roissy, district de Gonesse; Hua, juge au tribunal de Mantes; Pillaut, procureur-syndic du district de Dourdan; Petit, négociant, juge de paix à Chamarande, district d'Etampes; Dumas, maréchal-de-camp; Haussmann, négociant à Versailles, membre du département; Courtin aîné, négociant, membre du département; Ténon, de l'académie des sciences, du collège de chirurgie de Montpellier, de celui de Paris, professeur public, et de la société d'agriculture, propriétaire à Massy; Legras, juge au tribunal du district de Saint-Germain; Chéron, membre du directoire du département.

Nota. M. Lebreton, premier député ayant donné sa démission, a été remplacé par M. Chéron.

SEINE-INFÉRIEURE : 16.

MM. Ducastel, homme de loi, officier municipal à Rouen; Lucas, homme de loi, à Betteville, administrateur du département; Christinat, négociant, maire du Hâvre, Hochet, juge de paix, à

Manneville-és-Plains, administrateur du département; Langlois, administrateur du district de Dieppe; Vimar, homme de loi, procureur de la commune, à Rouen; Letailleur, cultivateur à Elbeuf, près Gournai; Boullenger, président du tribunal du district et administrateur du département de Rouen; Tarbé, négociant, officier municipal de Rouen; Grégoire aîné, négociant au Hâvre, administrateur du département; Brémontier, négociant à Rouen; Froudière, homme de loi à Rouen; Forfait, ingénieur-constructeur de la marine à Rouen; Desportes, administrateur du département à Fécamp; Albite, aîné, homme de loi et notable à Dieppe; Léon Levavasseur, capitaine d'artillerie des colonies à Rouen.

SEINE-ET-MARNE : 11.

MM. Hébert, cultivateur à Précy, membre du directoire du département; Sédillez, homme de loi, membre du directoire du district de Nemours; Dubuisson, membre du directoire du district de Provins; Quatresolz de Marolles, chevalier de Saint-Louis, à Marolles, président de l'administration du district de Rozoy; Jaucourt, chevalier de Saint-Louis, colonel de cavalerie, vice-président du directoire du département; Régnard-Claudin, négociant et maire de la Ferté-sous-Jouarre; Jollivet, propriétaire et cultivateur, homme de loi, et membre du directoire du département; Viénot-Vaublanc, propriétaire et cultivateur, président de l'administration du département; Naret, juge de paix de la ville de Provins; Rataud, maire de Montereau-Faut-Yonne; Bejot, cultivateur à Messi, membre du directoire du département.

DEUX-SÈVRES : 7.

MM. Jard-Panvillier, médecin à Niort, procureur-général-syndic du département; Chasteau, homme de loi à Partnay, président du département; Lecointe-Puiravaux, homme de loi, à Saint-Maixent, administrateur du département; Auguis, président du tribunal du district à Melle; Jounault, homme de loi, procureur-syndic du district à Thouars; Robouam, cultivateur à la Forêt-sur-Sèvre, président du district de Châtillon; Dubreuil-Chambardel, cultivateur à Avon, administrateur du département.

SOMME : 13.

MM. Dehaussy-Robecourt, président du tribunal du district de Péronne; Nau l'aîné, officier municipal d'Abbeville; Goubet, cultivateur à Flers; Delaunay, juge de paix du canton de Mailly; Desbois, évêque du département; Loyeux, cultivateur, maire de Cartigny; Quillet, cultivateur à Cramont, administrateur du district d'Abbeville; Saladin, juge au tribunal du district d'Amiens; Rivery, négociant et cultivateur à Saint-Valéry, administrateur du département; Louvet, juge au tribunal du district de Mont-Didier; Massy, entrepreneur et manufacturier à Amiens; Debray-Chamont, négociant à Amiens; Balluc, notaire et juge de paix du canton à Péronne.

TARN : 9.

MM. Gausserand, juge du district d'Alby; Sancerre, commissaire du roi; Audoy, membre du directoire; Lacombe-Saint-Michel, officier d'artillerie; Coubé, homme de loi; Espéron, maire d'Alby; Leroy-de-Flagis; Lasource; Latroque-Labecède, membre du directoire du département.

VAR : 8.

MM. Roubaud, médecin; administrateur du district de Grasse; Muraire, président du tribunal du district de Draguignan; Isnard, négociant à Draguignan; Philibert, administrateur du département; Roubaud, médecin, à Tourvès, district de Saint-Maximin; Despinassy, capitaine d'artillerie; Granet, président du département; Poitevin, homme de loi, à Barjols.

VENDÉE : 9.

MM. Goupillau, homme de loi, procureur-syndic du district de Montaigu; Morisson, homme de loi, administrateur du directoire du département; Maignen, administrateur du directoire du district de la Chateigneraye; Musset, curé de Falleron; Gaudin, négociant, maire des Sables d'Olonne; Thierriot, homme de loi, administrateur du directoire du département; Giraud, juge au tribunal du district de Fontenay-le-Comte; Perreau, homme de loi, administrateur du département, juge de paix du canton de

Log-Fogereuse; Gaudin, premier vicaire de la cathédrale de la Vendée.

VIENNE : 8.

MM. Allard, professeur en droit, et procureur de la commune de Poitiers; Martineau, juge au tribunal du district de Châtellerault; Montault-Desilles, receveur particulier des finances, de la ci-devant élection de Loudun; Guillaud-de-Letanche, secrétaire du directoire du district de Montmorillon; Belleroche, ci-devant notaire, à Saint-Sauvant, administrateur et membre du directoire du département; Pressac-des-Planches, président du tribunal du district de Civray; Piorry, homme de loi, membre et administrateur du directoire du département; Ingrand, homme de loi, à Usseau, près Châtellerault, administrateur et membre du directoire du département.

HAUTE-VIENNE : 7.

MM. Chaubry-de-la-Roche, administrateur du directoire du département; Gay-de-Vernon, évêque du département; Bordas, président du tribunal du district de Saint-Yrieix; Michelon (de Marbareau), procureur-syndic du district de Saint-Léonard; Duvoisin-de-Laserve, procureur-syndic du district de Saint-Jimien; Faye, administrateur du directoire du département; Déperet, médecin, juge de paix du canton de Limoges.

VOSGES : 8.

MM. Mengin, vice-président du directoire du district de Saint-Diez; Carant, procureur-syndic du district de la Marche; André, notaire, à Tillot, administrateur du département; Dieudonné, homme de loi, à Saint-Diez, administrateur du directoire du département; Delpierre, homme de loi, à Valfroicourt; Marant, négociant, à Bugneville, administrateur du district de Neuf-Château; Vogien, maire d'Epinal; François (de Neufchâteau), juge de paix à Vicheray, et administrateur du département.

YONNE : 9.

MM. Loreau, vice-président du directoire du département; Marie-Davigneau, président de l'administration du département;

Bonnerot, membre du directoire du département; Gréau, négociant agriculteur, à Villeneuve-le-Roi; Fayolle, administrateur du département, adjoint au directoire; Rougier-la-Bergerie, de la société d'agriculture de Paris, président du district de Saint-Fargeau; Bernard, membre du directoire du département; Malus, membre du directoire du département; Moreau cultivateur à Compigny.

FIN DU DOUZIÈME VOLUME.

TABLE DES MATIÈRES

DU DOUZIÈME VOLUME.

PRÉFACE. — Considérations générales sur le système politique de l'assemblée constituante.

ASSEMBLÉE LÉGISLATIVE. — Élections, p. 2. — Notice sur les coteries littéraires antérieures à la révolution, p. 5. — Biographie de Brissot, p. 5. — Opinion du père Duchêne, p. 18. — Opinion de Marat sur les élections, p. 19. — Opinions des *Révolutions de Paris*, p. 24. — Opinions de l'*Ami du roi*, p. 26. — Note sur la coalition étrangère, p. 27. — Journal d'Hébert, p. 28. — *Journal de Paris*, p. 29. — Le *Babillard*, p. 30. — Note sur Robespierre, p. 51. — Note sur Condorcet, p. 52. — Notice des députés qui se firent recevoir au club des Jacobins, p. 53, 54.

INTRODUCTION A L'HISTOIRE DE LA LÉGISLATIVE, p. 56. — Liste des présidens, p. 56. — Position politique de cette assemblée, p. 56, 41. — Cérémonie de la prestation du serment constitutionnel, p. 41. — Réflexions des journaux des divers partis sur ce sujet, p. 49. — Première députation de l'assemblée au roi, p. 52. — Discussion sur l'étiquette, p. 53. — Influence des anciens constituans sur les nouveaux députés, p. 68. — Dénonciation sur ce sujet au club des Jacobins, p. 68. — Tribunes préparées d'où les ex-constituans influençaient les délibérations de l'assemblée, p. 70. — État de l'opinion parisienne p. 71. — Rareté de l'argent, cherté du pain, p. 71. — Séance royale, p. 74. — Coup d'œil général sur les travaux parlementaires de l'assemblée pendant les mois d'octobre, novembre et décembre 1791, p. 75.

QUESTION DES PRÊTRES NON ASSERMENTÉS, p. 76. — Rapport de MM. Gallois et Gensonné sur la Vendée, p. 91. — Proposition de Fauchet contre les prêtres non-assermentés, p. 97. — Discours de Torné, évêque de Bourges, p. 104. — Réponse de Fauchet, p. 121. — Discours de Gensonné, p. 125. — Émeutes religieuses dans le Maine-et-Loire, p. 151. — Discours d'Isnard, p. 134. — Émeutes religieuses dans le Calvados, p. 141. — Nouveaux troubles en Vendée, p. 147. — Décret relatif aux troubles excités sous prétexte de religion, p. 150.

QUESTION DES ÉMIGRÉS. — Démarches du roi, p. 156. — Discours de Brissot sur l'émigration, p. 162. — Discours de Condorcet, p. 175. — Discours de Vergniaud, p. 179. — Discours de Pastoret, p. 191. — Discussion, p. 197. — Discours d'Isnard, p. 190. — Discussion, p. 203. — Décret sur les sommations à adresser aux princes français, p. 207. — Informations sur les démarches secrètes des émigrés, p. 208. — Rapport de Ducastel; proposition d'une loi générale sur l'émigration, p. 212. — Décret de l'assemblée concernant les émigrans, p. 218. — Le ministre annonce à l'assemblée que le roi suspend sa sanction sur cette loi, p. 221. — Proclamation du roi explicative de son *veto*, p. 225. — Correspondance officielle du roi et des princes émigrés, p. 228. — Refus de sanction au décret contre les prêtres non assermentés, p. 232. — Adresse du directoire de Paris, p. 232. — Ce nouveau *veto* est annoncé à l'assemblée; motion à ce sujet, p. 289. — Effet de ces *veto* sur l'opinion publique, p. 240. — Presse, 241. — Pétitions des sections contre la démarche du directoire, p. 252. — Legendre, orateur, à la barre, p. 252. — Desmoulins, orateur, à la barre, p. 255. — Tactique et intrigues des divers partis de l'assemblée à cette occasion, p. 259.

MOTIONS ET DÉNONCIATIONS, p. 268. — Mariage des prêtres, p. 269. — *Club des Jacobins*; délibération sur l'affaire des soldats de Château-Vieux, p. 272. — Motion sur ce sujet à l'assemblée et discussion qui la suit 274. — Formation de la haute-cour nationale, p. 276. — Motion contre les maisons de jeu, 276. — Première pétition sur le danger de la patrie, p. 277. — Discussion sur les droits des pétitionnaires, p. 277. — Dénonciations contre les ministres, p. 286. — Accusations contre le ministre de la guerre, p. 282. — Le ministre de l'intérieur est mandé à la barre, p. 285. — Dénonciation contre le ministre de la marine, p. 287. — Formation d'un comité de surveillance dans le sein de la législative, p. 288. — Dénonciations sur les enrôlemens opérés en France par les émigrés, p. 289. — Mouvemens à Saint-Domingue, p. 295. — Sortie de fonctions du général Lafayette,

p. 504. — Jugemens sur Lafayette, p. 511. — Fin de l'administration de Bailly, p. 516. — Élections municipales, p. 527. — Candidature de Lafayette pour la place de maire de Paris, p. 527. — Notice sur les divers candidats, par Tallien, p. 528. —Pétion est élu maire de Paris; à quelle majorité sur Lafayette, p. 550. — Suite des élection municipales, p. 551.—Installation de Pétion; discours de Bailly; sa réponse, p. 552.—Coup d'œil sur l'etat de Paris, par Pétion, p. 555. Club des Feuillans, p. 545. — Club des Jacobins, p. 559. — Notice sur quelques-uns de ses membres, p. 559.—Discours de Desmoulins, p. 564. — Rapport sur un concours ouvert pour le meilleur almanach, p. 567. — Analyse de l'almanach couronné, p. 569. — Séance du 18 décembre, 576.

QUESTION DE LA GUERRE. — Rapport du comité diplomatique, p. 581. Décret, p. 590. — Présentation du décret au roi, p. 592. — Séance royale; discours du roi, p. 594. — Discussion sur la réponse à faire au roi, p. 599. — Adresse au roi, p. 401.—Réponse du roi, p. 402. — Discussion sur la guerre aux Jacobins, p. 402. — Défiances à l'occasion de la guerre, p. 403. — Justification de ces défiances, p. 403, 405.—Intrigues de Narbonne et de Mad. de Staël, p. 405.—Discours de Robespierre contre la guerre, p. 406.—Discours de Brissot pour la guerre, p. 409. — Discours de Danton, p. 411. — Discours de Billaud-Varennes, p. 415. — Affaires d'Avignon, p. 419.

Liste alphabétique des députés aux états-généraux, p. 425.

Liste des députés à la législative, p. 466.

FIN DE LA TABLE DES MATIÈRES.

T. S. V. P.

ERRATUM DU ONZIÈME VOLUME.

Page 474, ligne 26, au lieu de : *dont Marat*, lisez : *dont Malouet*.

www.ingramcontent.com/pod-product-compliance
Lightning Source LLC
Chambersburg PA
CBHW071713230426
43670CB00008B/997